MODERNE FÜHRUNG

Ab sofort Chef – Führung für Einsteiger
Der mächtige moderne Manager
Wirksamer Einfluss – Inspirierend führen
Zeitlose Lektionen über Leadership

PAUL A. WYATT

INHALTSVERZEICHNIS

AB SOFORT CHEF

FÜHRUNG FÜR EINSTEIGER

Wie Sie schnell als neuer Vorgesetzter anerkannt werden und sich langfristig als kompetente Führungskraft etablieren | Alle wichtigen Leadership Kompetenzen

PAUL A. WYATT

EINFÜHRUNG

> *Der Pessimist beklagt sich über den Wind. Der Optimist hofft, dass sich der Wind dreht. Der Anführer setzt die Segel neu.* – John C. Maxwell

Wir machen uns unser Wissen über Führung zunutze, indem wir uns an den Menschen orientieren, denen wir folgen, und an denen, die sich von der Masse abheben.

Anhand der Beobachtung von Menschenführung in den letzten 120.000 Jahren unserer Existenz auf diesem Planeten lässt sich sagen, dass unsere Spezies sich entwickelt hat, weil wir Stämme bildeten und stärkere Mitglieder aufstellten, um die Gemeinschaft zu führen und zusammenzuhalten. Dies ist keine moderne Praxis.

Doch im Laufe der Jahrhunderte lernten wir, die Rolle in der Neuen Welt zu verstehen und die Führungspraktiken so weiterzuentwickeln, dass sie dem Bild besser entsprechen. Immer mehr Konzepte tauchten auf, immer mehr Theorien entstanden, und immer mehr Menschen begannen, mit der Sozialwissenschaft des Führens zu spielen und unzählige Gefolgsleute in eine bestimmte Richtung zu lenken. Jetzt wollte jeder managen, kontrollieren und einen größeren Einfluss ausüben.

Informationen, die von starken, unabhängigen, vorausschauenden Menschen verfasst wurden, die wirklich glaubten, dass ihre Art der Führung die richtige sei, führten viele zum Erfolg und viele auch zum Misserfolg. Führerschaft war nun ein Titel, eine Position, ein Rampenlicht für Ruhm und Reichtum, und nicht mehr das reine Konzept, das es ursprünglich sein sollte. Die unangenehme Konsequenz dessen besteht darin, dass diese Falschinformationen und die Demoralisierung bezüglich der Entscheidung, eine Führungspersönlichkeit zu sein, im 21. Jahrhundert leider eine Mentalität und Wahrnehmung hervorgebracht haben, die die menschlichen Beziehungen und den Teamgeist um ein Vielfaches beeinträchtigt.

Es wird immer schwieriger, nach den richtigen Antworten zu suchen. Eine Vereinfachung der mutigsten Vorstellungen von Führung bedeutete nicht immer, dass Menschen mit völlig unterschiedlichen Vorstellungen vom Leben, von Karriere und von ihren persönlichen Beziehungen diese Kluft überwinden und sie zu einer Chance für gemeinsames Wachstum machen würden.

Die Herausforderung, vor der alle angehenden Führungskräfte heute stehen, ist die Auswahl. Die Menge an Informationen, die es zu diesem Thema gibt, ist unüberschaubar. Eine Internetsuche kann über 700 Millionen Ergebnisse liefern; eine Anzahl, die einen überwältigt und verunsichert zurücklässt.

Es ist ziemlich beängstigend, zu sehen, dass all diese Modelle und ihre verschiedenen Konzepte im Laufe der Jahre zu einem riesigen und verwirrenden Konglomerat von im Wesentlichen persönlichen Perspektiven verschmolzen sind. Es ist ganz natürlich, dass das Gehirn angesichts der schieren Menge an Informationen, die für den eigenen Charakter von Nutzen sein könnten oder auch nicht, Stress empfindet.

Das Prinzip der Auswahl besagt im Grunde, dass wir umso besser in der Lage sind, eine eindeutige Entscheidung zu treffen, je weniger Möglichkeiten wir haben. Ein Restaurant Menü mit nur zehn Auswahlmöglichkeiten ist für das Gehirn viel weniger anstrengend als eines mit 50.

Wir ziehen es vor, weniger Auswahlmöglichkeiten mit höherer Qualität zu haben, damit wir im Unterbewusstsein vorankommen können und nicht das Gefühl haben, etwas Besseres verpasst zu haben. Weniger Unterteilungen und mehr Antworten auf Führungsfragen und das Leben im Allgemeinen könnten als Lösung angesehen werden, damit es einfacher ist, das zu finden, wonach man wirklich sucht und was die Menschen um einen herum verdienen.

Die Welt benötigt bessere Führer, das ist eine Tatsache. Wir benötigen Menschen, die im Dienst an ihren Mitmenschen einen Platz neben ihnen einnehmen wollen. Die Frage ist: Wie findet man den Weg in die Führungsrolle? Oder, wie entdecken wir den Funken in uns, der es uns ermöglicht, die Führungspersönlichkeiten zu sein, die wir gern wären?

Die Wahrheit ist, dass Führung eigentlich ziemlich einfach ist. Ich behaupte nicht, dass andere zu führen leicht ist, aber in den grundlegenden Schritten und Anforderungen ist es einfach. Den eigenen Weg zu finden, um das Endergebnis selbst verantworten zu können, ist der schwierige Teil. Es ist wunderbar, ein Buch zu lesen, das einem die Grundsätze vermittelt und den Weg aufzeigt, man versteht so den Sinn und das Leitbild der ganzen Idee. Doch wenn man das Buch zuklappt und versucht, es in die Praxis umzusetzen, sieht die Sache schon ganz anders aus, oder? Wir kommen ins Schwitzen und grübeln über die Aktionen und Reaktionen bei jeder anstehenden Entscheidung, weil wir vielleicht nicht ganz verstehen, was das Buch von uns verlangt. Der überehrgeizige, grüblerische, überstrapazierte Verstand wird an sich selbst zweifeln und Fehler bei der Beurteilung machen. Und genau darin, liebe Leserin, lieber Leser, liegt die Lektion, in der Auswirkung des Lernens.

In Bezug auf destruktive oder uninformierte Führung gibt es einige entscheidende Punkte, die vorgebracht und hinterfragt werden müssen.

Es geht um Eigeninteresse, aggressives Verhalten und negative Umwelteinflüsse. Man kann fast Mitleid mit Menschen haben, denen man ansieht, dass sie nicht in die Rolle einer Führungskraft gehören. Nicht, weil sie einfach schlecht darin sind, sondern weil ihnen nicht der richtige Weg gezeigt wurde. Sie leben vielleicht in einer Welt, die den Bedürfnissen anderer nicht gerecht wird, und das ist etwas, wofür man sie nicht kreuzigen kann. Sie haben in der Vergangenheit nur oberflächliche Lektionen gelernt, ihr Verständnis für den Umgang mit Menschen ist oberflächlich, und sie sehen nur die oberflächliche Seite der Wahl, die sie getroffen haben.

Dank meiner zwei Jahrzehnte währenden Karriere in der Beratung, dem Coaching und der Ausbildung unzähliger zukünftiger Führungskräfte und der sie umgebenden Organisationen bin ich in der Lage, Ihnen dieses umfassende und durchdachte Buch vorzulegen, das Ihnen eine Vorstellung davon vermittelt, wo und wann Sie die Schritte nach vorn machen sollten, um persönlichen und unternehmerischen Erfolg zu erzielen.

Die Tatsache, dass Sie dieses Buch in die Hand genommen und sich unter Hunderten von anderen dafür entschieden haben, ist vorrangig mutig und insgesamt klug. Dieses Buch gibt Ihnen alle Prinzipien und Hauptmotive an die Hand, die Sie benötigen, um Ihre Reise in die große Welt der Menschen zu beginnen. Denn das ist es, was Führung im Wesentlichen bedeutet: ein Geschäft mit Menschen und die Aufgabe, sich selbst und andere jeden Tag etwas besser kennenzulernen.

Zunächst werden wir uns mit der Bedeutung von Führung und den grundlegenden Führungsstilen befassen und die Rollen und Merkmale der einzelnen Stile definieren. Ich werde Ihnen die Entwicklungsfähigkeiten aufzeigen, die Sie benötigen, um Ihre Vision zu meistern, und dann werden wir uns mit dem Warum und dem Wie der Selbsterkenntnis in Ihrer Rolle befassen. Wenn Sie das Wesentliche verstehen – Kommunikation, zwischenmenschliche Strategien und die Konzepte dessen, wie man durch kritisches Denken und mentale Modelle die besten Entscheidungen trifft – werden Sie in der Lage sein, klarer zu sehen. Zuletzt gehen wir darauf ein, was es bedeutet, im 21. Jahrhundert eine Führungskraft zu sein, nachdem wir eine Pandemie und schreckliche Jahre des Zweifels hinter uns gebracht haben.

Ich möchte, dass Sie diese eine Sache ganz klar verstehen: Wir alle haben die Fähigkeit zur Führung, und alles, was sie benötigt, ist ein Grund, um zu glänzen. Wie bei allem im Leben müssen Sie, bevor Sie diese Entscheidung treffen, Ihr „Warum" kennen. Warum wollen Sie führen? Und warum sollte jemand von Ihnen geführt werden wollen?

Der Punkt im Leben, an dem man sich befindet und das Umfeld, das man um sich herum geschaffen hat, begründet einen bestimmten Charakter, eine bestimmte Philosophie des Selbst und eine solide Begründung. Alle Führungspersönlichkeiten haben etwas Grundlegendes gemeinsam: Sie glauben mit ihrem ganzen Wesen an etwas.

Glauben Sie, dass dies der Zeitpunkt ist, an dem wir beginnen, Belegschaften und Gemeinschaften von den überholten Ideen von Führerschaft zu befreien? Wann werden die neuen, glänzenden und wunderbar fehlerhaften Führungskräfte der Welt zeigen, dass so viel mehr möglich ist, wenn man es mit Bedacht und Bestimmung tut?

Es ist leichter, unglücklich, launisch, gierig, aggressiv, kurz angebunden und vornehm zu sein. Es ist so einfach, die Dinge mit Ungeduld und Eile anzugehen, sich von bedeutungsvollen Beziehungen zu anderen fernzuhalten und sich auf persönliche Beziehungen mit finanziellem

Gewinn und Image zu konzentrieren. Viel komplexer und letztlich lohnender ist es, Liebe, Einfühlungsvermögen und Geduld zu zeigen und sich von einem gesunden moralischen Kompass leiten zu lassen. Das ist die Lösung für die destruktive Führung in ihrer Gesamtheit: die Erkenntnis, dass das Tun der schwierigen Dinge unsere menschliche Natur und unsere Fähigkeit, uns um etwas Größeres als uns selbst zu kümmern, auf die Probe stellt.

Die Führungspersönlichkeit, die die Welt braucht, ist keine, die den einfachen Weg nach oben sucht. Die Welt braucht eine harte Führungspersönlichkeit, die bereit ist, die harte Arbeit zu leisten, um andere mit aller Kraft zu großen Leistungen zu animieren.

Liebe Leserin, lieber Leser, da es sich um einen Leitfaden für Anfänger handelt, empfehle ich Ihnen, immer Stift und Papier bereitzuhalten. Es ist sehr ratsam, dass Sie das, was in den einzelnen Kapiteln behandelt wird, bewerten und Ihre eigenen Beobachtungen zu der Person machen, die Sie jetzt zu sein glauben und die Sie in Zukunft sein könnten. Wenn Sie einige neue Methoden anwenden, um Ihre Führungsqualitäten zu verbessern und ein freundlicherer, einfühlsamerer Mensch zu werden, werden sich Ihnen sicherlich neue Türen öffnen. Es wäre von Vorteil, wenn Sie sich mehr mit dem verbinden würden, was Ihre Persönlichkeit im Inneren ausmacht, denn dies bringt Sie der Selbsterkenntnis näher und macht Ihnen bewusst, dass Menschenführung ein Lernprozess ist.

Nun, da wir bereit sind, uns mit dem Wesentlichen dieses ganzheitlichen Buches zu beschäftigen, hoffe ich, dass Sie jede Minute davon genießen werden. Ich bin zuversichtlich, dass, auch wenn Sie einzigartig sind und jeder eine andere Weltsicht hat, diese Schrift Ihnen die Augen für eine Dimension der Führung anderer öffnen wird, die Ihnen erlaubt, selbst geführt werden.

KAPITEL 1:
EINFÜHRUNG IN DIE FÜHRUNGSARBEIT

> *Eine Führungspersönlichkeit ist jemand, der den Weg kennt, den Weg geht und den Weg zeigt.* – John C. Maxwell

Aufgrund der sehr vagen Annahmen über Führungsarbeit in den letzten zwei Jahrhunderten können nur wenige ehrlich beschreiben, was Führung bedeutet und wofür sie in ihrer reinsten Form steht. Die meisten Antworten drehen sich, um Geschäftssinn oder die Fähigkeit, schwierige Situationen zu meistern. Das liegt daran, dass persönliche Wahrnehmungen und frühere Erfahrungen den Begriff der Führung zu etwas formen, was er eigentlich nicht sein sollte.

Es gibt so viele verschiedene Szenarien, die eine Führungspersönlichkeit erfordern. Teams im Sport, Teams in der Wirtschaft und Teams in der Familie benötigen alle eine starke Führung. Von Eltern, Arbeitgebern und Lehrern über militärische Befehlshaber, Politiker, Sportkapitäne und Trainer bis zu Intellektuellen auf ihren jeweiligen Gebieten. Dies sind Positionen mit Führungspotenzial, in denen großartige Menschen florieren und einige leider versagen.

Wahrscheinlich stellen Sie alle Qualitäten und Motive infrage, die dazu führen, dass jemand überhaupt eine Führungsrolle übernehmen will. Es muss doch viel einfacher sein, zu folgen, als zu führen, oder? Falsch! Beide Aktivitäten erfüllen eine wichtige Aufgabe im Leben. Ohne das eine kann es das andere nicht geben, und wenn es einer oder beiden

Parteien an Willen, Wissen und Respekt mangelt, dann bricht das ganze System in sich zusammen.

Die Welt verändert sich in einer Weise, die bewirkt, dass das Wissen der jüngeren Generationen über die Entwicklung von Führungsqualitäten immer mehr im Widerspruch zu dem der älteren Generationen steht, die derzeit in den Spitzenpositionen der großen Unternehmen sitzen. Wir stellen langsam fest, dass Millennials, die ins Berufsleben eintreten, von Überlegenheit und einflussreicher Kontrolle so enttäuscht sind, dass es ihnen schwerfallen wird, ihren Job zu behalten. Sie kämpfen (fast unbewusst) gegen das System an, indem sie eher passiv ihr Desinteresse und ihre Abneigung gegen das im Laufe der Zeit etablierte „Rang und Namen"-System zeigen und sich eine Führung wünschen, die Tiefgang hat und sich wirklich um die Menschen und ihr Umfeld kümmert.

Wir stellen fest, dass viele potenzielle Führungskräfte ihren beruflichen Weg mit den besten Absichten beginnen. Sie sind motiviert, wollen einflussreiche Entscheidungen treffen und sich beweisen. Diese neuen Führungskräfte haben die formale Ausbildung durchlaufen, ihre Hochschulabschlüsse erworben und sind nun bereit, in einen Rang aufzusteigen, der ihnen ihrer Meinung nach zusteht.

Diese neuen Führungskräfte verstehen vielleicht, welche technischen Fähigkeiten erforderlich sind, aber haben sie ihre geistigen Fähigkeiten so angepasst, dass sie andere in ihren neuen Weg einbeziehen können? Leider sehen wir immer mehr Menschen, die Führung als Sprungbrett und nicht als Fundament nutzen. Diese Menschen zeigen, wie sehr sie sich um andere kümmern, wie sie für Menschen eintreten und Entscheidungen treffen, die sich um andere drehen, doch dann, wenn die

Dinge kompliziert und kalt werden, vergessen sie diese Zeichen des Interesses und geben sie zugunsten größerer und besserer Gelegenheiten auf, bei denen sie kleinere Nischengruppen von Menschen beeinflussen und prägen können, die hauptsächlich ihre Rolle und ihren Geldbeutel verbessern.

Lassen Sie mich Ihnen also die reinsten Konzepte von Führung näherbringen und erläutern, welche Kernmotive sich hinter diesem Begriff verbergen.

Was ist Führung?

Der Begriff „Führung" wird so oft über definiert, dass es schwierig sein kann, herauszufinden, wo die eigenen Eigenschaften einzuordnen sind. In den letzten 30 Jahren haben mehr als 850 Definitionen dieser Fähigkeit die Arbeitswelt bevölkert und die Menschen bezüglich der Frage, ob sie das Zeug dazu haben, in diesem allgegenwärtigen Bereich etwas zu bewirken, verwirrt. Es klingt seltsam, wenn wir über das Konzept als Ganzes sprechen, denn im Kern ist es eine wunderbar einfache Sache.

Allzu oft hört man in den Medien und in Unternehmen den Ausdruck des „geborenen Anführers". Ich denke, dass diese anfängliche Grundannahme aus einem Hauptgrund unangemessen ist: Mehr Führungskräfte wachsen in ihre Rolle hinein, als dass sie als solche geboren werden. Echte Führungspersönlichkeiten wissen, dass sie sich für eine Führungsrolle entschieden haben und dass sie ein Vorbild sein wollen, indem sie ihre Chance in dieser harten und manchmal grausamen Welt ergreifen.

In ihrer einfachsten Form bedeutet Führung, Gefolgsleute zu haben. Sie umgeben sich mit Effektoren, die auf Ihre Stimuli reagieren. Sie haben eine zukünftige, potenzielle Welt im Visier, und Sie zeigen diesem Gefolge, dass Sie diese Welt niemals allein erschaffen könnten. Denn das entspricht nicht der Natur des Fortschritts.

Es kann gesagt werden, dass Führung ein Prozess ist, eine nie völlig stabile oder festgelegte Methodik, die sich je nach den Menschen um sie herum und dem Ort, an dem sie gebraucht wird, weiterentwickelt. Sie kann als eine praktische Fähigkeit oder als ein Forschungsumfeld betrachtet werden, in dem kompliziertere Facetten des Berufs analysiert werden.

Führung ist im Kern eine Dienstleistung! Ja! Eine gute Führungskraft weiß, dass sie einem höheren Bedürfnis dient. Einem Bedürfnis nach Orientierung, einem Ziel und der Schönheit der Gemeinschaft, die zusammenkommt, um gemeinsam etwas aus ihrer Zeit und Energie zu machen. Wenn die Gefolgsleute die Herausforderungen, die die Führungskraft ihnen stellt, wirklich respektieren und genießen, dann sind Input und Kommunikation mit dem Wachstum der Gruppe als Ganzes verflochten.

Machen Sie sich bewusst, dass es bei der Führung nicht um den Rang, die Position, die Sie innehaben, oder den Geldbetrag, den Sie jeden Monat verdienen, geht. Bei der Führung geht es nicht darum, sich nach dem Rampenlicht und der Machtkontrolle zu sehnen, die sich aus der Leitung einer Gruppe von Menschen ergibt. Sie führen nicht die, die hinter Ihnen stehen, Sie führen die, die neben Ihnen stehen, die sich nicht sehr von Ihnen unterscheiden und die auf ihre eigene Weise nach Größe streben.

Wenn Sie eine Person haben, nur eine, die an Sie glaubt und Ihre Führung und Entscheidungen respektiert, dann sind Sie eine Führungspersönlichkeit! Sie führen einen Glauben an und helfen anderen auf dem Weg zu einer besseren Welt mit höheren moralischen Standards. Sie finden wahre Befriedigung, wenn Sie sehen, dass die Mitarbeiter den Weg lieben, den Sie für sie geschaffen haben, oder besser gesagt, den Weg, den Sie ihnen gezeigt haben und den sie auf ihre eigene, individuelle Weise gestalten können. Indem Sie ihnen erlauben, die Vorteile Ihrer Entscheidung selbst zu erkennen, steigern Sie sofort Ihren Erfolg. Ihre Handlungen werden nicht erzwungen und ständig kontrolliert, sondern passiv erzielt (und auf clevere Weise, auf die wir etwas später eingehen werden) – aus freiwilliger Überzeugung und basierend auf Vertrauen.

Tun Sie sich selbst einen Gefallen und notieren Sie alle Ihre bisherigen Erfahrungen mit Arbeitgebern, Trainern, Lehrern und Familienmitgliedern, die sich als Führungspersönlichkeiten in einem bestimmten Umfeld erwiesen haben. Ich möchte, dass Sie bewerten, welchen Einfluss sie auf Ihr Leben in Bezug auf Erfahrung, Wissen und gelernte Lektionen gehabt haben. Geben Sie ihnen eine Rangfolge, je nachdem, wie Sie ihren Wert für Ihr Leben einschätzen. Vielleicht kennen Sie jemanden, der diese Erfahrung auch mit Ihnen gemacht hat, dann ergreifen Sie die Initiative und fragen Sie die Person, wie sie Sie in Bezug auf die Führung wahrgenommen hat.

Der beste Weg, Führung zu verstehen, ist zu wissen, was sie nicht ist. Wenn Ihre Liste aus Menschen besteht, die Ihnen positive Bestärkung, Verständnis, Fleiß und Respekt entgegengebracht haben, dann haben Sie höchstwahrscheinlich eine hervorragende Vorstellung von dieser Fähigkeit. Wenn Sie aber eine Liste von Menschen haben, die Sie nie als Person gesehen haben, die Sie nie in ihre größeren Pläne für die Zukunft einbezogen und die Sie nur als eine Nummer gesehen haben, dann werden Sie sicherstellen, dass Sie für Ihre zukünftigen Nachfolger nie diese Art von Führungskraft sein werden.

Sie begeben sich auf eine lebenslange Reise zur Größe, vergessen Sie das nicht. Wenn Sie sich einmal dafür entschieden haben, Wahrheitssucher und Wahrheitssprecher zu sein, dann werden Sie immer zu dieser Wahl berufen sein. Selbst wenn Sie sich später im Leben von der Führungsrolle distanzieren, wird sie auf die eine oder andere Weise auf Sie zurückkommen und Sie auffordern, eine Verantwortung zu übernehmen, von der Sie tief im Inneren wissen, dass Sie sie niemals ablehnen könnten. Einmal eine Führungskraft, immer eine Führungskraft.

Die Qualitäten und Merkmale einer Führungskraft

Nachdem ich nun beschrieben habe, was Führung in all ihren Formen und Funktionen ausmacht, möchte ich Ihnen die verschiedenen Qualitäten und Eigenschaften vorstellen, die eine Führungskraft besitzen sollte, wenn sie ihre Reise antritt. Diese Eigenschaften sollten nicht vergessen oder übersehen werden, wenn eine Führungskraft abgelenkt oder von den falschen Einflüssen eingenommen wird, die manchmal eine „Machtposition" plagen. Vielmehr sollte man sie hegen und pflegen wie eine brennende Flamme in der Dunkelheit. Es ist von entscheidender Bedeutung, dass sich eine Person immer dann an die wahren Werte erinnert, wenn sie Zweifel an ihrem Handeln oder an den Umwelteinflüssen um sie herum hat.

Qualitative Führer …

- **… sind proaktiv:**

Sie lösen das Problem, bevor sie auf den Fehler reagieren. Es ist so einfach, aufzuspringen und eine Szene zu machen, wenn etwas schiefgelaufen ist. Viel schwieriger ist es, sich zurückzulehnen, zu fragen, wie man helfen kann, und die richtigen Leute einzubeziehen, um das Chaos zu beseitigen und voranzukommen. Denken Sie daran: Wir sind nicht hier, um das Leichte zu tun, sondern das Schwere! Die Auswirkungen eines Fehlers werden nicht vergessen, sondern beiseitegeschoben, bis die Zeit reif ist und sich alle beruhigt haben.

- **… tun selbst das, was sie von anderen erwarten:**

Indem eine Führungskraft genauso viel (oder sogar mehr) Verantwortung auf ihre eigene Schulter nimmt, wie sie ihren Mitarbeitern gibt, zeigt sie Verantwortungsbewusstsein und ihre Fähigkeit zum Vorausdenken. Es kommt immer wieder vor, dass sich eine Führungskraft hinter ihrer Position versteckt oder einen Fehler unter den Teppich kehrt, anstatt dem Team zu zeigen, dass sie auch verletzlich und menschlich sein kann. Nichts schweißt Menschen mehr zusammen als die Anwesenheit einer Führungskraft, die weiß, wie es ist, zu scheitern und was es bedeutet, wieder aufzustehen und es erneut zu versuchen.

- **… schaffen eine positive Energie um sich herum:**

Teamgeist ist der Produktivität förderlich, und das weiß die Führungskraft besser als jeder andere. Sie weiß, wann es Zeit ist, zu schuften und wann es Zeit ist, zu spielen. Sowohl Produktivität als auch Wohlbefinden in einem Umfeld bringen eine unglaubliche Menge an Positivität hervor. Ich behaupte nicht, dass eine Führungskraft eine extrovertierte Person sein muss, die am Montagmorgen völlig aufgedreht ins Büro kommt. Ich möchte, dass Sie verstehen, dass positive Energie sowohl aktiv als auch passiv sein kann, und dass jede Version auf ihre eigene Art und Weise gleich stark ist. Manchmal funktioniert die passive Methode sogar besser, da sie das Team beruhigt und es dennoch dazu bringt, sich auf den Tag und die Arbeit zu freuen. Subtile Motivation, eine starke physische Präsenz und mehr Lächeln als Stirnrunzeln werden ein solches Umfeld schaffen.

- **... delegieren mit mehr Sorgfalt:**

Eine Führungskraft lernt (durch einiges Ausprobieren), wie sie die Zeit anderer Leute in Übereinstimmung mit ihrem eigenen Zeitplan verwalten kann. Indem sie komplexere Aufgaben auf ihre eigene Schulter nimmt und zeitaufwendigere und allgemeinere Aufgaben an andere vergibt, kann sie den Prozess beschleunigen und den beteiligten Teammitgliedern ein Gefühl von Verantwortung und Erfolg vermitteln. Eine Führungskraft beginnt, zwischen den Zeilen zu lesen und zu wissen, wer in ihrem Team über die richtigen Fähigkeiten für eine bestimmte Aufgabe verfügt, während sie gleichzeitig diejenigen einbezieht, die sonst übersehen werden, und ihnen erlaubt, zu glänzen und neue Fähigkeiten zu erlernen.

- **... sind entschlossen:**

Das Vertrauen in eine Entscheidung ist es, was die Glaubwürdigkeit einer Führungskraft und das Vertrauen in ihr Team stärkt. Sie bleibt bei ihrer Entscheidung und verleiht ihrer

Person und ihrem Stil somit ein Gefühl von Stabilität und zentralen Werten. Wenn eine Führungskraft es versteht, kleine Entscheidungen mit Geschick und ohne viel Aufhebens zu treffen, hat sie ein Strategiemodell entwickelt, das diese kleinen Entscheidungen in größere Lösungen einfließen lässt. Diese großen Entscheidungen werden mit Sorgfalt und Bedacht getroffen, und die Führungskraft weiß, wie wichtig es ist, mit anderen zu sprechen und bei Bedarf um Rat zu fragen, und auch, wann sie sich zurücklehnen und die Entscheidung selbst treffen muss.

- **… werden aufgeschlossener:**

Ich sage das, weil jeder Mensch Zeit braucht, um sich an sein Team zu gewöhnen, und es kann sich in der ersten Woche fast betrügerisch anfühlen, wenn eine Führungskraft uneingeschränkt verfügbar und offen für Ratschläge ist. Echte Ansprechbarkeit bedeutet jedoch, dass man die Menschen um sich herum besser kennengelernt hat und in der Lage ist, Situationen mit verschiedenen Personen mit einem bescheidenen und einfühlsamen Blick zu erfassen. Diese Zugänglichkeit ist sowohl physisch (Politik der offenen Tür, Lächeln, Augenkontakt und interaktive Verhaltensweisen) als auch emotional (ein Geschichtenerzähler zu sein, Humor zu haben, Gesamtpersönlichkeit). Die Aufgabe der Führungskraft besteht darin, anderen die Möglichkeit zu geben, während des gesamten Projekts oder Zeitraums Kommentare, Beiträge und Gefühle zu den Aufgaben zu äußern.

- **... kommunizieren gewollt:**

Worte können Waffen sein, die eine Beziehung zerstören oder sie zu neuen Höhen führen. Wenn eine Führungskraft lernt, wie sie ihre verbale und nonverbale Sprache im Umgang mit anderen einsetzen kann, steigt sie automatisch auf der Führungsleiter auf. Es ist ein schmaler Grat zwischen einem netten Menschen und einem harten Chef. Der Trick besteht darin, die richtige Kommunikationsmethode zum richtigen Zeitpunkt und am richtigen Ort anzuwenden. Situationsbedingte Unterschiede, persönliche Unterschiede und Umwelteinflüsse bestimmen, wie die Botschaft weitergegeben und aufgenommen wird. Die große Führungspersönlichkeit setzt Eloquenz, Subtilität, Orientierungshilfe, Einfühlungsvermögen und Weisheit ein, um ihre Arbeit zu erledigen und es auch den Menschen in ihrer Umgebung zu ermöglichen, ihre Arbeit mit der größten Begeisterung und Motivation zu erledigen.

- **... sind emotional intelligent:**

Das bedeutet, dass sie in der Lage sind, ihre Emotionen wahrzunehmen, zu überdenken, zu verstehen und zu steuern. Das gleiche Prinzip gilt für die Emotionen, die andere in der Umgebung der Führungskraft empfinden, und dafür, wie die Führungskraft auf sie wirkt. Für den Aufbau von emotionaler Intelligenz ist ein gewisses Maß an Weisheit erforderlich, und frühere Erfahrungen in der Familie, im Beruf und in der Liebe schaffen einen Filter, der auf andere wirkt. Eine gute Führungspersönlichkeit versucht immer, die kognitive Dissidenz (das heißt, widersprüchliche Überzeugungen) in sich selbst und in anderen anzuerkennen und eine Selbstwahrnehmung zu finden, die Mut und Transparenz zeigt.

Diese Qualitäten sind ein Grundstock dessen, was jede Führungskraft aufweisen sollte. Gute und großartige Führungspersönlichkeiten entwickeln sich weiter und analysieren diese Qualitäten (auf die wir später noch eingehen werden), damit sie auf ihrem Weg noch mehr lernen können. Selbstbeherrschung zu meistern und dabei immer ein offenes Herz zu haben, ist etwas, das Zeit braucht.

Wie sieht es nun mit den Eigenschaften und Merkmalen aus, die eine Führungskraft besitzen sollte? Die folgenden sechs Eigenschaften sind das, was eine Führungspersönlichkeit braucht, um auf ihrem Weg zum persönlichen und beruflichen Erfolg voranzukommen:

1. **Problemlösungsfähigkeiten.** Dabei geht es um die Dekonstruktion von Problemen, die Erarbeitung von Lösungen und ein Gefühl der Selbstregulierung.

2. **Soziale Fähigkeiten.** Diese Eigenschaften passen gut zur emotionalen und sozialen Intelligenz sowie zur Fähigkeit, zu verhandeln und zu überzeugen.

3. **Beweggründe und Werte.** Hier sehen wir eine Motivation für das Führen und das Steigern von sozialem Selbstwert. Die Charakterzüge beinhalten oft den Wert, regelmäßig etwas erreichen zu wollen.

4. **Fachwissen und Kenntnisse.** Hierunter fallen Eigenschaften, die mit dem Wissen und der Erfahrung zusammenhängen, die jemand in seinem jeweiligen Bereich hat.

5. **Kognitive Fähigkeiten.** Diese Eigenschaften betreffen die allgemeine Fähigkeit, Kreativität sowie intellektuelle Anpassungsfähigkeit zu nutzen und die Komplexität des Wahrnehmungsvermögens.

6. **Dispositionelle Attribute.** Was wir hier sehen, sind die persönlichen Eigenschaften, offen, extrovertiert, flexibel und vor allem risikofreudig zu sein.

Wir gehen also davon aus, dass Sie, wenn Sie am Ausgangspunkt Ihrer Reise bereits mit diesen Qualitäten ausgestattet sind (oder dabei sind, sich damit auszustatten), eine bessere Chance haben, jede Erfahrung erfolgreich zu meistern.

Kommen Sie unbedingt auf dieses Kapitel zurück, wenn Sie neu bewerten, was es bedeutet, eine Führungskraft zu sein. Wie ich schon sagte: Je öfter Sie zu den Hauptmotiven zurückkehren können, desto mehr lernen Sie, sie auf natürliche Weise in Ihren Weg einzubauen.

Die Rollen einer Führungskraft

Die Definition einer Führungskraft beschreibt oft eine Rolle ohne Position. Ich gebe Ihnen hier verschiedene Konzepte als Anregung, die je nach dem Umfeld, in dem Sie sich befinden, unterschiedlich wahrgenommen werden. Das Geheimnis des Erfolgs liegt darin, diese Rollen in jeder Art von Führung, die Sie ausüben, zu nutzen. Lassen Sie mich, Ihnen also die fünf verschiedenen Rollen nennen, die jede potenzielle Führungskraft ausfüllen sollte:

1. Der Mentor

Führungspersönlichkeiten sind sich in erster Linie ihres Einflusses bewusst. Vor allem aber müssen sie sich ihrer primären Aufgabe bewusst sein, weitere Führungskräfte um sich herum zu formen und zu fördern. Das Bedürfnis, sich in andere hineinzuversetzen und sich um sie zu kümmern, damit sie dasselbe für ihre Mitmenschen tun können, ist die magische Zutat. Diese

Rolle entwickelt sich mit der Erfahrung der Führungskraft in ihrem Interessengebiet und innerhalb ihres Teams.

2. Der Motivator

Hier durchschaut die Führungskraft die Maske, die die Menschen manchmal bei der Arbeit tragen. Zu erkennen, was die wahre Motivation eines jeden Menschen ist, ist wie die Verwendung eines fein abgestimmten Werkzeugs. Einige destruktive Führungskräfte nutzen diese Rolle böswillig und lenken ihre Mitarbeiter auf Wege, die ihnen nur schaden. Wenn sie jedoch ethisch korrekt eingesetzt wird, kann die Führungskraft genau einschätzen, was seine Mitarbeiter wollen, was sie schätzen und was sie anstreben, und dies nutzen, um das gesamte Team zu fördern. Wenn die Führungskraft auch die Leistungen ihrer Schar erkennen kann, weiß sie genau, wie sie sie belohnen kann.

3. Der Lernende

Ich habe es schon einmal gesagt und ich werde es wieder sagen: Führung ist Lernen. Das ist eine Tatsache und eine Regel. Es ist unklug, zu glauben, dass die erforderlichen Fähigkeiten passiv in unser Verständnis übergehen werden, wie bei der Osmose. Was es wirklich braucht, ist eine Person, die gerne lernt und sich der Scheuklappen, die ihre Sichtweise einschränken, bewusst ist. Sie muss immer daran interessiert sein, mehr über ihre Umgebung und ihre Arbeit zu erfahren. Sie muss ihre Methoden und ihr Gesamtverständnis für ihren Bereich verbessern, um das menschliche und organisatorische Potenzial zu steigern.

4. Der Navigator

Viele Führungskräfte verstehen diese Rolle sehr gut, und manchmal steht sie leider im Mittelpunkt und lässt die anderen Rollen in Vergessenheit geraten. Die Führungskraft hat ein Ziel vor Augen, und dieses Ziel wird in der vorgegebenen Zeit erreicht. Wenn Zeitmanagement und personelle Ressourcen effizient kombiniert werden, kann die Führungskraft wirklich anfangen, Aufgaben zu stellen, die etwas bewirken und die Fähigkeiten des Teams herausfordern. Es sollte generell keine Unklarheiten bei der Handhabung von Situationen geben, in denen die Kollegen des Leiters (das heißt, andere Teamleiter) in optimaler Weise zusammenarbeiten. Teamarbeit und Team-koordination sind von entscheidender Bedeutung.

5. Der Kommunikator

Die Verwendung der richtigen Sprache durch zusammenhän-gendes Denken ist etwas, das ich in diesem Buch noch viele Male erwähnen werde. Wenn eine Führungspersönlichkeit diese Rolle gut versteht, dann werden sich viele der oben ge-nannten Rollen relativ gut um sie herum einfügen. Eine gute Führungskraft artikuliert sorgfältig und verlangt immer eine Art von Feedback zu dem, was gesagt wurde. Fragen sind der beste Freund einer Führungskraft, ebenso wie ein gleichmäßi-ger Tonfall und ein offenes Auftreten. Versuchen Sie immer, Ihre natürliche Ausdrucksweise zu verbessern, damit Sie mehr Kontrolle über das Gesagte und Getane haben.

Wenn Sie Ihre eigenen Führungsfähigkeiten anhand dieser fünf Rollen beurteilen, sollten Sie sorgfältig prüfen, wie jede Rolle je nach Ihrer aktuellen Situation oder Weltanschauung noch weiter unterteilt werden kann. Diese Entwürfe für Führungsarbeit müssen immer mit Bedacht und Fairness betrachtet werden. Wenn Sie in einem Bereich Defizite haben, ist das nicht das Ende der Welt, denn es ist ja gerade das Lernen, das Spaß macht! Seien Sie immer bereit, einige Eigenschaften zu übernehmen, indem Sie Ihrer Neugierde und Ihrem schieren Willen, zu wachsen, nachgehen.

Wahre Führung definieren

Sicherlich haben Sie jetzt eine viel bessere Vorstellung davon, was Führung in ihrer ursprünglichen Form und Funktion bedeutet. Lassen Sie mich Ihnen also erläutern, was ich (nach vielen Jahren der Beschäftigung mit diesem Phänomen) für wahre Führung halte.

Es wird angenommen, dass wir unseren Kindern so viel von uns geben, wie unsere Eltern uns in unserer Kindheit gegeben haben, und dass wahre Elternschaft keinen Gegenwert für das „Modell" hat. Ein guter Elternteil zu sein bedeutet lediglich, sich Zeit zu nehmen, um den Wert zu erkennen, durch den man das Leben der Kinder bereichern kann, und zu sehen, was sie mit ihren eigenen Fähigkeiten daraus machen. Eltern sitzen nicht mit ausgestreckten Händen da und warten darauf, dass ihnen jemand all das investierte Geld zurückzahlt und sie für den emotionalen Stress entschädigt, der ihnen all die Jahre aufgebürdet wurde. Die Belohnung besteht darin, dass ihr Kind besser, klüger und mutiger ist als zuvor und einen Weg einschlägt, der von ihren Werten inspiriert ist.

Das Gleiche gilt für wahre Führung, aber was zu sehr definiert und nie wirklich vorgelebt werden kann, ist keine gerechtfertigte Handlung.

Daher ist „etwas, das Sie als Führungskraft auszeichnet, und das der Erwartung der Menschen, die Ihnen folgen, entspricht, die Tatsache, dass Sie sie selbst zu Führungskräften ausbilden werden. Unabhängig davon, was Ihre Zeugnisse aussagen, sind Sie nur dann eine Führungspersönlichkeit, wenn Sie in der Lage sind, zukünftige Führungskräfte zu entwickeln" (Walia, 2020). Sich mehr auf den Input als auf den Output zu konzentrieren, ist ein entscheidender Teil des Lehrplans, wenn es darum geht, sich unter den eigenen Mitarbeitern zu einem besseren Menschen zu entwickeln.

Wahre Führung sät die Saat der Innovation, der Ausdauer und des Engagements, damit das gesamte Team die Früchte des Erfolgs und der persönlichen Entwicklung ernten kann.

Es gibt keinen Machtkampf, keinen Mangel an fachkundiger Führung, keine Angst, Fehler zu machen, und keine fehlgeleiteten Informationen. Das Einzige, was ein wahrer Anführer hat, ist die Kraft, in schwierigen Zeiten wieder aufzustehen. Schlachten zu schlagen, die vielleicht nicht bedeuten, dass man sogleich den Krieg gewinnt, aber die alle Schritt für Schritt dem Ziel näher bringen.

Die Tragödie entsteht, wenn jemand von Rang (keine Führungskraft, bitte denken Sie an den Unterschied) denkt: „Was habe ich davon, wenn ich anderen helfe, Großes zu erreichen?" oder „Warum sollte ich Energie darauf verwenden, andere dazu zu lehren und anzuleiten, sich selbst zu führen, wenn es nur dazu führt, dass sie meine Position infrage stellen?" „Was habe ich zu verlieren? Wird es ein finanzieller Verlust sein, oder, was noch schlimmer ist, der Verlust von Stolz?" Das ist ein furchtbar, furchtbar trauriger emotionaler Aufruhr, der entsteht, wenn man immer eine Gegenleistung erwartet. Dieses Ungleichgewicht sollten Sie um jeden Preis vermeiden!

Die Rolle einer Führungskraft besteht definitiv nicht darin, sich hinzusetzen und zu berechnen, wie viel Zeit, Geduld und Verständnis für die Menschen aufgewendet wird und welche Gewinne oder Werte zurückkommen. Ein Leben zu führen, das etwas zurückgibt, das sich zweifach auszahlt, das sich daran erfreut, dass andere um sie herum größer werden und auf eigenen Füßen stehen, das ist etwas ganz Besonderes!

Sie verdienen genauso viel wie die, die Sie anleiten. Sicher, die damit einhergehenden Vergünstigungen sind cool, aber denken Sie daran, dass Sie in der gleichen Liga spielen wie die anderen, dass Sie die gleiche Anerkennung erhalten. Ihre Position verschafft Ihnen nette Geschenke, aber Sie verdienen dasselbe wie Ihr schwächstes Glied, und Ihr schwächstes Glied bleibt in Ihrer Nähe.

Stehen Sie nicht mit der Hand auf der Hüfte auf dem Podest und warten Sie darauf, dass die Leute Sie mit Anerkennung überhäufen. Steigen Sie ab und setzen Sie sich neben sie, damit sie Ihre Menschlichkeit und Bescheidenheit spüren können. Die größten Führungspersönlichkeiten standen nicht auf dem Gipfel eines windigen Berges und zeigten mit dem Finger auf die, die sich noch unten befanden. Sie waren genau dort, unten an der Felswand, mit all den anderen, und haben sie vorwärtsgetrieben und befähigt. Um in der Welt voranzukommen, muss man gemeinsam kämpfen!

Eine wahre Führungspersönlichkeit weiß, wann sie um Hilfe bitten muss, wer also führt die Führungspersönlichkeit? Menschen laufen zur Höchstform auf, wenn sie jemanden finden, der an sie glaubt. Deshalb bedeutet wahre Führung auch, dass man zu jemandem aufschaut, der bereits ein paar Kästchen mehr auf der Liste abgehakt hat als man selbst. Sie stehen nicht über allem, und wenn Sie aufhören, so zu tun, als hätten Sie immer alles unter Kontrolle, werden andere Ihnen zu Hilfe eilen. Lernen Sie, sich um sie zu kümmern, und lassen Sie zu, dass sie sich auch um Sie kümmern, indem Sie sich aufeinander verlassen.

Erinnern Sie sich daran, dass wir über Kommunikation gesprochen haben? Nun, Überraschung, Überraschung! Jetzt geht es wieder um Kommunikation. Als echte Führungspersönlichkeit zu kommunizieren bedeutet, zu warten, bis alle anderen gesprochen haben, und dann eine Meinung zu äußern. Wenn Sie Ihre Meinung bis zum letzten Moment für sich behalten können, werden Sie das Gespräch insgesamt besser beurteilen können. Wie der große Nelson Mandela einmal sagte: „Übe dich darin, der Letzte zu sein, der spricht."

KAPITEL 2:
ZUM FÜHREN BESTIMMT –SELBSTER-KENNTNIS ALS FÜHRUNGSKRAFT

Weisheit wächst umso mehr, je stärker man sich seiner eigenen Unwissenheit bewusst wird. – Anthony de Mello

Eine Wissensbasis in mehreren Interessengebieten zeichnet große Führungspersönlichkeiten in ihren jeweiligen Bereichen als eine Art Universalgelehrte aus. Je mehr eine Führungspersönlichkeit über sich selbst und über ihre anderen intellektuellen Interessen lernen kann, desto mehr Einfluss kann sie auf ihre Mitarbeiter ausüben. Philosophie, Finanzen, Recht, internationale Kultur, Wissenschaft, Psychologie, Kunst und vieles mehr tauchen in der Regel als Wissensgebiete in den Wikipedia-Einträgen der größten Führungspersönlichkeiten auf.

Abgesehen von der offensichtlichen, illustren Vielfalt an Karrieren und Hintergründen, konzentrierten sich diese großen Führungspersönlichkeiten in erster Linie auf sich selbst. Auf ihre eigenen Wahrnehmungen, Realitäten und die Kontrolle ihrer Gefühle. Je mehr sie sammelten und speicherten, desto mehr zeigte ihnen ihre Welt ihr wahres Gesicht.

Seine wahre Bestimmung zu finden und sensibler für die in uns brodelnden Emotionen zu sein, erfordert ein erhebliches Maß an Selbsterkenntnis. Ich meine damit, dass wir sorgfältig prüfen sollten, was in unserem Ego vor sich geht und wie wir negatives Denken stoppen können, bevor es sich festsetzt.

Zwei sehr prominente Forschungsanalytiker haben Mitte der 90er-Jahre eine Studie über die Gemeinschaft der Führungskräfte und Unternehmen in den USA durchgeführt und klar festgestellt: „Wenn die Studie eine universelle Wahrheit in der heutigen Führungsentwicklung offenbart, dann die, dass der Prozess transparent sein sollte. Nur durch die Weitergabe der ‚Spielregeln' kann eine Organisation das Führungspotenzial ihrer Mitarbeiter freisetzen." (Williams & Cothrel, 1997).

Wenn eine Führungspersönlichkeit sorgfältig darüber nachdenkt, was ihr Einfluss für andere bedeutet, dann schiebt sich ein Vorhang beiseite und enthüllt die Antwort der Transparenz. Wenn Sie sich nicht zurückhalten und nicht davor zurückschrecken, denjenigen, die Ihnen folgen, die Hand zu reichen, und sie offen dazu einladen, Ihnen bei dem, was Sie tun, wie Sie es tun und warum Sie es tun, zuzusehen und zuzuhören, dann entwickeln Sie sich weiter! Ihr Wissen ist kein goldenes Ei, das Sie besitzen, sondern eine Goldgrube an Informationen und an Leidenschaft, die Sie mit der Welt teilen können.

Diese Selbstevaluierung des Charakters sollte während Ihrer gesamten Führungsarbeit stattfinden. Vielleicht sollten Sie sich eine wichtigere Frage stellen: Wie vertrauenswürdig bin ich? Glaube ich an meine eigenen Worte? Stehe ich mit Stolz hinter ihnen?

Die Antworten gehen nur aus einem einzigen Punkt hervor: Ihrem Modell der Selbsteinschätzung. Erinnern Sie sich daran, dass die besten Freunde einer Führungskraft Fragen sind? Stellen Sie sich also immer wieder Fragen. Halten Sie den Blick nach innen gerichtet, damit Sie Ihren geistigen Zustand veredeln und mit anderen auf klare und ordentliche Weise zusammenarbeiten können.

Wie Führungspersönlichkeiten entstehen

Die Fähigkeit, die wir Führerschaft nennen, ist umfangreich und unendlich. Ein Kreislauf von Wachstum und Veränderung, in dem Information und Anpassung die Kernwerte des Begriffs durchdringen und Führungskräfte hervorbringen, die Mut, Flexibilität und Einfühlungsvermögen für ihr Umfeld besitzen.

Es wäre weitgehend unaufrichtig, wenn wir davon ausgingen, dass alle Führungspersönlichkeiten dazu geboren wurden. Die meisten wurden durch äußerste Beharrlichkeit und das ständige Einprägen passenderer Werte, die mit ihrem Charakter übereinstimmen, dazu. Die grundlegenden Schwächen unseres Menschseins sind genau der Grund, warum wir immer wieder neue Wege entdecken und beschreiten. Das ist unser Kanon, unsere Geschichte. Deshalb sollte es für uns ebenso wertvoll sein, neue geistige Wege zu beschreiten und neue Sichtweisen auf die Welt um uns herum zu entwickeln.

Führungshandbücher erlangten Berühmtheit, als ultra-reiche CEOs begannen, zu schreiben: „Ich tue dies, ich trage dies, ich schreibe dies und ich sage jenes. Wenn Sie Geld verdienen wollen, tun Sie, was ich tue." Diese falsche Vorstellung davon, was eine Führungspersönlichkeit wirklich ausmacht und wie sie ihre Träume verwirklichen kann, war, gelinde gesagt, besorgniserregend. Das war der Punkt, an dem sich die Dinge zum Schlechten wendeten und eine negative geistige Veränderung eintrat. Die wahre Botschaft von Führung wurde wie ein vergessenes Artefakt begraben und von neueren und großartigeren Ideologien der Macht überlagert.

Sicherlich gibt es immer bessere Wege, etwas zu tun, solange die Führungskraft auf dem Weg dorthin niemanden mit Füßen tritt. Tony

Robbins, der amerikanische Philosoph und Coach, hat einmal gesagt, dass die stärkste Kraft im Universum ein Mensch ist, der konsequent mit seiner Identität lebt.

Wenn Sie sich also dessen bewusst sind, wer Sie sind und was in Ihrem Kopf vor sich geht, können Sie lernen, sich darauf zu konzentrieren oder es abzustellen. Es gibt vier gute Möglichkeiten, um mehr in Kontakt mit sich selbst zu kommen:

1. Führen Sie ein Tagebuch

Menschen, die daran interessiert sind, nah an ihrem Unterbewusstsein zu bleiben, führen Tagebuch. Wenn es Ihnen Spaß macht, Ihre Gedanken, Sorgen, Belastungen und Freuden des Tages aufzuschreiben, können Sie lernen, besser mit ihnen in Resonanz zu gehen und sich selbst mit mehr Interesse zu betrachten. Je mehr Sie sich für sich selbst interessieren, desto weniger beschäftigen Sie sich mit all den kleinen negativen Ereignissen, die im Laufe des Tages auftreten können. Schreiben Sie gut, schreiben Sie ehrlich, schreiben Sie mit dem Herzen.

2. Erstellen Sie ein Vision-Board

Auch hier gilt: Wer daran interessiert ist, sein Leben zu strukturieren und einen Fokus für seine Energie und Leidenschaft zu finden, nutzt dazu seine Kreativität. Um sich einen besseren Plan für die Zukunft vorzustellen, können Sie Bilder, die Ihre Wünsche und Bedürfnisse repräsentieren, heraussuchen und sie zusammen aufkleben, um ein umfassendes Zusammenwirken von kurz-, mittel- und langfristigen Zielen für sich selbst zu erreichen. Sie könnten auch ein digitales Vision-Board auf Ihrem

Computer oder Laptop erstellen. Es gibt zahlreiche kostenlose Apps, die Ihnen dabei helfen können, Bilder und motivierende Sätze zu finden, um digital etwas Einzigartiges zu schaffen, das auch in Arbeitsumgebungen zugänglich ist.

3. Konzentrieren Sie sich auf Wellness

Der Körper ist ein Gefäß, das Sie dorthin bringt, wohin Ihr Geist zeigt. Wenn Ihr Geist immer auf Hochtouren läuft, Ihr Körper aber nicht mithalten kann, dann ist es an der Zeit, Ihre Gesundheit in den Vordergrund zu stellen. Ich spreche davon, drei Liter Wasser pro Tag zu trinken, mindestens acht Stunden pro Nacht zu schlafen, mindestens viermal pro Woche Sport zu treiben und sich an den meisten Tagen vitaminreich, fettarm und ökologisch sauber zu ernähren. Diese Hinweise werden Ihnen Energie geben und Ihnen Ihre Umgebung mehr ins Bewusstsein rufen.

4. Suchen Sie nach der Wahrheit

Die Rückkopplungsschleife bietet eine der wenigen Möglichkeiten, wie ein Mensch besser verstehen kann, was andere denken. Ja, bei der Selbsterkenntnis geht es darum, die eigenen Wahrnehmungen zu analysieren, aber so tief ins Unterbewusstsein können Sie nicht graben! Es braucht eine Analyse von außen, um den Prozess vollständig abzuschließen. Wenn Sie Freunde, Familienangehörige und Kollegen nach Ihren Führungseigenschaften (und nach denen, die Ihnen fehlen) fragen, werden Sie Ihr Streben nach wahrer Führung verstärken.

Der Enthüllungsjournalist David Eppstein spricht in seinem Buch *Range* auf wunderbare Weise über das Konzept der Selbsterkenntnis, indem er auf die Übereinstimmungsqualität eingeht. Dies deutet darauf hin, sich Ihrer früheren Arbeit und Ihrer früheren Arbeitgeber bewusster zu werden, auf Ihre Karrieren zurückzublicken und sie als Diagnoseinstrument für Ihre Persönlichkeit zu nutzen, um bessere Übereinstimmungen in zukünftigen Karrieren zu erzielen.

Wenn Sie Ihren Lebenslauf hervorholen, können Sie sich selbst ein wenig besser analysieren, indem Sie beurteilen, warum Sie sich vor zehn Jahren für diesen Job entschieden haben, worin er gut und worin er schlecht war, und welchen Einfluss er auf die Person hatte, die Sie heute sind. Die Bewertung früherer Erfahrungen am Arbeitsplatz und in Führungspositionen ist eine fantastische Möglichkeit, um im weiteren Verlauf Ihrer Karriere Aufgaben von höherer Qualität übernehmen zu können. Wenn Sie gegen Ihre Kernaspekte ankämpfen, um einen Platz an einem Tisch zu bekommen, an dem Sie niemals die Möglichkeit haben werden, mit Menschen auf einer sinnvollen Ebene in Kontakt zu treten, und Sie nur aus der Ferne mit anderen interagieren, dann werden Ihre Kernwerte als Führungskraft unterdrückt und in einem dunklen Raum weggesperrt. Finden Sie stattdessen Ihre natürliche Neigung zu bestimmten Nischen und nutzen Sie diese für sich.

„Die American Psychological Association hat eine Studie veröffentlicht, in der festgestellt wurde, dass angesichts des dynamischen und komplexen sozialen Umfelds, in dem die meisten Führungskräfte agieren, ihre Effektivität bestimmte Wahrnehmungs- und Anpassungsfähigkeiten voraussetzt. Diese Qualitäten tauchen also nicht einfach auf und entwickeln sich sicherlich nicht in einem Vakuum" (National Society of Leadership and Success, 2017). Das heißt im Klartext, dass nichts einfach aus dem Nichts auftaucht. Wir werden nicht wie in einem Märchen auf magische Weise verwandelt, sondern es braucht Zeit, den richtigen Ansporn und eine bestimmte positive Einstellung, um hochgradig einfühlsam zu werden.

Daher können wir sagen, dass Führungspersönlichkeiten auf die gleiche Weise entstehen wie Diamanten tief in der Erdkruste. Sie müssen Zeit, Druck und Hitze erlauben, Sie in etwas Starkes, Schönes und Klares zu verwandeln.

Die Stärken und Schwächen der Führung

Die Führungsmedaille hat zwei Seiten: gewinnen und lernen. Entweder man hat Erfolg, oder man findet heraus, wie man nie wieder verliert. Die Stärken einer Führungskraft sind für ihren Erfolg ausschlaggebend, aber was viele nicht verstehen, ist, dass ihre Schwächen genauso viel, vielleicht sogar noch mehr ausmachen.

Wenn man ehrlich zu sich selbst ist und seine Persönlichkeit in zwei Säulen mit starken und schwachen Eigenschaften zerlegt, dann kann man leichter beurteilen, wo man gut dasteht und wo man noch Defizite aufweist.

Sie verstehen, wie die Führungskraft zur Führungskraft wird, aber verstehen Sie auch, dass eine Führungskraft sowohl mit ihren Erfolgen als auch mit ihren Niederlagen in Resonanz gehen muss?

Bitte zücken Sie Stift und Papier und lassen Sie uns erörtern, was es bedeutet, die Kontrolle über Ihre Entwicklung zu übernehmen, indem Sie mithilfe der SWOT-Technik (ein englisches Akronym, das für Stärken (Strengths), Schwächen (Weaknesses), Chancen (Opportunities) und Gefahren (Threads) steht) tiefer in sich gehen. Sie beginnen mit der Auflistung Ihrer Stärken und Schwächen, indem Sie …

1. ... sich der Wahrheit stellen:

Das bedeutet, dass Sie herausfinden müssen, was Ihr Ego anderen zu Ihrer eigenen Sicherheit zeigt und was Ihr Ego nur Ihnen selbst in diesen intimen und beängstigenden Momenten der Selbsterkenntnis zeigt. Das ist etwas, was Sie sicher mindestens einmal in Ihrem Leben getan haben, als das Unglück zuschlug oder das Glück überwog. Lehnen Sie sich zurück, nehmen Sie einen tiefen Atemzug und finden Sie Ihre ehrlichen Gründe heraus.

2. ... sich die richtigen Fragen stellen:

Was sind die Stärken, die Sie so weit gebracht haben, und welche Schwächen haben Sie behindert? Schreiben Sie eine umfassende Liste dieser Eigenschaften und der Möglichkeiten, durch die diese Eigenschaften Ihr Leben bereichert haben. Liegt Ihre Stärke darin, stets am Ball zu bleiben und immer neue Ideen zu haben? Bestehen Ihre Schwächen darin, dass Sie nicht wissen, wie Sie diese Ideen in die Tat umsetzen können? Erlauben Ihre Schwächen anderen Mitgliedern Ihres Teams, zu glänzen? Finden Sie heraus, welche Auswirkungen Ihre Eigenschaften auch auf Ihre Mitmenschen haben.

3. ... sich fragen, was Sie wirklich begeistert:

Was motiviert Sie für eine Aufgabe oder eine Situation? Zu wissen, was Sie so erpicht darauf macht, etwas zu tun, ist notwendig für den Prozess. Sie müssen Ihre Trigger für Aufregung und Nervosität erkennen. Wenn Ihnen etwas unheimlich erscheint, sind Sie vielleicht einfach nur aufgeregt!

Was sich auf dem Papier recht einfach anhört, ist in der Realität um einiges komplexer. Der Übergang von dem, was wir uns vorstellen, zu dem, was wirklich passiert, verwirrt und frustriert die Menschen manchmal. Tatsache ist, dass dies nicht über Nacht gelingt. Es wird langsam, sorgfältig und mit viel Selbstliebe geübt. Indem Sie akzeptieren, wer Sie sind und wer Sie nicht sind, vollbringen Sie einen Akt, der an sich schon ein großer Gewinn ist.

Hier sind einige der Stärken, von denen unsere aufstrebenden Führungskräfte profitieren würden, wenn sie sich diese zu eigen machen würden:

- eine ständige Resonanz zwischen Verantwortlichkeit und Anpassungsfähigkeit
- ein Auge für Qualität und eine feste Verpflichtung dazu
- die Fähigkeit, andere in verschiedenen Situationen einzubeziehen
- Überlegungen und Begründungen stets in die Kommunikation einfließen zu lassen

Weitaus auffälliger im Charakter eines Menschen sind seine Schwächen. Wenn Sie sich jedoch bemühen, sich selbst als Mensch besser zu verstehen, dann werden die Schwächen, die Sie sehen, Ihnen später bessere Möglichkeiten verschaffen, mit größeren Chancen, zu lernen und sich weiterzuentwickeln. Einige Defizite sind:

- die fehlende Erfahrung, um sich zur richtigen Zeit auf die richtigen Dinge zu konzentrieren
- nicht in der Lage zu sein, mit dem Team klare Ziele und Taktiken für die Zukunft zu formulieren

- mangelnde emotionale Intelligenz und Reife, die zu Verständnis und Geduld nötig sind
- der Vergleich mit Gleichaltrigen, indem ständig nach Anerkennung und Akzeptanz für marginale und oberflächliche Aspekte der eingenommenen Position gesucht wird
- das Entstehen von einem problematischen Ungleichgewicht zwischen Arbeitsleben und Privatleben

Wenn Sie sich auf Ihre Stärken konzentrieren und sich selbst ermutigen, immer wieder in Ihrem Inneren nach weiteren Antworten und Beweggründen zu suchen, dann wird sich ein Kernwert als Führungskraft herauskristallisieren. Suchen Sie sich einen Mentor oder jemanden, der Sie wertschätzt, denn diese Menschen können Sie zu ruhigeren und überlegten Entscheidungen anleiten. Ihr Feedback ist von Vorteil, denn wenn Sie wissen, wie Ihre Handlungen bei anderen ankommen, können Sie sich selbst neu einschätzen und neu formen. Dies ist wichtig, um zu wissen, wie man den Stress besser bewältigen kann, indem man in jeder Situation innehält und nachdenkt.

Ihre Grundwerte als Führungskraft

Die Werte, die Sie bereits Ihr ganzes Leben lang haben – von den Werten, die Ihnen Ihre Eltern eingeflößt haben, bis zu den Werten, die Sie von geliebten Menschen und Freunden übernommen haben –, werden Ihre Plattform sein, auf der Sie immer mehr Menschen auf die Reise des Erfolgs und der Ermächtigung mitnehmen können. Je größer diese Plattform ist, desto mehr Menschen können sich Ihnen anschließen.

Erweitern Sie diese Werte und lassen Sie sie zur Grundlage Ihrer Führung werden. Werte können zu sehr verallgemeinert werden, aber es ist entscheidend, dass man versteht, dass diese Werte in jedem Menschen in kleinerem oder größerem Ausmaß vorhanden sind. Es geht darum, diese Trittsteine zu nutzen und sie solide genug zu machen, damit mehr Führungskräfte entstehen können.

- **Mut**

  Ein Anführer ist jemand, der das Schwert ergreift und für die Werte einsteht, die ihm wichtig sind. Er kämpft für die Menschen, die dieselben Werte vertreten, und er baut einen Stamm auf, der bereit ist, sich seinem Anführer im Kampf anzuschließen.

- **Respekt**

  Jeder verdient es, erstens als Mensch, zweitens als Teil des Teams und drittens als individueller Denker und Beweger respektiert zu werden.

- **Bescheidenheit**

  Es geht nicht darum, zu hören, wie die Leute über das Auto, das Sie fahren, die Marken, die Sie tragen, oder das Büro, in dem Sie arbeiten, sprechen. Es geht darum, zu hören, wie sie über das Unternehmen, ihre Interessen und ihre Begeisterung für Projekte sprechen. Das Pflegen Ihres Images kann manchmal Aufmerksamkeit erregen, die besser genutzt werden könnte.

- **Einsatz**

  Es geht in erster Linie um Ihre Pflicht. Betrachten Sie Ihren Dienst an denen, die Ihnen folgen, wie den Dienst, den ein Soldat seinem Land leistet. Ja, ich weiß, es ist etwas abwegig, wenn man es so erklärt, aber das Konzept ist das gleiche. Sie tun diesen Dienst für etwas, an das Sie wirklich glauben, etwas, das größer ist als Sie.

- **Authentizität**

    Die Wahrheit ist eine Sache, Authentizität eine andere. Seien Sie stolz auf die Person, die Sie sind! Lassen Sie Ihr Licht erstrahlen und erlauben Sie den Menschen, eine Seite von Ihnen zu sehen, die Barrieren aufweichen und das Eis brechen kann.

- **Integrität**

    Moral und Prinzipien sind grundlegend. Sie sorgen für die Integrität, durch die die Führungskraft Einfluss ausübt. Sie sind die unverrückbare Kraft, die das Team in Schwung hält und zu neuen Höhen führt, ohne es zu brechen. Mit der Integrität verhält es sich ähnlich wie mit der Authentizität, aber sie erfordert eine stärkere emotionale Bindung an Werte.

- **Etwas bewirken**

    Wir benötigen Führungskräfte, die neue Formen schaffen, jedoch keine komplexeren Systeme. Interessante Ideen zu haben bedeutet, immer nach neuen Informationen zu suchen und seinen Horizont zu erweitern. Etwas zu verändern bedeutet, zu erkennen, was in einer Gruppe oder einem Umfeld fehlt, und einen Weg zu finden, diesen Mangel durch Kreativität und Zusammenarbeit zu beseitigen.

- **Weisheit**

Emotionale Intelligenz und Reife zu erlernen, braucht Zeit. Große Führungspersönlichkeiten haben mehr von dem verstanden, was sie nicht wissen, und sind bereit, dieses Wissen zu erweitern, ohne dabei zu hetzen. Zu wissen, wann man etwas sagen sollte und wann besser nicht, ist weise. Sich zurückzunehmen und seine Vorurteile neu zu bewerten, ist weise. Mehr von sich zu geben und weniger zu nehmen ist weise.

Diese Grundwerte sind entweder bereits vorhanden oder Sie befinden sich in dem Prozess, sie zu entwickeln. Sie können darauf aufbauen, indem Sie immer wieder prüfen, welche Eigenschaften Sie haben und was Sie vielleicht loslassen (oder abschwächen) sollten.

Es ist ratsam, diese Stärken, Schwächen und Werte aufzuschreiben und sie in die Modelle für die Entwicklung von Führungskräften einzubeziehen, die wir später behandeln werden. Sie werden den Grundstein für Ihr Wachstum bilden.

KAPITEL 3:
ENTDECKEN SIE IHREN FÜHRUNGSSTIL

Gehe nicht, wohin der Weg dich führt, sondern dorthin, wo kein Weg ist, und hinterlasse eine Spur. – Ralph Waldo Emerson

Nachdem wir nun erörtert haben, was Führung ist und auf welche Werte und Qualitäten Sie sich konzentrieren sollten, möchte ich Sie bitten, über den nächsten Schritt des Prozesses nachzudenken. Dieser Schritt ist, herauszufinden, welcher Führungsstil zu Ihnen passt und wie Sie bestimmte Eigenschaften verbessern oder auch abstellen können, um Ihre Chancen zu erhöhen, die bestmögliche Führungskraft zu sein.

In diesem Kapitel werden wir uns mit den Besonderheiten der Suche nach dem Führungsstil, der zu Ihrem Charakter passt, befassen (falls Sie das nicht schon getan haben) und prüfen, wie Sie Ihren eigenen Stil bewerten oder neu bewerten können.

Es gibt so viele verschiedene Bezeichnungen, Kategorien und Beschreibungen von Führungsstilen, dass es wirklich schwierig sein kann, zu beurteilen, welcher am besten zu Ihrer Persönlichkeit passt und wie Ihre Persönlichkeit mit den Anforderungen der einzelnen Stile in Einklang gebracht werden kann.

Entscheidend ist jedoch, dass eine Führungskraft einen Stil entwickelt, mit dem sie ihre täglichen Aufgaben, ihre Gefühle und die zwischenmenschlichen Beziehungen mit dem Team strukturieren kann. Es ist eine Tatsache, dass Führung Struktur erfordert. Manche Leute kommen damit durch, unvorbereitet in den Ring zu steigen und zu improvisieren, aber das klingt sehr stressig und führt oft zu mehr Fehlern, als nötig wären. Wenn man sich von Anfang an überlegt, was für eine Art von Führungskraft man sein möchte, dann ist der Weg, den man einschlägt, viel geradliniger.

Was ist ein Führungsstil und warum ist es wichtig, einen solchen zu entwickeln?

In den späten 1930er-Jahren machte sich ein Team von Psychologen und Forschern unter der Leitung von Kurt Lewin daran, die grundlegenden Kategorien der Führungsstile, die sie in einer Gruppe von Menschen beobachten konnten, zu entwickeln. Sie begannen ihre Forschungen in Schulen, wo Kinder anhand ihrer Reaktionen auf Situationen und vorgeschlagene Reize bewertet wurden. Dabei kamen drei verschiedene Stile zum Vorschein. Erstens ein autokratischer Führungsstil, die durch ein Befehls- und Kontrollmodell der Handlungsanweisungen bestimmt wird. Zweitens ein Laissez-faire-Modell, das durch einen Mangel von Verantwortungsübernahme, Kontrolle und des ständigen Bedürfnisses nach Führung seitens der Führungskraft und durch totale Freiheit seitens der Gruppe gekennzeichnet ist. Drittens der gut angenommene demokratische Stil, der durch Vertrauensabstimmungen und die Beteiligung der Gruppe an Entscheidungen und Maßnahmen den Willen zur Leistung weckt.

In den folgenden Jahren wurden viele weitere Stile adaptiert und miteinander vermischt. Als sich zu Beginn des 20. Jahrhunderts der Markt für den Aufbau und das Wachstum großer Unternehmen entwickelte, wuchs auch die Idee, die Verantwortung zu übernehmen und sein eigener Chef zu werden. Dies wiederum führte dazu, dass mehr Führungsstile entwickelt wurden, da eine größere Gruppe unterschiedlicher Menschen in die Belegschaft und in Führungspositionen eintrat. Der Markt verlangte nach Selbsteinschätzung, und wie wir heute sehen, ist dies ein weitverbreitetes Thema in der Wirtschaft und in sozialwissenschaftlichen Bereichen.

Es ist unbedingt erforderlich, dass Sie jeden dieser Stile verstehen und alle als Leitfaden für die Verwendung dieser Stile betrachten.

„Ein Führungsstil bezieht sich auf die Methoden und Verhaltensweisen einer Führungskraft, wenn sie andere anleitet, motiviert und führt. Der Führungsstil einer Person bestimmt auch, auf welche Weise sie Strategien entwickelt und Pläne umsetzt und wie sie dabei die Erwartungen der Beteiligten und das Wohlergehen ihres Teams berücksichtigt" (Becker, 2020).

Die Definition eines Führungsstils ermöglicht es Ihnen, sich selbst im Auge zu behalten und sich darüber im Klaren zu sein, wann Sie ihn anwenden sollten. Wir wissen jetzt, dass es bei der Führung in erster Linie um die eigene Person geht und um die Klarheit, mit der die Person zu anderen und zu sich selbst spricht. Die Grenzen von Individuen werden durchbrochen und an ihrer Stelle entstehen Bindungen, wenn man sich an Werte hält. Wenn die Führung stärker auf die Menschen ausgerichtet ist, treten weniger Fehler auf, sowohl im Urteil als auch in der Leistung. Denken Sie daran: Menschen zu managen ist eine Sache, sie zu führen ist etwas ganz anderes.

Die Frage dabei ist, wann und wie man diese Stile einsetzt. Wenn Sie den ganzen Tag über an einem Stil festhalten, kann die Starrheit Ihrer

Führung die Menschen um Sie herum abschrecken. Es ist wie ein Kartenspiel, bei dem Sie alle Ihre verschiedenen Stile in einer Hand halten. Sie können sich je nach Situation für einen bestimmten Stil entscheiden, und es kann passieren, dass Sie einen Fehler machen, wenn Sie einen Stil falsch anwenden, was zu Konflikten oder Verwirrung bei Kollegen und Mitarbeitern führt. Wenn man einige verschiedene Stile beherrscht, die man je nach Situation austauschen und anpassen kann, dann kann man sagen, dass man etwas verstanden hat.

Grundlegende Führungsstile

Im Folgenden finden Sie die vier häufigsten Führungsstile, die wir heute kennen. Wie ich bereits erklärt habe, gibt es in anderen Quellen verschiedene Bezeichnungen für diese Stile, und manchmal ändern sich die Aspekte des Stils, sodass ich Sie ermutigen möchte, die von mir vorgestellten Stile sorgfältig zu prüfen, um Verwirrung zu vermeiden. Denken Sie daran: Je konkreter das Konzept ist, desto einfacher ist es, eine Entscheidung zu treffen und das Konzept an Ihr Leben anzupassen.

Transaktionell

Dieser Führungsstil ist auf Richtlinien, Regeln, Parameter und Leistungsstandards ausgerichtet. Er ist wahrscheinlich einer der am häufigsten angewandten Führungsstile, bei dem der Schwerpunkt auf den grundlegenden Bedürfnissen des Unternehmens liegt. Eine Befehlskette wird durch ein ständiges Austauschsystem etabliert, bei dem die Führungskraft Aufgaben erteilt und je nach Ergebnis belohnt oder bestraft. Dabei wird automatisch davon ausgegangen, dass Leistung und Verhalten aufeinander abgestimmt und in Stein gemeißelt sind.

Aufgrund seiner subtilen Strenge kann dieser Führungsstil langfristige Beziehungen und Innovationen innerhalb des Unternehmens ersticken, aber die Effizienz und Fairness (Integrität) dieses Führungsstils kann nicht bestritten werden, wenn es darum geht, Entscheidungen zu treffen und den individuellen Wert zu schätzen.

Dieser Stil erfordert:

- Struktur und Regeln, die es der Führungskraft ermöglichen, Missverständnisse und Fehler innerhalb des Teams zu vermeiden. Etwa ein solider Vertrag, in dem alle „Ja"- und „Nein"-Regeln des Unternehmens festgelegt sind, oder große Plakate am Arbeitsplatz, die die Mitarbeiter an die Kleiderordnung und die beruflichen Umgangsformen erinnern.

- Umfassende Kommunikation darüber, was erwartet wird, wofür die Organisation steht und was (für sie) die Organisation als Ganzes ausmacht. Diese Vorsichtsmaßnahme räumt Missverständnisse aus dem Weg. Auch wenn diese Kommunikationsart nicht unbedingt zum Aufbau von Beziehungen beiträgt, stellt sie doch sicher, dass die Führungskraft ein Anliegen angesprochen und das Team es verstanden hat.

- Schaffung eines gerechten Belohnungs- und Bestrafungssystems. Festgelegte Belohnungen für bestimmte Leistungen müssen beachtet und respektiert werden. Manchmal ist ein Dankeschön erforderlich, manchmal eine Beförderung. Manchmal ein fragwürdiger Blick der Enttäuschung und manchmal eine Kündigung.

- Eine konsequente Überwachung verhindert, dass sich kleine Fehler auswirken. Die Führungskraft hat die Wahl zwischen aktivem Mikromanagement und passiver Reaktion auf eine Ausnahme. Diese Möglichkeiten sollten vorsichtig und mit dem ehrlichen Bedürfnis eingesetzt werden, das Ziel zu erreichen und nicht, um Dominanz zu zeigen.

Bei der Wahl des Führungsstils und des Themas, das die Organisation darstellen möchte, sollte die Bedeutung der Festlegung klarer Bestrafungsstrategien immer frühzeitig bewertet werden. Dieser Stil kann in verschiedenen Szenarien funktionieren, solange die Führungskraft auch etwas Bewegung und Input zulässt.

Diener

Diese Form der Führung konzentriert sich ausschließlich darauf, was die Führungskraft für die Gefolgschaft tun kann. Dieses Dienstleistungsmodell wird in alltäglicheren Situationen, in denen die Gefolgschaft zweifelt, ausgezeichnet angenommen. Der Diener bietet Unterstützung, Ermutigung und Ressourcen, während er seine eigenen Karriereinteressen zurückstellt. Die Macht, andere zu ermächtigen, ist der Punkt, in dem dieses Modell wirklich glänzt.

Da es notwendig ist, starke Beziehungen zu den Teammitgliedern aufzubauen, braucht dieser Stil Zeit, um richtig umgesetzt zu werden. Die Führungskraft hat ein echtes Interesse daran, ihren Mitarbeitern alles zurückzugeben, und deshalb ist dieser Führungsstil so selten. Das Vertrauen aufzubringen, Macht abzugeben und anderen ein echtes Vorbild zu sein, ist anstrengend und kann ein gewisses Maß an Autorität aufheben.

Dieser Stil erfordert …

- … die Zustimmung der Organisation, dass dieser Stil umgesetzt werden kann. Es handelt sich um eine eher vorausschauende und altruistische Methode, weshalb sie möglicherweise nicht akzeptiert wird, wenn eine starke und beständige Führung erforderlich ist.

- … einen sehr ausgeglichenen Geisteszustand. Diese Führungskraft hat tief in sich selbst hineingeblickt und erkannt, was sie wirklich tun muss. Ein dienender Stil muss ehrlich und tief in der Führungskraft verankert sein.

- … kompromisslose Freundlichkeit. Starke Beziehungen aufzubauen und im Wesentlichen mit Ihren Teammitgliedern gut befreundet zu werden, bedeutet, sie in Ihre Rolle einzuführen, ihnen größere Aufgaben anzuvertrauen und eine Menge Demut und Vergebung mitzubringen. Die Pflege dieser Beziehungen ist von entscheidender Bedeutung.

Dieser Stil kann, wenn er zu oft angewandt wird, zu einem „Sich-schikanieren-lassen-Stil" werden und sollte in bestimmten Szenarien in Bezug auf Emotionen, Ehrlichkeit und Freundlichkeit gewählt werden. Viele Gefolgsleute reagieren nicht gut darauf, sich selbst überlassen zu sein, und bevorzugen eine Führungskraft, die mehr in Aktion tritt.

Indem Sie sich mit den Aspekten einer hochwirksamen Führung beschäftigen, die aus Zeit, Fürsorge und Respekt bestehen, beginnen Sie, Ihre Mitarbeiter so zu behandeln, wie Sie Ihre Familienmitglieder behandeln würden.

Laissez-faire

Kurz gesagt, Sie haben die Anweisungen sauber und präzise auf den Tisch gelegt und sich dann zurückgezogen, um zu sehen, wie die Gefolgschaft Ihre Anweisungen versteht. Diese Art der Führung gibt viel Freiheit und kann, wenn sie in der richtigen Umgebung angewandt wird, zu Kreativität und Ermächtigung führen.

Feedback und Interaktion zwischen den beiden Parteien werden hingegen auf ein Minimum reduziert, was dem Erfolg der Organisation langfristig schadet. Es gibt weniger Motivation und Orientierung, und das wiederum führt zu einem höheren Stressniveau in Teams mit weniger Erfahrung.

Dieser Stil erfordert …

- … ein Team, das genau weiß, was es zu tun hat. Seine Mitglieder sind kompetent und wissen, was von ihnen erwartet wird, ohne dass sie Aufsicht und Unterstützung benötigen.

- … keine Belohnung oder Bestrafung von Angestellten, da der Vorgesetzte eine gewisse Distanz zum Geschehen wahrt.

- Vertrauen und Zusammenarbeit zwischen den Mitgliedern werden entscheidend. Hier werden Sie sehen, dass einer der Mitarbeiter selbst eine Führungsrolle unter seinen Kollegen übernimmt, um sie in die richtige Richtung zu lenken.

Wir können verstehen, dass diese Methode nur eine Nische darstellt. Der größte Teil der Unternehmen und Organisationen in egal welchem Bereich würde diese Methode wahrscheinlich nicht bevorzugen, und es wäre ratsam, sie nur in kleinen strategischen Dosen einzusetzen. Sie könnten diese Methode zum Beispiel bei herausfordernden Aufgaben einsetzen, um zu bewerten, auf welchem Niveau sich Ihr Team befindet. Es ist wichtig, dass die Führungskraft Methoden zur Beurteilung ihrer Mitarbeiter entwickelt und weiß, wozu diese fähig sind.

Transformation

Diese Art von Führungskraft ist ein Geschichtenerzähler. Sie ist von Natur aus ein Kommunikator und öffnet Türen zur Selbsteinschätzung und zu der Frage, auf welche Weise jeder Einzelne etwas bewirken kann. Sie ist intellektuell stimulierend, unterstützend und strahlt inspirierendes Vertrauen aus. Die Herausforderung, die sie verkörpert, verlangt von ihren Teammitgliedern, dass diese ihre Fähigkeiten ständig verbessern und einen kreativen und vorausschauenden Beitrag zur Organisation leisten wollen.

Die Führungskraft könnte durch diesen Führungsstil sehr ausgelaugt werden, und er ist eher für extrovertierte Persönlichkeiten geeignet, die es wirklich lieben, an vielen Facetten gleichzeitig teilzuhaben.

Dieser Stil erfordert …

- … das Vorhandensein einer starken Vision, die Sie selbst und Ihr Team bereits umgesetzt haben. Diese Führungspersönlichkeit weiß, wie sie ihre Untergebenen verführen und dazu überzeugen kann, etwas zu erreichen, dass die Organisation oder sogar die Welt verändern kann.

- … dass die Aufgaben parallel zu der Vision laufen, die den Mitarbeitern vor Augen steht. Eine zu starke Betonung der Zukunft kann die Wirksamkeit der täglichen Abläufe zunichtemachen. Langfristiger Erfolg bedeutet, ein Gleichgewicht zwischen Motivation und Aktion zu haben.

- … die Verpflichtung zur Erfüllung der Versprechen, die den Teammitgliedern gegeben wurden. Es ist wichtig, dass diese Führungspersönlichkeit immer am Ball bleibt und ihre Versprechen so gut wie möglich einhält.

Diese Art der Führung funktioniert besonders gut, wenn eine große Veränderung ansteht. Wenn neue Energie und neues Blut eine frische Perspektive und mehr Ermutigung für optimale Ergebnisse bringen können, dann ist sie erfolgreich.

Ich sage noch einmal, dass diese Methoden alle wunderbar funktionieren, wenn sie in allen möglichen Kontexten unabhängig voneinander eingesetzt werden. Das ist der Punkt, durch den sich große Führungskräfte vom Rest abheben.

Die Bewertung von Führungsstilen auf der Grundlage von Handlungslogiken

„Die meisten Entwicklungspsychologen sind sich einig, dass sich Führungskräfte nicht so sehr durch ihre Führungsphilosophie, ihre Persönlichkeit oder ihren Managementstil unterscheiden. Vielmehr ist es ihre innere ‚Handlungslogik' – wie sie ihre Umgebung interpretieren und reagieren, wenn ihre Macht oder Sicherheit infrage gestellt wird" (Rooke & Torber, 2015).

Die obige Aussage stammt aus einer Studie über verschiedene Handlungslogiken, die von Harvard Business Associates im Jahr 2015 unter dem Titel *Seven Transformations of Leadership* durchgeführt wurde. Untersucht wurden die Antworten einer bestimmten Gruppe von Führungskräften, die entsprechend den Ergebnissen der Studie in Kategorien eingeteilt wurden. Die Prozentsätze zeigen, wie häufig oder selten

Merkmale bestimmter Handlungslogiken tatsächlich sind und welchen Einfluss sie auf einen Führungsstil haben.

Führungsstile beruhen in hohem Maße darauf, welche Handlungslogik die Führungskraft von Natur aus besitzt, und es gibt sieben verschiedene Typen zu bewerten, die ich unten aufgelistet habe. Schauen Sie sich die Sätze an, die die einzelnen Handlungslogiken beschreiben, und wählen Sie die Aussagen aus, denen Sie zustimmen, um zu sehen, in welchen Stil Sie am besten passen.

1. Der Alchimist

Hier erleben wir einen echten sozialen und strukturellen Wandel in der Gesellschaft und bei den einzelnen Menschen in ihr. Der Alchimist hat die unglaubliche Fähigkeit, mit vielen Situationen umzugehen, die gleichzeitig auf verschiedenen Ebenen auftauchen. Alchimisten machen 1 % der Führungskräfte in der Studie aus, was sie in der Tat zu einem seltenen Juwel macht. Wenn eine Person in der Lage ist, einen umfassenden Wandel herbeizuführen, indem sie physische, spirituelle und gesellschaftliche Veränderungen herbeiführt, dann ist dies eine Führungspersönlichkeit, die die Geschichte für immer prägen wird! Alchimisten sind äußerst charismatisch und haben einen sehr hohen moralischen Anspruch an sich selbst; sie schaffen Veränderungen, indem sie selbst die Veränderung sind.

- A1. „Eine gute Führungspersönlichkeit verfügt über Empathie und moralisches Bewusstsein, das ihren Mitarbeitern hilft, ihr Potenzial voll auszuschöpfen."
- A2. „Was auch immer die Aufgabe ist, sie muss eine positive und tiefgreifende Wirkung haben."

- A3. „Meine kurzfristigen und langfristigen Bedürfnisse sind gut ausgewogen."

2. Der Stratege

Diese Führungskräfte machen 4 % der Studie aus, und wir sehen, dass diese mit Eigenschaften auf organisatorischer und persönlicher Ebene glänzen. Dank ihrer Aufmerksamkeit für die Führung sind sie sich der Welt um sie herum sehr bewusst und haben ein starkes Interesse daran, Informationen zu sammeln und sie iterativ zu nutzen. Sie sind als transformationale Führungskräfte sehr effektiv und erkennen den Wert von kurz- und langfristigen Veränderungen. Der Stratege hat ein wachsames Auge für Chancen und Bedrohungen und kann sowohl Unternehmen als auch Gruppen von Menschen umgestalten.

- S1. „Ein guter Anführer strebt immer nach einer Einigung zwischen den Gruppen."
- S2. „Die individuellen Leistungen und das Wachstum meiner Mitarbeiter sind gleichwertig mit dem Wachstum der Organisation."
- S3. „Ich kann mit dem Stress und den Konflikten im Team umgehen, weil ich weiß, dass sie unvermeidlich sind."

3. Der Individualist

Diese Führungspersönlichkeiten zeichnen sich durch ihre Fähigkeit aus, mit allen anderen Arten von Handlungslogik zu kommunizieren, und machen 10 % der Studiengruppe aus. Der Individualist hat die Fähigkeit, Lücken im System aufzuspüren und sie mit einer fließenden Leistungsstrategie zu lösen.

Seine einzigartige und praktische Denkweise trägt enorm zu seiner Organisation bei, da er in der Lage ist, seine eigenen Ansätze mit denen anderer zu verweben.

- I1. „Die persönliche Intuition hat immer Vorrang vor dem Prozess einer Organisation."
- I2. „Die Fähigkeit, den Mitarbeitern komplexe Ideen zu vermitteln, erfordert Nachvollziehbarkeit."
- I3. „Anhaltender Erfolg ist schön, aber Fortschritt ist besser."

4. Der Macher

Diese Kategorie der Handlungslogik lehnt sich an die Führungsrolle an, wobei sich die Führungskraft mehr an der Handlungs- und Zielfunktion orientiert. Der Macher bleibt nah an den marktbezogenen Anforderungen, aber er ist auch perfekt darin, ein positiveres Umfeld und Systeme um sich herum zu implementieren, um das Team dazu zu bringen, Ergebnisse zu liefern. Macher machen 30 % der Gruppe aus und repräsentieren damit die zweithäufigste Handlungslogik. Manchmal zeigen sie eine Schwäche, die sie daran hindert, über ihren Tellerrand hinauszublicken, aber sie neigen dazu, in der Regel alle ihre strategischen Ziele zu erreichen, und bringen Menschen und ihre Anforderungen mit natürlicher Leichtigkeit in Einklang.

- M1. „Das Management des Teams ist zweitrangig gegenüber dem Management des Marktes und des Gewinns."
- M2. „Ich verstehe, dass sich das Glück des Umfelds im Produktionserfolg ausdrückt."
- M3. „Erfolgreich sein heißt, Befehle richtig zu befolgen."

5. Der Experte

Hier sehen wir die häufigste Art der Handlungslogik in der Gruppe, die 38 % ausmacht. Der Experte leitet die Show, indem er Logik, Rationalität und Fachwissen über das Produkt oder System einsetzt, um seine Glaubwürdigkeit zu erhöhen. Seine rationale Effizienz führt dazu, dass er als Einzelperson einen brillanten Beitrag zur Organisation leistet, aber leider eher schlechte zwischenmenschliche Werte aufzeigt. Es könnte ihm schwerfallen, langfristig auf die Bedürfnisse seines Teams einzugehen, da er ein Gleichgewicht eher in Zahlen, Statistiken und harten Fakten sucht als in sozialer und ökologischer Positivität. Emotionale Intelligenz wird nicht immer geschätzt, und er ist überzeugt, seine Zeit könnte besser für seine eigene Arbeit verwendet werden als für die Kommunikation mit anderen.

- E1. „Das Streben nach Wissen und Kompetenz hat Vorrang vor dem Team und der Organisation."
- E2. „Meine Entscheidung ist in der Regel die richtige."

6. Der Diplomat

Was in dieser Kategorie am meisten auffällt, ist die Vorstellung, dass Konflikte um jeden Preis vermieden werden sollten, um Menschen zusammenzubringen und Gruppennormen zu bilden. Der Diplomat macht 12 % der Studie aus, und er wird seinen Wert in seinen kooperativen Eigenschaften zeigen. Er hat eine angeborene Art, Menschen zusammenzubringen. Leider lassen seine diplomatischen Ideologien nur selten Raum für Verbesserungen und Innovationen. Aufgrund seines ständigen Bedürfnisses, die Kontrolle über sein eigenes Verhalten zu erlangen und die ranghöheren Kollegen in der Organisation zu beschwichtigen, würden seine Mitarbeiter letztlich den Wert seiner Position anzweifeln.

- D1. „Instabilität tritt auf, wenn es einen Wechsel in der Mannschaft gibt."
- D2. „Der soziale Kitt des Teams beseitigt Konflikte und Widerstände."
- D3. „Unterstützende Rollen und teamorientierte Aktivitäten sind meine Stärken."

7. Der Opportunist

Diese Gruppe von Führungskräften erweist sich als die destruktivste, was den sozialen Wandel und den tatsächlichen Wert der Führung angeht. Die Opportunisten machen 5 % der Studiengruppe aus und sind bekannt dafür, dass sich ihr Talent in Notsituationen und bei der Steigerung der Verkaufsstrategien im Unternehmen zeigt. Aber sie entwickeln sich aufgrund ihrer selbstbezogenen Ideologien und ihrer „Koste es, was es wolle"-Mentalität nicht darüber hinaus. Dies kann dazu führen, dass sie als egozentrisch wahrgenommen werden, Menschen und ihre Gefühle manipulieren und ein starkes Gefühl des Misstrauens entsteht. Solange sie ihren Führungsstil und ihre emotionale Intelligenz nicht weiterentwickeln, wird diese Art von Managern nicht lange die Kontrolle behalten.

- O1. „Ich stehe ständig im Wettbewerb mit allen um mich herum, auch wenn das meine Entwicklung beeinträchtigt."
- O2. „Meinungen und Beobachtungen aus meinem Umfeld abzulehnen, ist in Ordnung."

Schauen wir uns nun an, wie sich die einzelnen Antworten in den Führungsstilen widerspiegeln:

1. Transaktionell: S1, S2, O1, O2, E1, E2, A3, M1, M3, D1, D3.
2. Diener: S3, M2.
3. Laissez-faire: D2, D3, E1.
4. Transformation: I1, I2, I3, A1, A2.

Ich möchte, dass Sie vor allem begreifen, dass Führungsstile nicht in Stein gemeißelt sein müssen. Sie müssen kreativ und fließend sein. Sie können lernen, Merkmale eines Stils zu adaptieren und in einen anderen zu integrieren, wenn Sie dies wünschen, solange sich Ihre Rolle als Führungskraft so entwickelt, dass sie diese Merkmale ergänzt.

Wie sich Führungspersönlichkeiten entwickeln

Evolution ist unvermeidlich. Es muss einen Raum geben, in dem frühere Beobachtungen untersucht und neue Gedanken vorgebracht werden. Es gibt einige wunderbare Werke, die die Werte der weiterentwickelten Führungskraft ans Licht bringen.

Brené Brown, amerikanische Professorin an der Universität Houston, hat ein Buch mit dem Titel *Dare to Lead* (deutscher Titel: Führung wagen) geschrieben. Darin schlüsselt sie auf, was es bedeutet, eine mutige, neugierige und einfühlsame Führungskraft zu sein, wie die Welt sie braucht. Sie beschreibt, dass Verletzlichkeit nicht gleichbedeutend mit Schwäche ist und wie ersteres eine Führungskraft zum Besseren verändern kann. Brown schreibt:

> Eine der wichtigsten Erkenntnisse meiner Laufbahn ist, dass mutige Führung eine Kombination von vier Fähigkeiten ist, die zu hundert Prozent lehrbar, beobachtbar und messbar sind. Zu lernen und

auch zu verlernen erfordert mutige Arbeit, harte Umstellungen und eine Beteiligung mit dem ganzen Herzen. Einfach? Nein. Denn wir entscheiden uns nicht immer für Mut statt für Bequemlichkeit. Lohnt es sich? Immer. Wir wollen mit unserem Leben und unserer Arbeit mutig sein. Deshalb sind wir hier (Brown, 2018, S. 134).

Wir können also nachvollziehen, dass ein flexibler und integrativer Führungsstil optimal ist. Wenn Sie sich dessen bewusst sind, wer Sie sind und wofür Sie stehen, und wenn Sie das gleiche Bewusstsein in Bezug auf Ihre Mitarbeiter haben, dann können Sie mit einer authentischen Zielsetzung führen.

Wenn Sie sich fragen: „Warum folgen meine Mitarbeiter mir immer noch?", können Sie von dieser Frage ausgehend einige Ihrer eigenen Antworten abschätzen, wie: Sie müssen es tun, Sie halten Ihre Versprechen, Sie helfen ihnen, Sie sind ein freundlicher Mensch usw. Die Antworten, die Sie erhalten, können Ihnen dabei helfen, die Bedeutung Ihres Führungsstils und des von Ihnen geschaffenen Umfelds im Auge zu behalten.

Ein weiteres interessantes Buch mit dem Titel *Good to Great* (deutscher Titel: Der Weg zu den Besten) zeigt, wie der Autor, Jim Collins, die Entwicklung des Igel-Prinzips in die Welt trägt. Dabei geht es um das Geschäftsmodell und die Geschäftsstrategie, die ein Unternehmen umsetzen kann, um mit weniger Vielfalt, aber viel mehr Wissen und Können zu glänzen. In seinem Buch schreibt Collins:

Sind Sie ein Igel oder ein Fuchs? In seinem berühmten Essay „*Der Igel und der Fuchs*" teilte Isaiah Berlin die Welt in Anlehnung an ein altgriechisches Gleichnis in Igel und Füchse ein: „Der Fuchs weiß viele Dinge, aber der Igel weiß ein großes Ding" (Collins, 2001, S. 116).

Das bedeutet, konsequent eine gute Entscheidung nach der anderen zu treffen und sich im Laufe der Zeit ein bestimmtes Wissen anzueignen. Sich von Angeberei und Effekthascherei zu verabschieden, um zu einer Person zu werden, die die Szene genauer verstehen will, indem sie mehr Fragen stellt.

Diese Methode könnte leicht auf eine Selbsteinschätzung der Führungsstile abgestimmt werden, um als Führungskraft zu wachsen und sich weiterzuentwickeln. In der Tat hat die Welt inzwischen Führungskräfte entwickelt, die alles wissen, alles machen und alle Antworten haben wollen. Der Fuchs ist unerfahren, aber eifrig und energiegeladen. Es kann wunderbar sein, mit ihm zusammenzuarbeiten, aber er kann auch sehr überwältigend und zerstreut sein.

Der Igel ist methodisch und präzise. Er hat ein besseres Gespür für das, was um ihn herum vor sich geht, für den Kreis seiner Mitglieder und deren Bedürfnisse. Entscheidungen werden korrekt delegiert, und der Igel als Führungskraft konzentriert sich darauf, seine Gemeinschaft, sein Unternehmen und seine Mitarbeiter besser zu verstehen. Diese beiden Charaktere sind manchmal nur verschiedene Versionen ein und derselben Person mit 30 Jahren Altersunterschied. Das bedeutet eines: Es wurde viel Zeit auf diese Person verwendet. Viel, viel Zeit. Der Igel nimmt sich die Zeit, einige Dinge mit außergewöhnlicher Konzentration zu lernen, während der Fuchs in gewisser Weise auf zu vielen Hochzeiten tanzt.

Wie viel Zeit verbringen Sie damit, Ihre Stärken zu verfeinern, während Sie sich gleichzeitig darauf konzentrieren, sich Ihrer Schwächen bewusster zu werden? Und wie viel Zeit wird nebenbei auf die Menschen und die Entwicklung ihrer individuellen Stärken und Schwächen verwendet? Diese Fragen sind der Punkt, an dem das Gleichgewicht eine wesentliche Rolle spielt und die Führungskraft sich weiterentwickelt.

KAPITEL 4:
BEWÄHRTE WEGE ZUR ENTWICKLUNG VON FÜHRUNGSQUALITÄTEN

> *Wenn es um Stil geht, schwimme mit dem Strom, wenn es um Prinzipien geht, stehe fest wie ein Fels.* – Thomas Jefferson

Wir haben die Führungsstile erörtert, die eine Person entwickelt, um Situationen, Emotionen und die Produktion besser bewältigen zu können, und zwar synchron zueinander. Wir können also sagen, dass Führungsstile im Wesentlichen nicht statisch sind und dass das Umfeld, in dem man diese Fähigkeiten einsetzt, den Stil bestimmt.

Nun geht es um die Entwicklung. Wie setzen wir all die Schritte, die erforderlich sind, um den goldenen Kelch des Dienstes zu erhalten, in die Praxis um? Nun, jemand wird zu einer Führungspersönlichkeit, wenn er sich zu einer Person entwickelt hat, die von den Mitarbeitern bewundert wird und die selbst stolz auf ihr Handeln ist.

Es ist wichtig, sich in allen Aspekten der Führung weiterzubilden. Wir wissen, dass die meisten unserer früheren Arbeitgeber über einen Abschluss, ein Diplom oder ein Zertifikat verfügten, um zu zeigen, dass sie eine Ausbildung absolviert und Erfahrung mit den allgemeinen Modalitäten in ihrem Wissensgebiet haben. Ja, das ist wichtig, aber noch wichtiger ist es, diese Bereiche zu erweitern und bessere Wege zu finden, um zu lernen und Erfahrungen zu sammeln.

Ich möchte Sie auf einige Situationen aufmerksam machen, in die Sie sich begeben sollten, damit Sie sich Ihrer Entwicklungsstufen bewusster werden können. Ich habe Ihnen auch die Modelle vorgestellt, auf die Sie sich stützen können, und Ihnen gezeigt, welche Lernmethoden Sie ergreifen können, um die bestmöglichen Voraussetzungen für die Zukunft zu erhalten.

Die drei Variablen für die erfolgreiche Entwicklung von Führungsqualitäten

Wenn Sie verstehen, dass Führung gleichbedeutend ist mit Lernfähigkeit, dann sind wir der gleichen Meinung. Es bedeutet, dass man stets danach strebt, Eigenschaften zu entwickeln, die herausstechen und auf andere positiv und produktiv wirken. Die Wirksamkeit der Führung einer Person hängt von verschiedenen Aspekten der bereits vorhandenen persönlichen Eigenschaften und Dispositionen ab. Wenn sich die Führungskraft also darauf konzentriert, ihre Fähigkeiten zu erhalten und neue zu entwickeln, wird sie dies als ein Geschenk betrachten, an dem sie sich immer wieder neu erfreuen kann.

Es heißt, dass „Führungskräfte, die neu in ihrer Rolle sind, oder die nie eine angemessene Ausbildung erhalten haben, versehentlich und unbeabsichtigt von ihrem Ziel abdriften und eine Kultur der Chefbeobachtung schaffen können" (Clarinval, 2021). Das können wir vermeiden, indem wir uns immer wieder an das eigentliche Ziel erinnern, nämlich eine Kultur der Zukunftsbeobachtung zu schaffen.

Es gibt drei Haupt variablen, die beeinflussen, wie Sie sich zu einer erfolgreichen Führungskraft entwickeln:

1. Wenn Sie die Möglichkeit haben, Fähigkeiten zu üben, von denen Sie wissen, dass sie Ihre Persönlichkeit, Ihre Position und Ihr gesamtes Wissen verbessern, dann ist „Nein" in der Regel nicht die Antwort. Wenn Sie die Möglichkeit haben, durch alle Türen zu gehen, die sich Ihnen öffnen, und so viele Informationen zu verschlingen und Tricks und Kniffe zu lernen, wie Sie nur können, werden Sie neue und aufregende Wege beschreiten. Ich nenne das gerne den „Schwamm-Modus", bei dem man viele Informationen aufnimmt, aber auch viele schlechte Angewohnheiten dank eines sinnvollen Feedbacks ausmerzt.

2. Akzeptieren Sie, dass man nie aufhört zu lernen. Hier müssen Sie Ihr persönliches Interesse am Erlernen neuer Facetten des Berufs steigern. Ihre Fähigkeit und vor allem Ihre Bereitschaft ist es, die Sie dazu bringt, zu lernen und sehr gut darin zu werden.

3. Stellen Sie sicher, dass Ihr Entwicklungsprogramm eine Struktur und einen entscheidenden Inhalt hat, der Ihre wahren Werte und die Werte, die Sie Ihren Mitarbeitern vermitteln wollen, ehrlich und klar zum Ausdruck bringt. Alles beginnt mit (Sie haben es erraten) Stift und Papier und der Struktur eines definierten und klaren Programms. Sie müssen sich selbst ein Modell erstellen und die Methode anwenden, sodass die Verbesserung schrittweises kognitives Lernen ist.

Sie werden lernen, sich in allen Situationen auf taktvolle Weise Feedback einzuholen. Sie werden sich für alle Fortbildungen anmelden, die angeboten werden. Sie werden sich diesen Mentor herzuholen! Und Sie werden sich immer die Zeit nehmen, darüber nachzudenken, was

Sie getan haben und was Sie unternehmen werden. Behalten Sie beide Augen auf das Jetzt gerichtet, denn die Zukunft ist das, was Sie aus der Gegenwart machen.

Halten Sie Ausschau nach Online-Kursen und fragen Sie herum, wer mehr Informationen über bestimmte Kurse haben könnte. Es ist sehr mutig, proaktiv zu sein und seine Vorgesetzten zu fragen, was man verbessern könnte, und dann einen Kostenplan für die Ausgaben zu erstellen. Wenn man Interesse an einer Sache zeigt, ist es wirklich schwer für andere, einem die Chance zum Lernen zu verwehren.

Modelle zur Entwicklung von Führungskräften verstehen

Was bedeutet es für Sie, wenn ich sage, dass Führung innerhalb der Parameter ihrer Funktion entwickelt werden muss? Das hört sich etwas kompliziert an, aber denken Sie genau darüber nach. Alle Arten von Führung erfordern eine bestimmte Art von Entwicklung. Wenn Sie ein leitender Wissenschaftler sind, der ein Labor mit fünf Assistenten leitet, wird Ihre Führungsentwicklung ganz anders aussehen als die eines Flugkommandanten, der ein Team für einen Testflug leitet.

„Der Entwicklungsprozess von Führungskräften ist in einem bestimmten Kontext verwurzelt, der Elemente wie Alter, Kultur, wirtschaftliche Bedingungen, Geschlecht, Organisationszweck und -auftrag sowie Unternehmensstrategie umfasst" (Lumen, 2010). Mit anderen Worten: Der Führungskontext wirkt sich auf viele der Entwicklungsmodelle aus.

Die Führungsmodelle zu verstehen ist so, als würden Sie sich an den Architekten-Tisch setzen und den Entwurf eines Gebäudes planen. Ihre Hauptaufgabe besteht darin, alle Variablen zu berücksichtigen, die beim Zeichnen des Plans auf dem Papier ins Spiel kommen. Bei der Entwicklung geht es darum, die eigenen Absichten in den Entwurf einzubringen, sodass andere den Raum, der entsteht, für sich nutzen und daraus lernen können.

Wenn Ihre Variablen beispielsweise im transaktionalen Stil festgelegt sind, dann sind Ihre Grenzen starr und die Sichtweise begrenzt, während die Sichtweise im transformationalen Stil dreidimensional und kreativ ist. Die Führungskraft hat ihre eigenen Werte in das mentale Bild der Entwicklung integriert und weiß, wie sie diese nutzen kann.

Denken Sie daran, dass Sie nicht die einzige Person in dieser Entwicklungsstruktur sind, sondern dass Sie auch die anderen Personen berücksichtigen müssen, die sich in ihr befinden. Und durch den Einfluss dieser Mitarbeiter innerhalb des Entwurfs (wenn sie die Chance dazu haben) können Veränderungen und positive Anpassungen vorgenommen werden, damit die nächsten Führungskräfte aufstehen und ihrerseits zu Entwicklern werden.

Offen für viele Variablen zu sein und dennoch eine starke Vision zu haben, ist die Flexibilität, die ich immer wieder in Bezug auf große Führungskräfte erwähne. Sie müssen wirklich an das glauben, was möglich ist, damit auch die anderen daran glauben. Sie öffnen ihnen die Augen für eine transparente und integrative Welt, indem Sie ihnen erlauben, in diesem Entwurf zu leben und ihn auf ihre eigene Weise zu beeinflussen. Parameter und Grenzen werden so lange beibehalten, bis das Vertrauen in andere eine gemeinsame Gestaltung mit den Mitarbeitern ermöglicht.

Es gibt kein bestes oder am wenigsten geeignetes Modell. Diese Modelle hängen von Ihren persönlichen Lebensplänen ab, von Ihrem Kontext, wenn Sie so wollen. Dieser wird sich ändern, hoffentlich jedes Mal zum

Besseren, aber es wäre sinnlos, an veralteten Modellen festzuhalten. Wie viele der anderen Führungsfähigkeiten in diesem Buch entwickelt sich auch der Entwicklungsplan weiter, wenn die Führungskraft mehr über sich selbst und andere lernt.

Liebe Leserin, lieber Leser, nehmen Sie sich die Zeit, immer wieder neu zu bewerten, wer Sie sind, zu wem Sie aufschauen, wo Sie waren und wo Sie jetzt sind. Diese grundlegenden Themen sind die Basis für Ihre Entwicklung, und wenn Sie sie verstehen, können Sie eine ehrliche und kooperative Kommunikation und die Werte des zwischenmenschlichen Wachstums einbeziehen.

Führende Methoden zur Entwicklung von Führungskräften

Es gibt mehrere Mechanismen, die Sie bei der Erweiterung Ihres Wissens im Bereich der Führung nutzen können und sollten. Sie werden feststellen, dass diese Ansätze zur Entwicklung Ihrer Führungsqualitäten unabhängig voneinander genutzt werden können, aber in Kombination eingesetzt werden sollten. Die Wirksamkeit der systematischen Erweiterung Ihrer eigenen Fachkenntnisse und Einsichten lässt wiederum Ihre Liebe und Wertschätzung dafür wachsen, die Führungskraft zu sein, die Ihre Angestellten benötigen.

Hier sind einige der wichtigsten Methoden, durch die Sie auf dem Weg zur erfolgreichen Führung mehr Bodenhaftung bekommen:

- **Formale Ausbildung**

  Ein Problem, das Sie bei Ausbildungsprogrammen finden werden, ist die Unfähigkeit, das in den Kursen Gelernte in die praktische Arbeitsumgebung zu übertragen. Wie ich bereits erklärt habe, kann es eine ziemlich komplexe Sache sein, etwas zu lesen und richtig danach zu handeln, selbst wenn das, was man verstanden hat, so einfach erscheint. Diese traditionellere Art der Kompetenzentwicklung durch Lernen, Prüfen und Feedback ist eine gute Basis, aber sie erfordert zusätzliche Methoden, um wirklich etwas zu bewirken.

- **Entwicklung von Arbeitsaufträgen**

Die nach Abschluss der Ausbildung erworbenen Fähigkeiten benötigen einen Platz, an dem sie eingesetzt werden können. Daher werden bestimmte Entwicklungsaufgaben erstellt und der künftigen Führungskraft zugewiesen, damit sie lernen, wachsen und ihre Rolle und Verantwortung in der Organisation besser verstehen kann. Dieser Schritt ist von entscheidender Bedeutung, da er eine der effektivsten Methoden der Führungsentwicklung darstellt. Wenn eine Person alle Reize ihrer Rolle sehen, fühlen und hinterfragen kann, wird ihr Verständnis von Führung noch besser.

- **360-Grad-Feedback**

Ich bin mir sicher, dass Sie jetzt wissen, wie wichtig der Input von außen ist, wenn Sie andere führen. Eine Führungskraft kann nicht allein dastehen und erwarten, dass das Wachstum immer von innen kommt. Der enorme Wert des Feedbacks von Vorgesetzten, Kollegen und Angestellten spiegelt die Fähigkeit der Führungskraft wider, diese Kritik anzunehmen, zu erkennen, wo sie versagt hat, und daran zu arbeiten. Oder sie nimmt das Lob an, hakt es ab und lässt es über sich ergehen. Diese

Person muss aufgeschlossen und ehrlich sein und sicherstellen, dass sie so viele Daten wie möglich von so vielen Personen wie möglich sammelt. Je größer die Gruppe ist, desto einfacher ist es, die Gemeinsamkeiten in den Kommentaren zu erkennen und basierend darauf auf Stärken aufzubauen oder schlechte Gewohnheiten rückgängig zu machen.

- **Coaching**

In dieser Situation hat eine Person eine reifere Führungskraft als Mentor gefunden, die ihr hilft, auf die nächste Führungsebene zu gelangen. Diese Phase beginnt, wenn die Verantwortlichkeit hergestellt ist, Fortschritte gemacht wurden und Vertrauen zwischen den beiden Parteien besteht. Diese persönliche Beziehung konzentriert sich auf die Weitergabe von wertvollem Wissen durch Unterstützung, Herausforderung und Beurteilung, um eine flexible und starke Führungskraft zu schaffen. Zu Problemen kann es kommen, wenn der Führungsstil des Coaches dem des Schülers entgegensteht oder diesen unterdrückt, was entweder zu Konflikten oder zu einer Änderung des Konzepts führt. Coaching sollte jedoch bei allen Schritten, die die Führungskraft in ihrer Entwicklung macht, einbezogen werden.

- **Selbstgesteuertes Lernen**

Bei der letzten Methode handelt die Führungskraft proaktiv, indem sie sich selbst regelmäßig hinterfragt und bewertet. Diese Person wird mit größerer Klarheit erkennen, wo sie sich persönlich und in Bezug auf Produktivität noch verbessern muss. Diese Methode sollte ein ständiger Prozess auf der Führungsleiter sein, da man merkt, wie sich die Dinge vor den eigenen Augen verändern und wie schnell man sich darauf einstellen können muss. Lebenslanges Lernen ist die Voraussetzung für den Führungserfolg, von dem wir immer sprechen. Eine formale Ausbildung ist wertvoll, aber wenn sie kein Interesse mehr am Lernen zeigen, sobald sie sich in einer etablierten Rolle befinden, dann wird es nie Raum für Verbesserungen geben.

Ich hoffe, Sie werden verstehen, dass es nie schlecht ist, aktiv zu werden, nicht zu zögern und um Erlaubnis, Rat oder Anleitung zu bitten. Vielleicht ist Ihre Organisation nicht der Meinung, dass Sie bereit sind, den Prozess der Feinabstimmung Ihrer Entwicklung zu beginnen. Das heißt aber nicht, dass Sie nicht jetzt, in diesem Moment, damit beginnen können, die Führungskraft zu sein, für die Sie sich halten! Auch ohne die Hilfe von Vorgesetzten können Sie lernen. Nichts hindert Sie daran, selbst die Initiative zu ergreifen.

Das Internet ist ein wundersamer Ort, und wenn Sie wissen, wo Sie suchen müssen, können Sie alle Informationen erhalten, die Sie benötigen, ohne dabei einen Cent auszugeben. Ich weiß, wie wichtig es ist, in Ihre Zukunft zu investieren, aber wenn Sie neugierig auf andere Methoden und verschiedene Wachstumskonzepte sind, können Sie Ihren Horizont erweitern und alte Vorstellungen ersetzen.

Führungskompetenzen entwickeln

Die Entwicklung der richtigen Fähigkeiten ist keine Kleinigkeit. Das geht nicht von heute auf morgen (wie Sie vielleicht den übrigen Kapiteln entnommen haben), und es ist etwas, das einiges Ausprobieren und ein gutes Maß an selbstreflektierter Kurskorrektur erfordert.

Um sich weiterzuentwickeln, müssen Sie damit beginnen, in Bezug auf das gesammelte Wissen, die aufgebauten Beziehungen und die Professionalität in Ihrem Bereich für sich selbst Meilensteine festzulegen. Die Verantwortlichkeiten, Fähigkeiten und Aufgaben, die Sie sich selbst gestellt haben, werden Sie leiten und Ihnen zeigen, wie Sie die Dinge richtig angehen.

Ich verstehe, dass wir alle einen Hintergrund haben, der uns diktiert, wie wir mit den Verantwortlichkeiten umgehen, die in unser Leben treten. Manche machen es sich zur Aufgabe, Dinge drei Tage im Voraus zu erledigen, während andere es bis zum letzten Tag aufschieben. Sich weiterzuentwickeln, bedeutet immer, den Überblick über das zu behalten, was für Sie und Ihre Karriere wichtig ist, und Aufschieberitis ist gefährlich.

Es gibt Dinge im Leben, die uns zwingen, einer Sache mehr Zeit zu widmen als einer anderen, aber es ist immer ratsam, nicht zu viel auf einmal zu tun und sein Temperament und seine allgemeine Einstellung auf das Wesentliche zu konzentrieren.

Welche Maßnahmen muss man also ergreifen, um sich zu entwickeln und auf authentische Weise zu lernen? Hier sind einige Hinweise:

- Entwerfen Sie den mentalen Plan, von dem wir vorhin sprachen. Alles beginnt mit einem mutigen Ziel.
- Ohne ein bisschen Leidenschaft und Tatkraft geht nichts.
- Die Menschen um Sie herum und vor Ihnen haben Einfluss auf diese Entwicklung.
- All diese kurz-, mittel- und langfristigen Ziele werden routinemäßig bewertet.

- Fehler zu machen und zu scheitern ist Teil des Prozesses, ebenso wie das Lernen.
- Wenn Sie andere inspirieren, können Sie glänzen.

Was mir dazu einfällt, ist ein inspirierender Gedanke, der in puncto Wachstum und Entwicklung den Nagel auf den Kopf trifft. Der amerikanische Autor und Blogger Mark Manson schrieb kürzlich auf seinem Kanal:

> Man kann keine Muskeln aufbauen, ohne sie mit mehr Gewicht zu belasten. Man kann keine emotionale Widerstandsfähigkeit aufbauen, ohne Entbehrungen und Verluste zu erleiden. Man kann seinen Verstand nicht schärfen, ohne seine eigenen Überzeugungen und Annahmen zu hinterfragen. Wenn Sie Ihr Leben infrage stellen und verbessern wollen, müssen Sie einen Teil von sich selbst zerstören und ihn durch einen neuen, besseren Teil von sich selbst ersetzen. Deshalb ist Wachstum per definitionem schmerzhaft. (Manson, 2021)

Das Gefühl, das hier zum Ausdruck kommt, ist ziemlich passend für die Entwicklung von allem, was Sie anstreben, egal in welchem Bereich. Die bedeutsame Erkenntnis, dass man seinen wahren Wert und seine Reife im Leben findet, wenn man sich den Dingen aussetzt. Und so erfordert die Entwicklung Ihrer Führungsqualitäten, dass Sie sich all den seltsamen und wunderbaren Erfahrungen aussetzen, die unser Leben mit Freude, Traurigkeit und allem, was dazwischenliegt, bereichern.

KAPITEL 5:
GRUNDLEGENDE FÜHRUNGSFÄHIGKEITEN 1 - KOMMUNIKATIONSFÄHIGKEITEN

Weise sprechen, weil sie etwas zu sagen haben;
Narren, weil sie etwas sagen müssen. − Platon

Wir alle kennen die Situation, in der man versucht, einem Freund ein Problem zu schildern, aber er scheint die Bedeutung oder den Sinn nicht zu begreifen, oder man hält eine Präsentation vor dem Vorstand und viele verwirrte Menschen schauen einen an. Das nennen wir Fehlkommunikation. Sie passiert auch den Besten von uns und kann selbst die einfachsten Botschaften verkomplizieren. Wenn Sie ein grundlegendes Verständnis dafür haben, was bei der Kommunikation passiert, können Sie lernen, Fehler zu vermeiden.

Wir kennen derzeit drei Kommunikationsmethoden:

1. **Das Übertragungsmodell** besagt, dass eine Nachricht direkt vom Sender (Encoder) an den Empfänger (Decoder) übermittelt werden sollte, ohne dass eine Rückmeldung erforderlich ist. Dieses Modell kann nicht alle Komplexitäten einer effektiven Kommunikation abdecken und behindert viele Teams.

2. **Das interaktive Modell** stützt sich auf die Rückmeldung zwischen Sender und Empfänger, die es ersterem ermöglicht, zu verarbeiten, dass die Nachricht verstanden wurde. Dies ist nicht unbedingt ein schlechtes Modell, aber es zeigt nicht an, dass die Nachricht vollständig verstanden wurde, sondern nur die Bestätigung des Empfangs.

3. **Beim transaktionalen Modell** werden ständig Informationen ausgetauscht. Es ist ein weitaus förderlicheres System, um all die komplexeren Herausforderungen zu bewältigen, die zwischen zwei Kommunikatoren durch die gemeinsame Bedeutung und das Verständnis der Botschaft entstehen können.

Was verwirrt den Kommunikationsprozess am häufigsten? Nun, unsere eigene subjektive Sichtweise ist der Hauptgrund dafür, dass wir die Botschaft nicht verstehen. Der Absender gibt eine Interpretation vor, doch der Empfänger nimmt eine völlig entgegengesetzte Interpretation vor.

Wir spielen einander den Ball der Kommunikation zu, und jedes Mal, wenn wir ihn berühren, formen wir die Botschaft entsprechend unseren früheren Erfahrungen, der Lebenssituation, der aktuellen Weltsicht und den systematischen Überzeugungen und geben sie dann an die andere Person weiter oder zurück. Enge Freunde werden die verwendeten Worte verstehen und sich leichter verständigen können, während Fremde Schwierigkeiten haben könnten, die Anspielungen und die verwendete Semantik zu erfassen.

Wir können also sagen, dass die Kommunikation eine der wichtigsten Aufgaben einer Führungskraft ist. Vor allem, wenn man den Ball zwischen einem ganzen Team von Einzelpersonen mit all ihren eigenen Wahrnehmungen und Interpretationen darüber, wie die Aufgabe oder das Problem gelöst werden sollte, hin und her wirft. Darin liegt die Herausforderung!

Und es gab noch nie einen besseren Zeitpunkt, um die Kommunikationsfähigkeiten zu verbessern, als jetzt, da die Welt immer virtueller wird. Wir sehen, dass sich durch Online-Meetings und virtuelle Anrufe zwischen Arbeitgebern und Arbeitnehmern eine Kluft aufgetan hat, die leider manchmal eine effektive Kommunikation verhindert. Ja, ein Bildschirm zeigt ein Gesicht, aber nichts ist vergleichbar mit einem Gespräch von Angesicht zu Angesicht, bei dem man die Körpersprache und die detaillierten Gesichtsausdrücke sieht.

„In Anbetracht der fortschreitenden Globalisierung und Digitalisierung von Arbeitsprozessen ist die Zusammenarbeit in digitalen und virtuellen Teams in vielen Organisationen zu einem wichtigen Aspekt der Arbeit geworden" (Kohntopp & Mccann, 2017). Diese virtuelle Führungskraft muss nun den Aufwand für ihr Team verdoppeln und härter arbeiten, um bessere Beziehungen zu fördern, indem sie sich auf dem Laufenden hält und konstantes Feedback erhält.

Ob dies den Wert der Führung untergräbt oder ihn verbessert, indem ein entspannterer Stil und eine entspanntere Agenda für das Arbeitsleben in der Zukunft eingeführt werden, ist noch ungewiss. Klar ist jedoch, dass die Methoden der Korrespondenz verbessert werden müssen, damit eine effiziente und kooperative Kommunikation stattfinden kann. Um Missverständnissen vorzubeugen, muss man sich fragen: „Wie kann, ich auf einer Plattform mit klareren und präziseren Botschaften und Anfragen mit anderen in Beziehung treten?"

Der Aspekt der Kommunikation, der sich so stark auf das auswirkt, was Ihre Mitarbeiter in Ihnen sehen, macht Sie zu einer fundierten und reiferen Führungskraft. Diese Führungskraft überlegt sich genau, was sie sagt und was zu ihr gesagt wird. Unabhängig von den Veränderungen in der Umgebung kann eine Führungskraft immer noch über jedes Medium führen und ermutigen, solange ihre Methoden klar und unaufgeregt sind.

Man bekommt also einen Eindruck davon, dass diese Funktion ziemlich wichtig ist und dass man sehr weit kommt, wenn man ihr in seinen täglichen Erfahrungen genügend Gewicht beimisst.

Warum müssen Führungskräfte über gute Kommunikationsfähigkeiten verfügen?

Die Ermutigung, Stimulierung und Überzeugung, die Sie anderen entgegenbringen, wird zehnfach in Form von Zusammenarbeit und verbesserten Ergebnissen zurückkommen. Wer ineffektiv kommuniziert, macht oft den Fehler, nicht mit Einfühlungsvermögen, Geduld und Ehrlichkeit zu sprechen und zuzuhören. Denken Sie daran, dass „effektive Kommunikation ein wesentlicher Bestandteil des beruflichen Erfolgs ist, sei es auf zwischenmenschlicher, gruppenübergreifender, gruppeninterner, organisatorischer oder externer Ebene" (Myatt, 2014).

Leider kann diese Kommunikation auf die abscheulichste Art und Weise missbraucht werden, wenn die Überzeugungsarbeit hinterlistig und respektlos gegenüber der Gruppe ist. Das erinnert mich an das erhellende türkische Sprichwort: „Der Wald schrumpfte, aber die Bäume stimmten weiterhin für die Axt. Denn die Axt war schlau und überzeugte die Bäume, dass sie eine von ihnen war, weil ihr Stiel aus Holz war."

Führungskräfte haben die Pflicht, Kommunikationspraktiken auf-rechtzuerhalten, die die Teammoral aufbauen und die Motivation des Einzelnen steigern. Ein Mensch kann mit Eloquenz und angemes-senem Sprachgebrauch Berge versetzen oder Granit zertrümmern, daher besteht die Hauptverantwortung der Führungskraft darin, diese Sprache in ihrem Bereich zum Nutzen aller zu verwenden.

„Es wurde beobachtet, dass alle Manager oder Führungskräfte wäh-rend der Arbeit hauptsächlich damit beschäftigt sind, mit anderen zu kommunizieren, und 70–90 % ihrer täglichen Zeit in Gruppen- oder Teaminteraktionen verbringen" (Luthra & Richa Dahiya, 2015). Das ist ein sehr großer Teil des Tages, der mit Gesprächen und dem Aus-tausch von Ideen verbracht wird!

Worauf eine Führungskraft wirklich achten sollte, ist die richtige Ein-stellung bei der Erörterung von manchmal einfachen Aufgaben und manchmal heiklen Themen. Sicher, man spricht den ganzen Tag, aber mit welchem Motiv, mit welcher Absicht? Man muss in der Lage sein, mit allen möglichen Persönlichkeiten zu interagieren und einen stabi-len Mittelweg zwischen ihnen zu finden. Eine Führungspersönlichkeit rechtfertigt ihre Kommunikation nicht, um die Vorstellungen anderer zu ändern, sondern um sie mit ihren eigenen in Einklang zu bringen.

Der Umgang mit Argumenten ist wohl der Hauptgrund, warum eine Führungskraft über hervorragende Kommunikationsfähigkeiten ver-fügen sollte. Zwei Punkte sind zu beachten:

1. Nicht mit jedem Argument haben Sie unbedingt recht.

2. Es vermindert nicht Ihren Wert, wenn Sie Ihre Überzeugungen während eines Streits ändern.

Menschen lassen sich von Gefühlen und Überzeugungen mitreißen. Wenn eine Führungspersönlichkeit ihr Interesse an den Überzeugungen anderer zum Ausdruck bringt, dann entsteht etwas Gemeinsames. Die Gefolgschaft wird Respekt vor einer Führungskraft entwickeln, die die Fähigkeit besitzt, über das Dargebotene hinauszuschauen und zu erkennen, was wirklich dahintersteht. Das ist natürlich etwas, das Zeit und Übung erfordert.

Wenn eine Führungskraft in der Lage ist, sich mit den Gründen, Standpunkten und Meinungen der anderen auseinanderzusetzen, bevor sie sich auf eine Meinungsverschiedenheit einlässt, dann werden durch den einfachen Versuch, etwas nachzuvollziehen, Verbindungen hergestellt.

Vergessen Sie den „Ja, aber …"-Standpunkt, der oft in einem Gespräch auftaucht. Eine große Führungspersönlichkeit erliegt nie zuerst ihrer eigenen Motivation, weil sie dem Sprecher erlaubt, seinen Beitrag zu beenden und seine Gedanken vollständig darzulegen. Führungspersönlichkeiten müssen verstehen, dass sie mehr beitragen können, wenn sie zuhören, anstatt zu sprechen.

Erinnern Sie sich an den Ratschlag, ein Tagebuch zu führen, um Ihre Gedanken festzuhalten? Nun, hier wird die Anwendung dieses Ratschlags relevant. Ihre Fähigkeit, Ideen und Gefühle festzuhalten, ist entscheidend für Ihre allgemeine Verbesserung. Fangen Sie also klein an, und je öfter und regelmäßiger Sie Tagebuch führen (vorzugsweise morgens und abends), desto mehr gewöhnen Sie sich daran, sich auf den physischen Akt des Schreibens zu verlassen, um zu reflektieren.

Starke Kommunikationsfähigkeiten zur Entwicklung als Führungskraft

Nun, da Sie wissen, warum Kommunikation für eine starke Führung von zentraler Bedeutung ist, möchte ich Ihnen einige Hinweise geben, wie Sie Ihre eigenen Kommunikationsfähigkeiten so verbessern können, dass Ihr Umfeld davon profitiert.

Eine starke Führungspersönlichkeit wendet bei ihrem Führungsstil die folgenden Punkte an:

Zuhören mit Ohren, Augen und Bauch

Kommunikation ist mehr als nur Worte, und wenn Sie lernen, diese drei verschiedenen Aspekte der Kommunikation unabhängig voneinander zu sehen, sehen Sie tatsächlich das ganze Bild. Wenn Ihr Kollege etwa Ihr Büro betritt, seine Augen gesenkt sind und er eine geschlossene und kalte Körperhaltung einnimmt, ist das sofort ein Zeichen dafür, dass etwas Ernstes im Gange ist. Achten Sie auf die Stimmung im Raum!

Ein Mitarbeiter oder Kollege wird Ihnen automatisch signalisieren, dass etwas nicht in Ordnung ist. Entweder nutzt er seine stimmlichen Fähigkeiten, indem er Ihnen direkt sagt, wie er sich fühlt, oder Sie erkennen es anhand seiner Körpersprache. In jedem Fall ist es Ihre Aufgabe, auf diese Aspekte zu achten und alle Anzeichen dafür zu berücksichtigen, dass es jemandem geistig oder körperlich nicht gut geht, und darauf zu hoffen, dass er sich öffnet, wenn Sie ihn fragen und sich auf einer menschlichen Ebene mit ihm auseinandersetzen. Die gleiche Höflichkeit sollte auch von ihnen erwartet werden. Sie sind nicht der Einzige, der Fragen stellen darf. Wenn Sie niedergeschlagen sind, einen schlechten Tag haben und jemand fragt, wie es Ihnen geht, weisen Sie ihn nicht ab, weil er es nicht verstehen kann, sondern lassen Sie ihn sehen, dass auch Sie unsicher sein und schlechte Tage haben können. Sie bedanken sich dafür, dass er oder sie sich die Zeit genommen hat, nachzufragen, und Sie schauen ihm in die Augen und würdigen diesen zärtlichen Moment, was sofort Vertrauen und Respekt schafft!

Nehmen Sie sich die Zeit, zu verstehen

Schenken Sie den Beiträgen der anderen so viel Aufmerksamkeit, wie Sie selbst gerne bekommen würden. Der wichtigste Punkt dabei ist die Validierung. Lassen Sie sich nicht dazu hinreißen, sofort zu antworten und die Stille mit Worten zu füllen. Nutzen Sie stattdessen die Zeit, um über die Botschaft nachzudenken, die Ihnen mitgeteilt wird. Fassen Sie Ihre Gedanken vorher klar zusammen, und wenn der Gesprächspartner fertig gesprochen hat, können Sie (freundlich und einfühlsam) zum Ausdruck bringen, was Sie verstanden haben. Ein hilfreicher Trick ist es, mit Fragen zu dem Thema zu antworten.

Ein Beispiel: Eine Person hat Ihnen offen mitgeteilt, wie unglücklich sie in diesem Unternehmen ist. Fragen Sie zu dem, was sie gesagt hat, nach, z. B.: „Sie sagen also, dass Sie aufgrund von Spannungen mit den Kollegen bei der Arbeit unglücklich sind?" oder „Ich verstehe Sie, aber sagen Sie mir, ist das etwas, das Sie schon seit einiger Zeit fühlen?" Wenn Sie den Gesprächspartner um genauere Angaben bitten und die versteckte Prämisse herausfinden, können Sie das Rätsel der subtilen Kommunikation lösen und der anderen Person vermitteln, dass ihre Empfindungen und Belange von Bedeutung sind.

Die Auswirkungen von Filtern auf die bewusste Wahrnehmung

Sie verändern die Art und Weise, wie wir auf Situationen reagieren, uns ihnen stellen und an ihnen zweifeln. Es ist Ihr persönliches Vorurteil, für das Sie jeden Tag kämpfen, nicht die natürliche Wahrheit. Jeder andere Mensch auf der Erde hat seine eigenen vorgefassten Meinungen, von denen er sich leiten lässt und die ihn zu guten oder schlechten Entscheidungen führen. Daher fordere ich Sie erneut auf, immer im „Fragemodus" zu sein. Seien Sie neugierig auf die Weltanschauung des anderen, finden Sie einen Mittelweg, etwas, dem Sie beide zustimmen können, und arbeiten Sie sich von dort aus vor.

Wenn Sie z. B. fragen: „Warum empfinden Sie das so?", oder „Erzählen Sie mehr über diese Erfahrung", gehen Sie nie davon aus, dass Ihre Wahrnehmung die objektive Wahrheit ist. Sie werden die ganze Situation automatisch beruhigen und hoffentlich werden beide etwas Neues über den jeweils anderen lernen.

Seien Sie konkret und seien Sie sich der Wirkung Ihre Worte bewusst

Wenn Sie sich kurzfassen und klar ausdrücken, was Sie zu sagen haben, können Sie unnötige Doppeldeutigkeiten oder missinterpretierte Anfragen vermeiden. Sie sollten lernen, wie Sie zum Kern des Gesprächs, zum eigentlichen Inhalt kommen, indem Sie sich kurzfassen. Diese Praxis beruht auf Gegenseitigkeit, denn beide Gesprächspartner sollten wissen, wann es Zeit ist, auf bedeutsame und entschlossene Art zu sprechen, und wann es Zeit ist, mit Leichtigkeit und Neutralität zu sprechen. Diese unterschiedlichen Situationen führen zu zwei sehr unterschiedlichen Ergebnissen und erfordern eine andere Art von Energie.

Indem Sie zeigen, dass Sie schneller auf den Punkt kommen, wenn Sie all die überflüssigen Wörter entfernen, die manchmal im Weg stehen, können Sie mehr Zeit für handlungsorientierte Ergebnisse schaffen. Akzeptieren Sie ein Problem und geben Sie eine Antwort, die klarstellt, die Mitarbeiter dazu auffordert, sich an der Lösung zu beteiligen, und die zum Handeln zwingt.

Stellen Sie sicher, dass Sie genau wissen, worüber Sie sprechen

Wenn jemand das, was er zu sagen versucht, fachlich nicht beherrscht, vermittelt dies einen Mangel an Reife und Substanz, insbesondere, wenn es sich dabei um die Führungskraft handelt. Vergewissern Sie sich, dass Sie alle Aspekte Ihres Fachgebiets kennen, und zeigen Sie großes Interesse an dem, was andere sagen, wenn sie mehr wissen. Wenn Sie nicht über alles, was vor sich geht, Bescheid wissen, stellen Sie mehr Fragen oder schweigen Sie. Heimliche Schüler sind diejenigen, die nie vergessen, wo sie versagt haben. Sie arbeiten es für sich selbst auf, damit sie am nächsten Tag nicht unsicher aussehen und klingen. Indem Sie sich stets ein Feedback zu Ihren eigenen Fähigkeiten einholen, zeigen Sie auch die Bereitschaft, sich weiterzuentwickeln.

Sicher haben Sie in Ihrem Leben schon einmal Interviews oder Reden von Menschen gesehen, die Sie bewundern und denen Sie nacheifern möchten. Indem Sie ihre Worte, ihr Auftreten und ihre Gangart kritisch bewerten, können Sie beginnen, die Muster erfolgreicher Kommunikation zu analysieren. Anstatt genau zu notieren, was sie sagen, sollten Sie beurteilen, auf welche Weise diese Sätze mit der Botschaft dahinter übereinstimmen. Der Tonfall, die Pausen, die Wiederholungen und die rhetorischen Fragen haben alle ihren Zweck. Setzen Sie sich also hin und schreiben Sie Ihre Wahrnehmungen über das Redetalent dieser Person auf und beziehen Sie diese Befunde in Ihren Plan und Ihre eigene Vorgehensweise ein.

Die geheimen Strategien großer Führungspersönlichkeiten für eine wirksame Kommunikation

Die erste Regel großer Führungspersönlichkeiten, die eine hervorragende Kommunikation anstreben, besteht darin, ihren Führungsstil an ihren Kommunikationsstil anzupassen, je nach den verschiedenen Situationen, die in ihrem Umfeld auftreten. Denken Sie daran: Starrheit ist tödlich. Wenn Sie sich immer weiterentwickeln und neue Dinge ausprobieren, können Sie mehr über andere und damit auch über sich selbst lernen.

Die Führungskraft passt ihre Kommunikation an die jeweilige Situation an. Es geht darum, zu spüren, welche Art von Kommunikation die Situation benötigt, und diese mit Anmut und Leichtigkeit umzusetzen. Sie können in einer Vorstandssitzung mit Anwälten unmöglich die gleiche Kommunikation verwenden, wie mit Ihren Kollegen in der Kantine.

Große Führungskräfte wissen um die Macht ihrer Stimme, ihrer Geschichten und ihrer Zitate. Im Folgenden finden Sie einige Strategien, die große Führungspersönlichkeiten anwenden, um ihre Kommunikation zu verbessern:

- **Sie sprechen wie Führer**

  Sie wissen, was sie wollen, und sie wissen, wie sie es den Menschen vermitteln können, um es zu erreichen. Sie geben jedem Satz eine Bedeutung und üben vor einem Spiegel oder mit Menschen, denen sie vertrauen, um konkretes Feedback zu erhalten. Um Zuversicht zu vermitteln, finden große Führungskräfte die Gewissheit, dass sie überzeugend, verantwortungsbewusst und vor allem glaubwürdig wirken. Sie nutzen Ansätze wie Rhetorik, Sprache, Metaphern und den Dreisatz, während sie die Botschaft genau zum richtigen Zeitpunkt auf den Punkt bringen, um das Publikum zu begeistern.

- **Sie sind begeistert, vorrangig vom Zuhören**

Das ist sicherlich etwas, das Sie bereits als wichtig für den Umgang mit Menschen verstehen, aber große Führungspersönlichkeiten zeigen wirklich, dass es ihnen wichtig ist, was andere Menschen denken. Sie hören mit Aufmerksamkeit und Interesse zu. Sie sind begeistert davon, mit Menschen zusammen zu sein, die einen Beitrag leisten und deren Gefühle und Gedanken einen enormen Wert für das Team darstellen. Manche machen sich während eines Gesprächs oder unmittelbar danach Notizen, um das Gesagte noch weiter zu reflektieren.

- **Sie erzählen fesselnde (und relevante) Geschichten**

Das Erzählen besserer Geschichten mit mehr Struktur und Fluss kann eine wirkliche Verbesserung erzielen. Große Führungspersönlichkeiten haben eine wunderbare Art und Weise, ihre Erfahrungen und vergangenen Handlungen zu einer Geschichte zusammenzufassen, die den Fokus und die Emotionen in den Vordergrund stellt und eine zentrale Moral vermittelt. Das fesselt die Zuhörer um sie herum und bewirkt, dass sie noch tiefer in die Botschaft eintauchen. Durch das Beobachten anderer zu lernen, ist eine Möglichkeit, sich zu verbessern, aber auch die Teilnahme an Kursen für öffentliches Sprechen kann helfen, diese Fähigkeit zu verfeinern.

- **Sie verwenden keine ansteigende Betonung**

Damit ist gemeint, dass der Tonfall der Stimme am Ende des Satzes ansteigt, sodass dieser fast fragend wirkt. Das verwirrt die Leute und ist eine schlechte Angewohnheit, von der viele nicht wissen, dass sie sie haben. Üben Sie, indem Sie sich selbst beim Sprechen aufnehmen, Sätze aufschreiben, die Sie mit abfallender Betonung aussprechen, und sich auf die Silben konzentrieren, die etwas leiser gesprochen werden müssen. Bringen Sie sich dann selbst bei, wie man sie richtig ausspricht, indem Sie sich auf die korrekte Verwendung des Wortes konzentrieren.

- **Sie wissen, wer mit ihnen übereinstimmt und wer nicht**

Es ist unbedingt notwendig, zu verstehen, dass das Leben Konflikte sowie konträre Überzeugungen und Meinungen aller Art erfordert. Ohne sie würden wir nicht weiter nach der Wahrheit streben. Aber große Führungspersönlichkeiten sind gewiss nicht naiv gegenüber den Menschen, die nicht mit ihnen und dem, was sie sagen, übereinstimmen. Es geht darum, zu akzeptieren, dass andere das Recht haben, so zu empfinden, wie sie wollen, und es ist notwendig, dies mit Anstand und Respekt zu kommunizieren.

- **Sie schreiben**

In der Tat wird alles, was sie fühlen, erleben, ablehnen oder worüber sie verwirrt sind, zu Papier gebracht. Seine eigenen Gedanken lesen und einschätzen zu können, wie man sie anderen später auf eine koordinierte und schlüssigere Weise vermitteln kann, bietet ein unglaubliches Potenzial dafür, effektiver zu kommunizieren.

- **Sie sind sich bewusst, dass sie nicht mit einer Gruppe, sondern mit vielen Einzelpersonen sprechen**

Dies kommt hauptsächlich dann zum Tragen, wenn es sich um große Präsentationen handelt, bei denen sie zum Beispiel in einem Raum mit vielen Menschen sprechen müssen. Lampenfieber, Unsicherheit, Zweifel – all diese Emotionen stehen im Vordergrund. Aber große Führungspersönlichkeiten kennen diesbezüglich ein Geheimnis: Sie geben die Botschaft weiter, indem sie jeden Einzelnen ansprechen. Jeder Einzelne, der diese Rede hört, hat sein eigenes Gehör. Ob es sich um eine Konferenz oder eine kleine Vorstandssitzung handelt, große Führungspersönlichkeiten stellen einen persönlichen Bezug zu jeder Person her, die dort sitzt.

- **Sie kennen die Macht des Humors**

Ein oder zwei Lacher, eine komische Situation und manchmal auch ein peinlicher Moment können ein fantastisches Mittel sein, um das Eis zu brechen. Dies muss besonders gut ausbalanciert und in außergewöhnlichen Situationen eingesetzt werden, z. B. beim Treffen mit neuen Teammitgliedern oder beim Verkauf einer neuen Idee. Mir ist klar, dass nicht jeder eine Gabe für spontane Witze hat, aber wenn die Führungskraft lächelt, lacht und sich auf den Humor anderer einlässt, kann ihr das dabei helfen, zu beurteilen, wie sie ihren eigenen Humor verbessern kann. Die Führungskraft muss lernen, wann sie sich austoben und unterhalten kann und wann sie der ernsthafte Chef sein muss, der dafür sorgt, dass die Dinge erledigt werden.

Untersuchen Sie weiterhin mit großem Interesse die verschiedenen Aspekte Ihres Kommunikationsstils. Beobachten Sie andere bei ihrer Arbeit, damit Sie Ihre eigene Körpersprache, Ihren Tonfall und Ihre Wortwahl verbessern können. Forcieren Sie niemals Eigenschaften, die Ihnen nicht in Fleisch und Blut übergegangen sind, sondern verbessern Sie diejenigen, die Sie für Ihren eigenen Stil halten.

KAPITEL 6:
GRUNDLEGENDE FÜHRUNGSFÄHIGKEITEN 2 - SOZIALKOMPETENZ

> *Wir leben in einer Gesellschaft, die von der öffentlichen Meinung besessen ist. Aber bei Führungsaufgaben ging es noch nie um Beliebtheit.*
> – Marco Rubio

Es ist unerlässlich, dass eine Führungskraft das Konzept der zwischenmenschlichen Fähigkeiten versteht, um in ihrem Bereich ein besserer Arbeitgeber oder ein besserer Mentor zu sein. Die Arbeitswelt entwickelt sich rasant, und mehr Vielfalt bedeutet, mehr über andere zu lernen.

Der großartige, inspirierende Redner und Autor Simon Sinek hat dies in seinem TED-Vortrag über die Macht der Empathie im Jahr 2017 verständlich erklärt. Er erwähnte, wie peinlich es ihm war, Top-Führungskräften in einem geschäftlichen Umfeld etwas über Vertrauen und Zusammenarbeit erklären zu müssen. Er erkannte eine erschreckend große Kluft zwischen Arbeitnehmern und Arbeitgebern, bei der ein tieferes Verständnis für die Angleichung der Perspektiven von Führenden und Geführten nicht berücksichtigt wurde.

Eine gute Führungskraft muss zwei Dinge haben: Einfühlungsvermögen und Perspektive. In der Eile, eine bestimmte Position im Unternehmen einzunehmen, kann dies manchmal vergessen werden. Ein Arbeitgeber oder eine Führungskraft neigt dazu, das aus den Augen zu verlieren, was auf dieser Ebene des Fachwissens am wichtigsten ist. Diese Person sollte ihre Position nicht dazu nutzen, ihre Mitarbeiter durch die Verantwortung, die sie für diese trägt, zu beeinflussen, sondern dazu, ihnen selbst Verantwortung zu übertragen. Sie sollte sich darauf konzentrieren, wer die Führung und Betreuung braucht, anstatt sich auf die Zahlen und ihre eigenen Verantwortlichkeiten zu konzentrieren.

Der Übergang von einem Junior-Chef zu einer höheren Position durch die Teilnahme an weiteren Lehrgängen oder ein weiterführendes Studium, damit man in seinem Job besser wird, ist das Grundkonzept des Aufstiegs, richtig? Wenn Sie bewiesen haben, dass Sie Ihren Job beherrschen, können Sie möglicherweise befördert werden. Ein anderer junger Mitarbeiter wird Ihren Platz einnehmen, und Sie werden nun für die Leitung dieses Mitarbeiters zuständig sein.

Nun kann ein Problem entstehen, wenn wir sehen, dass der Junior nicht die gleiche Ausbildung erhält wie der Manager zu seiner Zeit. Der Junior-Mitarbeiter kennt vielleicht nicht die genauen Tricks und Kniffe der Arbeit, was die Führungskraft verärgern und sich negativ auf die Beziehung zwischen ihnen auswirken kann. Wenn die Person, die für die Aufgabe verantwortlich war, nun für die Leute zuständig ist, die für die Aufgabe verantwortlich sind, wird ein Missverständnis über die Rolle und den Grund für den Positionswechsel zum Hauptziel. Konfrontation und Irritation nehmen zu.

Ich möchte Ihnen zeigen, wie Sie diese negative Resonanz beseitigen und die Einzigartigkeit Ihres Positionswechsels begreifen können. Sie müssen die Führungskraft sein, die Sie geführt hat. Wenn Sie das Gefühl haben, dass Sie ausgebildet und gefördert wurden, um zu der

Führungspersönlichkeit zu werden, die Sie heute sind, können Sie nicht erwarten, dass Ihre jüngeren Mitarbeiter ohne diese Anleitung die gleichen Ziele erreichen.

Der Einfluss Ihrer zwischenmenschlichen Fähigkeiten auf Ihre Führungsqualitäten

Wenn Sie mehr Zeit im Büro verbringen, um denjenigen zu helfen, die zu Ihnen aufschauen, erkennen diese, dass Sie nicht nur für die Erledigung von Aufgaben verantwortlich sind, sondern auch für die Menschen, die diese Arbeit erledigen und sie richtig machen. Üben Sie diese persönliche Aufopferung und Fürsorge.

Die Zahl der Kunden, die Maximierung des Aktionärswertes und die Produktentwicklung sind zweitrangig und drittrangig gegenüber dem Wert der Menschen, die das alles letztlich möglich machen. Es gäbe kein Unternehmen, wenn es niemanden gäbe, der Schritt für Schritt die Kleinarbeit, die Basisarbeit leistet, um das Unternehmen in jedem Geschäftsjahr voranzubringen. Wenn man also davon ausgeht, dass die Welt, um die sich die Führungskraft dreht, nur auf den oben genannten Aspekten eines Unternehmens basiert, dann wird das Unternehmen höchstwahrscheinlich eine schnelle Einstellungs- und Entlassungsstrategie verfolgen, die sich mit Sicherheit negativ auf die Organisation als Ganzes auswirkt.

Die größte Veränderung bei den Mitarbeitern sehen wir, wenn wir lernen, eine sichere und angenehme Umgebung zu schaffen, in der sie Höchstleistungen erbringen können. Dieses Umfeld wiederum ist sowohl ein physischer als auch ein zwischenmenschlicher Raum. Welchen sozialen Nutzen haben Sie davon, die Menschen, um Sie herumzufragen, was sie benötigen, wann sie es benötigen und warum sie es brauchen? Jeden!

Wie zeigen sich Ihre zwischenmenschlichen Fähigkeiten in Ihrem Führungsstil? Lassen Sie uns das etwas genauer betrachten.

- **Die verbale und nonverbale Kommunikation**

  Wie wir bereits in Kapitel 5 erwähnt haben, kann ein aktiveres Zuhören und Kommunizieren die Chancen erhöhen, dass ein Team wie ein Uhrwerk läuft. Die verbale Kommunikation kann direkter sein, was den Tonfall und die Wortwahl betrifft, aber die nonverbale Kommunikation kann viel bedeutungsvoller sein. Es ist wichtig, den Menschen in die Augen zu schauen, zu zeigen, dass Sie zuhören, und eine Körperhaltung einzunehmen, die es den Menschen ermöglicht, Ihnen gegenüber offen zu sein. Verschränken Sie die Arme nicht vor der Brust, sondern lassen Sie sie an den Seiten herabhängen. Ein offener und zugänglicher Kleidungsstil kann ebenfalls Wunder bewirken. Alle Führungsstile erfordern eine gründliche Beherrschung dieser subtilen Kunst der Kommunikation.

  Ich möchte, dass Sie sorgfältig über Szenarien aus Ihrer Vergangenheit nachdenken, in denen Sie mit Freunden, Familie oder anderen Bekannten kommuniziert haben. Denken Sie daran, dass Ihre Emotionen manchmal irrational waren und dass Sie vielleicht etwas Unangemessenes gesagt haben. Notieren Sie sich die drei vorherrschenden Emotionen, die Sie an einem Tag empfinden, und was Sie zu den negativen Emotionen veranlasst. Achten Sie auch darauf, was Sie auf andere projizieren, und überlegen Sie, wie Sie Ihr eigenes emotionales Verhalten verbessern können, um mehr mit Menschen in Kontakt zu kommen, anstatt sie in manchen Fällen abzuweisen.

- **Ihr Empathie-Niveau**

Es kann furchtbar schwierig sein, dies zu meistern, aber wenn man es wirklich schafft, sich in die Lage anderer hineinzuversetzen, wird man immer jemanden haben, der zu einem aufschaut. Es ist ein so zentrales Merkmal, das die Menschen um sie herum anspricht, dass es ganz oben auf der Liste der Attribute steht, die einige der besten Führungspersönlichkeiten unserer Geschichte je hatten.

Ihre Wahrnehmung könnte sich ändern, wenn Sie sich einfach darin üben, sich mehr auf andere einzulassen und sich weniger zu distanzieren. Wenn Sie das nächste Mal das Gefühl haben, dass Sie möglicherweise nie in der Lage sein werden, die Perspektive eines anderen zu verstehen, zwingen Sie sich einfach, sich daran zu erinnern, dass die Schönheit dieser Welt darin besteht, dass wir alle unterschiedliche, einzigartige und zerbrechliche Wesen sind. Wir alle haben eine Chance verdient, ehrlich und frei in dieser Welt zu leben, und die Möglichkeit, mehr miteinander in Beziehung zu treten, kann die Situation zum Besseren wenden. Stellen Sie lieber mehr Fragen über die Beweggründe des anderen. Geben Sie ihm die Chance, sich zu erklären, damit Sie seinen Standpunkt, seine Begründungen und seine Gedanken besser verstehen können.

- **Ihr Verhandlungsgeschick**

Mit großer Macht kommt große Verantwortung, das wissen wir. Und auf seine eigene wichtige Art und Weise liegt etwas Machtvolles darin, in schwierigen Entscheidungssituationen strategisch verhandeln zu können. Bei diesem Aspekt geht es vordergründig darum, eine Win-win-Lösung für den Konflikt oder die Diskussion zu finden. Sie müssen sich auf Ihre Überzeugungskraft, Ihre Planung, Ihre Strategie und vor allem auf die Übereinstimmung mit einer Botschaft, die Sie vermitteln wollen, konzentrieren. Diese Soft Skills müssen Sie je nach Umfeld (formell oder informell) und je nachdem, was das Endergebnis dieser Verhandlung sein soll, anpassen.

Schreiben Sie auf, wie Sie eine Diskussion eröffnen, wie Sie für das richtige Timing in den Gesprächen sorgen, wie sehr Sie sich für das Ergebnis engagieren und wie aktiv Sie Ihren Gesprächspartnern zuhören. Üben Sie, indem Sie Skripte davon schreiben, wie Sie mit Ihren Gesprächspartnern sprechen, und finden Sie einen Abschluss, der dafür sorgt, dass beide Parteien die guten Seiten sehen können. Von der Führungskraft wird verlangt, dass sie sich im Vorfeld engagiert vorbereitet und die Situation immer im Griff hat.

Zwischenmenschliche Schlüsselqualifikationen einer guten Führungskraft

Beginnen Sie damit, sich um die Menschen zu kümmern. Diese Soft Skills der Führung sind eines der grundlegenden Prinzipien für eine effektive Teamarbeit und für ein anständiges Individuum generell!

Die folgenden Fähigkeiten werden Ihre Führungsqualitäten verbessern, wenn sie richtig eingesetzt werden:

- **Schaffen Sie Vertrauen in Ihrem Team**

  Einem Team oder einer Gruppe von Menschen in Ihrem Umfeld ein Gefühl der Befähigung zu vermitteln, ist wahrscheinlich die erste Regel einer ausgeglichenen Führungskraft. Es ist von entscheidender Bedeutung, dass ein Gefühl der Eigenverantwortung für die eigenen Fähigkeiten und den Einfluss eines jeden Einzelnen im Unternehmen oder Team vermittelt wird. Die Umsetzung dieser Strategie ist eine Übung, bei der Sie Ihr Team etwas anstoßen, um ihm zu zeigen, dass es den Rest von selbst erledigen kann. Sie ermöglichen ihren Mitarbeitern, sich zu profilieren, und sie nehmen diese Chance wahr, mehr als nur eine Nummer zu sein.

- **Loben Sie, wo es nötig ist**

  Ja, Lob ist großartig. Wir sind uns des Nutzens von Lob voll bewusst. Aber das Lob muss auch taktisch sein. Sie müssen in der Lage sein, die Menschen um Sie herum und ihre spezifischen Bedürfnisse im richtigen Moment zu erkennen. Man lobt, wenn die Dinge gut laufen, aber man lobt auch, wenn die Dinge schlecht laufen. Das heißt, Sie sehen den Fehler, den die Person gemacht hat, aber Sie sagen ihr zunächst, was sie richtig gemacht hat, und gehen dann darauf ein, wie sie den Fehler das nächste Mal vermeiden kann.

- **Zeigen Sie Vertrauen und schätzen Sie Ehrlichkeit**

Sie wollen, dass man Ihnen vertraut und sie respektiert. Das will jeder. Aber das fängt bei Ihnen an. Sie haben es jetzt in der Hand, dem Team mehr Vertrauen einzuflößen, indem Sie zeigen, wie verletzlich auch Sie sein können. Wenn Sie im Umgang mit den Menschen, die Ihre Entscheidungen umsetzen, nicht menschlich agieren, könnte Unmut und schließlich Hass an die Oberfläche kommen. Wenn Sie transparent und klar sagen, was Sie wollen, wie Sie sich fühlen und was die wahre Natur Ihres Anliegens ist, befähigen Sie Ihr Team automatisch dazu, das Gleiche zu tun, und das ist genau das, was Sie benötigen. Die wertvolle Ehrlichkeit und das Vertrauen darauf, dass Sie, wenn Ihre Mitarbeiter etwas zu sagen haben, das nicht politisch korrekt ist, in der Lage sind, sich mit ihnen zu identifizieren und mit ihnen zu lachen.

- **Seien Sie selbstloser**

Wir haben vorhin über die Elternschaft gesprochen, und unter diesem Aspekt sehen wir, wie Ihre Sorge um die Eingliederung, der anderen in das Team manchmal dazu führen kann, dass Sie den Kopf hinhalten müssen, weil Sie selbstloser sind, als es von der Führungskraft normalerweise erwartet wird. Sie sind einer von ihnen. Sie haben einst in ihren Schuhen gesteckt, und Sie wissen, welche Art von Führungskraft Sie gerne an Ihrer Seite gehabt hätten, wenn die Dinge nicht nach Plan liefen. Wenn Sie selbstloser mit Ihrer Zeit, Ihrem Auftreten und Ihrem Image als Mentor umgehen, dann gebührt Ihrem Team die Anerkennung. Sie halten sich zurück und überlassen es den anderen, das Lob einzuheimsen. Auch wenn Sie vielleicht zu 80 % für die Ergebnisse verantwortlich sind, gebührt Ihrem Team das Lob.

- **Beziehen Sie allgemeine Wellness-Aspekte mit ein**

Es ist eine Tatsache, dass das Unternehmen oder das Team bereit sein sollte, bevor es an Bord kommt. Es sollte in Topform ins Büro kommen oder den Zoom-Anruf starten, zu Höchstleistungen auflaufen und nur so vor Begeisterung und Positivität strotzen. Das hört sich toll an, oder? Aber was passiert, wenn sich jemand gerade nicht von dieser Seite zeigen kann? Wie begegnen Sie dem persönlichen Wohlfühlkonzept in Ihrem Team? Natürlich durch die Anwendung der oben genannten Grundsätze! Erzählen Sie Ihren Mitarbeitern, was Wellness für Sie bedeutet und dass dies ein Faktor sein kann, den man berücksichtigen muss, wenn man pünktlich zur Arbeit kommen, die anstehenden Aufgaben erledigen und mit einem guten Gefühl nach Hause gehen will. Das Wohlbefinden von Geist, Seele und Körper kann Ihre Freude an der Arbeit steigern, wenn diese drei Aspekte ausreichend berücksichtigt werden und sich im Gleichgewicht befinden.

- **Lösen Sie Konflikte**

Wir haben bereits darüber gesprochen, aber es ist ein wichtiger Punkt. Große Führungspersönlichkeiten sind auch in hohem Maße emotional, aber sie bewältigen ihre Emotionen mit Nerven aus Stahl und mit Erfahrung. Wenn Sie die nötige Charakterstärke aufbringen können, wenn die Diskussionen hitzig werden und Menschen ihre Unzufriedenheit und Unerfülltheit zum Ausdruck bringen, dann müssen Sie in die Rolle des Vermittlers schlüpfen. Und zwar nicht nur zwischen den Mitgliedern Ihres Teams, sondern auch dann, wenn Sie selbst der mögliche Grund für Unzufriedenheit oder Reibereien sind. Sie müssen einen Weg finden, um Ihre Person zu bewerten und auch die Argumente der Mitarbeiter zu ergründen. Bei Konflikten müssen Sie ruhig bleiben, die Übersicht behalten und gleichzeitig offen für Anregungen sein.

Die Verbesserung Ihrer Sozialkompetenz

Wir werden nicht mit dem Ziel auf die Welt gebracht, perfekt zu sein. Perfekt ist es, einfach danach zu streben, ein besserer Mensch zu sein, als man es gestern war, und genau daran möchte ich Sie orientieren, wenn es um zwischenmenschliche Beziehungen geht. Wir wissen heute, dass die Kommunikation eine zentrale Rolle bei der Verbesserung von Beziehungen spielt, und deshalb muss sie stark in Ihr Team und dessen individuelle Bedürfnisse integriert werden.

Es gibt sechs Aspekte, die Ihnen bei der Verbesserung dieser Fähigkeiten helfen können, auf einige von ihnen wird auch in anderen Kapiteln dieses Buches eingegangen. Das Konglomerat der Führung umfasst oft eine Reihe von Fähigkeiten, die in mehr als einem Führungsstil und -modell enthalten sind:

1. Eine interkulturelle Ausbildung

Dies ist die Fähigkeit, die Notwendigkeit von Vielfalt und Integration zu beleuchten. Nehmen Sie sich die Zeit, sich von der Welt bilden zu lassen. Sie sollten lernen, wie Sie sich in diesem multikulturellen Umfeld, in dem wir heute alle leben, besser einbringen können. Egal, ob es sich um ein globales Team handelt oder das Unternehmen mit ausländischen Investoren zusammenarbeitet; all diese Situationen erfordern einen Überblick über Kulturen, Religionen und Ethik. Sie müssen auch wissen, wer verheiratet ist, wer Kinder hat, wer welche Schulbildung hat und woher er kommt. Das bedeutet, dass Sie Ihr Team mit mehr Sorgfalt und Anerkennung kennenlernen müssen. Auf diese Weise können Sie sich besser in ihre Mitarbeiter hineinversetzen, Gemeinsamkeiten und Vorlieben entdecken und sich zu der fürsorglichen Führungspersönlichkeit entwickeln, die Ihr Team braucht.

2. Erhalten Sie Beziehungen aufrecht

Eine Beziehung zu beginnen ist einfach, sie aufrechtzuerhalten ist jedoch eine ganz andere Geschichte. Indem Sie sich ständig um jede Person kümmern, stellen Sie sicher, dass es in den wenigen Minuten des Gesprächs nicht nur um die Leistung geht, sondern auch um Ihr Gegenüber, sein Leben und seine Interessen außerhalb der Arbeit. Suchen Sie nach Möglichkeiten, diese Beziehungen möglichst regelmäßig aufrechtzuerhalten, indem Sie in Ihrem Terminkalender die Personen eintragen, mit denen Sie in der betreffenden Woche nicht viel zu tun hatten, um sich in der nächsten Woche auf sie konzentrieren zu können. Es mag zunächst albern erscheinen, aber die Belohnung, wenn Sie sehen, wie Ihre Mitarbeiter konstant auf Ihr Interesse reagieren, wird es wert sein.

3. Üben Sie aktives Zuhören

Wir haben bereits im Rahmen der Kommunikationsfähigkeit über aktives Zuhören gesprochen. Dieser Aspekt passt genau zu dem zwischenmenschlichen Konzept der Führung. Auch hier gilt: Wenn man sich konzentriert, Blickkontakt hält, auf nonverbale Hinweise achtet und weniger urteilt, kann das Gespräch zu einem wechselseitigen Ausdruck werden. Die Führungskraft antwortet erst, wenn die andere Person vollständig zu Ende gesprochen hat. Sie stellt mehr Fragen, als dass sie ihre Meinung mitten im Gespräch kundtut, und versucht, ihre Ideen zusammenzufassen, bevor sie diese ausspricht.

4. Erkennen Sie die Eigenschaften und das Fachwissen eines jeden Mitarbeiters

Die Führungskraft sieht das Potenzial. Das ist ihre Aufgabe! Sie nutzen diese Zeit, um taktische Wege zu finden, um andere in den Entscheidungsprozess einzubeziehen und die natürlichen Fähigkeiten jedes Einzelnen in bestimmten Bereichen zu fördern. Dies kann der Führungskraft helfen, besser zu delegieren und mehr Lob für verbessertes und proaktives Verhalten zu verteilen.

5. Behalten Sie eine Perspektive durch die Einbeziehung von Positivität und emotionaler Intelligenz

Wir haben bereits über das Konzept der emotionalen Intelligenz gesprochen, und auch hier kommt es zur Anwendung. Wenn Sie lernen, dieses Konzept zu meistern, indem Sie sich selbst immer wieder neu einschätzen, dann wird dies mit der

Zeit hoffentlich zu einer Facette der Führung, die Sie genießen und in Ihrem gesamten Leben anwenden können. Wie bereits erwähnt, müssen Sie offen und einfühlsam sein, also finden Sie einen Weg, Situationen mit Klarheit, Freundlichkeit und dem Bewusstsein für andere zu begegnen.

Die zwischenmenschliche Führungskraft

Der zwischenmenschliche, der innermenschliche und der berufliche Führungsstil beeinflussen einander, um gemeinsam eine brillante Führungskraft zu schaffen. Wenn die Person weiß, wann und in welcher Situation sie die jeweilige Fähigkeit einsetzen muss und sie gut einsetzt, dann entsteht Magie!

Diese Führungspersönlichkeit ist bestrebt, ihre eigenen Emotionen und die der anderen zu erden und sich rundum bewusst zu machen, welches berufliche Umfeld sie anstrebt. Wenn die Führungskraft eine ruhige, geschlossene und kontrollierte Haltung an den Tag legt, schafft sie Klarheit für die Menschen in ihrem Umfeld. Die Führungskraft erkennt zuerst, wie sie auf andere wirkt, und dann, wie andere in der Organisation oder im Team auf sie wirken, und das macht sie so einfühlsam und entgegenkommend.

Sie müssen nun persönliche Übungen für sich selbst einbauen, damit Sie lernen, die zwischenmenschliche Führungskraft zu sein, die das Team braucht.

1. Studieren Sie Ihre Mitarbeiter, indem Sie herausfinden, welche Erwartungen sie haben und wo ihre Vorurteile liegen. Wer sind sie? Welches Thema beschäftigt sie? Wie können Sie einen Bezug zu ihnen herstellen? Welche Fähigkeiten hätten sie gern?

2. <u>Beobachten Sie</u> die physischen und emotionalen Barrieren, die die Kommunikation und die zwischenmenschliche Entwicklung behindern können. Besitzen Sie eine offene Haltung? Sind Ihre eigenen persönlichen Barrieren ein Hindernis für Verbindungen? Fördert das Arbeitsumfeld die zwischenmenschliche Entwicklung?

3. <u>Ändern Sie</u> Ihren Umgang mit Menschen, indem Sie Ihre eigenen persönlichen und sozialen Fähigkeiten nutzen, um Ihre Mitarbeiter in ein gesundes und produktives Arbeitsverhalten zu führen. Sind Sie im Umgang mit Konflikten emotional intelligent? Bringen Sie Ihre Ansichten über Veränderungen und Verbesserungen auf verständnisvolle Weise zum Ausdruck? Nehmen Sie Feedback an?

Es braucht Zeit und Mühe, um zu wissen, wann man die einfühlsame Seite einsetzen kann und wann nicht. Wie bei der Elternschaft müssen Sie auch bei der Mentorschaft nicht unbedingt mit Ihren Mitarbeitern eng befreundet sein. Sie müssen sie einfach nur in die richtige Richtung lenken und die richtigen Entscheidungen treffen. „Die Menschen glauben immer noch an das Pyramidenmodell der Führung, bei dem der König an der Spitze sitzt und von Legionen von Teammitgliedern unterstützt wird, die sich bemühen, zu gefallen. Stattdessen gleicht die wahre Führung einer umgekehrten Pyramide, bei der sich die gesamte Organisation auf eine einzige Führungskraft verlässt, die ihre Bemühungen unterstützt" (Meyers, 2016). Die Bedürfnisse des Teams sind im Wesentlichen genauso wichtig oder wichtiger als Ihre eigenen, und die Handlungen Ihrer Mitarbeiter sind ein Spiegelbild Ihrer ehrlichen und klaren Unterstützung, nicht Ihrer Freundschaft.

Bleiben Sie auf jeden Fall freundlich, aber wenn Sie zu weit gehen und sich ihren Angestellten zu früh anvertrauen, kann das zu mehr Konflikten führen, als wenn Sie neutral bleiben. Lassen Sie sie Freundschaften mit Gleichaltrigen und mit anderen Teamkollegen schließen, indem Sie ihnen den nötigen Freiraum dafür geben.

Der Gedanke, dass Sie bestimmte Aspekte Ihrer Arbeit geheim halten und Ihren Führungsstil auf einem Erforderlichkeitsprinzip umsetzen müssen, ist zunächst vorteilhaft, kann aber dann problematisch werden, wenn Vertrauen und Ehre unter den Teammitgliedern gebrochen werden. Ja, Sie haben Verpflichtungen und Verantwortlichkeiten, die nicht auf den Schultern Ihrer Angestellten lasten, aber das hindert Sie nicht daran, selbst zu entscheiden, wie Sie diese gemeinsam angehen wollen.

KAPITEL 7:
GRUNDLEGENDE FÜHRUNGSKOMPETENZ 3 - PROBLEMLÖSUNG UND ENTSCHEIDUNGSFINDUNG

> *Innovation ist der Unterschied zwischen einem Vorreiter und einem Mitläufer.* – Steve Jobs

Es gibt zwei Möglichkeiten, das Spiel der Unternehmen und das Spiel der Menschen zu spielen. Entweder man entscheidet sich für ein endliches Regelsystem, bei dem es einen Gewinner und einen Verlierer gibt. Oder man kann sich für das unendliche System entscheiden und einfach spielen, um im Spiel zu bleiben.

Das Erste ist das, was wir in den üblichen Sport- und Kriegsspielen sehen, wo ein Spiel oder eine Schlacht einen zum Gewinner und den anderen zum Verlierer macht. Dies ist ein endliches Spiel, für das Regeln gelten. Die Organisation oder das Team konzentrieren sich in der Regel darauf, wie sie den Gegner besiegen können, wie sie ihn überlisten und ausmanövrieren können.

Das unendliche Spiel ist viel förderlicher für größere und bessere Dinge in der Berufswelt. Indem man die Erfahrungen innerhalb des Unternehmens verbessert, anstatt sich damit zu beschäftigen, wer die

Konkurrenz ist, wie viele Kunden man hat und wie hoch die Zahl der Mitarbeiter ist, zeigt man anderen, dass man mit niemandem außer sich selbst konkurriert. Vertiefen Sie sich in die Frage, wie Sie sich von innen heraus verbessern und im Spiel bleiben können.

Das ist die Art und Weise, auf die Entscheidungsfindung und Problemlösung ablaufen. Sie treffen Entscheidungen auf der Grundlage des Arbeitsumfelds und der Ideale, die das Unternehmen für die Zukunft hat. Wofür finden Sie Lösungen? Zu wessen Nutzen bringen Sie Menschen zum Brainstorming zusammen?

Es ist wichtig, dass die Führungskraft eine klare Vision des Gesamtbildes hat. Sie muss dieses Bild in kleinere, überschaubare Teile zerlegen und diese sorgfältig abwägen.

Was mir in den Sinn kommt, wenn ich an großartige Führungsentscheidungen denke, ist das inspirierende Buch von US Navy Captain L. David Marquet. *Reiß das Ruder rum!* ist eine Geschichte über Selbstfindung, aufgestaute Spannungen und die Fähigkeit, auch schwierige Entscheidungen zu treffen. Es ist allgemein bekannt, dass autoritäre Führungsstile am besten auf den Kommandosessel von Leutnants und Kapitänen von Kriegsflotten passen, aber hier sehen wir, wie eine Person eine Entscheidung trifft, die die Standardregeln der autokratischen Führung auf den Kopf stellt.

David machte den Fehler, anzunehmen, dass seine Glaubwürdigkeit als Anführer auf seiner Intelligenz und seinem Wissen über jedes U-Boot, das er befehligte, beruhte; er erlernte das System der Maschine vollständig und befehligte seine Besatzung mit seinem gesamten Wissen. Die Schwachstelle offenbarte sich, als er in letzter Minute auf ein anderes U-Boot, die *Santa Fe*, versetzt wurde, für dessen Studium er vor der Abreise nicht genug Zeit gehabt hatte. Aus Angst, seine Glaubwürdigkeit und das Vertrauen der Besatzung zu verlieren, verschwieg er dieser Besatzung (die schon lange an Bord war), dass er auf diesem älteren Modell technisch nicht kompetent war. Er beschloss, trotzdem weiterzumachen, da er darauf vertraute, dass seine Befehle ausreichend waren.

Es lief gut an, bis am dritten Tag ein Testlauf durchgeführt wurde, bei dem die Kernreaktoren abgeschaltet wurden, damit die Besatzung ihre Standardübungssequenz starten konnte. David, der am Steuer stand und davon ausging, dass dieses Schiff über dieselben Modalitäten verfügte wie das neuere Modell, über das er sich informiert hatte, gab dem ersten Offizier neben ihm den Befehl, bestimmte Einstellungen an der Stromversorgung vorzunehmen, um die Route um einige Grad zu ändern. Der erste Offizier gab denselben Befehl an den zweiten Offizier weiter, der die Änderungen vornehmen sollte, aber nichts geschah. Der Kapitän fragte, warum sie das Manöver verzögerten und den Befehl nicht befolgten, woraufhin der erste Offizier einfach erklärte, dass dieses Modell des Schiffes nicht über die von ihm gewünschte Einstellung verfüge. Der Kapitän fragte den Offizier, warum er den Befehl an seinen Stellvertreter wiederholt habe, wenn er wisse, dass dieses Schiff nicht über diese Einstellung verfüge, und die Antwort des ersten Offiziers löste bei David etwas aus. Der erste Offizier neben ihm antwortete nervös, dass er keine andere Wahl habe, da er Befehle befolge und dies seine Pflicht sei.

David kannte das Umfeld, in dem er sich befand, nicht vollständig, und er kannte die Mannschaft nicht gut genug, um eine konkretere Beziehung aufzubauen. Er war als Führungskraft nicht auf der Höhe, weil er von der Mannschaft erwartete, dass sie die Maschine auch unter seinen falschen Anweisungen richtig bedienen konnte. David schreibt: „Was passiert täglich an Ihrem Arbeitsplatz, das die Vorstellung verstärkt, dass die Jungs an der Spitze die Anführer sind und alle anderen einfach zu folgen haben? Ich war erschrocken, als ich feststellte, dass diese Vorstellung auf *Santa Fe* allgegenwärtig war" (L. David Marquet, 2013, S. 56). Diese Tatsache machte ihm einen Strich durch die Rechnung, denn er konnte nicht die richtigen Entscheidungen treffen, um die Sicherheit der Besatzung und der Mission zu gewährleisten. David entschied sich daher, die Umgebung anders zu verwalten und der Mannschaft aufgrund ihrer besseren Kenntnis des Schiffes zu erlauben, eigene Entscheidungen zu treffen. Und das veränderte alles.

Männer und Frauen an der Spitze haben alle Befugnisse, aber manchmal keine Informationen. Dies ist ein Tornado, der alles in Sichtweite zerstören kann, wenn er nicht angemessen kontrolliert und bewertet wird. David verstand, dass es töricht war, die Befehlskette auf der Grundlage von Genehmigungen aufrechtzuerhalten, sodass er mit dem Wissen, das er nicht hatte, vernünftige Befehle erteilen musste. Also löste er dieses Problem mit einem taktischen Manöver, das das Schiff auf den Kopf stellte. Er übertrug den Matrosen die Verantwortung für ihre eigene Leistung auf der *USS Santa Fe* und nicht ihm, der einzelne Befehle gab. Den Offizieren wurde mehr Verantwortung übertragen, damit sie während der gesamten Saison auf See bewusste und eigene Entscheidungen treffen konnten. Sie würden nicht um Erlaubnis bitten, sondern eher um die Unterstützung ihrer eigenen Entscheidung durch den Kapitän. Sie sagten ihm, was sie vorhatten, er besprach es mit ihnen, und sie erledigten die Aufgabe. Diese Form der unterstützenden Führung blühte auf, und die Besatzung wurde schließlich zur Mannschaft mit der höchsten Bewertung in der Geschichte der Marine. Neun der Offiziere an Bord des U-Boots wurden später Kapitän ihrer eigenen Mannschaft (was eher sehr selten vorkommt).

Dieses Modell der Unterstützung, Ermutigung und passiven Delegation ist besser dazu geeignet, neue Führungskräfte aufzubauen, als ein starres und veraltetes Modell, das verlangt, die Hierarchie zu wahren, und bei dem man nie die Möglichkeit hat, abzuweichen und zu hinterfragen. Dieses Modell von Führungskraft zu Führungskraft war in diesem speziellen Umfeld außergewöhnlich, und David erkannte dies erst später, nachdem er den Fehler gemacht hatte, sich selbst zu überschätzen und die Mannschaft zu unterschätzen.

Deshalb sage ich Ihnen eines: Führung bedeutet nicht, niemals Fehler zu machen, sondern diese Fehler zu machen und aus ihnen zu lernen, zusammen mit einer besseren Entscheidungsfindung und einer integrierten Problemlösung. Das macht Führungskräfte zu Spitzenkräften und lässt sie in hervorragender Weise glänzen.

Problemlösung und Entscheidungsfindung gehen Hand in Hand

Zuallererst möchte ich die Begriffe „Problemlösung" und „Entscheidungsfindung" in ihrer jeweiligen Bedeutung aufschlüsseln.

Bei der Problemlösung geht es um die Ermittlung von Lösungen für eine aufkommende Situation oder ein Problem. Sie ist ein Teil des Entscheidungsprozesses und wird meist mit zunehmender Dauer der Beschäftigung mit dem Problem bearbeitet. Je mehr wir über das Problem wissen, desto besser können Entscheidungen getroffen werden.

Bei der Entscheidungsfindung geht es darum, das eigene Urteilsvermögen in Bezug auf das eigentliche Problem zu nutzen und sich darauf zu stützen, um dem Team Vertrauen und Sicherheit zu geben. Diese

Entscheidungen werden umso komplexer, je bedeutender Ihre Position als Führungskraft für das Team wird. Um methodisch vorzugehen und das Problem zu lösen, muss eine Führungskraft Folgendes tun:

1. Nutzen Sie Ihre Problemlösungsfähigkeiten, um eine brillante Lösung zu finden, die aus klugen Entscheidungen und der Gelegenheit, die Sie auch den anderen zur Problemlösung gegeben haben, entsteht.

2. Überprüfen Sie, ob die Lösung für das Problem, das vor Ihnen liegt, praktikabel ist.

3. Treffen Sie eine endgültige Entscheidung bezüglich der nächsten Schritte zur Umsetzung dieser Lösung.

Die Verbesserung einer Fähigkeit bedeutet nicht zwangsläufig, dass die andere auch dazugehört, selbst wenn sie sich ähneln. Eine davon kann zu oft übersehen werden und dies zum großen Verhängnis führen. Sie treffen etwa die ganze Woche über viele kleine Entscheidungen, haben es aber nicht geschafft, das zugrunde liegende Problem zu lösen. Sie stopfen ständig Löcher im Boot, wissen aber nicht, wo das wahre Problem liegt?

In einer gegenteiligen Situation (in der sich die meisten unzufriedenen Mitarbeiter befinden), sehen wir, dass die Person das Problem kennt und weiß, wie es zu lösen wäre, aber nicht die Macht hat, die Entscheidungen zu treffen, die dafür vonnöten wären. Geben Sie anderen die Anerkennung, diese Entscheidung treffen zu können? Lassen Sie andere zu Wort kommen, damit mehr Raum für Antworten und Lösungen entsteht? Lassen Sie bei der Problemlösung mehr Inklusivität zu?

Kritisches Denken ist letztendlich eine Lösung, die all dies in einem Zug ermöglichen kann. Die Anwendung von mehr Logik und Verstand bei der Lösung des Problems, das Erforschen neuer Ideen und das Infragestellen von Ideen, die seit Langem bekannt sind, können Innovation und frischen Wind in die manchmal stagnierenden Szenen der „Suche nach besseren Wegen, Dinge zu tun" bringen. Ihre Nachforschungen und Studien über die Menschen, das Umfeld und das Problem in seiner Komplexität können Raum für die Unterstützung durch andere schaffen, da Sie nun wissen, welche Eigenschaften Ihre Mitarbeiter haben, durch die sie das spezifische Problem mit Leichtigkeit erfassen können.

Deshalb muss die Führungskraft ernsthaft abwägen, welche Entscheidung sie jetzt unter den gegebenen Umständen treffen kann. Sie macht jeden Tag kleine Fortschritte, indem sie gute Entscheidungen trifft, die zur Lösung des Gesamtproblems beitragen. Kleine Häppchen werden sich später zu einer Lösung summieren. Seien Sie eine Führungspersönlichkeit, die das Beste aus jeder Situation macht, die sich Ihnen bietet, und versuchen Sie (während Sie wachsen), diese Lektionen in Ihr Leben zu integrieren.

First Principle Thinking

Erinnern Sie sich an die Zeit, als Sie ein Kind waren (oder selbst eines hatten) und Ihre Eltern mit Fragen über alles, was Sie neugierig machte, erdrückten? Fragen stehen in der Kindheit immer im Vordergrund, manchmal sind es alberne und manchmal tiefgründige Fragen, so wie „Warum passiert das?", „Wie wird es hergestellt?", „Warum kann, ich das nicht haben?", und „Wozu ist das gut?"

Kinder haben eine angeborene Art, ihre ehrlichen Gefühle zu zeigen, indem sie einfach transparentere Fragen stellen. Indem sie auf leicht verständliche Weise nach der grundlegenden Realität des Problems fragen. Das ist es, was Wissenschaftler dazu gebracht hat, zu erkennen, auf welche Weise First Principle Thinking zur Entscheidungsfindung enorm beitragen kann.

Warum nennt man dies „First Principle Thinking", auf Deutsch etwa „Denken nach dem ersten Prinzip"? Nun, Aristoteles beschrieb das erste Prinzip als „die erste Grundlage, auf der eine Sache erkannt wird" (Clear, 2017), was bedeutet, dass es hinterfragt und eingehender erforscht werden muss. Es verlangt nach einer Erklärung. Es stellt systematisch alles infrage, bis nur noch die reinste Wahrheit übrig bleibt. Man kann dies auch als den „kartesischen Zweifel" bezeichnen.

Warum, glauben Sie, werden wir nach der Schule so zynisch und kantig und stellen keine Fragen mehr wie früher? Das hängt höchstwahrscheinlich mit dem Bildungssystem auf der ganzen Welt zusammen, das die Neugier erstickt und uns daran hindert, in so vielen Dingen Wunder zu erkennen. Vielleicht können wir uns darin üben, einen Schritt zurückzutreten und uns darauf zu besinnen, wie ein Kind zu fragen, um Antworten zu erhalten, die uns bis ins Innerste erschüttern.

Eindeutigere Antworten und Lösungen für Probleme in vielen Bereichen lassen sich erst dann finden, wenn man versteht, dass man nichts wirklich weiß, bevor man nicht angefangen hat …

1. … das Problem in überschaubare Teile zu zerlegen. Finden Sie heraus, was infrage gestellt werden muss und welche Annahmen über dieses gemeinsame Problem gemacht wurden. Setzen Sie kritisches Denken ein, um diese Vermutungen zu ermitteln und zu verstehen, warum sie bestehen.

2. … eine Fülle von reinen Fragen zu dem Problem mitzubringen. Hinterfragen Sie ehrlich und transparent den grundlegenden Ursprung des Systems, was die Beweise über die problematische Situation aussagen, und trennen Sie die Fakten von den Annahmen.

3. … sich daran zu erinnern, dass die Mission damit beginnt, die Antworten zu nutzen, die Sie bei der unermüdlichen Erforschung entdeckt haben. Das Ziel ist es, eine neue Lösung zu finden oder zu schaffen, die (hoffentlich) zwei oder drei Probleme auf einmal lösen kann.

Ich habe eine Übung für Sie: Stellen Sie sich ein Bild vor, auf dem ein Tier zu sehen ist. Ein Foto, ein Gemälde, ein Bild auf Ihrem Computer. Sie sehen das Bild als Ganzes, aber was befindet sich innerhalb dieses Bildes, das isoliert betrachtet und analysiert werden kann? Sie haben das Tier, Sie haben die Hintergrundumgebung, das Gras, die Bäume. Sie haben den Himmel und die Objekte darin. Diese können klassifiziert, getrennt, analysiert und vor allem hinterfragt werden. Sie können die vorhandenen Farbvarianten klassifizieren, wo sie sich mehr und wo sie sich weniger gruppieren. Ferner können Sie das Bild bis ins Kleinste aufschlüsseln, z. B. nach der Anzahl der vorhandenen Pixel.

Genau dieser Prozess der Klassifizierung durch maschinelles Lernen ist ein unglaubliches Hilfsmittel, um solch innovative und kreative Leistungen zu vollbringen, wie einige der größten Denker des 21. Jahrhunderts sie predigen.

Behalten Sie die Erkenntnisse aus Schritt eins im Hinterkopf: Je mehr Sie sich auf die Suche nach den Kernaspekten eines jeden Problems machen, desto mehr werden Sie erkennen, dass viele dieser überschaubaren Teile ähnliche Merkmale wie andere überschaubare Teile eines ganz anderen Problems aufweisen. Das führt dazu, dass man schließlich erkennt, wie die Kombination der Merkmale eines Aspekts mit denen eines anderen Aspekts eine ganz neue innovative Lösung ans Licht bringt. Und tatsächlich gehen aus dieser Kombination die meisten Erfindungen hervor.

Man muss sich ein Erfahrungswissen über das Problem aneignen, sodass man sich ihm zukünftig mit viel mehr Leichtigkeit und Eleganz stellen kann. Und mit mehr Fachwissen kann man anschließend bessere Wege finden, um auftretende Probleme zu bewältigen und großartige Strategien zu implementieren, durch die das Problem überwunden wird, sodass es schließlich nicht mehr als problematische Situation bezeichnet werden muss.

Umkehrung: Vorwärts und rückwärts denken

Es gibt ein interessantes Zitat des Philanthropen und Wirtschaftsmoguls Charlie Munger, das uns dabei hilft, das Konzept für dieses Kapitel zu entwickeln. Er sagt: „Alles, was ich wissen will, ist, wo ich sterben werde, damit ich niemals dorthin gehe" (Hicham Fleihan, 2021). Dies lässt sich in eine Denkweise übersetzen, die eine Änderung des eigenen Standpunkts erfordert. Anstatt zu fragen, wie Sie im Leben gewinnen können, sollten Sie lieber fragen, wie Sie einen Verlust vermeiden können. Interessant, nicht wahr?

Stellen Sie sich vor, Sie sind ein erfolgreicher Manager eines Fußballvereins. Sie haben sich angestrengt und die ganze Aufmerksamkeit Ihrer Mannschaft darauf gerichtet, dass Tore erzielt werden, dass die vorhandenen Fähigkeiten und Talente zu einem Sieg führen. Am Spieltag vernichtet Sie Ihr Gegner (der vielleicht in der Tabelle weiter unten steht), weil er etwas ganz anderes gemacht hat, als Sie erwartet haben. Anstatt sich darauf zu konzentrieren, wie es seinen Gegner mit offensivem Können besiegen kann, hat sich das gegnerische Team wahrscheinlich gefragt, wie es verhindern kann, dass der Ball überhaupt ins eigene Netz geht. Es hat viel Energie in die Verteidigung statt in den Angriff gesteckt, was sich als wertvoll erwiesen und das Team zu Gewinnern gemacht hat. Eine einfache Strategieänderung, die ein Umkehrdenken erforderte.

Das ist vor allem ein sehr mächtiges Hilfsmittel, um komplexe Probleme zu lösen, auf die es vielleicht keine einfachen Antworten gibt. Genau wie beim First Principle Thinking bitte ich Sie, Ihren Geist von den üblichen Denkmustern zu befreien. Ich bitte Sie, über den sprichwörtlichen eigenen Tellerrand hinauszublicken und zu sehen, was um Sie herum geschieht. Es gibt so viele Möglichkeiten, jahrzehntelange Methoden neu zu bewerten und zu hinterfragen und clevere Wege zu finden, das System zu überlisten.

Ich möchte Ihnen einige Fragen und Punkte an die Hand geben, die bei der Einführung dieser neuen Denkweise nützlich sein werden:

1. Schreiben Sie zunächst alle Aspekte auf (denken Sie an den bewährten Stift und das Papier), die in Ihrem Arbeitsumfeld häufig negativ auffallen:

   - der kontinuierliche Rückgang der Umsätze
   - der Mangel an guten Bewertungen und Rückmeldungen von Kunden
   - das Desinteresse der Mitarbeiter an Sitzungen und Gruppenworkshops

2. Bewerten Sie, warum diese Probleme immer wieder auftauchen:

- Verfolgen Sie ein uraltes System zur Umsatzsteigerung?
- Ermitteln Sie die Kundenzufriedenheit nicht detaillierter?
- Sind Ihre Präsentationen langweilig und zeitraubend?

3. Kehren Sie diese Fragen um, um den Schwerpunkt auf das zu legen, was das Unternehmen möglicherweise falsch macht:

- Wie können Sie den Umsatz über einen bestimmten Zeitraum hinweg senken?

- Wodurch gelingt es Ihnen, die Bedürfnisse der Kunden ignorieren?
- Wie können Sie noch mehr Langeweile in Ihre Firmensitzungen bringen?

4. Die Antworten, die erscheinen, werden der Katalysator für Veränderungen sein, indem sie genau das Gegenteil von dem tun, was vorgeschrieben ist:

- Indem sie sich dem umweltbewussten Weltbild und dem Markttrend nicht anschließen.
- Indem man den Wert der Marke oder des Produkts gegenüber dem Wert des Kunden außer Acht lässt.
- Indem man nie an das Publikum denkt, sondern nur an die Statistik.

Wenn Sie sich nun vorstellen, was Sie in diesen Fällen nicht tun sollten, können Sie lernen, was Sie tun können; nicht um zu gewinnen, sondern um nicht zu verlieren! Die Kunst, das Gegenteil zu tun, kann ein Denkmuster verändern und zu Ergebnissen führen, die früher angestrebt, aber nie erreicht wurden.

Wenn man sich darauf konzentriert, was man nicht tun sollte, kann man automatisch feststellen, dass man einige Dinge auf natürliche Weise richtig macht. Es kann kontraintuitiv sein, wenn konventionelle Weisheit für schnelllebige Lösungen erforderlich ist. Wollen Sie Erfolg haben oder Misserfolg vermeiden? Es ist wertvoller, zu wissen, wann man diese Praktiken anwenden sollte und wann nicht. Überzeugen Sie sich selbst und beziehen Sie jede Verwicklung, die auftritt, mit ein.

Das Prinzip der Parsimonie: vereinfachende Lösungen

In der Einleitung zu diesem Buch haben wir über das Konzept der Wahlmöglichkeiten gesprochen. Je mehr Optionen zur Verfügung stehen, desto mehr Verwirrung und Stress entstehen. Bei der Idee der Vereinfachung sehen wir, dass die grundlegendsten Lösungen, die einfachsten Lösungen, die bereits zur Verfügung stehen, in der Regel der gangbarste Ausweg sind.

Angenommen, Sie befinden sich in einer Situation, in der es um Leben und Tod geht. Optionen gibt es überall, aber was ist der schnellste und direkteste Weg, um zu überleben? Werden Sie dasitzen und einen komplexen Plan entwickeln, oder werden Sie nach der einfachsten Möglichkeit suchen? Der menschliche Körper und die Natur um uns herum bieten großartige Beispiele für Sparsamkeit. Die beste Lösung ist in der Regel die einfachste, und sie funktioniert wunderbar!

Diese Theorie leitet sich von den Grundsätzen des wissenschaftlichen Denkens des Spätmittelalters ab, als die Suche nach beobachteten Tatsachen bedeutete, die Hypothese so einfach wie möglich zu halten.

Das Prinzip der Parsimonie wird auch als Ockhams Rasiermesser bezeichnet (abgeleitet von dem Mönch Wilhelm von Ockham, der im 14. Jahrhundert lebte) und erfindet das Gesetz der Sparsamkeit neu, indem es im Wesentlichen besagt: „Man gewinnt nichts, wenn man eine Erklärung komplizierter macht, ohne dass ihre Erklärungskraft entsprechend zunimmt" (Ball, 2016). Das bedeutet, dass die Einbeziehung weiterer Variablen in das Problem nur dazu führt, dass es komplexer wird, was genau das Gegenteil von dem ist, was man erreichen will.

Der italienische Philosoph Thomas von Aquin, der im 13. Jahrhundert lebte, begründete dies treffend mit den Worten: „Wenn eine Sache durch ein einziges Mittel ausreichend getan werden kann, ist es überflüssig, sie durch mehrere zu tun; denn wir sehen, dass die Natur nicht zwei Instrumente verwendet, wenn eines ausreicht" (Baker, 2016).

Auch hier ist es sehr sinnvoll, auf die Eigenschaften des von Ihnen verwendeten Werkzeugs zu achten. Dieses Werkzeug macht das Problem nicht per se besser, aber es könnte es sicherlich nützlicher machen. Wenn Sie eine Erklärung auf den Punkt bringen wollen, dann ist dies eine mögliche Methode. Sicherlich haben wir in den vielen Jahrhunderten des kritischen wissenschaftlichen Denkens gesehen, dass die einfachsten Überlegungen manchmal fehlerhaft sind und sich das zugrunde liegende Problem als weitaus komplexer und komplizierter erweist. Aber in unserem Kontext der Führung und des Verständnisses der Konzepte zur Lösung von Rätseln, die unseren Erfolg behindern, könnte diese vereinfachende Methode der Heilige Gral sein.

Viele erstklassige Unternehmen haben dieses Prinzip in ihr Geschäftsmodell integriert. Man sieht diesen Ansatz immer wieder bei Technologieunternehmen, die auf bessere Methoden für den Kontakt mit den Kunden angewiesen sind. Menschen bevorzugen klare Linien, klare Konzepte, die es ihnen ermöglichen, ihre Arbeit auf die einfachste und zeitsparendste Weise zu erledigen.

Das eigentliche Problem entsteht, wenn wir nicht fragen, wie die Problemlösung dem Unternehmen helfen kann, sondern wie dieses Instrument andere dazu ermutigen kann, ebenfalls Probleme zu lösen. Wir wissen jetzt, dass Sie nicht nur ein Manager sein wollen, eine fingerzeigende, sprechende Unterschrift. Sie wollen die Menschen um Sie herum miteinander verbinden und inspirieren. Ich möchte Sie zurück zur Umkehrmethode führen, bei der wir gelernt haben, nicht nur danach zu fragen, was etwas ist, sondern auch, was es nicht ist.

Führung hat nicht nur etwas mit Motivation zu tun, sondern lässt sich am besten erkennen, wenn es darum geht, den Mitarbeitern zu ermöglichen, sich selbst zu motivieren. Man kann die Pferde zur Tränke führen, saufen müssen sie selbst. Indem Sie die Kommunikation mit Ihrem Team vereinfachen, können Sie ihm die Möglichkeit geben, den Weg zu erkennen und sich selbst dazu zu motivieren, die Lösung zu finden. Sie schaffen ein Arbeitsumfeld, das individuelles Denken fördert und durch das auch bei jüngeren Mitarbeitern die innere Führungskraft zum Vorschein kommt.

Verstehen Sie, dass sich die Motivation in Ihrer Organisation um drei Faktoren drehen kann: Logik, Emotion und Zeit. Sie müssen an die Logik der Menschen appellieren, damit sie sich emotional für das Projekt engagieren, und Sie müssen an ihre Emotionen appellieren, damit sie genügend Zeit aufwenden, um Entscheidungen zu treffen, die auf ihren Gefühlen basieren.

Weitere mentale Modelle,
die Ihnen bei der Entscheidungsfindung helfen

Nun gut, wir haben uns also mit einigen der besten Methoden befasst, um die manchmal lähmenden Auswirkungen dessen zu bekämpfen, nicht zu wissen, wie Sie bessere, sauberere und schnellere Entscheidungen treffen, die Ihren Führungsstil und die Organisationen, in denen Sie arbeiten, positiv beeinflussen.

Wir wissen, dass diese mentalen Modelle dabei helfen, einen Rahmen zu schaffen, der es ermöglicht, sehr schnell Entscheidungen zu treffen, ohne dass man im Voraus über alle Informationen verfügen muss. Die intensive Detektivarbeit entfällt und Ablenkungen werden beseitigt. So können Sie viel mehr aus Ihrem Tag herausholen und produktiver mit Ihrer Zeit umgehen.

Ich möchte Ihnen zwei weitere Modelle vorstellen, durch die Sie besser einschätzen können, was aus den getroffenen Entscheidungen werden kann und welche Auswirkungen sie auf das Unternehmen und das Team haben.

- **Der nachgeordnete Effekt**

  Damit wird beurteilt, ob sich Ihre Entscheidungen in der zweiten, dritten oder vierten Ordnung positiv oder negativ auswirken werden. Lassen Sie mich das erklären. Es ist dem Menschen angeboren, sich zunächst auf die unmittelbare Folge seiner Entscheidung zu konzentrieren, die Folge erster Ordnung. Wir sind uns zum Beispiel dessen bewusst, dass sich Sport zunächst ziemlich beschissen anfühlt. Nach einem Ganzkörpertraining sind Sie verschwitzt, haben Schmerzen und bezweifeln ernsthaft Ihr Fitnessniveau. Dies ist eine Konsequenz erster Ordnung. Die Folgen zweiter und dritter Ordnung sind eine gesteigerte Fitness, bessere Schlafgewohnheiten, ein muskulöserer Körperbau usw. Wir wissen diese Dinge erst dann zu schätzen, wenn sie auftreten, weil es uns sehr schwerfällt, uns auf die langfristigen Effekte zu konzentrieren.

Beginnen Sie damit, Stift und Papier zu nehmen und ein gitterartiges Schema mit allen Optionen zu zeichnen, die Sie für möglich halten. Legen Sie dann in jedem Raster fest, welche Folgen die getroffene Entscheidung in zehn Minuten, in zehn Tagen und in zehn Monaten haben wird. So können Sie die Antworten abwägen und vergleichen, um direktere und sinnvollere Entscheidungen zu treffen.

- **Das Modell der harten Wahl**

Ich möchte Sie nun bitten, ein Koordinatensystem mit vier Quadranten zu zeichnen. Die y-Achse (die vertikale Achse) bestimmt von null an, wie leicht bis wie schwer es ist, diese Optionen zu vergleichen. Die x-Achse (die horizontale Achse) hingegen bestimmt von null an, wie gering bis wie hoch die Auswirkungen auf die getroffenen Entscheidungen sind. In jedem Quadranten werden Sie eine andere Wahl anwenden:

1. Die <u>offensichtliche und einfachste Wahl</u>, die am einfachsten zu vergleichen ist (z. B. ist die Annahme von Freikarten für ein Konzert eine offensichtliche Wahl) und die geringsten Auswirkungen hat.

2. Der nächste Ansatz ist die <u>Wahl zwischen Äpfeln und Birnen</u>, die schwieriger zu vergleichen ist (z. B. die Entscheidung für ein

Abendessen in Ihrem Lieblingsrestaurant oder in dem Restaurant, das Ihr Freund empfohlen hat), aber immer noch in einem Bereich mit relativ geringen Auswirkungen liegt.

3. Im Anschluss daran bewerten wir die Kategorie der „großen Wahl", was bedeutet, dass es zwar einfach ist, die Optionen zu vergleichen, aber die Auswirkungen aufgrund der schwerwiegenden Folgen der Wahl ziemlich hoch sind.

4. Die Kategorie der „harten Wahl" schließlich ist die Kategorie mit den meisten Vergleichen und den größten Auswirkungen, die einen vernünftigen Zeitaufwand für die Entscheidungsfindung erfordert.

Aus den soeben skizzierten Entwürfen der einzelnen Entscheidungsmodelle lässt sich ableiten, dass Entscheidungen in der Tat durch unterschiedliche Gewichtung der Variablen kategorisiert werden können. Je nachdem, wie wichtig sie sind und welche Auswirkungen sie haben, können Sie auf eine nahtlosere (und ehrlich gesagt klügere) Weise entscheiden, die sich sowohl auf Ihre Führung als auch auf die Unternehmensdynamik auswirkt.

KAPITEL 8:

WIE WIR ZU DER FÜHRUNGSKRAFT WERDEN, DIE UNSERE WELT HEUTE BRAUCHT

> *Die letzte Prüfung eines Anführers besteht darin, dass er in anderen Menschen die Überzeugung und den Willen zum Weitermachen hinterlässt.*
> – Walter Lippman

Die Menschheit entwickelt sich in rasantem Tempo weiter, und diese Entwicklung ist nicht physisch, sondern eher mental. Es ist nicht schwer, nachzuvollziehen, dass die Neue Welt neue Führer braucht. Überall sehen wir, dass Großkonzerne uns täuschen und uns von den wirklichen Problemen ablenken, mit denen die von ihren Entscheidungen betroffenen Gemeinschaften und Umgebungen konfrontiert sind. Wir werden dazu verleitet, uns mit subversiveren Themen zu befassen, die in der Regel außerhalb des eigentlichen Problems angesiedelt sind.

Dabei ist die Lösung ganz einfach. Wir haben im Laufe dieses Leitfadens darüber gesprochen, und inzwischen sollten Sie wissen, was gemeint ist. Was die Welt braucht, ist Verantwortlichkeit!

Ich glaube nicht, dass es sich um einen naiven Wunsch handelt, sondern um eine tatsächliche Lösung! Die Technologie und der Medienboom der letzten 30 Jahre haben sicherlich dazu beigetragen, dass wir in einer transparenteren Welt leben. Eine Welt, in der bahnbrechende

Entdeckungen gemacht werden und Lügen und betrügerisches Verhalten von Politikern und Führungskräften immer häufiger ans Licht kommen. Denken Sie daran, dass es die schwierigen Dinge sind, die mehr Wirkung zeigen, und dass es nicht leicht ist, für egoistische und dumme Entscheidungen die Verantwortung zu übernehmen.

Ein weiterer sehr interessanter Aspekt, der sich verändert hat und möglicherweise auch in Zukunft eine Rolle spielen wird, ist die Fernverwaltung. Dies wurde besonders deutlich, nachdem uns im Jahr 2020 die Pandemie getroffen hatte, als die Quarantäne hart war, alles zum Stillstand kam und viele keine andere Wahl hatten, als ihre Lebensentscheidungen neu zu bewerten. Wenn wir weniger Ablenkungen um uns herum haben, sind wir in der Lage, zu beobachten, wo und wie wir unsere Zeit und Energie einsetzen. Manche kündigten ihren Bürojob, um eine Karriere anzustreben, die ihnen zu Hause mehr Erfüllung bringt. Viele erkannten die Auswirkungen ihres täglichen Konsumverhaltens und die möglichen Folgen von Stress für ihre psychische Gesundheit.

Das Leben lief normal weiter, bis es das nicht mehr tat (wenn Sie verstehen, was ich meine). Die erzwungene räumliche Trennung von Mitarbeitern wurde nie ernsthaft vorhergesehen, und wir hatten keine wirkliche Vorstellung davon, welche Auswirkungen sie auf unsere Mentalität und allgemeine Arbeitsphilosophie haben würde.

Dabei sollten sich künftige Führungskräfte mehr denn je auf diese Auswirkungen konzentrieren! Sicherlich ist es wunderbar, wenn man Meetings im Schlafanzug abhalten kann, aber welche Auswirkungen wird dies langfristig auf die zwischenmenschlichen Aspekte der Führung haben? Wird sich die Entfremdung zwischen Arbeitnehmer und

Arbeitgeber verstärken? Oder werden wir uns anpassen und die emotionale Wahrnehmung durch Fernkommunikationsmittel verbessern?

Die Wahrnehmung eines Unternehmens aus Sicht der Mitarbeiter hat sich verändert. Das Modell der „Arbeit von neun bis fünf" wird ernsthaft umgestaltet, und es wird versucht, die Arbeitszeiten zu überwachen. Was ich damit sagen will, ist, dass sich die Führung mit dem neu entstehenden Arbeitsumfeld weiterentwickeln muss. Wenn es sich um ein eher ferngesteuertes und bildschirmgestütztes Umfeld handelt, muss sich die Führungskraft unbedingt an das Medium anpassen und den richtigen Weg finden, um ihre Mitarbeiter in gleichem Maße zu fördern, zu begleiten und zu fordern.

Die Führungskraft zu werden, die unsere Welt heute braucht, bedeutet, dass wir anfangen müssen, uns mit den Führungsstilen, den Entwicklungsmodellen und den Kommunikationsfähigkeiten zu befassen, die in den vorangegangenen Kapiteln besprochen wurden, und sie so zu gestalten, dass sie in die gegebene Situation passen. Es ist eine sehr aufregende Zeit für diejenigen, die sich gerne verändern!

Die Welt braucht Führungspersönlichkeiten

Wir verbringen etwa 50 % unserer Zeit vor Bildschirmen. Es ist eine Tatsache, dass sich die Welt weg von der menschlichen Interaktion und hin zur Fernkommunikation entwickelt.

Wie können unsere neuen, aufstrebenden Führungskräfte dies ändern und zu dem Klebstoff werden, der die Menschen wieder zusammenbringt? Wir sind uns der Schwere der Situation, in der wir uns befinden, bereits bewusst, aber wir haben allzu oft das Gefühl, dass sie sich unserer Kontrolle entzieht und dass etwas Größeres im Spiel ist. Ja, es ist unglaublich beängstigend, aber es ist auch unglaublich faszinierend.

Wenn Sie die Führungskraft sind, die wir heute und in den nächsten 50 Jahren brauchen, dann sind Sie ein Herausforderer! Eine mutige und fürsorgliche Führungspersönlichkeit, die sich nicht vor dem Problem scheut, sondern sich ihm mit Anteilnahme, Klarheit und emotionaler Reife stellt.

Wir können uns näher mit dieser Vision beschäftigen, indem wir drei Aspekte berücksichtigen (die Ihnen inzwischen bekannt sein sollten):

1. sich seiner selbst bewusst zu werden
2. sich der anderen bewusst zu sein
3. zu wissen, was wirklich wichtig ist

Der achtsame und authentische Führer braucht heutzutage keinen Titel, keine Rolle und keine finanzielle Unterstützung. Es ist die Integration dieser drei Säulen des Bewusstseins, die Menschen dazu bringt, andere dazu zu inspirieren, ihr Bestes zu geben.

Wenn Sie an der Zukunft einen größeren Anteil haben wollen, dann sollten Sie sich an folgende bemerkenswerte Verhaltensweisen halten:

- **Erstellen Sie Ihren Baukasten der Führung**

  Vorhin haben wir uns mit den verschiedenen Führungsstilen befasst, und hoffentlich haben Sie inzwischen herausgefunden, dass sie Ihre persönlichen Eigenschaften widerspiegeln. Wenn Sie jedoch einen Schritt weitergehen und mit den verschiedenen Stärken der verschiedenen Stile spielen, wird der sprichwörtliche Baukasten größer. Die Führungskraft von morgen schaut sich die Bausteine an, über die sie verfügt, und erkennt aktiv, wann ein Baustein für die jeweilige Aufgabe geeignet ist und wann nicht. Die zukünftige Führungskraft ist flexibel und sich der Auswirkungen jeder Entscheidung bewusst.

- **Sorgen Sie für andere**

Wir wissen jetzt, dass es bei einer echten Führungspersönlichkeit nicht um die Position oder den Einfluss, den sie ausübt, geht. Sie sind eine gute Führungskraft, weil Sie sich wirklich um andere kümmern. Die Arbeit ist auch dann nicht beendet, wenn Sie nach Hause kommen und sich zum Abendessen hinsetzen. Sie wissen, dass Sie noch während des Essens darüber nachdenken, wie Sie das Umfeld, in dem Sie arbeiten, gesünder und die Menschen darin glücklicher machen können. Wie Sie sich um Ihre Kinder kümmern, wie Sie sich um Ihre Eltern kümmern, diese Einstellung der Unbedingtheit gilt in gewissem Maße auch für die Arbeit und die Mitarbeiter.

- **Erkennen Sie die Meinung anderer an**

Ja, die Meinung der Person in Ihrem Team, die nicht immer denselben Standpunkt vertritt wie Sie selbst. Statt sich davor zu scheuen, sie von Angesicht zu Angesicht zu konfrontieren, verbringen Sie mehr Zeit damit, sie kennenzulernen, damit Sie ihre Sichtweise und ihre Argumentation besser verstehen können. Es ist dringend notwendig, dass eine Führungskraft dieser Person zuhört, sich in ihre Gefühle hineinversetzt und mit einer Sichtweise antwortet, die die ihre mit einbezieht.

- ### Sehen Sie in sich selbst die Zukunft

Seien Sie die Person, von der Sie im Grunde Ihres Herzens wissen, dass die Welt sie braucht. Ich glaube nicht, dass irgendjemand wirklich erpicht darauf ist, die Welt brennen zu sehen. Das ist eine Redensart von Soziopathen, was ein vernünftiger Anführer sicher nicht ist. Seien Sie bereit, den nächsten Schritt zu tun (der vielleicht der schwerste Schritt ist, den Sie je getan haben), um das Beste aus sich herauszuholen. Sie werden mit der Macht und dem Wissen, die Ihnen in diesem Moment zur Verfügung stehen, einige schwierige Entscheidungen treffen müssen, also fangen Sie damit an, an diese Vision zu glauben und sie jeden Tag in kleinen Schritten zu verwirklichen.

- ### Streben Sie nach Wissen

Das beginnt damit, dass Sie aus Ihrer Komfortzone herauskommen. Indem Sie die Abgründe in Ihrer eigenen Wahrnehmung erkunden, können Sie beginnen, sie mit neuen Informationen und frischen Ideen zu füllen. Die Welt bleibt für Sie nicht stehen, und wenn Sie endlich denken, dass es Zeit ist, eine Entscheidung zu treffen, könnte es schon zu spät sein. Es gibt nicht viel, was den menschlichen Geist mehr belastet als der Gedanke an verpasste Chancen. Halten Sie sich daher über alles auf dem Laufenden, was Ihr Interessengebiet betrifft, und schauen Sie immer über den Tellerrand hinaus.

- ### Meistern Sie die Anpassung an die Umstände

Jede Situation, mit der Sie in Kontakt kommen, beeinflusst Sie und Ihre Entscheidungen, vor allem in der heutigen Zeit. Sie sind ständig in Bewegung und stehen in Bezug zu dem, was um Sie herum geschieht; immer auf der Suche nach besseren Möglichkeiten, sich in dieser schnelllebigen Welt anzupassen. Starrheit kann gleichbedeutend mit Stagnation sein, und Stagnation ist letztendlich der Tod. Wie ich bereits erwähnt habe, sprechen wir nicht nur über Unternehmensstrategien. Wir sprechen über die Menschen, die in diesen Strategien leben. Was auch immer beängstigend und neu erscheint, sollte als etwas angesehen werden, das zu lernen und zu entwickeln, mächtig Spaß macht.

Was als nachteiliger Faktor bei der Ausbildung der Führungskräfte von morgen angesehen werden kann, ist das Bildungsmodell, das viele Länder heute noch auf die frühe bis mittlere Kindheit anwenden. Dieses System, das seit Jahrhunderten besteht, wird den ehrlichen Bedürfnissen der zukünftigen Führungskräfte und ihrer Mitarbeiter nicht gerecht. Wenn ein ganzheitlicher und modernerer Lehrplan eingeführt würde, der soziale Kompetenzen, finanzielle Intelligenz und geistige Gesundheit umfasst, dann könnten wir möglicherweise eine Zukunft herbeiführen, in der die Beziehung zwischen Arbeitnehmer und Arbeitgeber stabil und optimistisch ist.

Wenn mehr Wert auf menschliche Bedürfnisse und die Entfaltung individueller Talente zum Wohle des gesamten Teams gelegt würde, dann könnte eine Zukunft mit weniger Zergliederung und weniger Missachtung anderer entstehen.

Hinter den Kulissen großartiger Führung

Wir betrachten den Chef oft als eine Insel des Wissens und der Verantwortung. Etwas Fremdes, von dem man glaubt, es niemals verstehen zu können. Ein Mann oder eine Frau, die auf der Spitze dieses einsamen, windigen Berges steht und lediglich das Gesamtkonzept des Unternehmens oder des Teams aufrechterhält. Das kann es schwer machen, sich mit „trivialen" Problemen an diese Person zu wenden, von denen man befürchtet, dass sie eine Zurückweisung oder Missachtung nach sich ziehen.

Die Wahrheit ist, dass große Führungspersönlichkeiten in ihrem eigenen Streben nach Wissen genauso bescheiden sind wie Sie selbst. Sie wissen nicht alles, aber einige Dinge beherrschen sie meisterhaft.

Was haben wir bisher im Hinblick auf gute Führung ausgewertet? Führungspersönlichkeiten …

- … sind freundlich, agieren aber mit fester Hand.
- … haben sich ihr Vertrauen ehrenhaft verdient.
- … sind sentimental und pragmatisch.
- … verstehen ihr eigenes Ego gut.
- … initiieren Veränderungen, weil sie Potenzial erkennen.
- … achten darauf, dass ihre Taten und Worte immer miteinander vereinbar sind.
- … verfügen über eine umfassende Kontrolle, sind jedoch nicht streng.

An großer Führungsstärke wird immer gearbeitet, auch wenn sich der Vorhang schließt, denn ein großer Teil der Führungsarbeit findet tatsächlich hinter der Bühne statt.

Was tun diese Führungspersönlichkeiten, das sowohl den Erfolg ihrer Mitarbeiter als auch ihren eigenen Erfolg beschleunigt? Nun, diese Führungskräfte …

1. **... kämpfen für andere.** Sie riskieren ihren Kopf für die Möglichkeit, zu zeigen, statt zu erzählen. Sie reagieren proaktiv auf Probleme, stellen sich ihnen und zeigen ihren Angestellten, dass sie das Gleiche tun können, wenn sie ihre Angst vor dem Unbekannten überwinden und Vertrauen in sich selbst haben.

2. **... konzentrieren sich auf Kurskorrekturen, nicht auf eine Kursverhinderung.** Die Mentorenrolle dieser Führungspersönlichkeiten besteht in ihrer Fähigkeit, die Hand des Angestellten zu halten und ihm den richtigen Weg zu zeigen. Große Führungskräfte setzen sich für ihre Mitarbeiter ein, glauben an sie und zeigen ihnen ihren eigenen Weg zum Erfolg.

3. **... machen Inklusion zum Gebot der Stunde.** Nicht der Vorgesetzte gewinnt, sondern das Team. Stellen Sie sich vor, nur der Kapitän der siegreichen FIFA-Mannschaft stünde auf der Bühne und würde die Trophäe in die Höhe halten. Das wäre doch absurd! Die gesamte Mannschaft feiert gemeinsam. Das ist es, was Führung tut: Sie würdigt die harte Arbeit, die es bedeutet, Menschen zusammenzubringen, um Großartiges zu leisten, und wenn der Sieg errungen wird, ist es ein Sieg aller.

4. **... nutzen ihre Macht, um andere zu stärken.** Sie kämpfen für Ihre Mitarbeiter, Sie leiten sie an, Sie beziehen sie ein. Jetzt ist es an der Zeit, zu verstehen, wie Sie ihnen die Kraft geben können, ihrerseits das Gleiche für jemand anderen zu tun.

Wenn eine Führungskraft versteht, dass die intimeren Überlegungen der Führung hinter den Kulissen stattfinden, dann werden ihre Überzeugungen eine größere Wirkung entfalten als ihr Image.

Die großen Führungspersönlichkeiten von heute und morgen werden sich nicht selbst brandmarken, sie werden nicht vor den Konsequenzen davonlaufen und sich hinter teuren Anwälten verstecken, wenn die Dinge aus dem Ruder laufen. Sie sind authentisch und gehören zum Team, so wie auch das Team zu ihnen gehört. Wenn eine Führungspersönlichkeit ehrlich sagen kann, dass zuerst die Menschen und dann der Gewinn kommt, dann ist sie auf dem richtigen Weg.

Bilder können trügen, und wir brauchen einen echten Menschen aus Fleisch und Blut, der uns den Weg weist. Wir müssen erkennen, dass es an sich schon Akzeptanz und Verantwortung bedeutet, Menschen dazu zu ermutigen, sich den Konsequenzen ihres Handelns zu stellen, wenn sie vom vorgegebenen Weg abweichen. Erforschung und Innovation waren auf diesem Planeten schon immer unser Motto. Lassen Sie uns nun unsere Mentalität in Richtung Inklusion, Integrität und Respekt weiterentwickeln.

Erstellen Sie Ihren Plan dafür, sich zur Führungskraft zu entwickeln

Dieser Plan hat einen Zweck: dass Sie als Führungskraft wachsen. Das bedeutet, dass Sie sich die Zeit dafür nehmen, in sich zu gehen und persönlich zu prüfen, was Sie sind und was Sie sein könnten.

In den integrativen Arbeitsumgebungen können wir manchmal beobachten, dass die Arbeitgeber ihren Mitarbeitern diese Entwicklungspläne zur Verfügung stellen, indem sie sie in die Arbeitsverträge der Mitarbeiter integrieren, was deren Glauben an den Auftrag stärkt. Ihre Entwicklungspläne zur Führungspersönlichkeit sind für jeden einsehbar, und das macht die Sache ehrlicher.

Wie alles im Leben beginnt auch ein Plan mit einem Blick in den Spiegel. Die potenzielle Führungskraft bewertet ihre eigene geistige Gesundheit, ihre eigenen Gründe für die Umsetzung dieser Pläne und alle damit verbundenen kurz- und langfristigen Ziele. Sobald dies geklärt ist, kann ein Entwicklungsplan um die Hauptgründe herum erstellt werden.

So hauchen Sie Ihrem Plan Leben ein:

1. **Bringen Sie Ihre Fähigkeiten mit Ihren Zielen in Einklang**

   Sie haben große Pläne, große Träume, und deshalb sollten Sie sich darum bemühen, dass Ihre Fähigkeiten mit diesen Träumen Schritt halten und Sie so viel wie möglich lernen, damit Sie gut vorbereitet sind, wenn sich die richtige Gelegenheit ergibt. Ich habe diese Eigeninitiative bereits erwähnt, aber sie muss Ihnen eingebläut werden, damit Sie ihre Kraft wirklich zu schätzen wissen.

   Finden Sie heraus, was die Kernkompetenzen sind, die Sie mit Sorgfalt einsetzen müssen, und arbeiten Sie an ihnen. Dies geschieht sowohl durch die Beobachtung anderer, die diese Fähigkeiten bereits besitzen, sodass Sie von ihnen lernen, als auch durch die Nutzung externer Lernmethoden.

2. **Suchen Sie nach dem Vakuum**

   Das hat nichts mit Staubsaugen zu tun, sondern es geht darum, das Vakuum zu finden, in dem nichts zu passieren scheint, und es umzudrehen, es neu zu gestalten und erfolgreich zu lösen. Die neue Führungskraft muss sich Fähigkeiten aneignen, die diese Vakua infrage stellen und ihr Fachwissen erweitern, um überall Lösungen finden zu können.

Indem Sie Projekte übernehmen, die etwas außerhalb Ihres normalen Aufgabenbereichs liegen, können Sie sich bei denjenigen beweisen, die sich um Ihre Weiterentwicklung bemühen. In kritischen Situationen, in denen Entscheidungen mit Präzision getroffen werden müssen, können Sie Ihre Lösungskompetenz und Ihre Fähigkeit, die Gruppe zu führen, unter Beweis stellen.

3. Kultivieren Sie Beziehungen

Hier geht es darum, herauszufinden, wer in Ihrem Umfeld das Bedürfnis und Interesse hat, eine Beziehung zu Ihnen aufzubauen. Dies sollte in seiner Gesamtheit ein allgemeiner Aspekt der Führungskraft sein, aber wenn die einzelne Führungskraft erkennen kann, wie sie auf eine für beide Seiten vorteilhafte Weise lernen, lehren und Fähigkeiten aufbauen kann, dann kann dadurch eine starke Beziehung erreicht werden.

Hier geht es nicht um Tratscherei. Es geht darum, mit jemandem in Beziehung zu treten, der mit Ihren eigenen Bedürfnissen übereinstimmt und bereit ist, Teil einer symbiotischen Beziehung zu sein.

4. Ordnen Sie Aufgaben strategisch zu

Wir haben dies bereits in früheren Kapiteln besprochen, aber natürlich ist diese kleine Beobachtung von entscheidender Bedeutung. Die Weisheit und die Erfahrung, die erforderlich sind, um mit Ihrer Zeit und der Ihrer Mitarbeiter zu jonglieren, sind von äußerster Wichtigkeit. Die Menschen erwarten von

Ihnen, dass Sie etwas bewirken, und Sie können es sich nicht leisten, darauf zu warten, dass sie bereit dazu sind. Sie müssen ihre Mitarbeiter zu Leistung und Wachstum anspornen und dazu, ihr Potenzial selbst zu erkennen.

Das ist der Moment, wo Sie eingreifen und sorgfältig abwägen müssen, an welchen Stellen Sie komplexere Aufgaben an kompetentere Mitarbeiter weitergeben können, während Sie sich auf Ihre eigenen Aufgaben konzentrieren. Das Gleichgewicht ist entscheidend!

5. Markieren Sie Ihre Schritte in einem Kalender

Die größten Denker unserer Zeit haben keine To-do-Listen verwendet, sie haben die zu erledigenden Aufgaben in einen Kalender eingetragen. Indem sie festlegten, um welche Aufgabe es sich handelt, zu welcher Tageszeit sie erledigt werden muss und wie lange die Aufgabe dauern wird, haben sie sie im Geiste bereits erledigt. Sie ist bereits abgehakt, denn alle kleinen Variablen wurden am Vortag in den Kalender eingetragen.

Es ist viel einfacher, den Tag mit einem genauen, geistigen Plan zu beginnen, der Schritt für Schritt auszuführende Aktionen vorsieht. Im Grunde genommen handelt es sich dabei um ein Mikromanagement, aber dieses ist ein fantastisches Instrument zur Leistungssteigerung.

6. Bewerten Sie die allgemeinen Erfolgsindikatoren

Und der wichtigste Faktor in dieser ganzen Liste ist in der Tat, dass Sie nie das Ziel aus den Augen verlieren. Ich habe Sie gebeten, zu lernen, Ihre Mitarbeiter als eine Erweiterung Ihrer selbst zu betrachten. Behandeln Sie sie so, wie Sie selbst behandelt werden möchten. Aber es ist unbestreitbar wichtig, dass Sie auch immer ein Auge auf das Leistungsniveau des gesamten Teams haben. Erfolgsindikatoren sind die Qualität der Arbeit, die Vorbereitung und strategische Planung, der Teamgeist und die Übertragung von Verantwortung, um nur einige zu nennen.

Der Leiter hat ein Auge auf das Team und ein Auge auf das Ziel. Die Mitarbeiter haben vielleicht in einem Moment das Leitbild vergessen, er hingegen ist immer in der Lage, diesen Mitarbeitern zu helfen und sie wieder daran zu erinnern.

Bitte beachten Sie, dass Ihr persönlicher Entwicklungsplan in erster Linie flexibel ist. Ich kann es nicht oft genug betonen: Führung bedeutet, dass Sie wirklich wissen, wie Sie die Prozesse, die zu einfach und eintönig geworden sind, neu arrangieren und neu begreifen können. Sie werden immer wieder neue Fähigkeiten, neue Sichtweisen auf Arbeit und Leben und neue Beziehungen aufbauen, die Sie auf Ihrem Weg beeinflussen. Dieser Entwicklungsplan wird also nie verstauben, denn er muss regelmäßig überarbeitet werden, ohne dass Sie dabei Ihre Grundwerte aus den Augen verlieren.

Bei der Erstellung dieses Plans und seiner Übertragung in ein Diagramm zur einfachen bildlichen Darstellung ist es wichtig, dass er ordentlich und visuell gut abgestimmt ist und alle Variablen und Prinzipien enthält, die bewirken, dass der Plan in einem Lernkreislauf bleibt. Die einzubeziehenden Variablen sind immer Feedback, Mentorschaft, Selbstreflexion und proaktives Lernen.

Denken Sie daran, wenn Sie dieses Buch nur passiv lesen, werden Sie den Sinn der ganzen Sache nicht wirklich erkennen. Aber wenn Sie die einzelnen Aspekte des gesamten Konzepts und der gesamten Philosophie erforschen, werden Sie in der Lage sein, die Schwere Ihrer

Rolle zu begreifen und auch, welche Auswirkungen Sie tatsächlich auf andere haben können.

Worte der Weisheit von den größten Führungspersönlichkeiten der Welt

Ich bin sicher, dass Sie einige der Zitate kennen, die ich im Folgenden wiedergegeben habe, aber was Sie vielleicht nicht kennen, ist ihre tiefere und komplexere Bedeutung. Das Schöne an berühmten Sprüchen von Menschen, die in der Vergangenheit gelebt und unglaubliche Erfolge erzielt haben, ist, dass sie die Grundlagen der Führung in einem einzigen Satz zusammenfassen – dank der Zeit, die diese Menschen als Führer verbracht haben.

Diese Führerschaft wird zu einer Größe erhoben, zu einem fast unerreichbaren Ziel, vor dem die Menschen manchmal zurückschrecken. Ich möchte, dass Sie sich jedes dieser Zitate laut vorlesen. Wenn eine Sache ausgesprochen wird, wirkt sie noch kraftvoller.

> *Eine Führungskraft ist am besten, wenn die Menschen kaum wissen, dass es sie gibt. Wenn ihre Arbeit getan, ihr Ziel erreicht ist, werden die Menschen sagen: Wir haben es selbst geschafft.* – Lao Tzu

Lao Tzu schrieb *„Die Kunst des Krieges"* und war eine unglaubliche Führungspersönlichkeit mit einem kritischen Denkvermögen, das viele heute als Grundlage für ihre eigenen Strategien und Erfolge nutzen. Die Botschaft ist einfach: Zeigen Sie nicht Ihren Einsatz, zeigen Sie Ihre Entschlossenheit und gönnen Sie den anderen den Erfolg.

> *Wenn Sie sie nicht dazu bringen können, das Licht zu sehen, lassen Sie sie die Hitze spüren.* – Ronald Reagan

Reagan, der als einer der populärsten Präsidenten in der amerikanischen Geschichte bekannt ist, war in seinen Ansichten sehr optimistisch. Aber wie er in seinem Zitat betont, muss manchmal eine Grenze gezogen werden, wenn Dinge erledigt und abgeschlossen werden müssen, und man muss sich an seine Rolle erinnern, alles in einer geduldigen, aber strengen Weise zusammenzuhalten.

Finden Sie nicht den Fehler, sondern die Lösung. – Henry Ford

Es ist sicherlich wahr, dass die Anspannung umso mehr steigt, je mehr Menschen einen umgeben. Deshalb sollte man bei Fehlern neuer Mitarbeiter oder Planänderungen lernen, nicht vorschnell auf dem Versäumnis herumzureiten, sondern gleich zu schauen, wie man es wiedergutmachen kann. Eine positive Einstellung ändert alles!

Herausragende Führungskräfte bemühen sich, das Selbstwertgefühl ihrer Mitarbeiter zu stärken. Wenn Menschen an sich selbst glauben, ist es erstaunlich, was sie erreichen können. – Sam Walton

Dieser Spruch ist ziemlich eindeutig, oder? Walton hat Walmart gegründet, und das ist ein Unternehmen, das stolz auf seine Mitarbeiter ist. Wenn man ihnen also den Raum gibt, ihren eigenen Einfluss geltend zu machen und als integrales Mitglied des Teams anerkannt zu werden, dann steigert das ihr Interesse an ihrer Arbeit und an den Zielen des Unternehmens.

Es gibt keinen anderen Weg, sich vor Schmeicheleien zu schützen, als den Menschen klarzumachen, dass man sie mit der Wahrheit nicht beleidigen kann. – Niccoló Machiavelli

Dieses Zitat ist besonders aufschlussreich, da es von einem italienischen Diplomaten des 14. Jahrhunderts stammt, der für seine Skrupellosigkeit bekannt ist. Aber dieses Zitat ist so wahr, wie es nur sein kann. Bleiben Sie stets bei der Wahrheit, seien Sie mutig und ehrlich gegenüber Ihren Angestellten und zeigen Sie, dass Loyalität keine falschen Vorwände erfordert.

> *Führung ist ein Privileg, um das Leben anderer zu verbessern. Sie ist keine Gelegenheit, persönliche Gier zu befriedigen.* – Mwai Kibaki

Der kenianische Politiker sprach diese Worte, auch wenn manche behaupten, er habe nicht auf seinen eigenen Rat gehört. Sehen Sie, die offensichtliche menschliche Sünde der Habgier in der menschlichen Psyche trifft uns alle irgendwann in unserem Leben. Aber wenn wir älter werden und beginnen, in die Fußstapfen wahrer Führer zu treten, wird es immer darum gehen, diese Sünde erst an letzter Stelle zu befriedigen! (Oder sie ganz loszuwerden, wenn möglich.)

> *Jeden Morgen schaue ich in den Spiegel und sage: „Ich hätte gestern drei Dinge besser machen können."* – Jeff Immelt

Immelt, einst das Aushängeschild der Unternehmensinnovation, war fast 17 Jahre lang CEO von General Electric, und Sie können sich vorstellen, wie viel Zeit und Leidenschaft er in dieser Position investiert hat. Wir können sehen, dass man, wenn man vom Innovationsfieber befallen ist und die Dinge im Griff hat, sich dessen bewusster wird, was man jeden Tag aktiv tun kann, um innovativ zu sein und sich zu verbessern.

> *Die Prüfung der Führung besteht nicht darin, der Menschheit Größe zu verleihen, sondern diese hervorzulocken, denn die Größe ist bereits vorhanden.* – James Buchanan

Das ist in der Tat der wahre Test! Wenn Sie mit dem Wissen umgehen können, dass Ihre einzige Rolle in diesem schönen Spiel darin besteht, anderen zu ermöglichen, ihr Bestes zu geben, dann ist das brillant! Egal, wo diese Menschen hingehen oder was letztendlich aus ihnen wird, Sie haben etwas in ihren Augen gesehen, eine Leidenschaft für das Leben und das Lernen. Finden Sie diese Menschen und zeigen Sie ihnen, wie es gelingen kann, großartig zu sein.

Wenn Sie weise befehlen, wird man Ihnen freudig gehorchen.
– Thomas Fuller

Der englische Historiker lag mit diesem autoritären Zitat sicher nicht falsch. Die Frage, wie Sie Ihr Schiff steuern, hängt davon ab, wie Sie Ihre Mannschaft steuern. Sie können befehlen, aber dann sollten Sie genau wissen, was Sie tun, damit die Befehle ständig befolgt werden und Fehler selten werden. Je besser Sie Ihre Aufgabe kennen, desto selbstbewusster und ruhiger wirken Sie auf Ihre Mannschaft. Zeigen Sie Stolz und Vertrauen in Ihre Entscheidungen.

Was Ihnen an diesen Zitaten auffallen mag, ist, dass man den einen oder anderen Urheber vielleicht nicht für einen großen Anführer halten würde, zumindest nicht jetzt, im Rückblick. Und ja, einige ihrer Standpunkte sind drastisch anders, einige ihrer Aussagen können als völlig falsch bezeichnet werden, aber eines ist wahr: Diese Führer waren sich der Bedürfnisse ihrer Leute sehr bewusst.

Sie wussten, was für eine Art von Führungskraft sie waren, und sie verstanden ihre Zuhörer und wie sie ihre Mitarbeiter zusammenbringen konnten, um gemeinsam für etwas zu stehen und in ihrer Einheit stark zu sein. Ja, es wurden Ziele verfolgt, Gewinne gemacht, Grenzen getestet, und irgendwann verloren diese Führer den Überblick und wurden abtrünnig. Aber die menschlichen Fehler, die wir machen, sind nicht in Stein gemeißelt. Eine große Führungspersönlichkeit erkennt, wobei sie ihre Mitarbeiter enttäuscht hat, und lernt, wie sie vorgehen muss, damit ihr so etwas nie wieder passiert.

FAZIT

Tun Sie, was Sie in Ihrem Herzen für richtig halten, denn Sie werden sowieso kritisiert werden. – Eleanor Roosevelt

Ich wollte dieses Buch mit einem Höhepunkt abschließen, der eine sachliche Beobachtung und eine liebevolle Wahrheit enthält, die in dem obigen Zitat der ehemaligen First Lady der USA zusammengefasst ist. Es ist unmöglich, von allen gemocht zu werden, aber es ist sehr wohl möglich, den Weg mit einem reinen Gewissen und einem ehrlichen Traum zu gehen.

Man wird über Sie reden, ob Sie in dieser Welt Gutes oder Schlechtes tun. Die Frage ist: Werden Sie derjenige sein, der auf das Podium tritt und seine Absichten mit Überzeugung und Wahrheit zum Ausdruck bringt?

Wenn Sie ein bestimmtes Gefühl für etwas haben und wenn Sie wirklich der Meinung sind, dass das, was Sie vorhaben, niemanden verletzt, sondern möglicherweise etwas in Ordnung bringt, dann tun Sie es! Sitzen Sie nicht jeden Tag da und fragen sich, was die Leute wohl denken mögen, sondern sagen Sie sich, dass Ihr Herz niemals falschliegt. Es sagt Ihnen, wann etwas richtig ist und wann etwas aus dem Gleichgewicht gekommen ist. Wenn Sie dieser ursprünglichen Anleitung zum Überleben folgen, dann wird jede Entscheidung, die Sie treffen, egal ob sie von Erfolg gekrönt ist oder nicht, Sie der totalen Wahrheit näher bringen.

Ich hoffe, dass Sie inzwischen diese Beziehung des Verstehens und der Motivation (Sie, der Leser, und ich, der Mentor) gespürt haben, um die vollkommene Führungskraft zu sein, die Ihre Mitarbeiter oder zukünftigen Mitarbeiter brauchen.

Einige meiner Kollegen fühlen sich unbewusst irritiert, wenn ich sage, dass das Mächtigste auf der Welt die Liebe ist, und reagieren oft mit „Ach, sei doch nicht so dumm!" Aber ich stehe zu dieser Aussage, jederzeit. Unser Herz schlägt in unserer Brust, und wir fühlen uns einer Sache verbundener, wenn sich unser Pulsschlag erhöht, wenn uns das Blut in den Kopf schießt und wenn die Energie und die Begeisterung an die Oberfläche sprudeln. Diese Gefühle sind natürlich und vor allem notwendig. Wir interessieren uns nicht mehr für den statuesken Anführer, der zuschaut, aber sich nicht kümmert. Wir brauchen mehr! Viel, viel mehr!

Ich bin so stolz auf Sie, dass Sie so weit gekommen sind und die Herausforderung angenommen haben, sich zu engagieren, sich zu kümmern und an Menschen zu glauben, die sich um Sie kümmern und an Sie glauben. Ihre Vision von einer Zukunft, die mehr Akzeptanz, mehr abgestimmte Produktivität und jede Menge Freude bringt, ist das, wonach die Welt verzweifelt ruft.

Sie haben also dieses Buch gelesen, Ihren eigenen Charakter geprüft und sich selbst Ziele gesetzt, um sich jeden Tag zu verbessern und weiterzuentwickeln. Ich muss Sie fragen: Was bedeutet sinnvolle Führung jetzt für Sie? Nehmen Sie sich einen Moment Zeit, um die Konzepte zu klären, die Sie gelernt haben, und um die Maßnahmen zu rechtfertigen, die Sie ergreifen werden. Irgendetwas muss sich verändert haben, es muss „Klick" gemacht haben, etwas muss sich in Ihrem Inneren bewegt haben, dass dazu geführt hat, dass Sie sich ein breiteres Spektrum vorstellen können.

Wenn Sie mir einen Gefallen tun können, bevor Sie dieses Buch zuklappen: Erkennen Sie bitte den Tunnelblick und versprechen Sie mir, dass Sie immer ein offenes Herz und einen offenen Geist haben werden, damit die Welt nicht an Ihnen vorbeizieht. Seien Sie frei, seien Sie offen, seien Sie sich aller Dinge bewusst, mit denen Sie in Kontakt kommen. Beurteilen Sie, wie sie auf Sie wirken, und entscheiden Sie, ob Sie sie annehmen oder nicht! Um mehr geht es nicht.

Sie haben festgestellt, welcher Führungsstil zu Ihnen passt und warum er so gut zu Ihnen passt. Sie haben höchstwahrscheinlich gesehen, welche Führungsstile Sie niemals respektieren könnten, was Ihnen hilft, zu erkennen, was Sie niemals werden sollten. Indem Sie gelernt haben, was Führung wirklich ist, können Sie nun andere Führungskräfte in Ihrer Umgebung mit einem schärferen Auge beurteilen (was immer ratsam ist). Sie kennen die Qualitäten, die Eigenschaften und die Rollen, die damit verbunden sind, also konzentrieren Sie sich mit ganzer Kraft auf sie.

Sie haben Methoden und Modelle zur Entwicklung Ihrer Fähigkeiten und Führungssysteme kennengelernt. Das zusätzliche Interesse daran, bessere Wege der Führung zu finden, hat Sie ermutigt, sich ständig weiterzuentwickeln und Ihre Aufmerksamkeit darauf zu richten, die Führungskraft zu sein, die an ihre eigenen Fähigkeiten und die des Teams, das an Ihrer Seite arbeitet, glaubt.

Wenn Sie das nächste Mal auf bedeutsame und entschlossene Art kommunizieren müssen, wissen Sie, wie Sie jede Situation mit Takt und Geschick angehen können. Ich denke, ich habe Ihnen das schon ziemlich umfangreich beigebracht, auch wenn es nie genug ist. Ich habe Ihnen eine Vorstellung davon gegeben, dass Ihre Worte, Ihr Tonfall und Ihre Körpersprache eine große Rolle dabei spielen, dass Menschen sich von Ihrem Charakter angesprochen fühlen, sich an dem erfreuen, was Sie sagen, und sich auf Ihre Vision und Ihren Moralkodex einlassen.

Neben den kommunikativen Fähigkeiten haben wir auch die zwischenmenschlichen Fähigkeiten beleuchtet und die Entwicklung von Fachwissen zur Entscheidungsfindung und zur Lösung kleinerer und größerer alltäglicher Probleme mit Taktgefühl und Struktur.

„Wenn wir heute die Führungskräfte von morgen ausbilden wollen, müssen wir vorhersehen, welche Fähigkeiten, Temperamente und spezifischen Kompetenzen angesichts der künftigen Anforderungen geschätzt werden. Wenn die Vergangenheit ein Indikator für die Zukunft ist, wird die Welt von morgen durch schnellen Wandel, neue Technologien, größere Vielfalt, zunehmende Globalisierung und die Notwendigkeit lebenslangen Lernens gekennzeichnet sein" (Genovese, 2014).

Schließlich verändert sich die Welt, wie im obigen Zitat erwähnt, so schnell, dass die neuen Führungskräfte, die auf den Plan treten, bereits sprinten müssen, wenn sie einsteigen. Gleichzeitig werden aber auch die älteren Generationen von Führungskräften aufgefordert, sich anzupassen, sich neu zu erfinden und auf ihre eigene Weise Veränderungen herbeizuführen.

Sie sind die Zukunft dieses Planeten, und wir wissen inzwischen, dass dieser Planet bessere Menschen braucht, um bessere Entscheidungen zu treffen. Wir brauchen dies, um künftige Generationen in ihrem eigenen Bestreben zu inspirieren, die Gesellschaft und ihre Vorurteile zu verbessern. Gehen Sie hinaus und finden Sie heraus, was Sie antreibt. Wenn Sie in den kommenden Jahren ein Vorbild sein wollen, dann gehen Sie Ihren eigenen Weg, aber vergessen Sie nie das Leitbild.

Und zum letzten Mal: Danke! Sie initiieren bereits einen Wandel, indem Sie fragen, wie Sie Ihr Wissen erweitern und an die Riege der kommenden Führungskräfte weitergeben können. Haben Sie Spaß daran, der zu sein, der Sie sind, und tun Sie alles mit Liebe, Mitgefühl und Stolz!

DER MÄCHTIGE
MODERNE MANAGER

Wie Sie als Chef schwierige Probleme
effektiv lösen. So nutzen Sie die bewährten
Techniken der Führung und handeln als
vorbildliche Führungskraft

PAUL A. WYATT

EINFÜHRUNG

Die Stille im Sitzungssaal war ohrenbetäubend. Sie war so laut, dass ich das Rauschen in meinen Ohren hören konnte. Alle Augen waren auf mich gerichtet, und in jedem Augenpaar lauerten Fragen. Dies war meine Sitzung. Ich hatte sie einberufen, um Probleme bezüglich der Teamleistung zu besprechen. Ich hatte gehofft, reinen Tisch zu machen und alle zu motivieren, aber es war mir nicht gelungen. Derjenige, den ich am meisten überzeugen und unterstützen musste, hatte gerade seine Unterlagen hingeschmissen und war gegangen. Er war ein wichtiges Teammitglied, aber auch mein größtes Sorgenkind.

Das nutzlose, schreckliche Gefühl, dass die Situation außer Kontrolle geraten war, überwältigte mich. Was immer ich als Nächstes tat oder sagte, würde entweder den Tag retten oder alles noch viel schlimmer machen. Mit jeder Sekunde, die verstrich, suchte ich nach Antworten, aber nichts fiel mir ein.

„Ich denke, wir sollten uns einen Moment Zeit nehmen", sagte ich. „Wir benötigen alle etwas Zeit, um zu verarbeiten, was gerade passiert ist, und um darüber nachzudenken, was bisher ausgetauscht wurde und wie es am besten weitergeht." Ich schlug vor, dass jeder eine fünfminütige Verschnaufpause einlegen sollte, und wenn er wollte, vielleicht auch einen Spaziergang machen oder zumindest für eine Raucherpause nach draußen gehen sollte.

„Können wir dieses Gespräch auf später in der Woche verschieben?", fügte ich hinzu. Alle nickten mit den Köpfen. Alle sahen erleichtert aus. „In der Zwischenzeit würde ich mich gerne mit Ihnen einzeln unterhalten, um zu erfahren, was Sie bezüglich bestimmter Herausforderungen oder Frustrationen in Ihren Positionen denken und was ich tun kann, um Ihnen dabei zu helfen."

Das war nicht meine normale Art, mit Dingen umzugehen. Doch auf diese Weise gelang es mir, alle Anwesenden zu beruhigen, den Fokus umzulenken und das Gespräch für später offenzuhalten. Außerdem machte ich es ihnen leichter, mir auf einer informellen Ebene – von Angesicht zu Angesicht –, mitzuteilen, was jeder von ihnen benötigte. Dies führte zu einer so großen Veränderung, dass die Produktion fast sofort besser lief.

Ich glaube, das war ein Wendepunkt für mich. Ich war schon immer eine natürliche Führungspersönlichkeit gewesen, zumindest dachte ich das. Ich war charmant, überzeugend und besaß die Gabe des Redens. In der Regel mochten mich die Leute. Aber hier, in meinem neu gegründeten Unternehmen, wo mich jede Minute Geld kostete und es so viel zu tun gab, biss ich auf Granit. Jeden Tag hatte ich ein neues Problem mit den Mitarbeitern, das mich davon abhielt, wirklich produktiv zu sein. Fehlzeiten, schlechtes Zeitmanagement, Nachlässigkeit, Mitarbeiter, denen jede Kleinigkeit erklärt werden musste, und andere, die anscheinend nicht verstanden, dass ich das Sagen hatte, oder meinten, sie müssten meine Führung ständig infrage stellen. Ich war auf allen Ebenen erschöpft. Und gereizt.

Ich war mir auch der Tatsache bewusst, dass ich es vermasselte. Es fiel mir schwer, zuzuhören. Ich ließ meine Emotionen viel zu oft in den

Arbeitsbereich einfließen, und ich wollte, dass die Dinge auf meine Art erledigt wurden. Und das waren nur die Punkte, derer ich mir bewusst war.

Aber an diesem Tag, bei diesem Treffen, tat ich etwas, was ich vorher noch nie versucht hatte. Ich hörte zu und gab zu, dass ich die Antworten noch nicht kannte. Ich bat um Hilfe.

Viele Jahre später erzählte mir ein Teammitglied, das an diesem Tag dabei gewesen war, dass sie alle erwartet hatten, dass ich die Fassung verlieren würde. Die Tatsache, dass ich die Dinge ruhig angegangen war und auch meine Menschlichkeit gezeigt hatte, hatte die Aufmerksamkeit aller erregt. Sogar der Typ, der herausgestürmt war, hatte sich später entschuldigt. Dieser Tag, so hart er auch war, hat mir den Respekt meiner Mitarbeiter eingebracht und uns als Team näher zusammengebracht.

Letztlich arbeiten Menschen nicht für Unternehmen, weil diese ein kluges Leitbild und eine Vision haben und eine gute Bezahlung bieten. Sicherlich tragen diese Dinge zur Zufriedenheit bei der Arbeit bei, aber der Schlüssel zum Erhalt und Ausbau starker Teams ist die Führung. Menschen arbeiten für und wegen anderer Menschen. Eine gute Führungskraft ist eine Person, in deren Nähe man gerne Zeit verbringt und für die man gerne etwas tut. Sie wünschen sich Ihren Respekt, weil Sie auch den ihren haben. Sie kommen zur Arbeit, weil sie sich verbunden, gesehen, geschätzt und verstanden fühlen. Eine gute Führungskraft sorgt für den Zusammenhalt, dient ihren Mitarbeitern und beschützt sie. Sie hilft ihnen, sich als Teil von etwas Sinnvollem zu begreifen.

Ein Team von Menschen zu führen, ist nichts für schwache Nerven. Sie müssen die Menschen, ihre Wünsche, Bedürfnisse und Werte verstehen. Sie müssen sich selbst und Ihre Gefühle verstehen und in der Lage sein, damit umzugehen. Sie müssen belastbar sein und Ihr Ego beiseiteschieben. Sie müssen mit anpacken und sich die Hände schmutzig machen. Und Sie müssen die Herzen der Menschen gewinnen.

Das klingt einfach, nicht wahr? Nun ja, in der Realität nicht so sehr. CEB, eine globale Best-Practice-Organisation, hat herausgefunden, dass schockierende 60 % aller neuen Manager und Führungskräfte innerhalb ihrer ersten 24 Monate scheitern (Taparia, 2020). Es ist nicht nur demoralisierend für die scheiternde Führungskraft. Ihre unklugen Entscheidungen führen oft zu Konflikten, Zeit- und Produktivitätsverlusten, erhöhter Abwesenheit oder Anwesenheit, Demotivation und einem Verfall der Unternehmenskultur. Würden wir dies mit einem Geldbetrag beziffern, so würde dieser sicher in die Milliarden gehen. Schlechte Führung kann die Ursache dafür sein, dass Ihr Endergebnis zerstört wird.

Grundlegende Fehler, die Sie als Führungskraft machen, können Sie Ihren Job, Ihre psychische Gesundheit und Ihr berufliches Ansehen kosten. Es ist eine Menge Druck. Alle Augen sind auf Sie gerichtet, wenn Sie eine Führungsposition innehaben. Von Ihnen wird erwartet, dass Sie die Lösung sind.

Aber wie können Sie die Lösung sein, solange Sie nicht einige grundlegende Führungsqualitäten gelernt haben? Glücklicherweise gibt es einige bewährte Methoden, mit denen Sie Ihr Lernen beschleunigen können, damit Sie nicht zu diesen 60 % gehören.

Es ist ein weitverbreiteter Irrglaube, dass Führungskräfte mit Führungsqualitäten geboren werden. Oder dass man, wenn man gut in seinem Job ist, auch gut im Managen und Führen von Menschen ist.

Diesen falschen Glauben müssen wir loslassen. Er ist absolut nicht hilfreich für die Millionen von Menschen in Führungspositionen, die darum kämpfen, alles unter einen Hut zu bekommen. Dafür gibt es keine Zauberformel. Es ist leicht, sich etablierte Führungskräfte anzuschauen, sich mit ihnen zu vergleichen und zu versagen. Es scheint, als hätten sie eine Superkraft, die mit dem Alter oder Talent einhergeht oder die ihnen magisch verliehen wurde.

Lassen Sie sich gesagt sein, dass diese Führungskräfte alle ganz unten angefangen haben und nur deshalb so gut sind, wie sie heute sind, weil sie eine steile Lernkurve durchlaufen haben.

Wir müssen akzeptieren, dass Menschen komplex und vielfältig sind. Wir müssen unser Selbstbewusstsein und unsere Fähigkeiten ausbauen, damit wir über alle Mittel und das Verständnis verfügen, das wir benötigen, um unsere Teams erfolgreich zu führen. Diese Dinge sind nicht selbstverständlich, nur weil man intelligent ist oder ein angeborenes Talent hat. Man muss es lernen.

Es gibt eine Menge über Führung zu lernen. Ich lerne immer noch, ständig. Ich wünschte, ich hätte einen Mentor oder ein Hilfsmittel gehabt, um mir einen Vorsprung zu verschaffen. Dann wären die ersten Jahre viel weniger schwierig gewesen.

Aus diesem Grund musste ich dieses Buch schreiben. Um Ihnen einen einfachen, unkomplizierten Leitfaden für ein großes und komplexes Thema an die Hand zu geben. Um die wichtigsten Konzepte und Methoden in einem leicht zu handhabenden Handbuch zusammenzufassen und Ihnen dabei zu helfen, einen Einblick in Ihre derzeitigen Stärken und Entwicklungsbereiche zu erhalten und herauszufinden, was Sie diesbezüglich machen können.

Führung muss nicht schmerzhaft sein. Einige der Dinge, die ich in meinen zwei Jahrzehnten als Führungskraft gelernt habe, können Ihnen helfen, die richtige Art von Führungskraft zu sein. Praktische, einfache Dinge, die für Ihre Lebensqualität und Ihren Erfolg als Führungskraft schnell etwas bewirken werden.

Gute Führung lernt man entweder dadurch, dass man sich eingesteht, Hilfe zu benötigen, und die Entscheidung trifft, sich selbst aktiv weiterzuentwickeln, oder man lernt sie auf die harte Tour. Die „harte Schule des Lebens" ist zwar effektiv, aber nicht wirklich notwendig.

Ich zeige Ihnen, wie Sie Ihre Ziele ohne allzu viele Schläge und blaue Flecken erreichen. Begleiten Sie mich auf dieser Reise, dann werden Sie am Ende in der Lage sein, die Hand eines anderen zu ergreifen und ihm zu helfen.

Wir brauchen große Führungspersönlichkeiten, und zwar so viele wie möglich.

KAPITEL 1:
DER INNERE KONFLIKT GROSSER FÜHRUNGSPERSÖNLICHKEITEN

Ich erinnere mich, als ich etwa sieben Jahre alt war, folgten mir alle Kinder aus der Nachbarschaft und fragten: „Okay, was sollen wir jetzt machen?" Ich war der Anführer, der für Spaß und Unfug sorgte, und die Kinder verließen sich darauf, dass ich alles Mögliche entschied.

Ich erinnere mich auch daran, dass ich mich einmal unter einem Busch versteckt habe, bis sie alle weg waren, weil ich an diesem Tag einfach keine Lust auf diesen ganzen Druck hatte. Ich wollte einfach frei sein, um meine eigenen Sachen zu machen, ohne all die verschmierten, glücklichen Gesichter, die mich voller Erwartungen anstrahlten. Der kleine Jonathan wollte mir das neue Fahrrad zeigen, das er mit seinem Vater gebaut hatte, Max hatte Probleme zu Hause und brauchte ständigen Zuspruch, und Leon, nun ja, er war einfach immer bereit für das nächste Abenteuer. Ich liebte es. Ich liebte die Macht, die damit einherging, und dass sie alle einfach taten, was ich vorschlug. Na ja, meistens. Aber es konnte auch anstrengend sein, und es gab Tage, an denen das Abenteuer zu einer handfesten Schlägerei ausartete und ich mit aufgeschürften Knien, blauen Flecken und Kratzern nach Hause kam.

Ich sage nicht, dass die glänzende, professionelle Büro-Umgebung genau dasselbe ist. Wir verfeinern unser Verhalten und lernen, unsere Absichten zu verbergen, unsere Flecken zu kaschieren und unsere Abenteuer so zu gestalten, dass sie ein wenig erwachsener aussehen.

Erwachsene sind schwieriger als Kinder. Weniger offensichtlich. Sie sind in vielerlei Hinsicht komplexer. Sie dazu zu bringen, etwas zu tun, und zwar auf konsequente Weise, ist eine ständige Herausforderung. Selbst wenn Sie also als Kind der Anführer waren, die Schulsprecherin oder der Schulsprecher, der Leiter des Sportteams oder der beliebteste Student an der Uni, werden Sie feststellen, dass Sie sich schnell verbessern müssen, wenn Sie in die Vorstandsetage kommen.

Alle Führungskräfte haben mit einem gewissen inneren Konflikt zu kämpfen. „Mache ich das, richtig?" ist eine häufige Frage, oder sollte es zumindest sein. Es ist definitiv eine bessere Frage als „Was ist schiefgelaufen?". Obwohl es auch wichtig ist, seine Lehren aus dem Scheitern zu ziehen, müssen wir uns zudem fast ständig selbst reflektieren. Wir müssen prüfen, ob wir noch auf dem richtigen Weg sind.

Neue Führungskräfte müssen dies unter dem Gesichtspunkt des Lernens tun, aber auch etablierte Führungskräfte müssen sich regelmäßig selbst bewerten, denn Macht korrumpiert. Wir können leicht in schlechte Gewohnheiten oder fehlerhaftes Denken verfallen, langsam, mit der Zeit, und wenn wir nicht über genug Selbsterkenntnis verfügen, können wir vom Helden zum Schurken werden, ohne es zu merken.

Woher wissen Sie, ob Sie es richtig machen?

Die Essenz der Führung

„Denken Sie an den Unterschied zwischen einem Chef und einem Anführer. Ein Chef sagt ‚Macht mal!' Ein Anführer sagt: ‚Lasst uns anfangen!'" – E.M. Kelly.

Das klingt großartig, so umfassend und inspirierend. Es ist so viel darüber geschrieben worden, was eine Führungskraft ist. Es gibt viele Definitionen und Arten von Führung. Es ist ein wenig so, als würde man fragen, was für ein Elternteil man sein will.

Wie Sie führen, hängt vom Kontext, von der Situation, von der Person, die Sie führen, von deren Fähigkeiten und Einstellung, ihren Stärken und Schwächen sowie von Ihrer eigenen Disposition ab. Sie werden feststellen, dass Sie unterschiedliche Menschen auf unterschiedliche Weise führen, und das ist auch gut so. Es gibt kein Patentrezept für alle.

Aber es gibt ein paar Dinge, auf die sich die meisten von uns einigen können.

Bei der Führung geht es nicht darum, Menschen zu managen, sie zu zwingen, zu kontrollieren oder zu dominieren. Es geht darum, die Menschen dazu zu bringen, das zu tun, was getan werden muss, und zwar bereitwillig, mit Freude und aus einer ermächtigten und informierten Position heraus. Denn wenn die Menschen sich für ein Ziel einsetzen und mit Herz und Verstand der Richtung zustimmen, in die alle gehen sollen, entsteht eine gewaltige Energie.

Große Führungspersönlichkeiten haben, unabhängig von ihrem Stil und der Art und Weise, wie sie ihre Ziele erreichen, einige Dinge gemeinsam:

- Sie wissen, wie sie andere motivieren und inspirieren können. Sie sind gut darin, Ihre Vision des Ziels in allen Farben zu schildern und den Menschen dabei zu helfen, Sinn und Zweck des Prozesses zu erkennen.

- Sie gehen voran, und die Menschen wollen ihnen folgen. Ihre Leidenschaft und ihr Zielbewusstsein geben den Anstoß dazu, dass andere an die von ihnen gewählte Richtung glauben und sich bereitwillig auf das Ziel einlassen.

- Sie können die Richtung vorgeben, aber sie können auch flexibel und beweglich sein und diese Richtung bei Bedarf und als Reaktion auf das Feedback ihrer Teams ändern.

- Sie knüpfen Verbindungen zu anderen, bauen Vertrauen und Gemeinschaftlichkeit auf. Nicht die Angst ist der Motor, sondern die Liebe.

- Sie tragen dazu bei, das Denken zu öffnen und Menschen zu inspirieren, Ideen einzubringen und kreativ zu werden.

- Sie befähigen die Menschen und helfen ihnen, sich weiterzubilden und zu entwickeln, damit das Ziel leichter erreicht werden kann.

- Sie würdigen und schätzen das enorme Wissen, die Erfahrung und das Kompetenzkapital der Mitarbeiter in ihrem Team und nutzen es häufig.

- Sie haben Einblick in ihre eigenen Stärken und Schwächen und in die des Teams. Sie wissen, wie sie die Stärken am besten nutzen und maximieren können und wie sie für die Schwächen Unterstützungssysteme bereitstellen oder für Eventualitäten vorsorgen können. Sie konzentrieren sich nicht auf die Schwächen.

- Sie ermutigen dazu, Fehler zu machen, und zeigen anderen, wie sie aus ihnen lernen und sie nutzen können. Sie machen das Team zu einem sicheren Ort, um neue Ideen zu schöpfen und auszuprobieren, und schaffen zielgerichtete Kontexte, um Ideen auf überschaubare Weise zu testen, damit dies zu besseren, zuverlässigeren Endergebnissen und zum Lernerfolg für alle führt.

- Sie coachen, betreuen und fördern, statt zu befehlen und zu kontrollieren.

- Sie sind interessiert, kümmern sich und zeigen Einfühlungsvermögen und Mitgefühl.

All dies erfordert natürlich eine Reihe von spezifischen Fähigkeiten und Eigenschaften. Kreatives Denken, Entscheidungsfindung, Zuhören und Kommunizieren, Neugier und Tatsachenermittlung, Selbsterkenntnis, Authentizität, Transparenz, Problemlösung, agiles Denken, Mut, Vision und vieles mehr.

Charisma und die Fähigkeit, andere zu beeinflussen und zu überzeugen, scheinen zwar eine angeborene Eigenschaft zu sein, aber diese Dinge setzen sich in Wahrheit aus all den genannten Bestandteilen zusammen. Und all das kann man erlernen.

Bösartige Mythen der Führung

Überprüfen Sie sich selbst, um festzustellen, ob Sie sich in einer dieser Situationen wiederfinden. Diese Vorurteile sind in der Tat gefährlich und unglaublich irreführend. Um zu vermeiden, dass Sie sich einen begrenzten, miesen Führungsstil aneignen, sollten Sie sich vor dieser Denkweise in Acht nehmen.

1. *Führen ist ein Talent. Große Führungskräfte werden als solche geboren.* Tatsächlich können 100 % der Fähigkeiten, die wir in diesem Buch erörtern, erlernt und im Laufe Ihrer Karriere als Führungskraft kontinuierlich weiterentwickelt werden.

2. *Meine Berufsbezeichnung macht mich zu einer Führungskraft.* Das ist falsch und ein weitverbreiteter Irrglaube. Ganz gleich, ob Sie durch eine Beförderung oder durch den bloßen Besitz von Ressourcen an die Spitze gelangt sind – das bedeutet nicht, dass die Menschen Ihnen folgen werden, es sei denn, Sie knüpfen eine Verbindung zu ihnen, gewinnen ihren Respekt und führen sie gut. Außerdem führen große Führungskräfte unabhängig von ihrer Position. „Die Höhe ist nicht der einzige Maßstab für Erfolg. Sie können sich dafür entscheiden, eine Führungspersönlichkeit zu sein, egal bei welcher Arbeit und auf welcher

Ebene Sie tätig sind, denn ‚Führung' ist eine Geisteshaltung." – Kirsten Stewart, Exco, Weltwirtschaftsforum.

3. *Keine Beschwerden bedeutet, dass alles in Ordnung ist.* Das ist zu bezweifeln. Vielleicht sind die Leute zu ängstlich, um sich zu äußern, oder zu abgestumpft und müde. Bei einer extrem toxischen Führung, besonders wenn das Team kein Mitspracherecht darüber hatte, wer zu ihrem Vorgesetzten ernannt wurde, kann es einfach passieren, dass sich die Mitarbeiter abkapseln und den „Anführer" ausschließen. Diese Art von Person verfügt wahrscheinlich nicht über die Einsicht oder Selbstwahrnehmung, um zu erkennen, dass genau das passiert. Schweigen bedeutet nicht Zustimmung. Stellen Sie weiterhin Fragen und hören Sie auch auf Ihr Bauchgefühl. Vielleicht sind Sie nicht der toxische Typ und es gibt einen anderen Grund, warum alle schweigen. Selbst wenn alle zufrieden sind, es besteht immer Wachstumspotenzial und Möglichkeiten zur Entfaltung, denn wir leben in einer sich schnell verändernden Welt, die zum Überleben ständige Anpassung erfordert.

4. *Wenn es für eine Person funktioniert, dann funktioniert es für alle.* Huch, sind wir denn wirklich alle gleich, mit den gleichen Bedürfnissen, Wünschen, Zielen und Werten? Nein? Dann muss die Art und Weise, wie Sie interagieren, einfach von Person zu Person variieren, um alle gut zu führen. Neue Führungskräfte tappen leicht in diese Falle, vor allem, wenn sie noch Vertrauen aufbauen müssen. Betrachten Sie jede Person und jede Situation als ein neues, interessantes Rätsel. Vielleicht können Sie auf einige Fähigkeiten und Informationen aus früheren Erfahrungen zurückgreifen, aber eventuell müssen Sie diese für die neue

Situation noch optimieren und ergänzen. Das ist es, worum es bei der situativen Führung wirklich geht.

Dies hängt auch mit der falschen Vorstellung zusammen, dass jeder so denkt und fühlt wie Sie. Davon müssen Sie sich schnellstens verabschieden. Seien Sie neugierig, und finden Sie heraus, was Ihr Team wirklich antreibt. Der beste Weg dazu ist eine gute Kommunikation. Fragen Sie sie einfach.

5. *Um zu führen, muss man extrovertiert sein.* Wie bitte? Das stimmt ganz und gar nicht. Selbstbewusst und kontaktfreudig in sozialen Situationen zu sein, kann ein Vorteil sein, aber viele Introvertierte sind in der Lage, Kontakte zu knüpfen, sie ziehen es lediglich vor, sich allein zu erholen. Das bedeutet nicht, dass man als ruhiger Mensch, der seine eigene Gesellschaft bevorzugt, nicht nach draußen gehen und Menschen inspirieren kann. Tatsächlich geht mit der Introvertiertheit ein unabhängiges und kreatives Denken und Nachdenken einher, das gute Führungskräfte brauchen.

6. *Führungspersönlichkeiten müssen in allem die Besten sein. Sie müssen geschickter, intelligenter, schneller und besser sein als ihre Teams.* Wahnsinn! Das ist ein hoher Anspruch und zudem unmöglich. Es wird immer Menschen geben, die auf einer Ebene und in einer Weise besser oder schlechter sind als man selbst. Eine gute Führungspersönlichkeit gibt Fehler zu, zeigt Verletzlichkeit, bittet um Hilfe und erkennt und fördert alle Talente in ihrem Team. Diese Superstars sollten ihre Stärken frei entfalten können, ohne Angst haben zu müssen, dass das Ego einer zerbrechlichen Führungskraft verletzt wird. Sie haben Zugang zu

so vielen Talenten in Ihrem Team, und Sie müssen sie voll ausschöpfen. Wenn Sie glauben, immer alle Antworten zu haben, warum haben Sie dann überhaupt ein Team? Warum sind Sie nicht bereits der Herrscher des Universums?

7. *Führungspersönlichkeiten stehen immer im Rampenlicht.* Nun, ich kenne viele Führungskräfte aller Formen, Arten und Größen, die alle Arten von Teams leiten, die es nie in die Abendnachrichten schaffen. Sie können öffentliche Anerkennung bekommen oder auch nicht, aber wenn das der Grund ist, warum Sie eine Führungsposition anstreben, werden Sie vielleicht eine Überraschung erleben, denn das Rampenlicht fällt sehr schnell auf jemand anderen.

8. *Führungspersönlichkeiten und Manager sind ein und dasselbe.* Sicher nicht. Ich bezweifle, dass Martin Luther King oder auch Hitler viel Wert auf Management gelegt haben. Sie führten, und andere Leute kümmerten sich um das Drum und Dran. Management ist eher aufgabenbezogen, während Führung eher menschenbezogen und visionär ist. Nicht alle Manager sind gute Führungskräfte, und umgekehrt lässt sich das Gleiche sagen. Im Allgemeinen benötigt man beide Arten von Fähigkeiten in verschiedenen Funktionen, um ein Team auf Kurs zu halten. Vielleicht wird von Ihnen erwartet, dass Sie in Ihrer Rolle beide Fähigkeiten entwickeln, aber Sie müssen dies für sich selbst differenzieren.

9. *Führungspersönlichkeiten hören nie auf zu führen.* Glücklicherweise muss man kein Workaholic sein, um eine gute Führungskraft zu sein. Tatsächlich sind Führungskräfte, die sich mit Selbstfür-

sorge und Work-Life-Balance auskennen und diese auch anwenden, nicht nur frischer, stärker und widerstandsfähiger, sondern sie haben auch ein besseres Gespür für die Bedürfnisse ihres Teams. Am Schreibtisch Sandwiches zu essen, rund um die Uhr zu arbeiten und dabei auszubrennen, ist einfach nicht mehr sexy und wird nicht mehr respektiert. Was geschätzt wird, ist jemand, der etwas von Lebensqualität versteht.

10. *Große Führungspersönlichkeiten sehen alle gleich aus und verhalten sich alle gleich. Man erkennt eine große Führungspersönlichkeit einfach, wenn man sie sieht.* In Wirklichkeit gibt es keinen einheitlichen Führungsansatz, der für alle passt. Ja, es gibt einige wesentliche Fähigkeiten, die erforderlich sind, aber diese können sich auf unterschiedliche Weise zeigen. Jede Führungskraft hat ihren eigenen, persönlichen Stil.

Sie werden Ihren Weg finden und mit Zeit, Ausdauer, Geduld und Mut langsam Ihre Führungsqualitäten stärken. Machen Sie einfach weiter, das wird Sie von den meisten, die aufgeben, unterscheiden.

Die wichtigsten Fragen, die Sie sich selbst stellen sollten

Woher wissen Sie, ob Sie das Zeug dazu haben, diese beeindruckende Liste von Kriterien zu erfüllen?

Ohne Sie jemals getroffen zu haben, kann ich Ihnen sagen, dass Sie das Zeug dazu haben. Jeder hat es. Wir mögen uns auf unterschiedlichen Kompetenzniveaus befinden, aber was im Moment wie ein unüberwindbarer Berg erscheint, ist in Wirklichkeit nur eine Reihe von kleinen Hügeln, die sich alle summieren, bis Sie schließlich zurückblicken und erkennen, wie weit und hoch Sie geklettert sind. Sie können diese Hügel in Ihrem eigenen Tempo erklimmen und Pausen einlegen, aber solange Sie weitermachen, werden Sie den Berg erklimmen.

Werfen wir einen kurzen Blick auf jeden Hügel und sehen wir, was Sie machen müssen, um das Ziel zu erreichen.

Praktische Übung: Meine Möglichkeiten zur Entwicklung als Führungskraft

Die besten Ergebnisse erzielen Sie, wenn Sie sich hier nicht nur auf Ihre eigenen Gedanken und Gefühle verlassen. Holen Sie sich, wenn möglich, den Rat eines vertrauenswürdigen Mentors, der Sie am Arbeitsplatz erlebt hat. Das muss nicht unbedingt Ihr Chef sein, sondern nur jemand, der objektiv sein kann und keine persönlichen Interessen an Ihnen oder Ihrem Erfolg hat, außer vielleicht, dass er das Beste für Sie will. Je mehr Personen sich zu diesem Thema äußern, desto besser. Wenn Sie sich mutig fühlen, fragen Sie auch die Leute, die in der Hackordnung unter Ihnen stehen.

Noch mutiger wäre es, einige dieser Tabellen leer auszugeben und um anonyme Rückmeldungen zu bitten. Auf diese Weise fühlen sich die Leute freier, ehrlich zu Ihnen zu sein, was sich zwar schwierig anfühlt, aber der beste Weg ist, um objektives Feedback zu erhalten.

Die Bewertung funktioniert wie folgt: 1 ist verbesserungsbedürftig, 2 ist in Ordnung/erfüllt die Grundanforderungen, 3 ist stark/übertrifft die Erwartungen in diesem Bereich.

Führungs-qualitäten	Meine Bewer-tung (1–3)	Wovon sollte ich mehr tun?	Wovon sollte ich weniger tun?	Was oder wer kann mir helfen, diesen Bereich zu entwickeln?
Mit voller Aufmerk-samkeit zuhören				
Informa-tionsaus-tausch/ Transpa-renz				
Verstanden werden				
Versuchen, andere zu verstehen				
Einfüh-lungsver-mögen haben				
Mitgefühl zeigen				

Sich über alle Fakten informieren				
Nach Input/ Feedback fragen				
Ruhe und Selbstbe- herrschung				
Selbst- erkenntnis zeigen und versuchen, eigene Gedanken und Gefühle zu erkennen und zu bewältigen				
Ständig lernen und wachsen				
Verpflich- tungen einhalten				

In der Lage sein, sich zu entschuldigen und das Verhalten zu korrigieren, wenn es nötig ist				
Zuversichtlich sein				
Konstruktiv statt emotional zu reagieren				
Helfen, die Ursache von Problemen zu finden				
Sich auf die Lösung und nicht auf die Schuldzuweisung konzentrieren				

Umgang mit Fehlern – meinen und anderen			
Verantwortung übernehmen			
Voraus-denken			
Über das Geschäft, die Branche, aktuelle Ereignisse und bewährte Verfahren informiert bleiben			
Offen für Veränderungen			
Energiegeladen			
Motiviert			

Nach Möglichkeiten Ausschau halten				
Klarheit über das Ziel und Sinnhaftigkeit der Arbeit				
Eine Vision haben und mit Leidenschaft dabei sein				
Klarheit über die eigenen Werte				
Gesunde Grenzen setzen				
Effektiv und inklusiv planen				
Sich selbst verwalten				

Verwaltung der eigenen Zeit und Prioritäten			
Den Fortschritt der Projekte verfolgen			
Konst- ruktives Feedback geben			
Wissen, was funktioniert und was nicht, und es bei Bedarf schnell anpassen			
Die Vielfalt in anderen erkennen und entspre- chend reagieren			

Sich Zeit nehmen, andere kennen und verstehen zu lernen			
Ein ange-messenes Interesse an anderen zeigen			
Sich bewusst sein, wer was tut und wie hoch das Arbeits-pensum der einzelnen Personen meistens ist			
Wissen, welche Ressourcen zur Verfü-gung stehen und sie bei Bedarf nutzen			

Leicht zu sprechen und zugänglich sein				
Andere Perspektiven sehen				
Verstehen, dass alle Menschen unterschiedlich sind				
Das Urteil zurückhalten, bis alle Fakten bekannt sind				
Sich Zeit zum Nachdenken und Überlegen nehmen, bevor eine Entscheidung getroffen wird				

Vertrauens-würdig				
Vertrau-lichkeiten bewahren				
Klatsch und Tratsch entmutigen				
Respektvoll gegenüber anderen sein				
Bei Bedarf sensibel und diskret mit Problemen umgehen				
Potenzielle Konflikte ansprechen, bevor sie eskalieren				
Niemanden bevorzugen				
Belohnung und Anerken-nung von Erfolgen				

Möglich-keiten für Wachstum und Lernen bieten			
Betreuung und Entwicklung anderer			
Delegieren und auch über-wachen, falls Hilfe benötigt wird			
Anderen Erfolg wünschen			
Zu Beiträgen und Enga-gement ermutigen			
Offen für konst-ruktives Feedback zu eigenen Fehlern			

Okay, das ist eine lange Liste, und Sie werden bestimmt nicht in allen Bereichen die besten Ergebnisse erzielen. Wenn Sie das tun, müssen Sie sich fragen, warum. Liegt es daran, dass Sie eine Art über weltlicher Superheld sind, oder wollen Sie vielleicht einige unbequeme Wahrheiten nicht wahrhaben? Nur wenn wir uns selbst ehrlich und vollständig ins Gesicht sehen, können wir uns wirklich verbessern.

Wenn Sie sich selbst nicht so hoch eingeschätzt haben oder von Gleichaltrigen oder Kollegen eine niedrigere Bewertung erhalten haben, ärgern Sie sich nicht. Sehen Sie dies als Chance, sich in die richtige Richtung zu bewegen. Nehmen Sie sich eine Sache nach der anderen vor und machen Sie sich an die Arbeit. Erkenntnis ist der erste Schritt zu einer positiven Veränderung, und es ist besser, sich der Dinge bewusst zu sein und Veränderungen vorzunehmen, bevor sie zu sehr aus dem Ruder laufen.

Es wird sich mies anfühlen, schlechte Bewertungen zu erhalten. Aber dieses Gefühl wird vorübergehen, und eine wirklich mutige Person, die wirklich daran interessiert ist, eine großartige Führungskraft zu sein, wird verstehen, dass dies schmerzhaft, aber notwendig ist. Und wenn die Leute sehen, dass Sie sich wirklich bemühen, ein besserer Manager oder eine bessere Führungskraft zu werden, gewinnen Sie sofort zusätzlichen Respekt.

Niemand respektiert jemanden, der immer „perfekt" ist, oder hat eine Beziehung zu ihm. Perfektion ist eine Illusion und in vielerlei Hinsicht unehrlich, was dazu führt, dass die Menschen sich von Ihnen zurückziehen, verärgert und frustriert sind und sich letztlich von Ihnen abwenden.

Verletzlichkeit ist menschlich. Und sie ist mutig.

Jetzt, da Sie wissen, wo Ihre Führungsstärken und Entwicklungsbereiche liegen, können Sie damit beginnen, Pläne zu schmieden, um eine noch stärkere Führungskraft zu werden, als Sie es bereits sind. Alle kleinen Veränderungen werden sich schließlich zu etwas Großem summieren.

Ihre Führungsphilosophie

„Ich habe gelernt, dass die Menschen vergessen werden, was du gesagt hast, dass die Menschen vergessen werden, was du getan hast, aber die Menschen werden niemals vergessen, wie sie sich durch dich gefühlt haben." – Maya Angelou

Wie wollen Sie also in Erinnerung bleiben? Wie sollen sich Menschen fühlen, die in Ihrer Nähe waren?

Die Arbeit an allen Aspekten, die eine große Führungspersönlichkeit ausmachen, wird zwar einige Zeit in Anspruch nehmen, aber in der Zwischenzeit können Sie eine Vision für sich entwickeln. Diese Vision wird Ihnen helfen, sich auf Ihr Gesamtziel als Führungskraft zu konzentrieren.

Welche Art von Führungskraft möchten Sie sein? Was wird Sie auszeichnen, Sie hervorheben und für andere unvergesslich machen?

Jede Führungsphilosophie oder jeder Führungsansatz hat im Allgemeinen eine bestimmte Technik oder einen bestimmten Verhaltensstil, der zu ihrem Typus passt. Im Folgenden sind ein paar verschiedene Arten von Führungskräften vorgestellt. Nutzen Sie diese als Ausgangspunkt für Ihre Überlegungen zu Ihrer eigenen Philosophie, denn darauf werden wir bald zurückkommen.

Autokratische Führung

Autokratische Führung ist eine einseitige, extreme Führung. Die Führungskraft übt (oder versucht es zumindest) absolute Macht über ihr Team aus. Es besteht kaum die Möglichkeit, Feedback zu geben, Vorschläge zu machen oder etwas anderes zu tun, als die erteilten Befehle zu befolgen.

Autokratische Verhaltensweisen sind in Zeiten extremer Gefahren oder Krisen, in denen ein Zögern direkten Schaden verursachen kann, gut geeignet. Dies kann sein, einem Kind zu sagen, es solle von einer stark befahrenen Straße weggehen, oder einem neuen Auszubildenden zu sagen, er solle von der 100 Kilogramm schweren Metallpressmaschine zurücktreten, bevor er ein Bein verliert.

Im Allgemeinen führt dies jedoch zu Unmut und Desinteresse, wenn es keinen klaren Grund für diesen Stil gibt und er auf unangemessene Weise und zu oft angewendet wird. Niemand schätzt es, wenn ihm ständig gesagt wird, was er zu tun hat, ohne dass er die Möglichkeit hat, seine eigene Meinung auszudrücken oder eine Wahl zu treffen.

Bürokratische Führung

Diese Führungskräfte arbeiten nach strengen Regeln und Vorschriften, die von den Machthabern festgelegt wurden. Jeder muss die Regeln befolgen, und es gibt wenig Flexibilität für individuelle Bedürfnisse. Agile Anpassungsfähigkeit ist bei diesem Stil nicht möglich, und die Menschen scheuen sich, es überhaupt zu versuchen, aus Angst, dafür bestraft zu werden.

Das ist in Bereichen, in denen Gesundheit und Sicherheit, gefährliche Maschinen oder Bedingungen und dergleichen klare Prozesse erfordern, oder wenn die Sorgfaltspflicht im Zusammenhang mit Finanzen oder Audits befolgt werden muss, in Ordnung. Aber auch in diesen Bereichen zahlt es sich aus, für Feedback zur kontinuierlichen Verbesserung offen zu sein. Vielleicht nicht „auf die Schnelle", aber auf jeden Fall im Rahmen einer regelmäßigen Überprüfung.

Charismatische Führung

Das ist es, woran die meisten Menschen denken, wenn sie sich eine Führungskraft vorstellen. Jemand, der aufgeschlossen, charmant und überzeugend ist. Der Mann (oder die Frau) für jedermann. Jemand, der enthusiastisch und leicht zu mögen ist.

Das kann aber auch bedeuten, dass sich diese Person zu sehr darauf verlässt. Nur mit Charisma kommt man nicht weit, und wie wir sehen, sind auch eine Reihe anderer Führungsqualitäten erforderlich. Eine charismatische Führungspersönlichkeit kann sich auch in ihrem eigenen Image verfangen, und es kann eine gute Führung außer Kraft setzen, wenn die Führungspersönlichkeit meint, dieses Image schützen zu müssen.

Wenn diese Führungskraft ausscheidet, können die Mitarbeiter auch die Impulse verlieren, die diese Person für das Team und die Projekte oder Ziele gegeben hat.

Demokratische Führung/Partizipative Führung

Diese Führungspersönlichkeiten sind nach wie vor rechenschaftspflichtig und geben die allgemeine Richtung vor, aber sie sind auch offen für Input, Feedback, neue Ideen und alle Beiträge ihres Teams. Sie sind sich bewusst, dass jeder mitmachen muss, damit sie den größtmöglichen Nutzen aus dem Wissen und der Erfahrung im Team ziehen können.

So bleiben die Mitarbeiter engagiert, interessiert und persönlich mit den Zielen verbunden, die sie mitbestimmt haben.

Außerdem bietet es den Teams den Freiraum, neue Ideen auszuprobieren, Versuche durchzuführen und Fähigkeiten zu entwickeln. Es ermutigt selbstverwaltete Teams, die nicht rund um die Uhr überwacht werden müssen, um produktiv und effektiv zu sein.

Dieser Ansatz fördert die Akzeptanz und stärkt die Beziehungen.

Laissez-faire-Führung

Dies ist ein französischer Ausdruck, der so viel bedeutet wie „gewähren lassen". Dieser Stil wird verwendet, wenn eine Führungskraft Vertrauen in die Fähigkeiten ihres Teams hat und nur gelegentlich oder bei Bedarf nachfragt. Sie weiß, dass ihr Team weiß, was es tut, und lässt jedem den nötigen Freiraum, um seine Arbeit zu erledigen.

Es kann schiefgehen, wenn die Führungskraft das Team falsch einschätzt oder sich gar nicht meldet, sodass das Team die Orientierung verliert oder Probleme und Konflikte entstehen, die die Führungskraft nicht im Blick hat.

Aufgabenorientierte Führung

Bei diesem Stil steht das Ergebnis immer im Vordergrund. Das Ziel wird definiert, Strukturen und Prozesse werden eingeführt, und alles wird effektiv gemessen.

Das funktioniert gut, solange die Führungskraft auch das Wohlbefinden ihres Teams als wichtig ansieht und dies in ihre Prioritäten einbezieht.

Transaktionale Führung

Diese Führungskraft betrachtet den Arbeitsplatz als eine Transaktion, nach dem Motto: „Ich bezahle Sie, und deshalb gehören Sie mir." Die Teammitglieder müssen tun, was man ihnen als Gegenleistung für ihr Gehalt aufträgt. Dieser Führungsstil ist sehr autokratisch.

Manchmal werden Anreize eingesetzt, um Leistung zu fördern, aber da alles durch die Brille des Geldes betrachtet wird, ist dies nur ein begrenztes Mittel zur Steigerung der Produktivität. Natürlich wollen die Menschen bezahlt werden, aber zur Führung von Menschen gehört weit mehr als finanzielle Belohnungen.

Diese Führung kann nur einen kurzfristigen Nutzen haben, da die Gehaltserhöhung oder Prämie nach einer Weile ihren Wert verliert und die Person an einem anderen Tag mit denselben Problemen konfrontiert wird. Dies schränkt echtes Engagement ernsthaft ein.

Transformationelle Führung

Diese Führungspersönlichkeit konzentriert sich auf die Vision. Was muss sich ändern? Sie motiviert ihre Mitarbeiter, indem sie diese an der Vision teilhaben lässt und sie in die Vision einbezieht. Diese Führungspersönlichkeit ist enthusiastisch und oft charismatisch, benötigt aber detailorientierte Unterstützung, um den Wandel Wirklichkeit werden zu lassen.

Dienende Führung

Dieser Stil betont Zusammenarbeit, Engagement, Achtsamkeit, Vertrauen, Einfühlungsvermögen und einen ethisch vertretbaren Einsatz von Macht. Diese Führungspersönlichkeit ist in erster Linie ein Diener und trifft die bewusste Entscheidung, zu führen. Ihr Antrieb besteht darin, anderen beziehungsweise einem höheren Gut oder Ideal dienen zu wollen. Es geht ihr nicht um Macht. Ziel ist es, das Lernen und Wachstum der Geführten zu fördern und das persönliche Engagement und das Arbeitsethos des Teams zu stärken.

Führung nach Charaktereigenschaften

Der Eigenschaftsansatz erklärt Führung mit der Persönlichkeit und dem Charakter. Das heißt, Menschen folgen ganz natürlich einer Person mit bestimmten Führungseigenschaften. In vielen Studien werden bestimmte Eigenschaften ermittelt, von denen die Forscher glauben, dass sie bei Führungskräften vorhanden sind. Es gibt keine andere „Technik" als die, dass die Führungskraft einige oder alle der Eigenschaften aufweist, die als wahre Führungsqualitäten angesehen werden.

Es gibt immer noch eine Menge Kontroversen darüber, was diese Eigenschaften genau sind. Aufgeführt werden unter anderem: Einfühlungsvermögen, Objektivität, Transparenz, Verantwortlichkeit, Ehrlichkeit, Durchsetzungsvermögen, Konsequenz, Entschlossenheit, Energie, Engagement, Loyalität, Integrität, emotionale Stabilität, Begeisterung usw. Man könnte diese Liste noch um viele weitere Eigenschaften ergänzen.

Wie Sie sehen, gibt es keine einheitliche Bezeichnung oder Definition, die alle Arten oder Techniken einer effektiven Führung umfasst. Dennoch können wir durch die Untersuchung dieser verschiedenen Definitionen zu einem besseren Verständnis dessen gelangen, was Führung ist und wie sie andere beeinflussen kann.

Sie müssen sich nicht für einen der oben genannten Typen entscheiden. Sie können Ihre eigene Mischung wählen oder stattdessen Ihre Führungsphilosophie an Ihren persönlichen Werten ausrichten.

Praktische Übung: Ihre eigene Führungsphilosophie

Lassen Sie uns zu den Grundlagen zurückkehren, weg von ausgefeilten Führungsstilen aus dem Lehrbuch.

1. Was ist für Sie wichtig? Das wären Ihre Werte. Woher wissen Sie, welche das sind? Es gibt mehrere Möglichkeiten, das festzustellen.

   a. Wie sieht Ihr durchschnittlicher Tag aus? Welche Prioritäten setzen Sie ganz natürlich (ohne darüber nachzudenken)? Machen Sie eine Liste Ihrer täglichen Entscheidungen und überlegen Sie dann, welchen Wert diese für Sie haben könnten.

   Zum Beispiel:

Entscheidungen	Ich tue dies, weil ...	Möglicher Wert
Ich gehe jeden Tag ins Fitnessstudio.	... ich gesund sein möchte.	Gute Gesundheit, Langlebigkeit, die Fähigkeit, aktiv zu sein
Nach dem Abendessen sehe ich mir eine Serie an.	... ich mich entspannen möchte.	Ausgeglichenheit, Selbstfürsorge, Entspannung, Vergnügen

Ich lese meinen Kindern vor dem Schlafengehen vor.	… ich eine Verbindung zu ihnen herstellen möchte.	Familie/ Beziehungen
Ich lerne oder lese.	… ich es mag, etwas zu wissen.	Wissen

2. Stellen Sie sich vor, Sie sind am Ende einer langen und fruchtbaren Führungslaufbahn angelangt. Sie sind bei Ihrem Abschiedsessen, und jemand, der Sie gut kennt, ergreift das Wort. Was würden Sie sich wünschen, dass diese Person über Sie und das, was Sie erreicht haben, sagt? Nehmen Sie sich etwas Zeit, um dies aufzuschreiben.

3. Mit den letzten beiden Aktivitäten im Hinterkopf schreiben Sie jetzt eine kurze Führungsphilosophie auf:

Als Führungskraft möchte ich für [x] bekannt sein. Das ist wichtig für mich, weil [*Werte*]. Dies wird mir als Führungskraft auf folgende Weise helfen: [*Aufzählung*]. Die Qualitäten und Fähigkeiten, die ich entwickeln muss, um dies zu unterstützen, werden hauptsächlich [*diese auflisten*] sein.

Sie können dies gerne umformulieren, damit es flüssiger klingt, eine bessere Wirkung erzielt und mehr Ihrer Vision entspricht.

Machen Sie aus Ihrer Philosophie ein Poster oder einen Bildschirmhintergrund. Wenn Sie ein Poster gestaltet haben, hängen Sie es auf, wo Sie es oft sehen können.

Eine Führungsposition innezuhaben, ist mit großer Verantwortung verbunden. Wenn Sie keine klare Vision von und für sich selbst haben, wie können Sie dann für andere eine entwickeln? Ihre Führungsphilosophie wird Ihnen helfen, sich in Zeiten zu orientieren, in denen Sie sich am meisten herausgefordert fühlen oder an einem Tiefpunkt angelangt sind. Sie wird Ihnen helfen, sich neu zu orientieren und neue Energie zu tanken.

Führungskräfte sind wie Superhelden, die jederzeit ihren Superheldenanzug und -umhang bereithalten und immer das Richtige machen müssen. Aber ist das wirklich so? Denn einige dieser Figuren mit großen Kräften tun das nicht, oder? Sie sind emotional durch inneren Schmerz gefesselt, der sie stattdessen zu Superschurken macht. Und wir alle wissen, was mit dem Schurken am Ende der Geschichte passiert.

Welcher von beiden werden Sie also sein? Schurke oder Held, und wie werden Sie dorthin gelangen?

KAPITEL 2:
HERAUSFORDERUNGEN FÜR DIE KOMMUNIKATION VON FÜHRUNGSKRÄFTEN

Es war ein heißer Nachmittag im Sitzungssaal. Fliegen surrten wütend gegen die Fensterscheiben, und die Klimaanlage hatte Mühe, mit der Luftfeuchtigkeit Schritt zu halten. Das Team hielt seine wöchentliche Planungssitzung ab, und der Teamleiter war alle Fakten, Prioritäten und Probleme durchgegangen. Es stand ein großes Audit an, und es gab eine Menge vorzubereiten, um eine saubere Bewertung zu bekommen, also würden die nächsten Tage entscheidend sein.

Alle waren noch dabei, das Mittagessen zu verdauen, und achteten kaum auf das, was sie sagte, und eine erschöpfte Sekretärin machte sich Notizen, während sie sprach. „Rita, haben Sie das alles mitbekommen? Hat noch jemand Fragen?"

Sie schüttelten mit den Köpfen. Alle wollten nur noch zurück an ihre Schreibtische und ein wenig Ruhe haben. An diesem Tag hakte die Teamleiterin ihre To-do-Liste ab und war zufrieden, dass allen klar war, was zu tun war.

Als sie sich am Tag vor dem Audit meldete, war mehr als die Hälfte der Aufgaben noch nicht erledigt. Ausreden, Verleugnung und Ausweichmanöver seitens ihres Teams trugen nicht dazu bei, ihre Stimmung zu verbessern. „Ich hätte es genauso gut selbst machen können", murmelte sie, während sie bis in die Nacht hinein arbeitete, um den Papierkram fertigzustellen. Ritas Sitzungsprotokoll war nirgends zu finden. Was war schiefgelaufen?

Wenn die Fliege, die an diesem Tag an der Wand gesessen hatte, sprechen könnte, hätte sie es ihr sagen können. Sie hatte an diesem Tag nicht die Aufmerksamkeit aller, und sie hatte es nicht einmal bemerkt. Sie hatte sich nicht genug mit ihnen beschäftigt oder darauf geachtet, was zu sagen angebracht war. Sie hatte Anweisungen gegeben, ohne sich zu vergewissern, dass die Leute wussten, was diese bedeuteten oder wie wichtig die einzelnen Aufgaben für die Prüfung waren. Das war nur das, was der Fliege aufgefallen war, und ich bin sicher, dass es an diesem Tag noch mehr Kommunikationshindernisse gab.

Ihr Team fühlte sich nicht wertgeschätzt und war demotiviert, nachdem sie ihm die Leviten gelesen hatte. Sie war frustriert, und die Prüfung verlief letztlich nicht hervorragend. Das wirkte sich natürlich auf ihre

Leistung bei den großen Chefs aus, die sie daraufhin zu sich riefen und ihr ihre Meinung zu der Angelegenheit sagten. Was für ein Schlamassel!

Wenn die Kommunikation scheitert, scheitert alles.

Ich verstehe das. Sie sind beschäftigt, und es gibt eine Menge zu tun. Aber gute Kommunikation ist einer der Faktoren, die zwar scheinbar mehr Zeit in Anspruch nehmen, aber am Ende tatsächlich Zeit sparen. Zu viele Projekte und Unternehmen scheitern, weil die erforderlichen Informationen nicht rechtzeitig und klar weitergegeben wurden.

Dies führt dazu, dass sich die Mitarbeiter übergangen und nicht wertgeschätzt fühlen, dass die Arbeit nicht richtig erledigt wird, dass es zu Konflikten kommen kann und dass ein allgemeines Gefühl der Frustration und Demotivation entsteht.

Es ist eine schockierende Tatsache, dass etwa 75 % aller Kommunikation missinterpretiert wird. Das bedeutet, dass die Nachricht oder Information, die der Absender mitteilt, vom Empfänger nicht auf die gleiche Weise verstanden wird. Und doch halten sich die meisten von uns für gute Kommunikatoren (Saylor Academy, 2012).

Gute Kommunikation besteht nicht nur aus einer gut geschriebenen E-Mail oder der Fähigkeit, eine Sitzung zu leiten. Und obwohl die meisten von uns schon kommunizierten, als sie noch ein Dreikäsehoch waren, und vieles davon intuitiv verinnerlicht haben, lohnt es sich, das eigene Verständnis zu überprüfen und die eigenen Kommunikationsfähigkeiten zu verbessern. Das ist besonders wichtig, wenn es in Ihrem Job hauptsächlich darum geht, mit Menschen umzugehen, sie zu inspirieren und sie dazu zu bringen, etwas zu tun.

Was läuft schief?

Gut mit anderen zu kommunizieren, wird oft von ein paar schlechten Angewohnheiten behindert, die wir vielleicht gar nicht kennen. Sehen Sie sich einige von ihnen unten an. Haben Sie sich schon einmal bei diesen Angewohnheiten ertappt? Wenn ja, fühlen Sie sich nicht schlecht. Fangen Sie einfach an, in Zukunft mehr darauf zu achten, was Sie tun.

- Andere zu unterbrechen: Ja, wir alle wollen gehört und verstanden werden, aber das bedeutet auch, dass man uns ausreden lassen muss, und zwar vollständig und ohne Unterbrechung. Wenn wir diese Höflichkeit wollen, müssen wir auch bereit sein, sie anderen zu gewähren. Wir müssen den anderen alles sagen lassen, was er in diesem Moment zu sagen hat, und den Mund halten, bis es einen klaren Endpunkt gibt. Wenn wir uns nicht sicher sind, ob der andere fertig ist, können wir ihn freundlich und höflich fragen, ob er noch etwas hinzufügen möchte. Viele Menschen machen eine Atempause oder eine Denkpause, um anzuzeigen, dass sie fertig sind. Prüfen Sie also zuerst, ob die Person wirklich fertig ist, bevor Sie antworten.

Der andere Teil dieser lästigen Angewohnheit besteht darin, dass wir denken, wir wüssten, was die andere Person denkt oder sagen will, aber sie benötigt entweder zu lange (für unser Empfinden) oder wir wollen wirklich zeigen, dass wir zustimmen und Anteil nehmen, also greifen wir ein und beenden ihre Worte für sie. Sie können keine Gedanken lesen, Sie haben keine telepathischen Fähigkeiten. Es kann sein, dass Sie die Person hervorragend kennen und dass Sie richtig raten. Aber vielleicht auch nicht.

Wenn mich jemand ständig unterbricht, passieren einige Dinge:

- Ich habe das Gefühl, dass das, was ich sage, für denjenigen nicht wichtig genug ist, um zuzuhören.

- Ich fühle mich unbeachtet und nicht respektiert.

- Ich ziehe mich eventuell zurück und höre auf, mich um Verständigung zu bemühen oder meine Botschaft weiterzugeben.

- Schließlich vermeide ich Gespräche mit dieser Person ganz und gar. Denn was nützt es, wenn sie schon alles zu wissen glaubt?

Wie fühlen Sie sich, wenn Sie ständig von jemandem unterbrochen werden? Nehmen Sie sich einen Moment Zeit, um sich an diese Gefühle zu erinnern und wirklich zu verstehen, warum Unterbrechungen so schädlich für die Kommunikation sind, egal wie gut sie gemeint sein mögen.

Wenn Sie eine faire Chance auf Sprechzeit haben wollen, müssen Sie diese Chance auch anderen geben.

- Unkonzentriertheit ist ein Gesprächskiller. Das ist der Fall, wenn jemand an seinem Handy hängt oder mit einer anderen Aufgabe beschäftigt ist, während er mit Ihnen spricht. Ich kann sogar hören, wenn jemand am Telefon tippt oder Multitasking betreibt. Glauben Sie also nicht, dass die Leute nicht merken, wenn sie nicht Ihre volle Aufmerksamkeit haben. Das Problem ist, dass wir zwar denken, wir seien gut im Multitasking, aber alle Untersuchungen dazu deuten das Gegenteil an. Die

Effektivität sinkt bei all den Aufgaben, die wir gleichzeitig erledigen wollen, erheblich, sodass nichts so gut erledigt wird, wie es sein könnte. Schluss damit! Konzentrieren Sie sich auf eine Sache: das Gespräch, das gerade stattfindet. Auch wenn Sie das Gefühl haben, dass es ein sinnloses Gespräch ist, schenken Sie ihm Ihre volle Aufmerksamkeit. Wenn die Person das Gefühl hat, dass man ihr zuhört, wird sie oft ohnehin schneller zum Ende kommen. Wenn die Person das Gefühl hat, dass Sie sich nicht die Mühe machen, ihr vollständig zuzuhören, fühlt sie sich nicht respektiert und nicht wertgeschätzt.

- Ihre Geschichte mitzuteilen, wenn jemand die seine erzählt: Ja, ich verstehe, dass Sie zeigen wollen, dass Sie auf einer gewissen Ebene verstehen, Anteil nehmen, und vielleicht auch, dass Sie unterhalten wollen, aber wenn Sie ständig mit Ihren eigenen Geschichten dazwischenfunken, werden die anderen Sie nur als egoistisch wahrnehmen.

- „Ja, aber … Ich verstehe, aber … Ich finde das toll, aber … Nimm das nicht persönlich, aber …": Keines der Worte, die vor dem „aber" stehen, ist echt. Wenn Sie ehrlich zu sich selbst sind, wissen Sie, dass es sich dabei nur um Plattitüden handelt, die das entschärfen und davon ablenken sollen, was Sie als Nächstes sagen und was Sie wirklich meinen. Auch andere sind sich dessen bewusst, und das hat einen falschen Beigeschmack und schwächt das Vertrauen. Wenn Sie widersprüchliche Gedanken oder mehr als einen Standpunkt zu einem Thema haben, verwenden Sie lieber das Wort „und". Zum Beispiel: „Ich finde die Idee gut, und ich denke auch, dass wir noch ein wenig daran arbeiten müssen."

- Reden Sie nicht um den heißen Brei herum. Seien Sie sich darüber im Klaren, was Sie mit den Worten, die Sie verwenden,
erreichen wollen. Haben Sie ein Ziel.

- Verwendung der falschen Kommunikationsmethode: Manchmal können wir Informationen in einer kurzen SMS oder einer
E-Mail übermitteln, manchmal brauchen wir einen schriftlichen Nachweis der Kommunikation, also ist eine E-Mail, ein
Brief oder ein Bericht am besten. Manchmal ist es sogar besser,
zum Telefon zu greifen, um Fragen zu stellen und schnell zu
beantworten, damit die ausgetauschten Informationen besser
ankommen. In anderen Fällen müssen wir Informationen austauschen und von mehr als einer Person ein Feedback zum
selben Thema einholen. Aber Sie würden nicht alle zu einer
Besprechung einberufen, nur um ihnen mitzuteilen, dass der
Arbeitstag am Freitag 30 Minuten früher endet oder dass die
Herrentoiletten im ersten Stock wieder in Betrieb sind. Das
wäre Zeitverschwendung für alle.

Obwohl wir heutzutage dazu neigen, auf Textnachrichten,
Sprachnotizen und dergleichen zurückzugreifen, müssen wir
auch erkennen, dass manche Dinge am Telefon oder persönlich
effizienter sind.

Fragen Sie sich immer zuerst, was die zeitsparendste und wert-
schöpfendste Methode ist. Dies hängt von der Komplexität, der
Vertraulichkeit, der Bedeutung und dem Umfang des erforderlichen gegenseitigen Inputs ab.

Ein anschauliches Beispiel dafür ist das Versenden einer E-Mail
mit einer wichtigen Anfrage oder einem Informationsaustausch

und das anschließende Versäumen eines kurzen Telefonanrufs. Ich kann Ihnen gar nicht sagen, wie oft mir eine wichtige E-Mail geschickt wurde, die eine schnelle Antwort erforderte, die aber übersehen wurde, weil der Absender davon ausging, dass ich jede Minute des Tages damit verbringe, nach neuen E-Mails zu schauen. Wenn etwas so wichtig ist, sollten Sie sich nicht auf Textnachrichten und E-Mails verlassen, sondern nachfassen, um sicherzustellen, dass Ihre Nachricht gesehen wurde und dass es keine weiteren Verzögerungen oder Fragen gibt.

Art der Information	Empfohlene Methode
Unkomplizierter Austausch von nicht dringenden Fakten, die keine spezifische Antwort erfordern	SMS, E-Mail
Weitergabe von wichtigen/ dringenden Informationen	Textnachricht oder E-Mail mit einem anschließenden Anruf
Wichtige/dringende Informationen, die möglicherweise auch beunruhigend sind oder ein Feedback von einer Person erfordern	Persönliches Treffen oder Telefonat und Treffen
Wichtige/dringende Informationen, die möglicherweise auch beunruhigend sind oder die Rückmeldung von mehr als einer Person erfordern	Treffen mit allen Interessenvertretern, mit vorheriger Bekanntgabe der Tagesordnung

Ein letztes Wort zu Sprachnachrichten: Die meisten Menschen, insbesondere in einer Büroumgebung, haben nicht die nötige Privatsphäre, um diese abzuhören. Es ist zwar eine schnelle Möglichkeit, Nachrichten zu übermitteln, ohne sie eintippen zu müssen, aber bedenken Sie, dass der Empfänger aus diesem Grund möglicherweise nicht sofort antworten kann.

- Warten, bis man an der Reihe ist, zu sprechen, anstatt der anderen Person vollständig zuzuhören: Nur mit einem Ohr zuzuhören, während man darüber nachdenkt, was man als Nächstes sagen will oder was man zum Abendessen machen wird usw., ist keine gute Kommunikation. Sie werden wichtige Teile der Botschaft verpassen. Hören Sie ganz bewusst zu, um das Gesagte aufzunehmen, und wenn Sie sich einen Moment Zeit nehmen müssen, tun Sie das, bevor Sie antworten. Auf diese Weise fühlen sich Ihre Gesprächspartner mehr respektiert und verstanden.

Man kann nicht genau wissen, wie jemand anderes fühlt oder was er denkt. Das ist der Sinn der Kommunikation – einen Kanal zu öffnen, über den Informationen ausgetauscht werden können. Nur wenn Sie anderen wirklich zuhören, werden Sie vielleicht ein wenig – wenn nicht alles – von dem verstehen, was in ihrer Welt vor sich geht. Wenn Sie jedoch die Angewohnheit haben, andere zu unterbrechen, zu hetzen, sie zu übergehen, ihnen zu sagen, dass Sie bereits „Bescheid wissen", und das Gespräch auf Ihre Geschichten und Gefühle zu lenken, schränken Sie sich selbst stark ein. Und warum? Weil Sie nur dann etwas Neues lernen können, wenn Sie sich für neue Informationen öffnen. Sie wissen bereits, was in Ihrem Kopf vorgeht, aber Sie wissen nicht, was da draußen, in den Köpfen Ihrer Arbeitskollegen oder in deren

Arbeits- oder Privatleben vor sich geht, wenn Sie nicht lernen, richtig zuzuhören und zu kommunizieren.

Ein Großteil der Kommunikation geht schief, weil uns nicht beigebracht wird, achtsam zu kommunizieren. Viele von uns sind sich auch unserer eigenen Denkfehler und kognitiven Verzerrungen nicht bewusst, die sich darauf auswirken, wie wir interpretieren, was andere uns mitzuteilen versuchen.

Die einzige Möglichkeit, diesem Problem entgegenzuwirken, besteht darin, dass wir es bei uns selbst und bei anderen besser wahrnehmen.

- Alles-oder-nichts-Denken: Wir neigen dazu, in Extremen zu denken. Gut oder schlecht. Schwarz oder Weiß. Falsch oder richtig. Wenn man etwa eine Sache falsch macht, nimmt man an, dass alles, was man tut, falsch ist. Oder wenn eine Tatsache falsch ist, nimmt man an, dass alles, was die Person sagt, falsch ist. Um dies zu vermeiden, sollten Sie Wörter wie „immer" und „nie" aus Ihrem Wortschatz streichen. Das Leben spielt sich im Allgemeinen auf einer Art Spektrum ab, mit vielen Abstufungen zwischen Schwarz und Weiß. Suchen Sie nach verschiedenen Möglichkeiten, eine Situation zu betrachten.

- Der Bestätigungsfehler bezeichnet unsere Neigung, nur den Informationen Beachtung zu schenken, die mit unserer bestehenden Weltsicht übereinstimmen. Es kostet uns viel mehr Mühe, unsere Meinung zu ändern, als einfach nur zusätzliche Informationen hinzuzufügen. Daher neigt unser Gehirn dazu, alles auszusortieren, was nicht mit dem aktuellen Standpunkt übereinstimmt oder diesem zuwiderläuft, da dies der Weg des geringsten Widerstands ist.

- Wahrsagen: Wir ziehen gerne voreilige Schlüsse, aber wir können uns verletzen, wenn wir zu weit springen, ohne dabei auf die Umgebung zu achten. Im Grunde überzeugen wir uns selbst von einer Reihe von Fakten oder Ereignissen, bevor wir es genau wissen. Zum Beispiel könnten wir uns selbst davon überzeugen, dass ein Teamkollege ein schwarzes Schaf ist, und dann entscheiden wir, dass nichts, was er sagt oder tut, gut für uns sein wird, bevor er überhaupt eine Chance hatte, etwas anderes zu tun.

- Wir haben von Natur aus eine negative Neigung bzw. einen negativen Fokus. Das ist es, was uns in den Zeiten vor Entstehung der Zivilisation am Leben hielt, denn die Menschen, die sich auf den Regenbogen am Himmel konzentrierten, anstatt auf das beunruhigende Rascheln im Unterholz, neigten dazu, von dem dort versteckten Raubtier gefressen zu werden. Dies mündete jedoch in eine allgemeine Tendenz, sich in allen Situationen auf das Negative zu konzentrieren. Wir blenden alles aus, außer dem Schlechten, und blähen die Bedeutung dieses Schlechten auf. Außerdem befürchten wir in jeder Situation das Schlimmste.

Wir halten z. B. eine großartige Präsentation auf der Arbeit, bemerken aber hinterher, dass wir einen kleinen Tippfehler auf einer Folie hatten. Wir denken, dass alle deshalb schlecht von uns denken müssen, obwohl sie in Wirklichkeit vielleicht von unseren großartigen Ideen begeistert sind. Versuchen Sie lieber, sich auf konkrete Fakten zu konzentrieren und sich an die positiven Aspekte zu erinnern.

- Gedankenlesen: Wir glauben, zu wissen, was die andere Person denkt, und nehmen in der Regel auch hier das Schlimmste an. „Sie hat nicht angerufen, das heißt, sie versucht, mir aus dem Weg zu gehen", zum Beispiel. Wie können Sie das wissen? Ganz einfach: Sie wissen es nicht. Wenn Sie es nicht wissen, ist es am besten, nachzufragen und konkrete Fakten zu erhalten. Etwas zu vermuten, bedeutet nicht, dass es auch tatsächlich so ist.

- Der Dunning-Kruger-Effekt, der beschreibt, wie wir unser Fachwissen einschätzen. Diejenigen, die wenig wissen, denken im Allgemeinen, dass sie viel wissen, diejenigen, die etwas mehr wissen, unterschätzen ihr Wissen, und diejenigen, die wirklich viel wissen, nehmen an, dass alle anderen das auch tun.

- Starke Verallgemeinerungen und Schubladendenken: Sie nehmen ein isoliertes Ereignis und schließen daraus auf alles andere. Auch dies geschieht oft mit einer negativen Voreingenommenheit. Ein Kollege gibt einen Bericht zu spät ab, also ist er „faul". Ein Kind widerspricht einmal, und schon ist es „ungezogen". Achten Sie auf diese Denkweise. Fragen Sie sich, ob Sie oder die andere Person diesem Etikett jemals nicht gerecht geworden sind. Nur weil etwas einmal passiert ist, heißt das nicht, dass es immer passieren wird.

- Ein falscher Konsens ist Gift für eine gute Kommunikation. Hier gehen wir davon aus, dass jeder so denkt und fühlt wie wir, was praktisch unmöglich ist. Selbst wenn wir eineiige Zwillinge haben, die im selben Haus aufgewachsen sind, dieselbe Schule besucht haben usw., werden sie anders denken und fühlen, weil sie ihre eigenen Lebenserfahrungen gemacht haben. Wir müssen wirklich neugierig auf andere werden, denn egal, wie viele Gemeinsamkeiten wir zu haben scheinen, sie werden immer einzigartige Individuen sein. Genauso wird es aber auch Bereiche geben, in denen sie und wir uns ähneln.

Dies sind nur einige der Arten, auf die unser Verstand uns täuscht. Das ist nichts, was man sich zu Herzen nehmen sollte, denn damit haben die meisten Menschen auf einer Ebene zu kämpfen. In gewisser Weise ist es die Art unseres Gehirns, eine Informationsflut zu bewältigen oder uns zu helfen, Dinge zu verstehen, die verwirrend erscheinen.

Halten Sie einfach Ausschau nach ihnen. Wenn Sie sich dabei ertappen, dass Sie nur den Informationen Aufmerksamkeit schenken, die das bestätigen, was Sie bereits zu wissen glauben, wenn Sie andere für Probleme verantwortlich machen und niemals sich selbst, wenn Sie Erfolg als Glück, Misserfolg aber als Pech ansehen, wenn Sie denken, dass alle anderen sicher mit Ihnen übereinstimmen, oder wenn Sie sich für einen Experten auf einem Gebiet halten, über das Sie gerade erst etwas gelernt haben, dann sind das alles Anzeichen dafür, dass Ihr Verstand Ihnen Streiche spielt.

Der beste Weg, diese Gedankentricks zu umgehen, besteht darin, ein Wissenschaftler der eigenen Gedanken zu werden. Fragen Sie:

- Was fühle ich, und welche Gedanken lösen diese Gefühle aus?

- Was sind diese Gedanken? Schreiben Sie sie auf, wenn Sie sie klarer sehen wollen.

- Woher weiß ich, dass dies wahr ist?

- Warum will ich, dass dies wahr ist? (Was ist für mich drin?)

- Wie viele Informationsquellen habe ich ausprobiert, und habe ich mich mit Meinungen beliebiger Art abgefunden, die im Widerspruch zu dem stehen, was ich bereits denke?

- Wie zuverlässig sind meine Informationsquellen?

- Welche Gegenbeweise kann ich für diesen Gedanken oder diese Gedankengänge finden?

Sie werden das nicht bei allem tun, vorwiegend nicht, wenn Sie Zweifel oder Schuldgefühle haben oder sehen, dass eine Situation schiefläuft. Als Erstes sollten Sie sich die Kommunikationsebene ansehen und herausfinden, welche nicht hilfreichen Gedanken oder einfach nur schlechten Gewohnheiten dahinterstecken könnten.

Praktische Übung: Grundlegende Möglichkeiten der Kommunikationsentwicklung

Nehmen Sie sich einen Moment Zeit, um über die Liste der Dinge nachzudenken, die in der Kommunikation schiefgehen können, und schauen Sie, welche davon bei Ihnen auf Resonanz stoßen und die Sie gerne verbessern würden.

Meine schlechte Angewohnheit in der Kommunikation	Ich tue dies hauptsächlich, weil ...	In Zukunft werde ich ...

Schauen Sie sich diese Liste anfangs regelmäßig an und prüfen Sie, wie gut Sie vorankommen und ob Sie die Änderungen, die Sie an Ihrem Kommunikationsstil vornehmen möchten, im Auge behalten.

Effektive Kommunikation bedeutet: Ruhe bewahren, genau zuhören, Fragen stellen, sich klar ausdrücken und überprüfen, ob man verstanden hat. Das alles hilft uns, die Informationen weiterzugeben, die nötig sind, um bei der Arbeit und im Leben effektiver zu sein.

Häufige Herausforderungen für die Kommunikation von Führungskräften

Als ob die Kommunikation mit anderen nicht schon schwierig genug wäre, kommt in einer Macht- und Führungsposition noch mehr Komplexität hinzu. Sie haben Ihre Angestellten oder Ihr Team, das Sie kohärent in die richtige Richtung lenken müssen, Lieferanten, Auftragnehmer, Kunden und andere Interessengruppen, die Sie auf dem Laufenden halten müssen, ganz zu schweigen von den anderen Führungsebenen, denen Sie Bericht erstatten müssen.

Es ist eine Herausforderung. Selbst die besten Kommunikatoren können frustriert werden.

Herausforderung Nr. 1

Vergessen, den Menschen einen Grund zu geben: Als Erwachsene wissen wir gerne, warum wir schaffen sollen, was von uns verlangt wird. Das gibt der Aufgabe einen Sinn, und wir sind eher bereit, uns darauf einzulassen und uns besonders anzustrengen. Oft erklären Führungskräfte, was sie wollen, vergessen aber zu erklären, warum es wichtig ist.

Sie denken vielleicht, dass die Leute nicht wissen müssen, warum, und dass sie einfach den Anweisungen folgen sollten, aber das ist ein einschränkender Ansatz, der Sie in der Führungsrolle nicht sehr weit bringen wird.

Die meisten von uns wollen wissen: „Was ist für uns drin?" Das hört sich egozentrisch an, aber es ist ein ganz normales Bedürfnis, wissen zu wollen, welchen Wert das hat, was wir machen müssen. Welchen Nutzen haben wir davon, und inwiefern ist diese Sache keine Zeit- und Energieverschwendung? Damit ist nicht nur ein finanzieller Gewinn gemeint, sondern alles, worauf wir Wert legen, wie Lebensqualität, ein gutes Arbeitsklima, Respekt und Anerkennung und vieles mehr.

Herausforderung Nr. 2

Übermäßiger Informationsaustausch oder ausschweifende Erklärungen. Studien haben gezeigt, dass die Kernbotschaft verwässert wird, wenn den Menschen zu viele Informationen gegeben werden.

Werbetreibende, die heikle Produkte wie Medikamente mit schlimmen Nebenwirkungen verkaufen müssen, machen sich dies zunutze, indem sie die schwerwiegenden Nebenwirkungen zusammen mit vielen anderen, weniger schwerwiegenden Nebenwirkungen aufführen. Dadurch wird die Botschaft verwässert und die Wahrscheinlichkeit erhöht, dass die Verbraucher das Produkt kaufen. Denn wenn man „kann Schlaganfall, Krämpfe und Herzinfarkt verursachen" mit „kann Schlaganfall, Krämpfe, Herzinfarkt, juckende Füße, Ausschlag oder Schlaflosigkeit verursachen" vergleicht, ist die Wahrscheinlichkeit, dass man sich weniger beunruhigt fühlt, bei der zweiten Version größer. Die Botschaft hat weniger Wirkung, da sie mit zusätzlichen Informationen verwässert wurde.

Drehen Sie dieses Prinzip jetzt um und überlegen Sie, wie viel Einfluss Sie als Führungskraft haben wollen. Sie wollen, dass Ihre Botschaft unverfälscht und deutlich gehört wird, richtig? Das bedeutet, dass Sie sich bei der Kommunikation zunächst auf das Wesentliche beschränken und sich nicht mit kleinen oder nebensächlichen Details aufhalten. Diese können nach Bedarf ergänzt werden, wenn die Hauptbotschaft angekommen ist.

Herausforderung Nr. 3

Reden, bevor man alle Fakten kennt. Sie müssen zuerst zuhören, wichtige Fragen stellen und erst dann, wenn Sie sich wirklich sicher sind, dass Sie genügend Informationen haben, ist es an der Zeit, zu antworten oder Feedback zu geben. Und diese Antwort kann auch lauten: „Danke, ich melde mich bei Ihnen, wenn ich mehr Informationen dazu habe."

Zuhören und fragen, nicht erzählen, das sollte Ihr Mantra sein.

Herausforderung Nr. 4

Es wird vergessen, dass Kommunikation am besten in beide Richtungen funktioniert. Wenn Führungskräfte nicht aufpassen, kann es passieren, dass sie einseitige Gespräche mit den Mitarbeitern ihres Teams führen. Und das bedeutet, dass Sie nichts Neues lernen oder das Wissen Ihres Teams nicht optimal nutzen.

Die Versuchung ist groß, in die „Erzähl"-Falle zu tappen. Das bedeutet, dass Sie eine Reihe von Fakten weitergeben, ohne sich wirklich auf den Zuhörer einzulassen, als ginge es nur darum, eine abgehakte Liste von Dingen haben, die Sie anderen mitteilen wollten. Dies ist sehr auf die

Tagesordnung ausgerichtet und nicht auf die Menschen. Es verhindert Interesse und Beteiligung.

Entwickeln Sie eine neugierige Haltung. Lassen Sie sich auf die Menschen ein, mit denen Sie sprechen. Reden Sie mit ihnen und nicht über sie. Auch wenn Sie viel zu tun haben, sollten Sie sich die Zeit nehmen, so oft wie möglich Gespräche zu führen, wenn Sie möchten, dass sich Ihr Team wertgeschätzt und respektiert fühlt.

Herausforderung Nr. 5

Ein authentischer, sympathischer Mensch zu sein, ist eines der Schlüsselelemente, die Menschen dazu bringen, Ihnen als Führungskraft zu folgen. Wir mögen Menschen bewundern, die so aussehen, als hätten sie alles im Griff, und die sozialen Medien verkaufen uns ein perfektes Leben, aber wir wissen auch, dass in Wirklichkeit niemand so perfekt ist.

Wenn Sie versuchen, gegenüber der Welt perfekt zu erscheinen, verlieren Sie einen Teil des Vertrauens, da die Menschen im Grunde wissen, dass dieses Bild eine Illusion ist. Indem Sie offen mit Ihren Schwächen umgehen, zeigen, dass Sie (wie jeder andere auch) noch in der Entwicklung stecken, und in all Ihren Handlungen authentisch sind, schaffen Sie Vertrauen. Eine Person, die keine Angst hat und sich nicht schämt, zu dem zu stehen, was sie wirklich ist, wird im Allgemeinen als mutig und vertrauenswürdiger angesehen, da sie nicht versucht, Dinge zu verbergen. Das bedeutet nicht, dass Sie all Ihre persönlichen Informationen offen preisgeben müssen, sondern nur, dass Sie sich so zeigen, wie Sie sind und nicht, wie Sie gesehen werden wollen. Wenn Sie Ihre Fehler und Schwierigkeiten (die sich auf Ihr Führungs- oder Arbeitsleben auswirken), Ihre Gefühle und Schwachstellen zugeben können, zeigen Sie nicht nur, dass Sie sich ihrer bewusst sind, sondern auch, dass Sie stets daran arbeiten, sich zu verbessern. Das bedeutet auch, dass Sie leichter um Unterstützung bitten und diese erhalten können.

Sie können sowohl professionell sein als auch eine Seele und ein Herz haben.

Die Menschen respektieren das viel mehr, als wenn jemand darauf besteht, ein falsches Bild von sich zu präsentieren.

Herausforderung Nr. 6

Sie kommunizieren nicht genug über die wichtigen Dinge. Sie müssen stets darauf achten, was Ihr Team wissen muss. Transparenz ist entscheidend, wenn es darum geht, den Zusammenhalt Ihres Teams aufrechtzuerhalten und es auf Kurs zu halten. Wenn sich Ihre Mitarbeiter ständig Sorgen über Dinge machen, die das Unternehmen verbirgt, werden sie nicht ihr Bestes geben oder am produktivsten sein. Sie könnten sogar abwandern, um anderswo eine stabilere Position zu finden.

Natürlich gibt es in den meisten Unternehmen Vertraulichkeitsregelungen, die es Ihnen verbieten, bestimmte Informationen weiterzugeben. Wo dies jedoch nicht der Fall ist, sollten Sie einen strukturierten Plan dafür erstellen, was mitgeteilt werden muss und wie dies geschehen soll. Besprechen Sie mit dem Managementteam, was und wie kommuniziert werden kann. Je transparenter Sie sein können, desto besser. Auf diese Weise müssen die Mitarbeiter keine Angst vor bösen Überraschungen in letzter Minute haben.

Zu den Dingen, die leicht kommuniziert werden können, gehören Erfolge von Teammitgliedern, Teamerfolge und -fortschritte, besondere Ereignisse, Zugeständnisse und Auszeichnungen für hervorragende Leistungen sowie logistische und operative Informationen.

Wenn Änderungen geplant sind, welche sind das und warum werden sie durchgeführt? Wenn jemand befördert wird, warum? Es gibt nichts Schlimmeres, als wenn Menschen bei Informationen, die man hätte weitergeben können, außen vor bleiben, vor allem wenn es keinen Grund gibt, diese vertraulich zu behandeln.

Vertrauliche Dinge wie Gehälter, persönliche Details oder Herausforderungen einzelner Mitglieder Ihres Teams, in die Sie als Führungskraft eingeweiht sind, und sogar disziplinarische Angelegenheiten werden besser unter vier Augen mit den direkt Betroffenen besprochen.

Herausforderung Nr. 7

Den schwierigen Dingen aus dem Weg gehen: Wenn die Dinge nicht so laufen wie geplant, wenn Fehler gemacht wurden, wenn Menschen Grenzen überschreiten, wenn sich ein Konflikt oder eine Herausforderung anbahnt, ist Schweigen nicht der beste Plan.

Je mehr Sie sich vor dieser Führungsverantwortung drücken, desto mehr Zeit wird verschwendet, desto mehr Geld geht möglicherweise verloren, je mehr können sich Fehler und Konflikte häufen und desto weniger positive Fortschritte können erzielt werden. Um eine agile Führungskraft zu sein, müssen Sie sich allen Herausforderungen so schnell wie möglich stellen, um sie zu bewältigen, Vorkehrungen zu treffen, wichtige Lehren daraus zu ziehen und nach vorn zu blicken. Je länger man die Herausforderungen aufschiebt oder vermeidet, in der Hoffnung, dass sie auf magische Weise verschwinden, desto schlimmer wird es.

Wie man ein meisterhafter Kommunikator wird

Sie werden es nicht jedes Mal zu 100 % richtig machen, aber Sie werden in der Lage sein, diese Ideen im Hinterkopf zu behalten und sich gelegentlich selbst zu überprüfen, um sicherzustellen, dass Sie als Meister der Kommunikation Fortschritte machen und nicht in alte, schlechte Gewohnheiten zurückfallen.

- Erkundigen Sie sich bei demjenigen, mit dem Sie sprechen möchten, wann der richtige Zeitpunkt dafür ist. Wenn es nicht jetzt ist, wann wäre der richtige Zeitpunkt? Manchmal können wir uns nicht aussuchen, wann wir am Arbeitsplatz kommunizieren müssen, aber wenn wir es können, sollten wir es tun. Ein Beispiel: Sie haben ein Teammitglied, mit dem Sie über einen besorgniserregenden Trend bei den Krankmeldungen sprechen müssen. Vielleicht können Sie diese Person bitten, einen Termin zu vereinbaren, anstatt ein Gespräch zu erzwingen, wenn sie sich schwach fühlt oder mit dem Arbeitspensum überfordert ist. Auf diese Weise werden Sie mit Sicherheit ein besseres Ergebnis erzielen.

- Achten Sie auf den Zeitpunkt Ihrer Kommunikation. So ist es unter anderem eine schlechte Idee, beunruhigende Informationen über eine wichtige Unternehmensveränderung an einem Freitag zu verschicken und die Mitarbeiter tagelang in Angst und Schrecken zu versetzen, bevor die Angelegenheit richtig besprochen werden kann. Das schafft unnötige Dramatik und Spannungen und verdirbt die Menschen. Außerdem sollte etwas so Wichtiges vielleicht nicht zuerst in einer E-Mail angesprochen werden. Ein Treffen, bei dem jeder die Möglichkeit hat, Fragen zu stellen und Bedenken zu äußern, wäre eine bessere Option. Führungskräfte, die ihre Kommunikation so terminieren, dass die Empfänger tagelang schmoren müssen, oder die wichtigen Dinge bis zur letzten Minute aufschieben, verhalten sich in Wirklichkeit ausweichend. Sie wollen einfach nicht, dass ein potenzieller Konflikt entsteht, also weichen sie ihm auf diese Weise aus. Meiner Meinung nach ist das keine gute Führung.

- Formulieren Sie ein klares Ziel oder Ergebnis für die Kommunikation und behalten Sie dieses im Auge. Wenn das Gespräch abschweift oder zufällige Fragen auftauchen, die nicht unmittelbar oder direkt damit zusammenhängen, können Sie das Gespräch so leichter wieder auf den ursprünglichen Zweck zurückführen. Dies ist auch in Konfliktsituationen hilfreich, in denen man sich leicht von Egos, Tagesordnungen oder Emotionen ablenken lässt. Wenn das Ziel eines Beratungsgesprächs beispielsweise darin besteht, die Anwesenheit am Arbeitsplatz zu verbessern, sollten Sie sich nicht von anderen Themen oder zufälligen Fakten und Verhaltensweisen ablenken lassen. Sie sollten nicht zulassen, dass Ihr versteckter Wunsch, „zu bestrafen", Ihr offenkundiges Bedürfnis, die Anwesenheit wieder auf Kurs zu bringen, untergräbt und zerstört.

- Reden Sie nicht gleichzeitig oder hören Sie nur zu, um zu antworten – hören Sie offen und aktiv zu! Der Grund für das Gespräch ist es, die Sichtweise des anderen kennenzulernen. Hören Sie zu, als ob Sie das Gehörte später jemandem beibringen müssten.

- Bleiben Sie ruhig und nehmen Sie sich Zeit zum Nachdenken, bevor Sie sprechen. Kommunizieren Sie niemals, wenn Sie sich in einer Stress- oder Angstreaktion befinden. Versuchen Sie nie, nach dem Genuss von Alkohol große Gespräche zu führen. Bitten Sie um etwas Zeit, wenn Sie sie brauchen, und verzögern Sie Ihre Antworten, anstatt die Dinge zu überstürzen und zu ruinieren.

- Seien Sie neugierig und nicht so sehr darauf bedacht, um jeden Preis zu gewinnen. Selbst wenn das, was mitgeteilt wird, allem widerspricht, was Sie zu wissen glauben, sollten Sie mit Fragen beginnen. Zum Beispiel: „So habe ich das noch nie gesehen. Bitte erzählen Sie mir mehr." Das eröffnet das Gespräch für neue Erkenntnisse auf beiden Seiten.

- Gehen Sie von dem Besten aus. Legen Sie Ihre toxischen und negativen Gedankenmuster, Ängste und Filter ab, und leben Sie die Menschen so, wie Sie sie sehen, und nicht so, wie Sie sie fürchten. Ziehen Sie keine voreiligen Schlüsse, solange Sie nicht alle Fakten kennen. Sie müssen einander unterstützen und dürfen sich nicht ständig gegenseitig angreifen oder überwachen. Meistens hat schlechtes Verhalten nur mit den eigenen Problemen zu tun und nur wenig mit Ihnen persönlich.

- Seien Sie freundlich und respektvoll. Für Beschimpfungen gibt es keine Entschuldigung! Ist das, was Sie sagen, freundlich, wahr und notwendig? Was erhoffen Sie sich, mit Grausamkeit oder Unhöflichkeit zu erreichen? Und warum? Wenn Sie dem anderen immer nur schaden, um jeden Preis gewinnen und ihn mit Ihren Worten zerstören wollen, dann kommunizieren Sie nicht gut, sondern befinden sich im Krieg – mit sich selbst! Ihre Wut und Ihre Unhöflichkeit sind Ausdruck Ihres ungelösten Schmerzes und Ihres schlechten emotionalen Managements. Treten Sie einen Schritt zurück und arbeiten Sie an sich selbst, um diese Probleme zu lösen.

- Seien Sie authentisch, ehrlich und aufrichtig. Wenn Sie Ihre Gedanken und Gefühle verbergen, werden Sie sich nie auf ein wirklich nützliches Gespräch einlassen. Solange Sie nicht ehrlich sind, ist Ihre Kommunikation sinnlos.

- Beteiligen Sie sich und zeigen Sie Interesse. Ein Gespräch findet zwischen zwei Personen statt – Schweigen ist nicht erlaubt. Das Gegenteil von Liebe ist nicht Hass, sondern Gleichgültigkeit. Kommunizieren Sie mit Transparenz und Ehrlichkeit. Stellen Sie Fragen, um Klarheit zu schaffen. Wenn Sie beschäftigt sind, fragen Sie nach einem Zeitpunkt, an dem es für Sie beide besser ist. Gehen Sie nicht einfach zur Tür hinaus und hören Sie nicht zu, ohne zu reagieren.

- Lesen Sie zwischen den Zeilen und beobachten Sie. Hören Sie auf das, was die Leute nicht sagen. Überprüfen Sie immer Ihr Verständnis und setzen Sie nichts als gegeben voraus.

- Prüfen Sie Ihre Fakten. Liegen alle Fakten auf dem Tisch? Sind Sie sich sicher? Wenn Sie aufgrund Ihrer eigenen Ängste oder weil Sie es eilig haben, voreilige Schlüsse ziehen, könnten Sie am Ende etwas kaputt machen. Wenn Sie ein Gespräch mit vorschnellen Schlussfolgerungen und Anschuldigungen beginnen, führt das jedes Mal zu einer Abwehrhaltung und zu Streit.

- Vergewissern Sie sich, dass Sie verstanden werden. Die Leute können Ihre Gedanken nicht lesen! Und sie denken nicht auf dieselbe Weise wie Sie. Sie sind nicht Sie! Sie als Kommunikator müssen die Verantwortung dafür übernehmen, wie die Menschen verstehen, was Sie ihnen mitteilen.

- Bitten Sie um das, was Sie brauchen. Teilen Sie auf respektvolle Art und Weise mit, was Sie bedrückt. Erklären Sie Ihre Gedanken und Gefühle. Teilen Sie Ihre Erwartungen mit und besprechen Sie sie. Suchen Sie gemeinsam nach Lösungen und einem Weg nach vorn.

- Nutzen Sie Geschichten, um Interesse zu wecken. Studien zeigen, dass zwei Areale unseres Gehirns auf MRT-Scans aufleuchten, wenn uns direkte Daten oder Fakten vorgelegt werden: das Wernicke- und das Broca-Areal. Werden uns jedoch dieselben Fakten in Form einer Geschichte präsentiert, leuchtet unser gesamtes Gehirn auf und wird aktiv (Eber, 2020). Geschichten sind sinnlich, einprägsamer und schaffen mehr Empathie und Vertrauen. Nicht Daten ändern das Verhalten, sondern unsere Gefühle. Wir können unsere Entscheidungen im Nachhinein rationalisieren, aber es sind die anfänglichen Emotionen, die durch eine gute Geschichte hervorgerufen werden, die uns wirklich fesseln. Die Verwendung einer nachvollziehbaren Geschichte schafft einen Kontext, baut Ideen auf und vermittelt Werte weitaus besser als jeder schwungvolle Flyer, jede Medienkampagne oder jedes aufgebauschte Event oder Meeting.

KAPITEL 3:
WIE FÜHRUNGSKRÄFTE MIT KONFLIKTEN UMGEHEN

Im Raum herrschte eine ungeheure Spannung. Meinem Teammitglied war gerade mitgeteilt worden, dass er am Jahresende nicht den vollen Bonusbetrag erhalten würde. Obwohl er schon seit vielen Jahren in der Firma war, war er nicht sehr zuverlässig, was seine Anwesenheit anging, und in diesem Jahr hatte er viel Sonderurlaub genommen. Er hatte eine sehr kranke Tochter. Sie hatte eine Lebertransplantation erhalten, und nach Jahren hatte ihr Körper begonnen, die Leber abzustoßen. Er konnte einfach nicht immer zu den erforderlichen Zeiten bei der Arbeit sein.

Unser Unternehmen hatte unser Verständnis für dieses Thema über-
strapaziert, und er hatte den normalen Urlaub, den Krankheitsurlaub
und den Urlaub aus familiären Gründen aufgebraucht und schuldete
uns nun Tage. Die summierten sich und mussten als unbezahlter Urlaub
genommen werden. Wir dachten, wir seien großzügig, indem wir ihm
ermöglichten, den Betrag von seinem künftigen Bonus und nicht von
seinem Monatslohn abzuziehen. Er war anderer Meinung.

Es war ein klarer Konflikt, bei dem keine der beiden Parteien das
Gefühl hatte, dass sie sich zurückhalten könnte. Mein Mitarbeiter war
überzeugt, dass er einen großen Beitrag zur Wertschöpfung leistete und
besonders hart arbeitete, was er auch tat. Das Unternehmen meinte,
dass es nicht für nicht geleistete Arbeit bezahlen könne. Die Gemüter
auf beiden Seiten erhitzten sich.

Das hätte böse enden können. Aber zum Glück besaßen wir einige
gute Konfliktlösungsfähigkeiten. Zunächst wurde die Sitzung vorübergehend beendet, und die Geschäftsleitung bat um einen neuen Termin.
Die Gemüter mussten sich abkühlen. Uns war auch klar, dass wir,
wenn wir auf unserer Lösung beharrten, zwar recht hätten, aber möglicherweise einen wichtigen Mitarbeiter verlieren oder ihn zumindest
gründlich demotivieren würden. Gleichzeitig musste er aus Gründen
der Fairness gegenüber allen anderen Teammitgliedern, die sich an die
Regeln hielten, in einer Weise für die verlorenen Tage zur Verantwortung gezogen werden.

Nach weiteren Ermittlungen ergaben sich einige Möglichkeiten. Erstens hatte die Lohnbuchhalterin die Stunden und Überstunden falsch
berechnet. Zweitens erkannten wir, dass dieses Teammitglied einen
neuen Ansatz für die Zeiterfassung brauchte. Es wurde ein Gleitzeit-

vertrag ausgearbeitet, der es ihm ermöglichte, die geforderten Stunden zu leisten und dennoch flexibel zu sein, wenn es um familiäre Belange ging. Wir wussten, dass er sich für die Arbeit engagierte, stets gute Qualität und Ergebnisse lieferte und bei Bedarf keine Mühe scheute. Eine Strafmaßnahme wäre sinnlos gewesen.

Bei unserem nächsten Treffen wurde der Gleitzeitvertrag als Lösung angeboten, mit der Option, den bereits verlorenen unbezahlten Urlaub zurückzuarbeiten, statt die Prämie zu verlieren. Das Teammitglied war von dieser Option begeistert. Sie zeigte ihm, dass er wertgeschätzt wurde und dass wir uns die Zeit genommen hatten, eine praktikable Lösung zu finden. Er fühlte sich unterstützt. Danach war er noch engagierter, und durch die Einführung einiger einfacher Systeme, die ihn ein- und ausstempelten, mussten wir weniger auf die Uhr schauen und konnten auch weitere Rechenfehler vermieden.

Auch wenn Sie als Führungskraft nicht direkt an Konflikten am Arbeitsplatz beteiligt sind, haben Sie zwei Aufgaben: Die eine besteht darin, ein Auge auf sich anbahnende Probleme zu haben, und die zweite ist die Rolle des Vermittlers und Problemlösers. Sie müssen die Lösung von Konflikten erleichtern, bevor diese zu groß, zu hartnäckig oder zu toxisch werden.

Ein Konflikt an sich ist nicht immer etwas Schlechtes. Wenn man ihn früh genug erkennt, kann man ihn nutzen, um positive Veränderungen herbeizuführen und das Team sogar näher zusammenzubringen. Er kann von einem Negativum in ein Positivum verwandelt werden. Konflikte können Sie auf größere Probleme hinweisen und Ihnen helfen, tiefer liegende Probleme zu lösen, die, wenn sie nicht angegangen werden, zu einem weitreichenden Scheitern des Unternehmens führen könnten. Konflikte sind also tatsächlich nützlich. Wir müssen sie umgestalten und lernen, besser mit ihnen umzugehen, damit sie zu einem nützlichen Instrument und nicht zu einer zerstörerischen Waffe werden.

Wie machen wir das also?

Erstens: Achten Sie auf die Anzeichen

Das sind Dinge, denen man auf jeden Fall Aufmerksamkeit schenken sollte. Als agile Führungskraft müssen Sie auf alle Anzeichen achten, die darauf hindeuten, dass Ihr Team oder Ihr Unternehmen auf Probleme zusteuern könnte. Je eher Sie die Warnzeichen erkennen, desto eher können Sie die notwendigen Schritte zur Fehlerbehebung, zur Konfliktlösung, zum Lernen und vielleicht sogar zur Umwandlung des Problems in ein positives Ergebnis unternehmen.

Achten Sie auf Folgendes:

- Ein allgemeiner Rückgang der Produktivität. Je nachdem, was Sie messen und ob Sie diese Messungen ordnungsgemäß durchführen, sollten Sie in der Lage sein, recht schnell einen Rückgang zu erkennen.

- Probleme mit der Qualität der Dienstleistung oder des Produkts. Dies kann durch Kundenbeschwerden, interne Berichte oder einfach dadurch festgestellt werden, dass Sie die Produkte und Dienstleistungen gelegentlich selbst überprüfen. Stichprobenartige Überprüfungen an bestimmten Berührungspunkten erleichtern es, sich ein genaues Bild von den Vorgängen zu machen, z. B. durch das Lesen von E-Mails zwischen Mitarbeitern oder an Kunden, durch Fragen an Kunden, Mitarbeiter oder Lieferanten, ob sie etwas brauchen und zufrieden sind, oder durch eine kurze Inspektion des Standorts oder des Produkts. Das ist etwas, was man relativ leicht erledigen kann, wenn man eine kleine Lücke im Tagesablauf hat. Und wenn man es zufällig macht, kann sich niemand darauf vorbereiten oder etwas verbergen.

- Die Zahl der Mitarbeiter, die das Unternehmen verlassen, steigt. Eine gewisse Fluktuation ist zu erwarten, aber die Mitarbeiter sind nicht immer ehrlich, wenn es um die Gründe geht, warum sie gehen. Wenn Sie ein kleines Team sind, kann schon der Weggang einer einzigen Person ein Zeichen für Probleme sein. Wenn Sie Ihre Detektivfähigkeiten einsetzen können, finden Sie vielleicht die wahren Gründe heraus, bevor Sie zu viele wichtige Mitarbeiter verlieren.

- Ihre Fehlzeitenquote steigt. Die Menschen wollen nicht an diesem Arbeitsplatz arbeiten und nutzen jede Ausrede, um sich davor zu drücken, oder die Atmosphäre ist so belastend, dass die Mitarbeiter ausbrennen und krank werden.

- Sie bemerken Anzeichen von Angst und Stress bei Teammitgliedern. Dazu gehören verkrampfte Muskeln, Hände und Kiefer, Zittern, Schweißausbrüche, erhöhte Reizbarkeit, erhöhte oder angespannte Stimmen, Menschen, die an ihren Schreibtischen abschalten oder sich abkapseln und immer weniger ansprechbar sind. Der größte Teil des Stresses am Arbeitsplatz entsteht durch zwischenmenschliche Probleme und die Art und Weise, wie mit Problemen umgegangen wird.

- Beschwerden oder Klagen, sei es von externen Kunden, internen Teammitgliedern oder sogar Lieferanten.

- Eine auffällige Veränderung im Verhalten einer Person. Vermeidendes Verhalten, kurz angebundene Antworten auf Fragen, seltsame Kommentare oder jemand, der aus heiterem Himmel sehr still wird. In diesem Fall ist es hilfreich, Ihr Team gut zu kennen. Es ist kein Problem, wenn jemand introvertiert und im Allgemeinen ein ruhiger Mensch ist, aber wenn eine fröhliche, kontaktfreudige Person plötzlich verstummt, ist das ein wichtiges Warnsignal. Das Gleiche gilt, wenn eine normalerweise ruhige Person zunehmend reizbar wird oder eine zuverlässige Person plötzlich nicht mehr ihren Verpflichtungen nachkommt. Positive Veränderungen sind großartig, aber jede andere plötzliche, beobachtbare Veränderung ist ein Zeichen dafür, dass wahrscheinlich etwas nicht stimmt.

All dies ist relativ leicht zu erkennen, wenn Sie Ihr Team und Ihre Arbeitsabläufe gut im Auge behalten.

Die Kosten eines falsch angegangenen Konflikts

Wenn Konflikte vermieden oder die falschen Maßnahmen ergriffen werden, hat dies in der Regel ein negatives Ergebnis. Die Kosten, die Unternehmen durch schlecht gelöste Konflikte entstehen, sind u. a.: Kündigung von Mitarbeitern, Fehlzeiten, verringerte Produktivität oder schlechtere Leistung, schlechter Kundenservice, Klatsch und Tratsch bzw. das Entstehen einer Gerüchteküche, die Verlangsamung des Arbeitstempos, nachlassende Bereitschaft der Mitarbeiter, sich zu engagieren, oder sogar unternehmensweite Streiks. Ein eskalierender

Konflikt kann sogar zu Gewalt, Sachbeschädigung oder rechtlichen Schritten führen.

Es ist in jedermanns Interesse, auf Konflikte zu achten und sie so schnell wie möglich zu lösen.

Verschiedene Arten von Konflikten

Die Gründe für diese unglückliche Situation sind vielfältig, lassen sich aber im Allgemeinen in zwei Kategorien einteilen:

- Unfähigkeit (die Menschen wissen nicht, wie sie es machen sollen)
- mangelnde Bereitschaft, den Konflikt zu lösen (die Menschen wollen es nicht tun)

Eine sehr einfache Methode, um eine Ursache zu finden, ist die 5-Why-Methode. Ein Beispiel: Jana starrt auf ihren Computer und hat in den vergangenen drei Stunden keine einzige Zeile getippt. Liegt hier ein Problem vor? Vielleicht. Aber was ist los mit ihr? Sie nehmen sie beiseite und fragen sie freundlich, ob es ihr gut geht. Sie sagt Ihnen, sie sei erschöpft und habe letzte Nacht nicht geschlafen. Also gehen Sie der Sache auf den Grund und fragen, warum das so ist (und zeigen sich besorgt). Sie antwortet, dass sie sich unruhig gefühlt habe. Sie fragen nach dem Grund und ob Sie etwas tun können. Je nachdem, wie groß das Vertrauen zwischen Ihnen beiden ist, wird sie sich jetzt vielleicht öffnen. In diesem Fall können Sie ihr einige hilfreiche Methoden zur Bewältigung von Angstzuständen und Schlafproblemen an die Hand geben oder jemanden finden, der sich damit besser auskennt und dem sie vertrauen kann, um mit ihr darüber zu sprechen. Vielleicht sind ihre

Ängste auf ein anderes Problem bei der Arbeit zurückzuführen, das Sie mit ihr besprechen können, um sie zu beruhigen.

Ein weiteres Beispiel: Sie stellen fest, dass die Antwortzeiten auf Kundenanfragen mehr als 24 Stunden betragen. Warum? Ihr Kundendienstteam hat es mit mehr Kundenanfragen zu tun als üblich. Und warum? Vor Kurzem hat Ihr Unternehmen eine umfangreiche Werbekampagne gestartet, die mehr Aufträge bringt. Das ist eine gute Sache, die aber trotzdem ein Problem darstellt. Sie brauchen entweder ein neues System für die Kundenbetreuung oder zusätzliche Servicemitarbeiter. Wenn Sie die 5-Why-Methode anwenden, haben Sie eine klarere Vorstellung davon, was benötigt wird.

Die Idee dabei ist, immer wieder nach dem Warum zu fragen, bis Sie das Gefühl haben, die Ursache gefunden zu haben. Wenn nötig, sollten Sie dies im Team oder mit den wichtigsten Beteiligten tun und ein Brainstorming durchführen, bis Sie alle mehr Klarheit haben.

- Hängt das Problem mit einer Aufgabe oder einem Prozess zusammen? Was davon verursacht das Problem? Was kann geändert, delegiert, ganz weggelassen oder besser kommuniziert werden?

- Probleme mit der Führung: Wenn an der Spitze etwas nicht stimmt, wird es sich in der gesamten Kette bis nach unten durchziehen. Wenn Sie nicht die einzige Führungskraft sind und feststellen, dass einer Ihrer Kollegen unnötige Konflikte verursacht, kann dies eine heikle Situation sein, die aber nicht unlösbar ist.

- Konflikte innerhalb des Teams bezüglich der Arbeitsstile: Einige ziehen es vor, allein zu arbeiten, andere wollen mehr einbezogen werden, und das Arbeitstempo, die Qualität und die Ergebnisse werden natürlich von Person zu Person unterschiedlich sein. Sie werden feststellen, dass einige Mitarbeiter sich mehr Diskussionen und Unterstützung wünschen, während andere es vorziehen, bei der Arbeit allein gelassen zu werden. Sie müssen sich die Zeit nehmen, Ihre Mitarbeiter zu kennen und zu wissen, was sie brauchen. Sie können auch auf Konflikte im Arbeitsstil zwischen den Teammitgliedern achten. Vielleicht erledigt eine Person alles auf die letzte Minute, und ihr Teamkollege, der sich auf die Arbeit dieser Person verlässt, damit sein Teil des Prozesses geordnet abläuft, wird frustriert und fühlt sich unter Druck gesetzt, weil er eine besser organisierte Vorgehensweise bevorzugt. Auch hier könnten eine Systemänderung, ein besseres gegenseitiges Verständnis und vielleicht sogar ein vorübergehender (oder dauerhafter) Austausch von Arbeitsplätzen oder Aufgaben eine Lösung sein.

- Zwischenmenschliche Konflikte: Manche Menschen werden nie einer Meinung sein. Wir sind alle unterschiedlich, und es ist unvernünftig, zu erwarten, dass jeder immer mit jedem einverstanden ist und mit jedem auskommt. Wenn die Beziehung nicht verbessert werden kann, was kann dann noch getan werden, um Distanz zwischen zwei Menschen zu schaffen, die sich offensichtlich nicht verstehen?

- Konflikte zwischen Teams oder Gruppen können entstehen, wenn sich um ein bestehendes, ungelöstes Problem Fronten bilden. Dies kann zwischen Menschen mit unterschiedlichen

Funktionen geschehen, z. B. wenn die technische Crew eine tief sitzende Abneigung gegen die „Kreativen" hegt, die sich nie an die Regeln halten. Diese Art von Konflikt kann auch zwischen verschiedenen kulturellen oder religiösen Gruppen oder zwischen anderen Gruppen, die sich aufgrund von inhärenten Unterschieden geformt haben, bestehen. Diese Konflikte müssen sorgfältig gehandhabt werden, da sie sonst zu ernsthaften Ausfallzeiten, Produktivitätsverlusten und einem Zusammenbruch der Unternehmenskultur und seines Ansehens führen können.

- Konflikte um Ideen oder Konzepte: Diese können in direktem Zusammenhang mit den Werten einer Person stehen und stark ausgeprägt sein. Wenn kein gegenseitiges Verständnis oder ein Kompromiss erreicht werden kann, kann eine Vermittlung oder eine Anweisung von jemandem, der in der Befehlskette höher steht, erforderlich sein.

Einfach zu handhabende Konflikte sind in der Regel solche über Fakten: Es gibt Meinungsverschiedenheiten oder unterschiedliche Auffassungen, vielleicht hat jemand nicht alle Informationen weitergegeben, oder Fakten wurden verzerrt oder übertrieben dargestellt.

Ziemlich einfach zu handhabende Konflikte betreffen Unterschiede in den Methoden oder Verfahren oder in der Art und Weise, wie Arbeitsfragen behandelt werden. Die übergeordneten Ziele sind in diesem Fall jedoch im Allgemeinen, die gleichen.

Wenn sich alle Beteiligten zunächst auf Ziele und dann auf die Art der Umsetzung einigen müssen, wird es schwieriger.

Die schwierigsten Konflikte sind Machtkonflikte oder Unklarheiten darüber, wer die Autorität besitzt. Diese und Wertekonflikte, bei denen ein grundlegender Unterschied in den Überzeugungen besteht, erfordern eine effektive Führung und ein effektives Management. Bedenken Sie dies, bevor Sie sich auf die Lösung des Problems stürzen. Sie müssen im Vorfeld so gut wie möglich wissen, womit Sie es zu tun haben, damit Sie gut vorbereitet sind und eine Reihe von Optionen in Betracht ziehen können. Diese werden Sie im Rahmen des Verhandlungs- und Kommunikationsprozesses benötigen.

Viele Konflikte sind einfach auf schlechte Kommunikation, Missverständnisse oder Menschen zurückzuführen, die Hilfe bei der Selbsterkenntnis und dem Selbstmanagement benötigen. Als Führungskraft können Sie zum Wachstum Ihres Teams beitragen sowie dazu, den Weg zu ebnen und Probleme zu lösen, bevor sie aus dem Ruder laufen.

Das Einzige, was Sie nicht tun können, ist, das Problem zu ignorieren oder zu versuchen, eine Lösung zu erzwingen. Als Führungskraft müssen Sie mit Ihren Mitarbeitern so zusammenarbeiten, dass diese Ihnen folgen wollen und dass sie Respekt und Vertrauen in Sie an der Spitze bewahren.

Was ist Ihr Stil?

Wir befinden uns alle auf verschiedenen Ebenen der Konfliktbewältigung. Außerdem haben wir von klein auf gelernt, wie wir an Konflikte herangehen, und manches von dem, was wir gelernt haben, ist vielleicht nicht hilfreich. Wir müssen uns unseres Stils bewusst sein, um sicherzustellen, dass wir nicht aus Angst oder wegen mangelnder Fähigkeiten und Erfahrungen den falschen Stil wählen.

Die Kenntnis Ihres Standardstils kann Ihnen als Führungskraft sehr helfen, Probleme zu entschärfen und anderen zu helfen, Konflikte ebenfalls konstruktiv zu bewältigen.

Das Modell von Thomas Killman fasst dies recht gut zusammen. Nach diesem Modell müssen Sie zunächst den Konflikt einschätzen und ihn dann dem Stil zuordnen, den Sie am besten anwenden können. Wenn Sie Ihren Standardstil kennen, können Sie auch beginnen, die anderen Stile anzuwenden, und Sie wissen auch, wann es am besten ist, dies zu tun.

Stil Nr. 1 – Zusammenarbeitend

Dieser Typ verbindet Selbstbewusstsein und Durchsetzungsvermögen mit Kooperation. Das oberste Ziel ist der Gewinn für beide Seiten, und Negativität und Toxizität werden schnell minimiert.

Diese Methode eignet sich am besten für langfristige Beziehungen, bei denen Sie eine uneingeschränkte Zustimmung zum Ziel und zum Prozess benötigen und wollen, dass alle Beteiligten zufrieden und motiviert sind.

Es ist nicht die beste Vorgehensweise, wenn die Situation zeitkritisch und nicht so umfangreich oder für das reibungslose Funktionieren Ihres Teams entscheidend ist.

Stil Nr. 2 – Konkurrierend

Dieser Typ ist durchsetzungsfähig und neigt dazu, seine eigenen Bedürfnisse und Anliegen zuerst zu verfolgen. Es geht nur ums Gewinnen. Das ist in manchen Kontexten in Ordnung, z. B. bei einem Sportwettkampf oder einem echten Wettbewerb, aber wenn dieser Stil ständig angewendet wird, gehen dadurch Beziehungen in die Brüche.

Stil Nr. 3 – Vermeidend

Wenn eine Angelegenheit nicht in Ihren Zuständigkeitsbereich fällt oder für Sie keine Bedeutung hat, dann kann es in Ordnung sein, sie zu vermeiden. Sie können diese Situationen einfach delegieren, ihnen ausweichen oder sich zurückziehen. Wenn Sie dies jedoch regelmäßig tun, wird es zu Problemen führen. Grundsätzlich ausweichende Menschen werden fast alles tun, um die Unannehmlichkeiten eines Konflikts zu vermeiden. Sie setzen sich im Allgemeinen nicht durch und haben kein Selbstvertrauen. Ein langsamer Umgang mit kleinen, kontrollierten und gut vermittelten Konflikten kann ein Anfang sein, um das Selbstvertrauen zurückzugewinnen.

Stil Nr. 4 – Zuvorkommend

Das ist jemand, der die Bedürfnisse oder Wünsche anderer Menschen über seine eigenen stellt. Das ist in Ordnung, wenn Ihnen das Ergebnis nicht so wichtig ist, Ihnen aber die Beziehung am Herzen liegt. Es sollte aber keine Standardreaktion sein.

Immer entgegenkommend zu sein, bedeutet Aufopferung, und diese Menschen werden oft als Drückeberger angesehen. Sie stellen die Bedürfnisse der anderen vor ihre eigenen. Dies führt zu Unmut und Frustration auf allen Seiten. Es scheint großzügig zu sein, aber es gibt dabei immer einen Verlierer.

Stil Nr. 5 – Kompromissbereit

Bei diesem Stil wird zwar eine für beide Seiten akzeptable Lösung angestrebt, aber oft ist am Ende keine der beiden Seiten völlig zufrieden. Dies ist der schnelle und einfache Weg, den man am besten einschlägt, wenn keine Lösung gefunden werden kann, die für beide Seiten einen

Gewinn darstellt, die Beziehungen und das Endziel aber dennoch wichtig sind.

Hier ist eine kurze Zusammenfassung:

Durchsetzungsvermögen	Ebene der Zusammenarbeit	Ziel	Stil
Hoch	Hoch	Wichtig sind die Beziehung und das Ziel, z. B. die Umstrukturierung eines Teams.	Zusammenarbeitend
Hoch	Niedrig	Um zu gewinnen, ist die Beziehung nicht wichtig – z. B. bei einem Wettlauf oder einer Teamdebatte.	Konkurrierend
Niedrig	Hoch	Die Beziehung ist wichtig, aber das Ergebnis ist es nicht – z. B. lässt man den anderen den Ort für das Abendessen aussuchen, weil man keine Präferenz hat.	Zuvorkommend

Niedrig	Niedrig	Weder die Beziehung noch das Ergebnis ist so wichtig – z. B. Arbeitsanweisungen für ein anderes Team.	Vermeidend
Mittel bis hoch	Mittel	Eine eindeutig positive Lösung kann nicht gefunden werden, aber ein gewisser Fortschritt muss dennoch erzielt werden.	Kompromissbereit

(Killman, Thomas, 1997).

Keiner der Ansätze ist besser als die anderen. Es ist wirklich situationsabhängig. Wenn Sie Ihre Art, mit Konflikten umzugehen, verbessern wollen, ist die Arbeit an Ihren Kommunikationsfähigkeiten und Ihrem Selbstvertrauen ein guter Anfang.

Wie man mit Konflikten umgeht

Sie wissen, dass Sie irgendwann einmal einen Konflikt lösen müssen. Das ist Ihre eigentliche Aufgabe als Führungskraft. Der beste Weg, ein Experte im Umgang mit Konflikten zu werden, ist, sich wirklich auf die Situationen einzulassen. Je mehr Erfahrung Sie sammeln und je vertrauter Sie mit den Methoden der Konfliktbewältigung werden, desto weniger Angst und Ärger werden Ihren Tag trüben, wenn Probleme auftreten. Also seien Sie mutig und fangen Sie an.

Sorgen Sie dafür, dass alle ruhig bleiben, auch Sie selbst. Wenn nötig, machen Sie eine kurze Pause von dem Problem, damit alle das Adrenalin in ihrem Körper abbauen können. Sie sollten reagieren, aber nicht auf die gleiche Art. Die Kommunikation muss respektvoll sein.

Nehmen Sie die Emotionen so weit wie möglich aus dem Spiel. Vergessen Sie die Mentalitäten des Gewinnens und Verlierens, des Gutaussehens oder des Sich-beweisen-Müssens, die nicht zu dem gewünschten Ergebnis führen.

Wenn alle Parteien einen Gewinn aus der Lösung ziehen sollen, wie können sie dann das bekommen, was sie brauchen? Wie können die Interessen des Unternehmens und des Einzelnen am besten gewahrt werden? Hier müssen Sie vielleicht wirklich kreativ werden. Es ist hilfreich, mit dem Ergebnis im Kopf zu beginnen. Was muss geschehen – so einfach wie möglich formuliert –, und wie kommt man dorthin? Um dies herauszufinden, müssen Sie einige Zeit damit verbringen, Fakten zu sammeln und Fragen zu stellen. Vergessen Sie nicht Ihre 5-Why-Methode.

Ziehen Sie kleine, kontrollierte Testläufe möglicher Lösungen in Betracht. Seien Sie aufgeschlossen und nehmen Sie bei Bedarf Anpassungen der Lösung vor. Teilen Sie Ihrem Team mit, dass Sie dies geplant haben, damit es offen für alle Änderungen ist, die in Zukunft vorgenommen werden müssen.

Befolgen Sie bei der Vermittlung in einer Konfliktsituation die folgenden Schritte als grundsätzliche Leitlinie:

1. Erläutern Sie die Situation, wie Sie sie sehen, auf der Grundlage der Fakten, die Sie bereits herausgefunden haben. Geben Sie an, wie Sie zu diesem Punkt gekommen sind. Achten Sie

darauf, dass Sie sich auf belegbare, beobachtete Fakten stützen und nicht auf Meinungen oder Klatsch. Dies ist ein guter Zeitpunkt, um zusätzliches Feedback von den beteiligten Parteien einzuholen. Jeweils eine Person darf sprechen, ihren Standpunkt darlegen und in aller Ruhe und mit Respekt zusätzliche Informationen zum Fall geben. Machen Sie von Anfang an klar, dass dies das einzige Verhalten ist, das toleriert wird.

2. Gehen Sie alle Fakten gemeinsam durch und beschreiben Sie dann, wie sich die Situation auf andere oder das Unternehmen auswirkt.

3. Geben Sie zu, wenn Sie eine Rolle bei der Entstehung des Problems gespielt haben, und beschreiben Sie diese. Geben Sie anderen die Möglichkeit, dies ebenfalls zu tun, wenn sie es wünschen, aber zwingen Sie sie nicht dazu.

4. Legen Sie die Punkte fest, in denen Einigkeit besteht, was anders sein soll und was sich ändern muss. Machen Sie dies möglichst visuell, damit sich alle auf die positiven Aspekte und das Ziel konzentrieren können.

5. Erkunden und diskutieren Sie mögliche Lösungen mit allen Beteiligten und einigen Sie sich auf einen Plan und eine Strategie.

6. Vereinbaren Sie, was jeder Einzelne zu tun hat und bis wann.

7. Legen Sie einen Termin fest, um die Fortschritte zu überprüfen und den Plan neu zu bewerten.

8. Erstellen Sie eine schriftliche Zusammenfassung der getroffenen Vereinbarungen und senden Sie allen Beteiligten eine Kopie zu.

Fähigkeiten, die Sie Ihrem Team beibringen können

Sie können dies durch Ihr Beispiel oder durch ein formelleres Mentoren- oder Schulungsprogramm vermitteln, aber wenn Sie Ihr Team in die Lage versetzen, seine Fähigkeiten im Umgang mit Konflikten zu verbessern, wird sich die Belastung für Sie am Ende deutlich verringern.

Ermutigen Sie Ihre Teammitglieder dazu …

- … sich dazu zu verpflichten, in der Interaktion zu bleiben. Oft ziehen sich Menschen zurück, wenn sie mit einer Konfliktsituation konfrontiert werden. Auch wenn das bedeutet, dass sich Ihre Mitarbeiter aus ihrer Komfortzone herausbewegen müssen, bleiben Sie dabei, es sei denn, sie brauchen eine kurze Zeit, um sich abzukühlen. Aber dann bewegen Sie sie dazu, zurückzukommen und die Arbeit an der Lösung fortzusetzen.

- … offen und neugierig auf die Sichtweise der anderen Person zu sein. Ihr Mitarbeiter mag damit nicht einverstanden sein, aber die Sichtweise der Kollegen ist zu respektieren. Ohne dies kann es keine Lösung geben. Man muss sich in die Lage der anderen Person versetzen und die Sache aus ihrer Sicht sehen. Das gibt die Chance auf eine neue Sichtweise und kann den Konflikt lösen, wenn es sich um einen sachlichen Konflikt handelt.

- … dazu bereit zu sein, authentisch, verletzlich und offen zu sein. Es ist schwierig, zuzugeben, dass man gelogen, hinter dem Rücken von jemandem über diesen gesprochen oder etwas Unfreundliches gesagt hat. Offenheit führt zu einer effektiven Lösung, im Gegensatz zu dem Versuch, das Gesicht zu wahren. Die eigene Rolle zuzugeben, ist mutig und verschafft Respekt.

Sich trotzig oder defensiv zu verhalten, führt nicht zu einer effektiven Lösung. Ermutigen Sie Ihre Mitarbeiter, dazu bereit zu sein, ihre Rolle in dem Konflikt zu erkunden. Wenn dies auf authentische und offene Weise geschieht, ist es erstaunlich, wie sich dadurch Türen zur Lösung öffnen.

- … das bewusste, entschlossene und zielgerichtete Zuhören zu erlernen. Zeigen Sie, wie man sich auf die Botschaft des Sprechers konzentriert, nicht auf den Stil, und wie man sich um seine eigene Botschaft kümmert, damit niemand von Emotionen und Missverständnissen abgelenkt wird.

Ehe Sie sich versehen, werden aus Schülern Meister. Es ist ein großartiger Moment, wenn ein problematisches Teammitglied eine Wende in seinem Verhalten vornimmt und nicht nur bessere Entscheidungen vorlebt, sondern Sie auch darauf hinweist, wenn Sie selbst an diese Grundlagen erinnert werden müssen. Ich sehe darin einen vollen Gewinn für alle.

An jedem Arbeitsplatz, an dem mehr als ein Mitarbeiter beschäftigt ist, kommt es zu Konflikten. Unabhängig davon, wie groß der anfängliche Konflikt ist, stellt dieser nicht das eigentliche Problem dar. Viel wichtiger ist die Art und Weise, wie auf ihn reagiert und mit ihm umgegangen wird.

Konflikte werden oft als Wettstreit gesehen, bei dem es einen Gewinner und einen Verlierer geben muss. Diese Art der Konfliktbetrachtung ist eine Geisteshaltung, die keine gesunde Lösung ermöglicht.

Wenn ein Konflikt konstruktiv und effektiv gehandhabt wird, dann wird er nicht nur gelöst, sondern kann auch zu Verbesserungen, neuen Ideen, besserem Verständnis und besseren Beziehungen führen.

KAPITEL 4:
WIE MAN DURCH EINE KRISE FÜHRT

Wir hoffen zwar, dass wir zu unseren Lebzeiten keine großen Krisen erleben müssen, aber wir wissen, dass dies Wunschdenken ist. In unserem „globalen Dorf" kann ein gesellschaftspolitischer Protest Tausende von Kilometern entfernt, ein Tsunami im Fernen Osten, ein Bürobrand, Überschwemmungen, Unruhen, wirtschaftlicher Abschwung, und, wie wir festgestellt haben, sogar ein mikroskopisch kleines Virus unser Leben plötzlich und unerwartet auf den Kopf stellen. Die Welt ist ein Ort des Wandels und der Veränderung, und mit diesem Wandel sind verschiedene Formen von einer Krise unvermeidlich.

Und wenn alle nur noch versuchen, über die Runden zu kommen, und die Zukunft unbekannt und beängstigend erscheint, schauen sie auf uns, die Führer, die einen sicheren Weg nach vorn finden, alles zusammenhalten und ihre Hoffnung und Sicherheit erneuern sollen.

Ich weiß, das ist eine große Aufgabe. Sie wollen alle Vorteile haben, die mit einer Führungsposition einhergehen, und dies ist es, womit diese Vorteile erkauft werden. Sie müssen mehr geben, Sie müssen stark, mutig, geistig agil und proaktiv sein. Und auch wenn Sie nicht immer genau vorhersagen können, welche Krise Sie und Ihr Team treffen wird, können Sie doch einiges tun, um besser vorbereitet zu sein, egal, was passiert.

Phasen der Krise

Es gibt Leute, die sich mit Risikoanalyse und Krisenmanagement befassen und ein Grundmodell dafür entwickelt haben, was in einer Krise zu erwarten ist.

Die erste Phase ist die Vorkrisenphase. Es handelt sich um eine Vorwarnzeit, in der das Ereignis noch nicht eingetreten ist, aber die Anzeichen vorhanden sind. Vielleicht gibt es auch noch keine offensichtlichen Anzeichen. Eine gute Führungskraft verbringt einige Zeit damit, eine allgemeine Risikoanalyse durchzuführen, so viele Möglichkeiten wie möglich zu berücksichtigen und einige allgemeine Notfallpläne auszuarbeiten, wenn noch Zeit zum Nachdenken, zur Bereitstellung von Ressourcen und zur Vorbereitung ist.

In der zweiten Phase tritt die Krise tatsächlich ein. Dies wird auch als die akute Phase bezeichnet. Die Situation zu ignorieren oder zu versuchen, sie zu vermeiden, ist keine Option. Sie müssen schnell handeln und lernen, agil zu sein und sich je nach neuen Informationen anzupassen. Das Hauptziel ist das Überleben für Sie und Ihre Angestellten bzw. Ihr Team.

Phase drei ist die (chronische) Aufräumphase. Entweder haben Sie alles gut gemeistert, oder es ist Zeit, die Sache abzubrechen. Wenn Sie sich die Zeit genommen haben, sich in der ersten Phase angemessen vorzubereiten, und in der zweiten Phase gut zurechtgekommen sind, sollte dies eine recht unkomplizierte Phase des Wiederaufbaus sein.

Phase vier ist die Krisenauswertung. Was hat man aus der Krise gelernt, und wie kann man es nutzen? Gibt es neue Möglichkeiten oder bessere Vorgehensweisen, die sich aus den Ereignissen ergeben haben? Wenn nicht, gibt es immer noch eine Lektion, die von allen gelernt, verstanden und in künftige Abläufe integriert werden muss.

Blick in die Zukunft

Niemand erwartet von Ihnen, dass Sie ein Hellseher sind, aber Sie können zumindest einige Möglichkeiten einplanen und sich darauf vorbereiten.

Das bedeutet nicht nur, dass Sie im Krisenfall keine Zeit mit der Suche nach einem Ausweg verschwenden, sondern nimmt Ihnen auch eine Menge Druck. Sorgen und Ängste nehmen zu, je mehr wir über mysteriöse, unbekannte Faktoren nachdenken. Wir können nachts ruhiger schlafen, wenn wir wissen, dass wir so viele potenzielle Probleme wie möglich bedacht haben, dass sie bekannt und damit greifbar und handhabbar sind.

Beginnen Sie mit einer einfachen Risikoanalyse.

Praktische Übung: Was könnte schiefgehen?

Es mag den Anschein haben, als ob wir hier auf der Suche nach Problemen sind, aber das ist nun mal Ihre Aufgabe. Sie müssen darüber nachdenken, was schiefgehen kann, damit Sie es einplanen können. Das bedeutet nicht, dass Sie Probleme heraufbeschwören, sondern nur, dass Sie sie in Betracht gezogen haben, und das gibt Ihnen die Freiheit, unbenannte Sorgen loszulassen und sich anderen Dingen zuzuwenden.

1. Zeichnen Sie ein in Quadranten unterteiltes Koordinatensystem. Schreiben Sie neben die y-Achse unten „niedrige Wahrscheinlichkeit". Schreiben Sie oben „hohe Wahrscheinlichkeit". Schreiben Sie neben die x-Achse ganz links „geringes Risiko" und ganz rechts „hohes Risiko".

2. Nehmen Sie sich nun etwas Zeit und überlegen Sie, was alles schiefgehen könnte. Sie können dies sogar als Team tun, solange Sie auch die Notfallpläne gemeinsam besprechen. Das könnte einigen der ängstlicheren Teammitglieder ironischerweise helfen, ihre Angst besser zu bewältigen.

3. Entscheiden Sie bei jeder Idee, in welchen Quadranten sie gehört, je nachdem, für wie wahrscheinlich (möglich) Sie sie halten und wie groß das Risiko für das Unternehmen und das Team wäre, wenn sie eintreten würde. Wenn etwa die Arbeitsbedingungen nicht gut sind, ist das Risiko von Protesten, Streiks, Fehlzeiten usw. viel höher. Von Außerirdischen entführt zu werden, kann im Quadranten „geringe Wahrscheinlichkeit, hohes Risiko" liegen, während der Verlust eines Zulieferers, den Sie leicht ersetzen können, im Bereich „geringes Risiko, geringe Wahrscheinlichkeit" liegt. Sie müssen diese Entscheidungen

auf der Grundlage dessen treffen, was Sie zum jeweiligen Zeitpunkt über das potenzielle Risiko wissen.

4. Kümmern Sie sich zunächst um die potenziellen Probleme in den Bereichen mit hohem Risiko und hoher Wahrscheinlichkeit. Es handelt sich um einen einfachen Prozess, bei dem wir entscheiden, was wir tun könnten, wenn das Problem eintritt. Was sind unsere Optionen? Welche Schritte wären erforderlich? Welche Ressourcen wären erforderlich? Welcher Zeitrahmen steht uns zur Verfügung, um den Schaden zu begrenzen?

5. Gehen Sie dann zu den anderen Quadranten in der Reihenfolge ihrer Priorität über. Als Nächstes: hohes Risiko/geringe Wahrscheinlichkeit; geringes Risiko/hohe Wahrscheinlichkeit und schließlich geringes Risiko/geringe Wahrscheinlichkeit.

Am Ende werden Sie eine einfache Reihe von Notfallplänen für mögliche Probleme haben. Wenn Sie sich nicht sicher sind, ob Sie alle wichtigen Grundlagen abgedeckt haben, überlegen Sie, was zu tun ist.

Welche Elemente sind für das Funktionieren des Unternehmens entscheidend? Kunden, Cashflow, Ressourcen und Lieferanten, technische oder sonstige Ausrüstung, Zeit, Mitarbeiter, die die eigentliche Arbeit verrichten, und Prozesse – all das gehört zum erfolgreichen Betrieb eines Unternehmens. Überlegen Sie für jedes Element, was schiefgehen könnte. Bezüglich der Kunden könnte es sich beispielsweise um Kundenbeschwerden, Kundenverluste oder lange Vorlaufzeiten, schlechte Kritiken, Markenschäden, eine wirtschaftliche Rezession, die sich auf das Kaufpotenzial auswirkt, und so weiter handeln.

Denken Sie auch an das aktuelle Klima. Manche Leute verwenden eine PESTLE- oder SWOT-Analyse. PESTLE ist ein englisches Akronym, das für Politik (Politics), Wirtschaft (Economy), Gesellschaft (Society), Technologie (Technology), Recht (Law) und Umwelt (Environment) steht. SWOT ist ebenfalls ein englisches Akronym, das für Stärken (Strengths), Schwächen (Weaknesses), Chancen (Opportunities) und Gefahren (Threats) steht. Ich denke, dass der PESTLE-Ansatz Sie dazu bringt, sich mit einer Reihe potenzieller Möglichkeiten (auf der Grundlage der zu diesem Zeitpunkt bekannten Fakten) auf recht gründliche Weise auseinanderzusetzen.

Es ist unmöglich, alles vorherzusagen, und genau hier kommt die nächste Fähigkeit ins Spiel.

Krisenmanagement

Etwas Schlimmes ist gerade passiert, und Sie haben es nicht erwartet!

Nicht in Panik geraten. Das ist die erste Regel der Führung. Panik schaltet den Teil Ihres Gehirns aus, den Sie im Moment am dringendsten brauchen, und Ihr tierisches Kampf-oder-Flucht-Gehirn übernimmt die Führung. Leider sieht das tierische Gehirn nicht immer das große Ganze und kann nur im Moment denken, ein wenig wie ein Reh, das im Scheinwerferlicht mitten auf der Straße steht.

1. Bevor Sie etwas anderes tun können, müssen Sie sich selbst in den Griff bekommen. Bauen Sie mittels einer körperlichen Aktivität das Adrenalin in Ihrem Körper ab, beruhigen und konzentrieren Sie sich. Jetzt ist nicht der richtige Zeitpunkt, um sich in Schuldzuweisungen zu verstricken oder sich von Ihren

Gefühlen überwältigen zu lassen. Sie müssen alle nicht hilfreichen Gedanken und Gefühle, die Sie haben, verarbeiten.

a. Benennen Sie das Gefühl.

b. Benutzen Sie die Worte: „Ich merke, ich fühle …". Das hilft Ihnen, ein wenig Abstand zwischen sich und dem Gefühl zu schaffen.

c. Nehmen Sie sich ein wenig Zeit, um sich einzugestehen, dass es sich um eine schlechte Situation handelt, und dass negative Gefühle nur ein Zeichen dafür sind, dass Sie sich auf Korrekturmaßnahmen konzentrieren müssen. Schlechte Gefühle sind weder dauerhaft noch sind sie Teil Ihrer Identität. Sie sind lediglich Boten, die Ihnen sagen, dass es an der Zeit ist, aufmerksam zu sein.

d. Sobald Sie ruhig genug sind und Ihr höheres Denken einsetzen, beginnen Sie mit den notwendigen Maßnahmen.

2. Erstarren Sie nicht, warten Sie nicht, gehen Sie der Sache nicht aus dem Weg und verstecken Sie sich nicht im Dunkeln. Die Probleme werden nur noch mehr eskalieren und noch schwieriger zu bewältigen sein, je länger Sie in diesem Zustand verharren.

3. Informieren Sie sich so schnell wie möglich über die Situation. Sobald Sie das Wesentliche erfasst haben, treffen Sie eine Entscheidung darüber, was zu tun ist. Beziehen Sie andere Personen mit ein, wenn Sie Zeit haben. Sie können immer noch Anpassungen vornehmen, wenn Sie mehr Informationen gesammelt haben.

4. Seien Sie transparent gegenüber Ihrem Team. Lassen Sie Ihre Mitarbeiter wissen, wo Sie stehen. Wenn Sie Zeit zum Nachdenken brauchen, sagen Sie ihnen das. Wenn Sie ihre Hilfe brauchen, fragen Sie danach. Eine gute Führungskraft scheut sich nicht, ihr Wissen mitzuteilen, aber auch das, was sie noch nicht weiß.

5. Bleiben Sie bescheiden. Respekt, Bescheidenheit, Gelassenheit und Positivität sind in Zeiten wie diesen von großem Vorteil. Sie werden es vielleicht nicht immer zu 100 % richtig machen, denn Sie sind ein Mensch und machen Fehler wie jeder andere auch, aber Sie können Ihr Verhalten so gut wie möglich im Auge behalten.

6. Die Situation kann sehr herausfordernd sein, und es kann sich schwierig anfühlen, energiegeladen und optimistisch zu bleiben. An dieser Stelle ist auch eine gewisse Selbstfürsorge wichtig, damit Sie nicht ausbrennen. Achten Sie auf grundlegende Dinge wie ausreichender Schlaf, eine gute Ernährung, Flüssigkeitszufuhr, Bewegung, genügend Sonnenlicht und andere Bereiche Ihres Lebens. Sie haben vielleicht das Gefühl, dass Sie keine Zeit für solche Dinge haben, aber Sie müssen sich die Zeit nehmen, sonst zahlen Sie den Preis, wenn Ihr Körper und Ihr Geist rebellieren und Sie zum Aufhören zwingen. Ein paar Minuten, die Sie damit verbringen, etwas zu tun, was Ihnen Spaß macht, wie mit Ihrem Partner zu kuscheln oder zu plaudern, können Ihnen sehr dabei helfen, alles auf die Reihe zu bekommen. Behalten Sie auch Ihre Teammitglieder im Auge und achten Sie darauf, dass auch sie auf ihre eigene Selbstfürsorge achten. Es darf nicht sein, dass sich die Lage mitten in der

Krise verschlimmert, weil Sie oder ein wichtiges Teammitglied plötzlich krank werden oder unter dem Stress einen mentalen oder emotionalen Zusammenbruch erleiden.

7. Indem Sie authentisch sind und das nötige Verhalten vorleben, helfen Sie anderen, das Gleiche zu tun. Als Führungskraft wird sich Ihre Einstellung auf andere übertragen.

8. Tun Sie nicht so, als hätten Sie alle Antworten, wenn das nicht stimmt. Bitten Sie um Hilfe, wenn Sie sie brauchen. Seien Sie verfügbar, präsent und sichtbar genug, damit Ihr Team auf Sie zugehen und seine Bedenken ebenfalls mitteilen kann.

9. Kommunizieren Sie häufig, und sei es nur, um mitzuteilen, dass Sie noch an den Plänen arbeiten. Erläutern Sie, was die aktuellen Pläne sind und warum. Das hilft sehr, Ängste abzubauen und die Menschen auf die Ziele zu fokussieren.

10. Haben Sie keine Angst vor Fehlern oder davor, zu versagen. Das wird uns von klein auf eingeimpft, vor allem während der Schulzeit. Fehler werden als etwas Schlechtes angesehen, und uns wird nur selten beigebracht, dass wahres Lernen und Wachstum vorwiegend durch das Machen von Fehlern entsteht. Wir müssen diese scheiternsvermeidende Einstellung überdenken und ein scheiternsfreundliches Arbeitsumfeld schaffen, das uns den Raum gibt, zu probieren, zu testen, anzupassen und weiterzumachen, ohne Angst zu haben, uns zu sehr einzuschränken. Viele vorausschauende Unternehmen erkennen dies inzwischen an und belohnen Fehler sogar, wenn mit ihnen gut umgegangen wurde. Dabei geht es nicht so sehr um den Fehler selbst, sondern darum, wie er in Zukunft gehandhabt

wird, wie Verluste gemildert werden und wie das Gelernte integriert und vielleicht sogar für künftiges Wachstum genutzt wird. Einige unserer Alltagsgegenstände wie die Mikrowelle, Cornflakes und Schokokekse wurden allesamt aufgrund von Fehlern erfunden, trotz derer etwas gut gegangen ist.

11. Pivotieren Sie hart und schnell. Der Begriff „Pivot" hat sich in der Geschäftswelt eingebürgert und bedeutet, dass man seiner Vision treu bleibt, aber bei Bedarf die Richtung ändert. Ähnlich wie ein Basketballspieler beim Sternschritt einen Fuß auf dem Boden lässt und mit dem anderen schwenkt, um den besten Winkel für den Wurf zu finden, müssen wir offen dafür sein, uns bei Bedarf zu bewegen. Bewegen Sie sich mit Geschick und Zielstrebigkeit, und passen Sie die Richtung je nach den neuen Informationen, die Sie erhalten, immer wieder an.

12. Vergessen Sie nicht Ihre Werte und die des Unternehmens. Sie sind die Leuchttürme, die Sie in stürmischer See auf Kurs halten.

13. Seien Sie bereit, Macht, Informationen, Verantwortung und Aufgaben zu teilen, und scheuen Sie sich nicht, um Hilfe zu bitten. Unser Stolz kann uns dabei in die Quere kommen, aber das Überleben ist wichtiger als gut auszusehen. Wenn Sie alle Ihnen zur Verfügung stehenden Ressourcen, einschließlich der Menschen, nutzen, haben Sie eine weitaus bessere Chance, allen Herausforderungen gewachsen zu sein.

Nach der Krise

Vergeuden Sie das Lernen nicht. Ich sehe Krisen, Fehler und Herausforderungen als Schulgeld, das wir in der Schule des Lebens zahlen.

Egal, was passiert ist, nehmen Sie sich etwas Zeit zum Nachdenken.

1. Was ist passiert?

2. Welche Rolle habe ich dabei gespielt?

3. Was hätte ich besser oder wovon hätte ich mehr machen können?

4. Wovon hätte ich weniger tun können, damit die Dinge leichter zu bewältigen gewesen wären?

5. Was werde ich in Zukunft anders machen?

6. Wie kann ich, wenn möglich, das Gelernte in unsere künftige Arbeitsweise integrieren?

7. Hat diese Situation einen positiven Nebeneffekt? Wie kann ich diese Situation so nutzen, dass die Verluste gemildert oder wettgemacht werden?

In einer Krise fühlen sich die meisten Menschen nicht glücklich, zufrieden oder sicher. Sie neigen dazu, die Dinge umzustrukturieren. Und manchmal ist eine Neustrukturierung genau das, was nötig ist, damit neue Strukturen, Prozesse oder Ideen den nötigen Raum bekommen.

KAPITEL 5:
EFFEKTIVE ENTSCHEIDUNGSFINDUNG

Alle Momente Ihres Lebens bilden eine endlose Reihe von Entscheidungen, von der ersten Minute Ihrer Geburt an. Wenn Sie auf die Landkarte zurückblicken, können Sie leicht erkennen, welche Entscheidungen Sie für richtig und welche für falsch halten. Was hat sich bewährt und was nicht?

In diesem Moment brauchen wir jedoch die richtigen Fähigkeiten, um uns zu helfen.

Führungskräfte müssen jeden Tag unzählige Entscheidungen aller Art treffen. Und das kann schwer sein, wenn man nicht der entscheidungsfreudige Typ ist oder Unsicherheiten und Sorgen bezüglich dessen hat, das Richtige für alle zu tun.

Zunächst einmal müssen Sie verstehen, dass Sie den richtigen Job haben, wenn Sie sich Gedanken über die Auswirkungen Ihrer Entscheidungen auf andere machen. Diejenigen Führer, die sich an Idealen oder Zielen orientieren und sich wenig darum kümmern, was für alle das Beste ist, sind diejenigen, die wir in der Geschichte als großartig, aber schrecklich kennengelernt haben. Menschen wie Hitler, Stalin usw. waren großartige Führer, weil sie wussten, wie sie Menschen dazu bringen konnten, ihnen zu folgen, aber sie hatten nur sehr wenig Einfühlungsvermögen oder Rücksicht in Bezug auf Dinge, die nicht in ihr Weltbild passten.

Ihre Entscheidungen sind wichtig. Und Sie sollten sich Gedanken über sie machen, denn das macht Sie zu einer menschlichen und konstruktiven Führungskraft.

Entscheidungsmüdigkeit

Die richtige Entscheidung zu treffen, ist nicht so einfach, wie einem Entscheidungsprozess zu folgen. Zunächst müssen Sie ein wenig über Ihr Gehirn und dessen Entscheidungsprozesse wissen. Vereinfacht ausgedrückt, kann man Willenskraft als eine endliche Ressource betrachten, die sich im Laufe des Tages immer weiter erschöpft. Studien zu diesem Thema haben gezeigt, dass wir mit zunehmender Müdigkeit dazu neigen, die Qualität unserer Entscheidungen zu beeinträchtigen. Wir entscheiden uns für die scheinbar einfachere Option oder greifen auf Gewohnheiten und frühere Muster und Entscheidungen zurück, die uns bei der Entscheidungsfindung helfen sollen. Wir nehmen unlogische Abkürzungen, nur damit wir eine Pause machen können, und schieben wichtige Entscheidungen auf. Nicht nur das, auch unsere

Fähigkeit zur Selbstregulierung nimmt ab. Es ist wahrscheinlicher, dass wir am Ende eines langen Tages schlechte Entscheidungen für unser Leben treffen (Decision Lab, n.d).

Eine Forschungsstudie der US-amerikanischen Nationalen Akademie der Wissenschaften hat gezeigt, dass auch Richter von der Entscheidungsmüdigkeit betroffen sind. Ein wichtiger Faktor, der Einfluss darauf hatte, ob sie Bewährung bewilligten oder ein ungünstiges Urteil fällten, war offenbar die Tageszeit. Je länger der Tag war, desto härter fielen die Urteile aus, außer direkt nach dem Mittagessen, wenn der Richter ausgeruht und erfrischt war. Dies gilt für über 1 100 Fälle, die im Rahmen der Studie untersucht wurden (Clear, n.d.).

Das ist eine sehr unglückliche Art, die Dinge zu regeln, vor allem, wenn man eine Führungsposition innehat. Führungskräfte müssen täglich eine Reihe von wichtigen Entscheidungen treffen.

Um Ihre Willenskraft zu stärken und sicherzustellen, dass Sie konsequentere und bessere Entscheidungen treffen, können Sie Folgendes tun:

- Planen Sie im Voraus, entweder täglich oder wöchentlich und eventuell sogar mit Krisen- und Notfallplänen. Dadurch verringert sich die Zahl der Entscheidungen, die Sie am Tag selbst treffen müssen.

- Planen Sie, die wichtigsten Aufgaben oder alles, von dem Sie wissen, dass es schwere Entscheidungen erfordert, früher am Tag zu erledigen.

- Reduzieren Sie die Anzahl der einfachen (nicht lebenswichtigen) Entscheidungen, die Sie treffen müssen, und treffen Sie eine Vorauswahl für sich selbst oder wählen Sie aus einer bekannten Palette von Optionen. Das kann Kleidung, Lebensmittel, Reiserouten oder Tagesabläufe betreffen. Wenn Sie die Auswahl vereinfachen, müssen Sie nicht über jede kleine Entscheidung nachdenken und bleiben so geistig länger frisch.

- Praktizieren Sie körperliche Selbstfürsorge in Form von gesunder Ernährung, ausreichender Flüssigkeitszufuhr, qualitativ hochwertigem Schlaf, regelmäßigen Pausen und so weiter. Allein die Tatsache, dass Sie vor einer wichtigen Entscheidung etwas essen, kann Ihnen genug Energie geben, um eine bessere Entscheidung zu treffen, als wenn Sie nur wenig Energie hätten.

Ein einfacher Ansatz zur Entscheidungsfindung

Gehen Sie Schritt für Schritt vor, um sicherzustellen, dass Sie alle Punkte berücksichtigt haben. Dies gilt für Entscheidungen auf jeder Ebene, auch wenn Sie für die einfachen Entscheidungen viel weniger Zeit benötigen.

1. Was ist die Entscheidung, die Sie treffen müssen? Was ist das Ergebnis, das Sie sich wünschen? Definieren Sie es. Gleichzeitig sollten Sie eine Einteilung in „dringend", „wichtig" oder in beides vornehmen. Das wird Ihnen helfen, zu entscheiden, ob Sie die Entscheidung sofort treffen müssen oder ob sie warten kann. Manchmal scheinen Dinge dringend zu sein, obwohl sie gar nicht wichtig oder dringend für Sie sind, wie ein Spam-Anruf von einem Telefonverkäufer. Diese können ganz weggelassen werden, da die Entscheidung lautet, nicht weiter zu handeln. Manche Dinge sind nicht dringend oder wichtig. Sie müssen wirklich nicht einen erschöpfenden Entscheidungsprozess durchlaufen, um zu entscheiden, ob Sie heute oder morgen

zum Friseur gehen wollen. Beiläufige Entscheidungen können und müssen schnell getroffen werden. Unumkehrbare und wichtige Entscheidungen erfordern mehr Überlegung.

2. Bei wichtigen Entscheidungen stellen Sie die dringenden (zeit-kritischen) Entscheidungen zuerst an. Machen Sie gegebenen-falls eine Liste mit der Reihenfolge, in der sie anstehen. Versu-chen Sie nicht, alles auf einmal zu entscheiden, denn das führt nur zu Fehlentscheidungen.

3. Nehmen Sie die Entscheidung mit der höchsten Priorität und besorgen Sie sich so viele Informationen darüber wie möglich. Wen (Experten oder direkt beteiligte wichtige Interessengrup-pen) können Sie fragen? Wo können Sie die benötigten Fakten sonst noch finden? Gibt es Websites, Bücher oder Personen-gruppen, die Ihnen die nötigen Informationen liefern könnten? Was wurde bisher unternommen? Was hat bisher funktioniert und was nicht?

4. Woher wissen Sie, wann Sie genügend Informationen haben? Das hängt davon ab, wie wichtig die Entscheidung ist. Je wich-tiger sie für Ihr eigenes Überleben oder das Ihres Teams ist, desto mehr Zeit sollten Sie sich dafür nehmen. Es kann sein, dass Sie nie 100 % der Informationen haben, und oft wird eine Entscheidung zu lange aufgeschoben, während Sie analysieren und Detektiv spielen. Sie sollten nicht zulassen, dass Angst und Perfektionismus Sie in der Analyse-Paralyse festhalten. Das ist genauso schlimm, wie überhaupt keine Entscheidungen zu tref-fen, was bedeutet, dass man nicht vorankommt.

Für alles, was von mittlerer bis hoher Bedeutung ist, sollten Sie zumindest die 40/70-Regel von Colin Powell anwenden: Entscheiden Sie sich erst dann, wenn Sie mindestens 40 % der Informationen haben, die Sie zu benötigen glauben. 70 % der Informationen reichen aus, um eine fundierte Entscheidung zu treffen (Entefy, 2017). Holen Sie mindestens drei Erkenntnisse aus verschiedenen Quellen ein, und versuchen Sie, mindestens eine zu finden, die nicht mit den gängigen Informationen übereinstimmt oder die ihnen widerspricht. Fragen Sie „Wie?", „Was?", „Warum?", „Wann?", „Womit?", und „Von wem?" Wenn Sie unbeantwortete Fragen haben, suchen Sie weiter nach Antworten. Hören Sie auf Ihr Bauchgefühl. Wenn Sie das Gefühl haben, dass es noch mehr zu wissen gibt, haben Sie damit wahrscheinlich recht.

5. Trennen Sie Meinung und Tatsache. Meinungen sind Standpunkte, die auf Vorlieben, persönlichen Filtern und Absichten bestimmter Personen beruhen. Meinungen können nützlich sein, wenn sie von einer fachkundigen Quelle stammen, aber sie sind dennoch nur eine Perspektive. Die Meinungen anderer Menschen beruhen auch auf ihren eigenen Ängsten und persönlichen Einschränkungen, die vielleicht gar nicht mit Ihrem Problem oder der Realität übereinstimmen. Fakten sollten immer den Vorrang vor Meinungen haben. Fakten sind objektiv, beobachtbar und beruhen oft auf Beweisen, die immer wieder mit demselben Ergebnis wiederholt werden können oder wurden.

6. Welche Optionen haben Sie nun auf der Grundlage der gewonnenen Erkenntnisse? Gibt es ein klares Ja oder Nein oder eine Reihe möglicher Wege?

7. Welche Optionen haben die größten Chancen, das gewünschte Ergebnis zu erzielen? Wählen Sie eine aus. Wenn es andere Personen gibt, die involviert oder potenziell betroffen sind, ist jetzt ein guter Zeitpunkt, um eine Diskussion zu führen und auch deren Meinung einzuholen.

Steht die Entscheidung im Einklang mit Ihren Werten, den Unternehmenswerten und Ihrer Vision? Dies ist eine wichtige Frage, die ich mir bei schwierigeren Entscheidungen immer stelle. Wenn Sie in einer Weise handeln, die nicht mit Ihren Werten übereinstimmt, werden sich alle Beteiligten zumindest ziemlich schlecht fühlen.

8. Probieren Sie die gewählte Lösung aus und sehen Sie, wie sie funktioniert.

9. Überprüfen Sie, wie effektiv Ihre Entscheidung war, und passen Sie sie bei Bedarf an. Vielleicht müssen Sie zu Schritt drei zurückkehren und weitere Erkenntnisse gewinnen.

All dies klingt zwar recht einfach, aber wahrscheinlich haben Sie im Moment mehr Fragen als Antworten. Wenn Sie vor einer komplexeren Entscheidung stehen oder vor einer Entscheidung, die sich negativ auf Sie oder andere auswirken könnte, gibt es eine Reihe von Hilfsmitteln, die Sie ausprobieren können, um Klarheit zu schaffen.

Werkzeuge und Techniken, die funktionieren

Es hilft, komplexe Entscheidungen zu visualisieren. Das Aufschreiben der Fakten verschafft Ihnen einen klaren Überblick.

Pro und Kontra

Eine einfache Liste mit den Gründen, die für eine bestimmte Entscheidung sprechen, in einer Spalte und den Gründen, die dagegensprechen, in einer anderen Spalte gibt Ihnen einen Überblick und hilft Ihnen auch, fehlerhafte oder voreingenommene Gedanken zu erkennen. Wenn Sie etwas aufschreiben, erkennen Sie oft sofort, dass der Gedanke nur begrenzt wahr oder nicht hilfreich ist. Wenn Sie sich nicht sicher sind, fragen Sie immer: „Woher weiß ich, dass das wahr ist?"

Pro- und Kontra-Listen könnten auch als Kosten-Nutzen-Listen bezeichnet werden.

Entscheidungsmatrix

Hier werden alle möglichen Optionen in einer Tabelle aufgelistet, und die Spalten helfen, die erforderlichen Kriterien zu umreißen.

Nehmen wir an, Sie stellen Personal ein und möchten vor Ihrer Einstellungsentscheidung eine abschließende Zusammenfassung. Diese könnte etwa so aussehen:

Kandidatinnen und Kandidaten	Hat entsprechende Qualifikationen	Hat Berufserfahrung	Ist in der Lage, für die Arbeit zu reisen	Referenzen	Grad der Begeisterung
Felix	Ja	Ja	Nein	Ja	Mittel
Maria	Nein	Ja	Ja	Nein	Mittel
Sofie	Ja	Nein	Ja	Ja	Hoch

Dies ist natürlich eine sehr vereinfachte Matrix, aber sie soll Ihnen nur eine Vorstellung davon vermitteln, wie Sie sie verwenden könnten. Sie brauchen klare Maßstäbe für die erforderlichen Kriterien, die mit Fakten untermauert werden können.

Entscheidungsbäume

Schreiben Sie Ihre Hauptfrage oder Ihren Hauptgedanken auf die linke Seite eines Blattes. Setzen Sie sie in einen rechteckigen Kasten.

Fügen Sie nun rechts von der Hauptfrage alle möglichen Ergebnisse ein und kreisen Sie diese ein. Verbinden Sie die Hauptfrage mit den Ergebnissen durch Linien, und neben jede Linie können Sie Kommentare, Anhaltswerte usw. schreiben.

Schreiben Sie am Ende des Entscheidungsbaums die Entscheidung auf, zu der Sie tendieren, und setzen Sie sie in eine Dreiecksform. Dies ist die Entscheidung, die Sie auf der Grundlage der vorliegenden Fakten und Optionen getroffen haben.

Mindmapping

Das ist ähnlich wie ein Entscheidungsbaum, aber lockerer und kreativer. Schreiben Sie Ihre Entscheidung in die Mitte Ihrer Tafel oder Seite und kreisen Sie sie ein. Zeichnen Sie so viele Linien, wie von dem zentralen Gedanken ausgehen, wobei jede Linie zu Optionen, Fakten und weiteren Fragen führt. Versuchen Sie, diese in Kategorien zu organisieren, und verwenden Sie weiterhin Kreise und Linien, um Ideen miteinander in Beziehung zu setzen. Schließlich wird sich ein Bild ergeben, das entweder Klarheit über die notwendige Richtung oder zumindest eine Vorstellung davon vermittelt, wo weitere Informationen benötigt werden.

SWOT-Analysen

Zeichnen Sie ein einfaches Quadrat, das in Quadranten unterteilt ist. Jeder Quadrant bekommt eine Überschrift, einer bezeichnet die Stärken, ein anderer die Schwächen, ein weiterer die Chancen und der letzte Quadrant die Gefahren.

Schreiben Sie oberhalb des Quadrats das Szenario oder die Frage auf. Machen Sie dann Quadrant für Quadrant ein Brainstorming über alles, was Ihnen zu dem Titel des Quadranten einfällt.

Stärken und Schwächen beruhen auf bekannten Fakten, während Chancen und Gefahren eher Möglichkeiten und keine Gewissheiten sind.

Zum Beispiel:

Sollte ich mir ein Gesichtstattoo stechen lassen?

Stärken:	Schwächen:
Ich werde mich einzigartig fühlen. Das wird mein Selbstvertrauen stärken. Es wird meine kreative Seite zeigen.	Wenn ich es mir anders überlegen würde, müsste ich es operativ entfernen lassen, was zu Narben führen könnte. Die Tätowierung wird mit der Zeit verblassen und muss dann nachgearbeitet werden.
Chancen:	**Gefahren:**
Ich könnte den Respekt oder die Bewunderung der Leute bekommen, mit denen ich mich umgebe, da sie alle bereits tätowiert sind.	Der Tätowierer könnte es vermasseln. Meine Kunden und die Öffentlichkeit könnten mich negativ beurteilen, und das könnte sich auf den Verkauf und die Interaktionen auswirken. Meine Mutter wird einen Anfall bekommen.

Es gibt viele andere großartige Hilfsmittel, die Sie online finden können. Viele enthalten vorgefertigte Formate und Leitlinien. Wie auch immer Sie sich entscheiden, es lohnt sich immer, wichtige Entscheidungen gedanklich durchzuspielen, bevor Sie diese überstürzt und schlecht informiert treffen. Wenn das Leben anderer Menschen betroffen ist, sind Sie für jede Entscheidung, die Sie treffen, verantwortlich. Vergewissern Sie sich, dass Sie die Daten und Argumente haben, um zu beweisen, dass Sie nicht gedankenlos etwas überstürzt haben, was für Ihr Team wichtig ist.

KAPITEL 6:
DEN WANDEL ANFÜHREN

Es muss sich etwas ändern! Sie haben sogar schon entschieden, wie diese Veränderung aussehen soll, und haben einen klaren Plan und ein Ziel vor Augen, von dem alle überzeugt sind, dass es umsetzbar und gut für das Team sein wird. Bei der Strategiesitzung schienen alle inspiriert und motiviert. Sie hatten wirklich das Gefühl, dass Fortschritte gemacht wurden und dass das alte, wenig hilfreiche Verhalten bald der Vergangenheit angehören würde.

Aber ein paar Wochen später ist immer noch nicht viel passiert. „Wir hatten viel zu tun", hören Sie. Ausreden, Ausweichmanöver und Aufschieberitis führen zu absolut nichts. Die großen Veränderungen sind einfach nicht zustande gekommen. Bei der nächsten Strategiesitzung sind die Leute weniger inspiriert und frustriert, und aus einem bestimmten Grund sehen alle Sie so an, als ob es Ihre Schuld wäre.

Nun, sie haben auch recht.

Große Führungspersönlichkeiten müssen nicht zu viel erzwingen, drängen, schieben, messen, verwalten und planen. Das ist die Aufgabe des Managements, falls es erforderlich wird. Wahre Führungspersönlichkeiten bringen die Menschen dazu, die Dinge tun zu wollen, und dann gehen diese Menschen los und machen die Pläne, ergreifen die Maßnahmen und sorgen für Veränderungen.

Change Leadership beginnt ganz vorn. Es geht darum, die Vision zu entwerfen und die Geschichte zu erzählen. Es geht darum, die Menschen für Sinn, Werte und Zweck zu begeistern. Es geht darum, an etwas zu glauben, an das auch Ihre Mitarbeiter glauben können und das den Kern der Werte eines jeden trifft.

Change Management schließt sich daran an und kann nur dann funktionieren, wenn alle Beteiligten bereits beschlossen haben, dass sie diese Veränderung wirklich wollen. Sie haben gegenüber ihren Chefs nicht nur ein Lippenbekenntnis abgelegt, um ihr Gehalt zu bekommen, sondern sie glauben an die Vision und sind bereit, sich abzumühen und sogar Entbehrungen auf sich zu nehmen, um die Veränderungen zu erreichen, an die sie durch die Arbeit der Führungskraft glauben.

Das heißt, wenn die geplanten Veränderungen nicht eintreten, hat sie niemand wirklich gewollt. Die Mitarbeiter haben die von Ihnen mitgeteilten Ideen nicht angenommen.

Und warum nicht?

Alle Beteiligten ins Boot zu holen, ist ein alter Hut. Etwas, das wir alle schon gehört haben, aber nicht wirklich gut verstehen, denn wenn wir als Führungskräfte das verstehen würden, wäre der Wandel viel einfacher.

Warum Veränderung nicht immer funktioniert

Die Menschen neigen dazu, bei dem zu bleiben, was sie kennen, es sei denn, sie haben einen greifbaren Grund, etwas zu ändern. Vertraute Dinge sind bekannt und fühlen sich daher sicherer an. Neue Dinge sind ein wenig beängstigend, da es einige Unwägbarkeiten gibt, die man erst später herausfinden kann.

Selbst unter den Gesetzen des Universums gibt es das Gesetz der Trägheit. Ein Objekt wird seine Geschwindigkeit oder Richtung nur dann ändern, wenn eine äußere Kraft auf es einwirkt. In Bezug auf Menschen nennen wir dies die Komfortzone. Menschen bleiben bei dem, was sie kennen, bis zu dem Punkt, an dem es nicht nur unangenehm, sondern oft geradezu schmerzhaft ist. Sie hoffen, dass sie sich nicht verändern müssen, aber obwohl sie sich gegen Veränderungen wehren, sind Veränderungen von außen unvermeidlich. Technologie, Gesellschaft, Lebensstil, Gesetze, Normen, Mode, die Art und Weise, wie wir kaufen und verkaufen, was wir über die Welt wissen – all das verändert sich ständig.

In diesem Leben ist die einzige Konstante der Wandel. Die Evolution zeigt uns das. Die Arten, die in der Lage waren, sich an veränderte Umgebungen anzupassen, haben überlebt, und die, die das nicht konnten, sind gescheitert.

Als Führungskraft erkennen Sie die Notwendigkeit von Veränderungen vielleicht viel früher als andere, denn es ist Ihre Aufgabe, vorauszuschauen. Sie können alle warnen, dass ein Zug kommt, aber Sie müssen Change Leadership anwenden, damit alle rechtzeitig aus den Gleisen kommen.

Sie müssen also nicht nur nach den erforderlichen Veränderungen Ausschau halten, sondern auch dafür sorgen, dass sich Ihr Team bei Veränderungen sicher fühlt, und Sie müssen es davon überzeugen, Ihnen in dem Veränderungsprozess zu folgen.

Warum wählen die Menschen Ihre Richtung?

Simon Sinek erklärt in seinem visionären Ted Talk über den Wandel genau, warum Menschen sich dazu entscheiden, Ihnen zu folgen und zu „kaufen", was Sie „verkaufen".

Was er beschreibt, ist auch vielen in der Werbe- und Verkaufswelt bekannt. Menschen kaufen aus emotionalen Gründen. Sie kaufen ein, um ein tiefes emotionales Bedürfnis zu befriedigen. Menschen kaufen Ideen, Produkte oder Dienstleistungen auf der Grundlage von Emotionen und rechtfertigen ihre Entscheidungen anschließend logisch.

Zu diesen emotionalen Bedürfnissen gehören:

- Zu zeigen, dass man zu einer Gruppe von anderen gehört, die ebenfalls diese Entscheidungen treffen. Die Angst, etwas zu verpassen, beruht auf dem Wunsch, zu einer Gruppe zu gehören. Zu mehreren ist man sicher.

- Verringerung der Not oder des geistigen und emotionalen Schmerzes in einer Form. Im Grunde bedeutet dies, dass die Grundbedürfnisse befriedigt werden und ein Problem gelöst wird, das derzeit emotionales und geistiges Leid verursacht.

- Das Richtige zu tun und von anderen auch dementsprechend eingeschätzt zu werden. Dies hängt mit gemeinsamen Werten zusammen. Wenn Sie für das einstehen, woran sie glauben, wählen Sie direkt eine stärkere Verbindung.

- Sich sicherer zu fühlen, gesünder zu sein oder länger zu leben.

- Sich selbst besser zu fühlen.

- Weil andere Menschen eine Erfahrung gemacht haben, die sie auch machen wollten.

Es gibt noch mehr Gründe, diese sind nur einige der wichtigsten.

Sinek beschreibt, dass erfolgreiche Führungspersönlichkeiten wie Martin Luther King, Steve Jobs (Apple) und viele andere eines gemeinsam haben: Sie tun das Gegenteil von dem, was wir für sinnvoll halten, wenn sie Menschen davon überzeugen, etwas zu tun. Sie beginnen mit dem „Warum". Warum müssen wir uns darum kümmern? Warum ist dies wichtig? Sie appellieren zunächst an unser Verständnis von Sinn und Zweck, und erst wenn diese beiden Dinge feststehen, gehen sie zu dem „Wie wir es tun" und „Was wir tun werden" über. Die meisten Erklärungsversuche gehen genau den umgekehrten Weg. Wenn wir unser Unternehmen erklären, beginnen wir mit dem, was wir tun, gehen dann zum „Wie" über und erwähnen das „Warum" erst zuletzt, wenn überhaupt (Sinek, 2009).

Wenn Sie als Führungskraft leidenschaftlich sind, einen Sinn finden und dies wirksam kommunizieren können, sind das „Wie" und „Was" fast nebensächlich. Ihr Leitungsteam und andere Akteure können sich einbringen und diese Seite der Dinge unterstützen. Sie müssen sich auf das Warum konzentrieren.

Martin Luther King hielt nicht die „Ich habe einen Plan"-Rede. Er hielt die bahnbrechende „Ich habe einen Traum"-Rede. Er war nicht der Einzige, der von rassistischer Unterdrückung betroffen war, aber er war derjenige, der eine Vision formulierte, die direkt an die Werte, Hoffnungen und Gefühle der Menschen anknüpfte (Sinek, 2009).

Erkennen Sie den Unterschied?

Wie man den Wandel sicherer gestalten kann

Um einen sicheren Raum zu schaffen und zu erhalten, indem sich die Menschen sicher genug fühlen, um Veränderungen auszuprobieren und vorzunehmen, müssen Sie einige Dinge tun.

- Fördern und unterstützen Sie ein fehlerfreundliches Umfeld. Geben Sie Ihre eigenen Fehler zu und ermutigen Sie andere, dies ebenfalls zu tun. Vermeiden Sie Schuldzuweisungen und konzentrieren Sie sich auf die Lektionen, die Sie gelernt haben, und auf die möglichen neuen Chancen, die sich daraus ergeben. Fehler ermöglichen Verbesserung, Wachstum und damit auch Veränderung.

- Legen Sie Kontrollpunkte fest, anhand derer Sie messen können, wie gut die Veränderungen funktionieren. Lassen Sie die Mitarbeiter wissen, welche Punkte das sind, passen Sie sie bei Bedarf an und feiern Sie jeden noch so kleinen Erfolg.

- Kommunizieren Sie häufig und seien Sie offen für Anregungen und Feedback. Erläutern Sie Ihre Argumente und wie Sie zu Ihren Schlussfolgerungen gekommen sind.

- Informieren Sie Ihr Team, leiten Sie es an und klären Sie es auf, damit es versteht, was geschieht, wie und warum.

- Beteiligen Sie Ihre Mitarbeiter und arbeiten Sie zusammen. Bitten Sie um Ideen, Feedback und Hilfe. Beziehen Sie alle mit ein.

- Besprechen Sie alle Notfallpläne und Sicherheitsnetze, die Sie für den Fall eines Problems eingerichtet haben.

- Legen Sie ein klares Bekenntnis zu den Werten, dem Sinn und dem Zweck ab, die den Wandel vorantreiben, und seien Sie dabei offen und authentisch, und zwar oft. Lassen Sie die anderen an der Leidenschaft, die Sie antreibt, bei jeder Gelegenheit teilhaben.

Die Menschen werden die Dinge tun, die ihnen wichtig sind. Sie müssen also entweder wissen, was diese Dinge sind (und es geht nicht nur um Geld, das verspreche ich). Oder Sie müssen ihnen helfen, zu erkennen, warum etwas für sie wichtig ist.

Das ist es, was Change Leadership im Kern ausmacht.

KAPITEL 7:
STARKE TEAMS AUFBAUEN

Eine Führungskraft ist nur so gut wie ihr Team. Der Definition nach bedeutet Führung, dass Sie jemanden brauchen, der Ihnen folgt, und dass Sie alle ein klares Ziel haben und über die Fähigkeiten und das Know-how verfügen, um dieses Ziel zu erreichen.

Es ist unbestritten, dass man an den meisten Arbeitsplätzen mit anderen zusammenarbeiten und sich gut benehmen muss. Das hat nicht jeder auf dem Schirm, und hier kommen Sie als Führungskraft ins Spiel. Sie müssen Ihren Mitarbeitern dabei helfen, so solidarisch wie möglich zusammenzuarbeiten. Das ist eine Bedingung.

Sie brauchen Zugang zu allen Fähigkeiten, Kenntnissen, Erfahrungen und Kompetenzen in Ihrem Team, und Ihre Mitarbeiter dürfen sich nicht von Streitigkeiten, Ängsten, Egoismus und Machtkämpfen ablenken lassen oder persönliche Ziele verfolgen, die nicht den Gesamtzielen dienen.

Wir brauchen Teams von Menschen, weil die meisten geschäftlichen Unternehmungen nicht von einer Person allein getragen werden können. Großartige Geschäftsideen brauchen Gruppen von Menschen, die alle ihren Beitrag leisten und zusammenarbeiten. Je mehr Menschen an einem Strang ziehen, desto schneller und weiter kann man vorankommen.

Starke Teams entstehen größtenteils als Ergebnis einer starken Führung.

Teamarbeit ist ein Schimpfwort geworden. Teams werden zu Tode studiert. Einige von uns lieben sie, andere hassen sie. Aber es gibt einige klare Muster, die zeigen, was funktioniert und was nicht funktioniert.

Warum manche Teams funktionieren und andere nicht

Der Kontext, in dem Teams auftreten, hat viel damit zu tun, wie sie funktionieren. Nehmen wir etwa eine Sportmannschaft, die jeden Tag gemeinsam trainiert. Sie haben die Möglichkeit, nach festen Regeln, mit denselben Teammitgliedern, in demselben Kontext und mit einem gewissen Maß an Stabilität zu trainieren.

Diese Situation ist am Arbeitsplatz nicht mehr die Norm. Stattdessen haben wir es mit globalen, wechselnden Teams zu tun, die mit einer Vielzahl von Regeln und Kontexten konfrontiert sind, mit wechseln-den Zielvorgaben, wechselnden Teammitgliedern und einem hohen Arbeitstempo. Fachwissen, Entfernung und Zeitzonen sind allesamt unterschiedliche Elemente, und viele Teams sitzen nur noch selten in einem Raum zusammen.

In diesen instabilen Teamumgebungen stellt sich vorwiegend die Frage, wie schnell jeder sein Wissen zielgerichtet weitergeben kann. Es besteht nicht derselbe Kontext für den Aufbau und die Pflege langfristiger Beziehungen, aber da es in der menschlichen Natur liegt, werden die Menschen dennoch sofort Vorlieben, Abneigungen und Widerstände für- und gegeneinander entwickeln, die einander behindern können.

Eines meiner Lieblingszitate von Abraham Lincoln lautet: *„Ich mag diesen Menschen nicht. Ich muss ihn besser kennenlernen."* Diese Haltung der offenen Neugier und der Selbsterkenntnis ist es, die Teams zum Erfolg verhelfen wird.

Teams, die an einem Strang ziehen, haben ein paar Dinge gemeinsam:

- Niemand wird bevorzugt, und der Beitrag eines jeden wird von allen geschätzt. Die kollektive Anstrengung ist der Schlüssel, und gleichzeitig wird die individuelle Kreativität als Teil des Ganzen gesehen und gefördert.

- Es besteht psychische Sicherheit. Die Menschen dürfen Fehler machen, solange sie auch wissen, wie sie mit diesen umgehen sollten.

- Die Menschen sind offen und neugierig auf das Projekt und die Fähigkeiten der anderen, und zwar im Hinblick auf das Ziel, und nicht aufgrund ihres Egos.

- Es gibt keine Gewinner oder Verlierer.

- Das Ziel ist klar, und der Zweck ist für alle von Bedeutung. Die Erwartungen werden klar kommuniziert und vereinbart.

- Die Kommunikation ist offen und findet häufig statt.

Im Gegensatz dazu gibt es in Teams, in denen die Mitarbeiter aneinandergeraten:

- Machtspiele und persönliche Absichten, die nichts mit den Zielen zu tun haben.

- Mangelnde Klarheit über die Ziele und mangelnde Akzeptanz dieser Ziele.

- Mangelnde Neugier und einen Hang zur Besserwisserei. Wenn Sie denken, dass Sie bereits alles wissen, werden Sie nicht viel lernen, oder?

- Eine Person oder Gruppe, die um jeden Preis gewinnen muss. Das funktioniert nur in Sportmannschaften, aber am Arbeitsplatz ist es furchtbar destruktiv.

- Fehler, die vertuscht, vermieden oder einzelnen Personen angelastet werden, ohne dass das Gesamtbild betrachtet wird.

- Einen Mangel an angemessener Kommunikation.

Wie man schnell ein starkes Team aufbaut

Zunächst einmal: Warum tun wir das, wofür wir uns entschieden haben? Was sind die Werte, und warum ist dieses Ziel für alle Akteure wichtig?

Die Erwartungen an das Team müssen von Anfang an kommuniziert werden. Wer kann was tun? Wer nicht? Was ist machbar und zumutbar, und weiß jeder, was das ist? Was ist in Ordnung und was ist nicht in Ordnung (Grundregeln)? Hier geht es nicht nur um Verkaufsziele. Hier geht es um das tägliche Verhalten, das erwartet und verlangt wird. Wenn ein neues Teammitglied an Bord kommt, wiederholen Sie diese ersten beiden Schritte jedes Mal.

Bei der Rekrutierung neuer Teammitglieder ist Vielfalt das Schlüsselwort. Sie möchten vielleicht, dass alle eine ähnliche Einstellung haben, aber Sie brauchen nicht noch mehr von denselben Fähigkeiten oder Erfahrungen. Achten Sie auf unterschiedliche Hintergründe, Altersgruppen und Kompetenzen. Das kann ein wenig mehr Konfliktmanagement bedeuten, aber es bedeutet auch, dass Sie das Team für neue Ideen öffnen.

Als Leiter müssen Sie auf Anzeichen von Konflikten achten und eine Atmosphäre des Respekts fördern. Jeder Einzelne wird für seinen einzigartigen Beitrag geehrt und gleichzeitig als Teil des Ganzen wertgeschätzt.

Suchen Sie nach Möglichkeiten, die Verbindung zwischen den Team-mitgliedern zu fördern. Weisen Sie Mentoren oder Kollegen für eine gegenseitige Unterstützung zu. Helfen Sie den Teammitgliedern, gegenseitiges Vertrauen aufzubauen. Ein regelmäßiger Austausch von Ideen, Fortschritten und neuen Informationen sowie Gelegenheiten, die Menschlichkeit und den Wert der anderen anzuerkennen, sind hilf-reich. Gesellschaftliche Veranstaltungen, kleine Feiern, Anerkennun-gen, Teamauszeichnungen und Anreize sind nur einige der Möglich-keiten, dies zu tun.

Gehen Sie mit gutem Beispiel voran, wenn es um Kommunikation und EQ (emotionale Intelligenz) geht. Wenn Sie bemerken, dass ein Team-mitglied Schwierigkeiten hat, schreiten Sie ein und unterstützen Sie es, bevor ein Konflikt entsteht.

Lernen Sie Ihr Team so weit wie möglich als Individuen kennen. Versuchen Sie, die eine Frage zu beantworten: „Was ist dieser Person wichtig?" Das verschafft Ihnen bereits einen Vorsprung und hilft Ihnen, wenn sie zusätzliche Motivation brauchen.

Achten Sie auf die Wahl Ihrer Worte und auf Ihre Handlungen. Alles Negative, Destruktive, Vermeidende, Ängstliche und Toxische, das von Ihnen ausgeht, wird jede Chance auf Erfolg zunichtemachen. Wenn Sie Schwierigkeiten haben, holen Sie sich Hilfe und üben Sie sich in der Selbstfürsorge, die Sie brauchen.

Überlegen Sie, wie Sie sowohl Team- als auch Einzelleistungen beloh-nen können. Wenn Sie finanzielle Anreize bieten können, ist das groß-artig, aber das sind nicht die einzigen Möglichkeiten. Die Chance auf Fort- und Weiterbildungen, Urlaub, unterhaltsame Veranstaltungen, besondere Aufmerksamkeit und einfach die Stärkung der Handlungskompetenz durch Delegation und größere Unabhängigkeit zeugen von einem Vertrauensverhältnis, das die Mitarbeiter zu schätzen wissen.

All diese Führungsmaßnahmen führen dazu, dass ein Team entsteht, das letztendlich immer weniger Management benötigt und das Sie durch seine Bemühungen belohnen wird.

Team-Herausforderungen

„Ein tiefes Gefühl der Liebe und Zugehörigkeit ist ein unwiderstehliches Bedürfnis aller Menschen. Wir sind biologisch, kognitiv, physisch und spirituell darauf ausgerichtet, zu lieben, geliebt zu werden und dazuzugehören. Wenn diese Bedürfnisse nicht befriedigt werden, funktionieren wir nicht so, wie wir es sollten. Wir zerbrechen. Wir fallen auseinander. Wir betäuben uns. Wir leiden. Wir verletzen andere. Wir werden krank. " – Brené Brown.

Wenn Menschen sich nicht mit den Menschen verbunden fühlen, mit denen sie zusammenarbeiten, scheitern Teams. Die Leute ziehen sich zurück oder gehen.

Die meisten Teamherausforderungen entstehen durch unterbrochene Verbindungen.

Vertrauen

Wenn Menschen kein Vertrauen ineinander oder in Sie als ihre Führungskraft haben, ziehen sie sich zurück. Die Kommunikation bricht ab, Fehler werden nicht gemeldet, und wahre Gefühle werden verborgen. Nach außen hin scheint alles in Ordnung zu sein, wenn auch ein wenig ruhig.

Wenn Sie den Verdacht haben, dass fehlendes Vertrauen der Grund für die Unproduktivität Ihres Teams ist, müssen Sie die Ursache dafür finden. Vertrauen ist etwas, das langsam aufgebaut wird und sehr schnell verloren gehen kann. Zu den Dingen, die das Vertrauen zerstören, gehören Klatsch und Tratsch im Büro (vor allem ausgehend von der Führungskraft) sowie Menschen, die Fakten verheimlichen oder Erfolge für sich beanspruchen, die ihnen nicht zustehen.

Um Vertrauen aufzubauen (oder wiederherzustellen), können Sie Folgendes versuchen:

- Schaffen Sie Möglichkeiten für Teammitglieder, eng zusammenzuarbeiten.

- Ermutigen Sie zu Ehrlichkeit, Transparenz und Authentizität.

- Schaffen Sie ein fehlerfreundliches Umfeld und vermeiden Sie eine Kultur der Schuldzuweisung.

- Halten Sie immer Ihr Wort und ermutigen Sie andere, das Gleiche zu tun. Wenn aus irgendeinem Grund etwas passiert, das bedeutet, dass Sie Ihr Wort nicht halten können, seien Sie ehrlich, entschuldigen Sie sich und versuchen Sie, es irgendwie wiedergutzumachen.

- Geben Sie zu, wenn Sie etwas nicht wissen, und ermutigen Sie Ihr Team, dies ebenfalls zu tun.

- Nehmen Sie die beruflichen Interessen Ihres Teams wahr und nehmen Sie auch auf persönlicher Ebene Anteil.

- Stellen Sie sicher, dass alle an einem erfolgreichen Projekt oder einer erfolgreichen Veranstaltung beteiligten Personen gewürdigt werden. Und sprechen Sie auch lobende Erwähnungen aus und verleihen Sie Auszeichnungen, wo es angebracht ist.

- Bevorzugen Sie niemanden.

Physische Verbindung

Viele unserer Teams sind heutzutage über den ganzen Globus verteilt, arbeiten als virtuelle Teams zusammen oder von zu Hause aus. Fernarbeit kann dazu führen, dass sich Menschen isoliert und abgekoppelt fühlen.

Wenn dies Ihr Szenario ist, gibt es einige Dinge, die Sie als Leiter tun können, damit sich die Menschen als Teil des Ganzen fühlen:

- Ermutigen Sie zu regelmäßigen Online-Treffen, auch wenn sie nur kurz und knapp ausfallen, oder zu einem allgemeinen Informationsaustausch.

- Videoanrufe sollten gegenüber Audioanrufen bevorzugt werden.

- Schaffen Sie ein Buddy-System, bei dem die Mitarbeiter so oft wie möglich eng mit einem Mentor oder Kollegen zusammenarbeiten.

- Richten Sie einen eigenen Kanal für soziale Unterstützung außerhalb der Arbeit ein – für lustige Memes, besondere Erwähnungen, persönliche Mitteilungen und so weiter.

- Geben Sie Ihrem Team regelmäßig Feedback zu den Fortschritten.

- Denken Sie darüber nach, lustige Traditionen einzuführen, wie den Pyjama-Tag, den Tweed-Tag, den Tag der albernen Kleidung oder ein Wort der Woche. Es gibt so viele Ideen. Fragen Sie Ihr Team nach einigen.

- Suchen Sie nach Gelegenheiten für persönliche Treffen, wo dies möglich ist.

Bedingungen

Laut Elaine Pulakos, CEO und Arbeitspsychologin, gibt es drei wichtige Bewältigungsmechanismen, die Teams für optimale Bedingungen benötigen: Anpassungsfähigkeit, Belastbarkeit und Agilität (ARA). „Um erfolgreich zu sein, müssen die integrierten, funktionsübergreifenden Teams, die den Erfolg ausmachen, in einem Organisationsklima arbeiten, das von ARA-Werten geprägt ist. Dazu gehören Authentizität, Vertrauen, Flexibilität, Befähigung und Zusammenarbeit – Eigenschaften, die für Teams unerlässlich sind, um störende, rasante Veränderungen erfolgreich zu bewältigen."

Um Ihr Team zu stärken, müssen Sie ständig an der Verbesserung dieser sozialen und verbindenden Bedingungen arbeiten. Welche Haltungen oder Bedingungen am Arbeitsplatz behindern diesen Prozess?

Selbsterkenntnis

Es ist unglaublich frustrierend, mit jemandem zusammenzuarbeiten, der seine eigenen Herausforderungen einfach nicht erkennen kann und sich weigert, sich seinen Problemen zu stellen, geschweige denn daran zu arbeiten.

Es braucht nur eine solche Person, um den Stress zu erhöhen, die Motivation zu verringern und die Produktivität des gesamten Teams zu senken. Untersuchungen der Harvard Business Review haben ergeben, dass „95 % der Menschen denken, sie seien sich ihrer selbst bewusst, aber nur 10 bis 15 % sind es tatsächlich." (Attfield, 2018).

Ehrlich gesagt ist das etwas, worauf ich während des Einstellungsverfahrens achte, aber manchmal gerät man trotzdem an einen Kollegen mit einem niedrigen EQ.

Der erste Schritt besteht darin, sicherzustellen, dass Sie selbst nicht Teil des Problems sind:

- Was uns an anderen Menschen stört, hat oft viel mit dem zu tun, was wir an uns selbst nicht mögen oder wofür wir uns schämen.

- Reflektieren Sie sich selbst, oft. War das die beste Art, mit dieser Situation umzugehen? Was hätten Sie anders oder besser machen können?

- Holen Sie sich Feedback. Dazu gibt es einige großartige Teamübungen, die ich im nächsten Abschnitt vorstellen werde.

Wenn es um einen anderen Menschen und seine Entwicklung geht, haben Sie wirklich nicht viel zu sagen. Jeder Mensch muss seinen eigenen Weg im Leben gehen und wird in seinem eigenen Tempo und zu seinem eigenen Zeitpunkt lernen. Sie können wirklich nur sich selbst kontrollieren.

Andere Möglichkeiten, mit einem schwierigen Teammitglied, dem es an Selbsterkenntnis mangelt, umzugehen, sind:

- Die Durchführung von Team-Feedback-Sitzungen in einer sicheren, neutralen und vorzugsweise anonymen Form.

- Der Person externe oder unpersönliche Probleme zu geben, die sie lösen (oder erforschen) soll, damit sie über genau das Verhalten nachdenken muss, das sie vielleicht unbewusst zeigt.

- Fragen zu Problemen zu stellen und die Person in Ruhe darüber nachdenken und Antworten finden zu lassen. Die Verwendung einer sokratischen Fragetechnik (offene Fragen, die zum Nachdenken anregen) kann wirklich neue Wege des Denkens öffnen. Zum Beispiel:

- Woran denken Sie nicht?

- Wer müssen Sie sein, um …?

- Was würden Sie tun, wenn Sie machen könnten, was Sie wollen?

- Was sollten/könnten Sie loslassen, um …?

- Was müsste geschehen, damit …?

- Was könnten Sie heute noch tun?

- Wie viel Verantwortung sind Sie bereit zu übernehmen?

- Wie sehr wollen Sie das?

- Wie viel ist Ihnen das wert?

- Worin besteht bei ... Ihr Gewinn?

- Wobei spüren Sie einen Verlust an Macht oder Freiheit?

- Ist das so? Ist das die absolute Wahrheit? – Oder ist es wahr, weil Sie es sagen?

- Wer entscheidet, was Sie fühlen?

Ich denke, Sie verstehen das Prinzip. Sie können Ihre Fragen je nach Bedarf und Kontext anpassen. Sie können sie freundlich und ungezwungen formulieren, sie einfach in das Gespräch einfließen lassen und dort belassen. Verlangen Sie keine Antwort. Sehr oft kommen die Leute von sich aus auf Sie zurück, um eine gute Frage weiter zu erörtern, und das ist Ihre Chance, als Mentor zu fungieren, wenn Sie möchten.

Zielsetzung

Ein Team, das den zentralen Zweck und Sinn seiner Arbeit nicht versteht oder dem es an einer Sinngebung mangelt, ist im Wesentlichen richtungslos, demotiviert und unbeteiligt. Es sind der Sinn, die gemeinsamen Werte und Leidenschaften und ein sinnvolles Ziel, die Teams zusammenschweißen und sie dazu anspornen, sich besonders anzustrengen.

Stellen Sie sicher, dass Sie das „Warum" häufig kommunizieren. Das schafft Klarheit, und wenn Ihr Team Fortschritte auf dem Weg zum Ziel macht, steigen die Zufriedenheit und der Zusammenhalt im Team bei allen.

„Zielbewusstsein bedeutet ein tiefes Verständnis für die Gründe, die hinter unseren Bemühungen stehen, und der Wunsch, Zeit und Energie zu investieren, weil dieses Ziel mit dem übereinstimmt, was wir in der Welt bewirken möchten." – Kimber Lockhart (CTO @ One Medical, Sr. Director Eng @ Box, Founder/CEO @ Increo, Stanford CS.).

Die besten teambildenden Aktivitäten

Es ist erstaunlich, was man mit einem kleinen Budget alles machen kann, um sein Team näher zusammenzubringen. Wenn wir an Teambuilding denken, denken wir oft an große, glamouröse Veranstaltungen und Ausflüge, die auch toll sind, aber nicht immer für den regelmäßigen Gebrauch geeignet.

Denken Sie daran, dass es darum geht, ein Gefühl der Zugehörigkeit und der Verbundenheit zu schaffen, und nicht darum, alle mit dem schicksten Veranstaltungsort für das Abendessen zu beeindrucken.

Versuchen Sie Folgendes, um eine effektive Teambuilding-Veranstaltung durchzuführen:

- Veranschlagen Sie sie während der Arbeitszeiten. Team-Events außerhalb der Bürozeiten können die Mitarbeiter übermäßig belasten, vor allem, wenn sie alleinerziehende Eltern sind.

- Planen Sie im Voraus, was der Zweck der Veranstaltung sein wird. Welches Hauptergebnis wollen Sie erreichen? Müssen Sie den Kommunikationsfluss verbessern, neue Mitarbeiter an Bord holen, eine bestimmte Fähigkeit wie Zeitmanagement oder Problemlösung vermitteln? Versuchen Sie nicht, zu viel auf einmal zu erreichen. Erzielen Sie einen Erfolg nach dem anderen. Teilen Sie dem Team im Vorfeld der Veranstaltung mit, was es lernen soll oder welches Ziel verfolgt wird.

- Beziehen Sie Ihr Team in die Planung und Durchführung der Veranstaltung ein und bitten Sie nachher um Feedback, um zu sehen, was gelernt wurde und was gut funktioniert hat.

- Gestalten Sie die Aktivität eher kooperativ als kompetitiv. Sofern es sich nicht um eine Sportmannschaft handelt, sollten Sie nicht zu viel Wettbewerbsgeist fördern, da dies die Beziehungen beeinträchtigen kann.

- Wenn Sie für eine Aktivität kleinere Teams innerhalb Ihres eigentlichen Teams bilden, sollten Sie darauf achten, dass Sie die Zusammensetzung dieser Teams häufig ändern, um die Konkurrenzfähigkeit zu verringern.

Face-to-Face-Aktivitäten

Ein freiwilliger Einsatz in einem örtlichen Tier-, Kinder- oder Seniorenheim ist eine sehr herzerwärmende Aktivität. Wenn Ihre Teambildungsmaßnahme auch der Gesellschaft zugutekommt, ist das doch ein Gewinn für beide Seiten, oder? Außerdem ist ein Freiwilligendienst beziehungsweise eine Hilfeleistung für andere im Allgemeinen eine sehr bejahende und aufbauende Tätigkeit für die Beteiligten. Sie gibt den Menschen ein gutes Gefühl und ist auch nützlich. Außerdem hilft es Ihrem Team, reale Probleme anzugehen und vielleicht zu lösen.

Schnitzeljagden waren schon immer sehr beliebt. Sie machen unglaublich viel Spaß, schaffen unvergessliche Geschichten, die das Team zusammenschweißen, und fördern sowohl die Teamarbeit als auch die Problemlösungskompetenz. Sie können eine Schnitzeljagd im Büro abhalten oder in der Nähe eine große Aktion im Freien veranstalten. Die Jagd kann nach Gegenständen, Antworten oder Hinweisen von Kollegen oder anderen Personen erfolgen. Es können auch Aufgaben gestellt werden, die erfüllt werden müssen, z. B. einer Person eine Limonade zu kaufen und ein gemeinsames Foto zu machen, das als „Gegenstand" verlangt wird.

Spiele mit verbundenen Augen können auch Spaß machen. Achten Sie nur darauf, dass Sie sich an einem sicheren Ort befinden, an dem sich die Teilnehmer nicht ernsthaft verletzen können. Eine Person trägt die Augenbinde, und die andere muss bestimmte Anweisungen geben, um sie durch eine Aktivität oder einen Hindernisparcours zu führen. Dies eignet sich hervorragend, um zu lernen, wie man Anweisungen gibt und erhält, wie man zuhört und wie man unter Druck zusammenarbeitet.

Mit Ratespielen können Sie das Wissen aller Beteiligten übereinander, über Aufgaben, Prozesse usw. testen. Greifen Sie auf Insider-Witze, lustige Geschichten oder kleine Quizfragen über Dinge zurück, die Sie voneinander wissen.

Beim Lügenspiel erzählt jede Person eine Wahrheit und zwei Unwahrheiten über sich selbst, und ihre Teammitglieder müssen die wahre Antwort erraten. Das sorgt für Lacher, da die Leute kreativ werden und auch mehr übereinander erfahren.

Verkleidungstage können ein großer Spaß sein, wenn alle mitmachen. Sie können eine geschichtliche Epoche wählen oder einfach ein albernes Thema aus dem Hut ziehen (jeder soll seine Ideen einbringen). Der Tag der flauschigen Hausschuhe ist mein Favorit.

Escape Rooms sind der letzte Schrei und helfen Menschen, zusammenzuarbeiten und Probleme zu lösen. Unter Druck erhalten Sie vielleicht auch Einblicke in Teile der Persönlichkeit Ihrer Mitarbeiter, die diese normalerweise verbergen. In den meisten größeren Städten gibt es Escape Rooms, die Sie mieten können, oder Sie können sogar Ihre eigene Version im Büro aufstellen, die auf Rätseln basiert, die in einem Raum versteckt sind und die gelöst werden müssen, um den Schlüssel zu finden (zum Beispiel). Stellen Sie dabei immer sicher, dass die Teilnehmer aussteigen können, wenn sie in Panik geraten, sich ein Notfall ereignet oder sie auf die Toilette müssen.

Körperliche Aktivitäten wie Gokartfahren, Wandern, Bowling oder was auch immer in der Nähe und für Ihr gesamtes Team erreichbar ist, helfen, Druck abzubauen, wenn alle in letzter Zeit unter besonderem Stress standen.

Und zu guter Letzt können auch die alltäglichen Brett- oder Kartenspiele Spaß machen, wenn man sie an einem späten Freitagabend zusammen mit Getränken und Snacks hervorholt.

Virtuelle Aktivitäten

Das Lügenspiel kann auch in diesem Kontext eingesetzt werden. Oder Sie könnten alle dazu bringen, eine Sache zu erzählen, die niemand über sie weiß.

Eine weitere bestätigende Aktivität besteht darin, dass jedes Teammitglied eine Sache nennt, die es an einer anderen Person im Team schätzt. Wenn Sie möchten, können Sie die Namen zufällig auslosen. Sie können die Rollen danach sogar tauschen, sodass der Empfänger nach Erhalt der Bestätigung mit einer Sache antworten kann, die er an der Person schätzt, die ihm gerade ein Kompliment gemacht hat.

Simulieren Sie ein reales Problem, auf das Ihr Team wahrscheinlich stoßen könnte. Legen Sie den Zeitrahmen, das Szenario und die Regeln fest. Testen Sie, wer das Problem zuerst lösen kann. Ermutigen Sie Ihre Mitarbeiter zur Zusammenarbeit untereinander.

Geben Sie zwei Teams oder Einzelpersonen ein Thema zur Debatte. Geben Sie jedem Team einen Standpunkt und Zeit, sich vorzubereiten, so wie Sie es in einem normalen Debattenteam tun würden. Freundliche Auseinandersetzungen mit geringem Risiko fördern die Zusammenarbeit und das gegenseitige Verständnis. Sie können kreativ sein, machen Spaß und führen im Allgemeinen nicht zu echten Konflikten. Sie können sogar helfen, Konflikt- und Problemlösungsfähigkeiten zu trainieren. Lassen Sie die anderen Mitglieder des Teams die Jury sein.

Dies sind nur einige wenige Ideen, und Sie können im Internet viele weitere finden. Wenn möglich, sollten Sie geeignete Belohnungen für die Gewinner oder Teams einplanen. Das kann ein lustiges Geschenk sein, wie z. B. verrücktes Büromaterial oder ein Lutscher. Es muss nicht viel kosten.

Der Zusammenhalt und die Verbundenheit Ihres Teams untereinander und mit Ihnen ist zwar für die Produktivität, die Erhaltung des Arbeitsplatzes und die allgemeine Zufriedenheit von entscheidender Bedeutung, und all dies wirkt sich auf den Gewinn und das Überleben des Unternehmens aus, aber es kann auch einfach nur Spaß machen. Wenn Sie Teambuilding als etwas Interessantes und Aufregendes und nicht als berufliche und lästige Pflicht betrachten, wird sich dies in der Art und Weise widerspiegeln, wie sich Ihr Team engagiert, und auch in seiner allgemeinen Moral und Motivation.

KAPITEL 8:
FÜHRUNG VON INTERESSENVERTRETERN

Wir leben nicht in einem Vakuum. Wir und unsere Teams arbeiten innerhalb größerer Infrastrukturen. Unabhängig davon, ob wir Teil einer größeren Organisation, eines Unternehmensnetzes oder einfach Teil einer Lieferkette sind, gibt es Gruppen von Menschen, die uns vor- und nachgelagert sind und sich darauf verlassen, dass wir gute Arbeit leisten.

Jeder, der Einfluss auf unsere Arbeit hat oder von ihr beeinflusst wird, ist in irgendeiner Form ein Interessenvertreter. Einige sind natürlich wichtiger als andere. Wenn Ihr Hauptlieferant Sie nicht mehr beliefert und Sie keine anderen Lieferanten finden, könnten Sie zum Beispiel Ihr Geschäft aufgeben müssen. Wenn Ihre Aktionäre verärgert sind und die gesamte Geschäftsleitung und das Management abwählen, ist das ebenfalls ernst zu nehmen. Aber es sind nicht nur die großen Unternehmen, um die wir uns sorgen müssen. Es sind auch die kleinen Leute, die zufälligen Interessenvertreter und Marc in der Buchhaltung, die zählen.

Die Art und Weise, wie wir die kleinen Fische und die großen Fische behandeln, wird abgewägt, beurteilt und bemessen werden. Das alles wird sich auf Ihre Marke und Ihren Ruf auswirken. Sie denken vielleicht, dass Sie stark genug sind, um die eine klagende Stimme zu ignorieren, aber sagen Sie das mal United Airlines. Dave Carrolls Gitarre wurde beim Transport beschädigt, und United weigerte sich, die Verantwortung zu übernehmen oder den Fehler zu beheben. Sie dachten, sie kämen damit durch, aber Dave schrieb daraufhin den viralen Song *United Breaks Guitars*. Die Airline verlor rund 180 Millionen Dollar (den Wert von etwa 5000 Gitarren), weil sie nicht auf einen verärgerten Kunden hörten. Er war ein Interessenvertreter, wenn er als Kunde auch am Ende der Kette stand. Und die Entscheidungen der Führung von United kosteten sie Geld und Ansehen (Huffpost, 2017).

Wir müssen erkennen, dass die Qualität unserer Arbeit und der Erfolg unseres Unternehmens in hohem Maße davon abhängt, wie wir mit diesen Beziehungen umgehen. Diese Verflechtungen in der Geschäftswelt sind ein lebendiges Netzwerk der Unterstützung und des Einflusses, das man nur auf eigene Gefahr ignorieren kann.

„Das 21. Jahrhundert steht im Zeichen des ‚Managements für Interessenvertreter‘. Die Aufgabe von Führungskräften ist es, so viel Wert wie möglich für die Interessenvertreter zu schaffen, ohne dabei Kompromisse einzugehen. Großartige Unternehmen haben Bestand, weil es ihnen gelingt, die Interessen der involvierten Personen in dieselbe Richtung zu lenken.“ – R. Edward Freeman.

Um Ihr direktes Team einsatzfähig zu halten, müssen Sie auch alle Umstehenden, Unterstützer, Lieferanten, zugehörigen Teams, Vertriebshändler, Kunden und andere berücksichtigen. Jeder, der in irgendeiner Weise mit Ihnen und Ihrem Team oder Unternehmen in Berührung kommt, ist ein Interessenvertreter, und einige von ihnen werden sich in Bezug auf Richtung und Führung stärker an Ihnen orientieren als andere.

Zu guter Führung gehört es, die Interessengruppen einzubinden und mit ihnen zusammenzuarbeiten, um ihre Akzeptanz und Unterstützung zu gewinnen und zu erhalten.

Wer sind meine Interessenvertreter?

Dies ist der erste Schritt zur Führung von Interessenvertretern: Sie müssen wissen, wer Ihr Unternehmen beeinflussen kann und wen Ihr Unternehmen beeinflusst. Wer hat ein Interesse an dem, was Sie tun und daran, wie Sie es tun?

Praktische Übung: Machen Sie es schriftlich

Am besten ist es, wenn Sie dies gemeinsam mit Ihrem Team tun.

1. Machen Sie ein Brainstorming mit allen Personen in der Lieferkette, die Ihnen einfallen. Zeichnen Sie sich an einem zentralen Punkt ein und kreisen Sie ihn ein. Was brauchen Sie von den anderen, und wer sind diese? Dabei kann es sich um andere Teams im Unternehmen handeln, die Ihnen Dienstleistungen, Produkte oder Informationen liefern, oder um externe Lieferanten. Und von wem werden diese Lieferanten beliefert? Gehen Sie so weit zurück, wie Sie können. Arbeiten

Sie anschließend vorwärts. Wer erhält die Ergebnisse der von Ihrem Team erbrachten Dienstleistungen oder die Produkte? Ist es der Endkunde, oder gibt es noch andere Zwischenstufen, wie Vertriebshändler, Kommissionierer und Verpacker, Monteure, Zwischenhändler usw.?

2. Als Nächstes bewerten Sie jeden Interessenvertreter nach seiner Bedeutung für das Funktionieren Ihres Teams. Sie können dafür sogar eine Proximity Map oder eine Bewertungsskala verwenden.

3. Sobald Sie Ihre Liste der Interessengruppen nach Prioritäten geordnet haben, führen Sie eine kurze Analyse der fünf wichtigsten Interessengruppen durch. Sie können das natürlich so detailliert gestalten, wie Sie wollen, aber Sie müssen zumindest Folgendes wissen:

   a. Welche Auswirkungen können diese Gruppen haben?

   b. Welches Risiko können sie darstellen, wenn sie nicht in der Lage sind, ihren Beitrag zu leisten?

   c. Welche Vorkehrungen können Sie treffen, wenn diese Interessenvertreter ausfallen?

Überlegen Sie auch, wie Sie diese wichtigen Interessengruppen derzeit behandeln. Steht es im Einklang mit Ihren Unternehmenswerten und der Geschäftsethik? Besteht eine Möglichkeit, die Kommunikation, die Prozesse und die Beziehungen im Allgemeinen zu verbessern?

Damit ist sichergestellt, dass Sie die Situation beherrschen und bei Problemen besser vorbereitet sind.

Analyse der wichtigsten Interessenvertreter

Sobald Sie wissen, wer die zentralen Personen, Gruppen oder Organisationen sind, die buchstäblich über Ihr Unternehmen entscheiden können, sollten Sie sich überlegen, was an diesen Personen sich auf ihr Verhalten oder ihre Entscheidungen auswirken könnte, und das wiederum Auswirkungen auf Sie haben könnte.

Dies erfordert eine gewisse Konsultation und Kommunikation mit den betreffenden Personen, die bei richtiger Handhabung auch zum Aufbau der Beziehung und zur Stärkung der Verbindungen beitragen kann:

1. Bedürfnisse. Was brauchen sie, das für sie nicht verhandelbar ist?
2. Interessen und Werte. Worum geht es ihnen?
3. Einstellung. Vor allem die Einstellung Ihnen und Ihrem Team gegenüber.
4. Wirkung und Macht. Auf welche Weise können sie Sie oder Menschen und Ereignisse, die Ihnen wichtig sind, beeinflussen?
5. Einflussbereich. Wer folgt ihnen oder wird von ihnen beeinflusst?

Insbesondere sollten Sie die wenigen zentralen Interessengruppen ermitteln, die Sie beobachten und beeinflussen müssen. Auch wenn Sie keinen direkten Einfluss haben, gibt es eine Reihe von Möglichkeiten, die Dinge indirekt zu beeinflussen und zu lenken.

Die wichtigste Frage ist letztlich, wie stark Sie sich in die Beziehung zu jedem dieser zentralen Akteure einbringen müssen, und wie Sie die Kommunikation am besten aufrechterhalten, Konflikte oder Probleme vermeiden und die Gesundheit der Beziehung und des Akteurs im Allgemeinen im Auge behalten können. Sie werden zum Beispiel wissen wollen, ob Ihr Hauptlieferant in finanziellen Schwierigkeiten steckt, und zwar rechtzeitig. Vielleicht stärkt eine kluge Investition deren Geschäft und hält damit auch Ihres am Laufen.

Beziehungen zu Interessenvertretern schaffen

Wie können Sie Akteure auf sanfte Art beeinflussen, damit sie sich in die für Sie beste Richtung bewegen oder Sie zumindest darüber auf dem Laufenden halten, welche Richtung sie einschlagen?

Sie bauen die Beziehung auf. Menschen aus allen Bereichen des Lebens werden eher auf Sie zugehen, wenn Sie …

- … sich auf offene Weise in Integrität üben und das Vertrauen zu Ihnen durch Transparenz und ehrliche Kommunikation aufbauen.

- … in ihrer Welt präsenter sind. Das bedeutet, dass Sie häufig nachfragen und mit ihnen sprechen.

- … Ihre Glaubwürdigkeit und Ihr Fachwissen in Ihrem Bereich zeigen. Wenn Sie eine großen Wissens- und Erfahrungsschatz bieten können, werden die Leute Sie von selbst aufsuchen.

- … Interesse an ihnen zeigen, ihnen Fragen stellen und aufmerksam zuhören.

- … praktische Hilfe anbieten, wo dies möglich oder notwendig ist. Und nur, wenn sie gewünscht wird.

- … gemeinsame Werte und Interessen nachweisen.

- … von anderen in ihrer Branche oder ihrem Fachgebiet respektiert werden.

- … aufrichtigen Respekt und Freundlichkeit zeigen. Im Grunde
bedeutet das, dass es sich gut anfühlt, in Ihrer Nähe zu sein.

Je nach Person und Art der Beziehung kann die Herangehensweise an jeden Interessenvertreter unterschiedlich sein. Vielleicht konzentrieren Sie sich auf die Zukunft einer vorteilhaften Beziehung. Vielleicht gehen Sie auf die Bedenken des anderen ein, um zu zeigen, dass Sie sein Geschäft und ihn selbst verstehen. Vielleicht müssen Sie aber auch ergebnis- und nutzenorientiert vorgehen, vor allem, wenn die aktuelle Situation eine Herausforderung darstellt.

Sie werden genau die gleichen visionären, überzeugenden, kommunikativen, problemlösenden und konfliktbewältigenden Fähigkeiten einsetzen, die Sie in jeder Führungsposition benötigen. Aber Interessenvertreter und die Lieferkette sind ein Bereich, der vom Management oft übersehen wird.

Missmanagement von Lieferanten, verspätete Zahlungen, weil die Buchhaltung den Cashflow maximieren will, schlechte Serviceleistungen für interne und externe Kunden und wenig bis gar keine Beachtung oder Messung des Umgangs mit nicht zum Kerngeschäft gehörenden Akteuren können von extremer Kurzsichtigkeit zeugen und Ihrem Unternehmen, Ihrem Ruf und Ihrem künftigen Wachstum ernsthaft schaden.

Eine gute Führungskraft denkt an alle, die von ihren Entscheidungen betroffen sind, und nicht nur an die Menschen, die ihr unmittelbar unterstellt sind.

KAPITEL 9:

MODERNE

FÜHRUNGSHERAUSFORDERUNGEN

Um den Lernprozess der Menschheit und insbesondere der Führungskräfte besser zu verstehen, müssen wir einen kurzen Ausflug in die jüngere Geschichte unternehmen. Wir müssen uns das vor Augen halten, weil es eine ganze Weile dauert, bis sich die gesellschaftlichen und normativen Ansichten und Verhaltensweisen der Menschen ändern.

Ich habe immer noch das Pech, über Führungskräfte zu stolpern, deren Schlösser offen gesagt in Schutt und Asche gelegt worden wären, wenn sie vor noch nicht allzu langer Zeit an der Spitze gestanden hätten. Es scheint, dass bestimmte Konzepte eine Weile brauchen, um auszusterben, und vielleicht liegt es daran, dass in einem relativ kurzen Zeitraum viel passiert ist.

Es ist erst 300 Jahre her (und mancherorts noch weniger), dass Feudalherren ihren Leibeigenen befahlen, ihre Befehle auszuführen, oder dass Sklavenarbeit sowohl akzeptabel als auch angemessen war.

Erstens existierten Bauernhöfe und Handel auf einer ziemlich begrenzten Ebene. Länder und sogar Dörfer waren nicht miteinander verbunden. Es war einfacher, die Menschen zu kontrollieren, und niemand war wirklich für das verantwortlich, was in seinem direkten Einflussbereich geschah.

Dann kam die erste industrielle Revolution, die ganz im Zeichen der Mechanisierung stand. Billige Arbeitskräfte strömten in die Städte und Industriezentren, und plötzlich mussten Führungskräfte und Manager herausfinden, wie sie diese neue Art von Arbeit und von Arbeitskräften steuern konnten. Seit der frühen industriellen Revolution, in der Ausbeuterbetriebe, Absteigequartiere, Fließbandfertigung und kurzsichtige, unmenschliche Arbeitsbedingungen die Norm waren, haben wir einen langen Weg zurückgelegt.

Zur zweiten industriellen Revolution, mit der die Elektrizität eingeführt wurde, hatten alle noch eine steile Lernkurve vor sich. Aber jetzt konnten die Menschen mehr reisen, und die Welt wurde „kleiner". Informationen verbreiteten sich auch schneller, waren leichter zugänglich, und mehr Menschen erhielten eine Ausbildung. Mit der dritten Revolution schrumpfte die Welt durch die Technologie zu einem globalen Dorf zusammen. Was dort passiert, weiß man hier binnen Millisekunden. Sehr wenig kann verborgen werden, und die meisten Menschen haben Zugang zu allen möglichen Informationen über ihren Arbeitsplatz, die Welt, einander usw. Das bedeutet, dass Dinge verglichen werden können, dass bewährte Führungspraktiken ausgetauscht werden können und dass die Menschenrechte leichter zu wahren sind.

Hinzu kommt die dunkle Seite der menschlichen Natur. Obwohl die meisten Regierungen Gesetze zum Schutz derjenigen, die die Arbeit verrichten, und zur Begrenzung derjenigen, die das Geld verdienen, eingeführt haben, gibt es immer noch die beunruhigende Tendenz, dass Menschen in Machtpositionen dies missbrauchen.

Lord Acton, ein britischer Historiker, ist bekannt für sein Zitat: *„Alle Macht neigt dazu, zu korrumpieren; absolute Macht korrumpiert absolut".*

In der traditionellen Führung gibt es viele Beispiele dafür, wo Führung in der Vergangenheit schiefgelaufen ist. Es liegt zwar in der menschlichen Natur, und es wird immer ein paar schwarze Schafe geben, aber die Führungskräfte von heute erkennen zunehmend, dass sie die Diener ihrer Teams sind und nicht die Herren und Befehlshaber. Was nach oben geht, kann auch nach unten kommen, wenn die Menschen es so wollen.

Man führt zum Vergnügen und mit der Unterstützung seines Teams, und moderne Führungskräfte haben sich dies auf vielfältige Weise zu eigen gemacht. Selbst wenn es Kontrollen und Gegenkontrollen gibt, besteht bei Führungskräften mit Macht und Einfluss die Gefahr, dass sie glauben, ihre Position verleihe ihnen eine geheimnisvolle zusätzliche Weisheit oder sie seien irgendwie anders und besonders oder verdienten mehr Zugeständnisse als andere. Wenn sie auch noch Ressourcen besitzen oder mehr verdienen als ihre Teams, was oft der Fall ist, kann dies zu einem falschen Gefühl der wirtschaftlichen Überlegenheit führen. Geld, Macht, Aussehen, Ruhm, Reichtum und Einfluss sind jedoch keine großartigen Werte, um darauf seinen persönlichen Wert aufzubauen. Sie können so leicht verschwinden, wie sie gekommen sind.

Einige Geschäftsleute werden sagen, dass Geld der Grund für ihre Tätigkeit ist, und natürlich müssen wir alle unsere Rechnungen bezahlen. Aber diese Einstellung ist nicht mehr so populär. Auch wenn bis heute viele Menschen nicht arbeiten gehen würden, wenn sie es nicht müssten, ist auch dies ein sich wandelndes Szenario, da immer mehr Menschen die wirtschaftliche Sklaverei einer Festanstellung ablegen und einen unternehmerischen und selbstbestimmten Lebensstil wagen. Es gibt ganze Bewegungen wie FIRE (steht für „Financial Independence, Retire Early", deutsch: „Finanzielle Unabhängigkeit, früh in den Ruhestand gehen"), die immer mehr Menschen dabei unterstützen, aus dem Hamsterrad auszusteigen.

Die traditionelle Führung sah vorübergehende Ziele wie Geld, Macht usw. als Werte an, die es zu wahren galt. Dies erforderte alle Arten von Kontrollen und Einschränkungen. Moderne Führungskräfte erkennen jedoch, dass Leidenschaft, Zielsetzungen und sinnvolle Tätigkeiten das sind, was uns Glück, Zufriedenheit und wahre Lebensqualität gibt. Das Geld ist nicht mehr der Grund. Es ist lediglich das Werkzeug.

Moderne Führungskräfte müssen sich mehr denn je vor überholten, alten Denkweisen darüber hüten, was ihre Position bedeutet. Selbstbewusstsein, emotionale Intelligenz, tiefere, dauerhaftere Werte wie Ehrlichkeit, Loyalität, Authentizität und Zusammenarbeit gewinnen die Oberhand über die weniger dauerhaften Werte wie Macht, Geld und Ruhm. Das Bewusstsein wächst, Ethik ist ein Schlagwort, und die Lebensqualität hat die Führung übernommen.

Das ist im Wesentlichen das, was die vierte industrielle Revolution ausmacht. Die Art unseres täglichen Lebens hat sich buchstäblich von Muskeln, starken Armen und Händen auf das Gehirn und von dort auf das Herz und die Seele verlagert. Die Führung muss damit Schritt halten und ebenfalls bewusster und achtsamer werden.

Der Wandel beschleunigt sich. Jeden Tag entstehen Hunderte neuer Berufe, und der Lebensstil von heute unterscheidet sich stark von dem von vor zwei, fünf, zehn oder 20 Jahren. Dafür gibt es keinen historischen Präzedenzfall, und wir lernen zunehmend, zu führen, zu überleben und uns anzupassen, indem wir den Wandel annehmen. Da Technologie und künstliche Intelligenz (KI) bestimmte Aufgaben überflüssig machen, werden wir frei für Tätigkeiten, von denen unsere Vorfahren wahrscheinlich nicht einmal zu träumen wagten. Und viele dieser Aktivitäten erfordern intellektuelles und emotionales Kapital sowie Wachstumskapital. Jetzt sind Führungskräfte gefragt, die sich selbst und ihre Mitarbeiter verstehen und über die grundlegenden Fähigkeiten der Beziehungspflege, Kommunikation, Problemlösung usw. verfügen. Maschinen können die Arbeit von Hunden erledigen. Wir brauchen jetzt unser höheres Denken. Darin liegt unser wahrer Wert, in unserer Kreativität, Beweglichkeit und Innovation.

Die Menschen bilden sich immer besser aus, um sich von den Maschinen zu unterscheiden. Und in einer klugen Umkehrung machen diese Fähigkeiten sie am Arbeitsplatz nur noch wertvoller. Menschen sind ein wertvolles Gut. Aber bei aller Kompetenz brauchen sie doch auch andere Menschen, die ihnen helfen, Orientierung und Bewegung zu finden und zu behalten. Sie kämpfen immer noch mit den ewigen menschlichen Themen wie Konflikte, Bedürfnisse, Frustrationen,

Ängste, Sorgen, Befürchtungen und so weiter, bei denen sie Unterstützung brauchen.

Wenn man keine menschlichen Fähigkeiten hat, kann man keine Menschen erfolgreich führen. Nicht mehr.

Der alte/traditionelle Ansatz	Führen mit Tiefgang
Bestrafung durch Disziplin	Beraten, Untersuchen, Unterstützen und Motivieren
Schaffung von unanfechtbaren Vorschriften	Alles stets infrage stellen, kontinuierliche Verbesserung und Wachstum, agile, flexible und produktive Arbeitsplätze
Perfektion um jeden Preis – keine Fehler	Fehlerfreundliches Umfeld, Unterrichten, Anleiten und Unterstützen
Führen/anweisen	Beeinflussen/nachfragen
Autokratisch	Situativ
Befehlsgesteuert	Schaffung selbstverwalteter Teams, die nicht ständig kontrolliert werden müssen
Die Entmenschlichung der Arbeitskräfte – Arbeitnehmer als Maschinen oder „Vermögenswerte"	Arbeit mit und Verständnis für Einzelpersonen und Teams, Arbeitnehmer als wertvolle Wesen mit Bedürfnissen, Wünschen, Stärken und Schwächen
Klassen- oder machtbasiert, Top-down-Ansatz	Soziale Fairness, weniger Hierarchie bzw. Hackordnung

Was braucht es, um in diesen Zeiten zu führen?

Es kommt darauf an, was Ihre zentrale Rolle als Führungskraft ist. Sie ist definitiv nicht das, was man sich unter traditioneller Führung vorstellt. Die Menschen werden nicht mehr nur der Stärke folgen, und sie wissen, dass wahre Macht nur bedingt gegeben, nicht genommen oder erzwungen wird. Jedenfalls nicht, wenn Sie ein langes und glückliches Leben als Führungskraft führen wollen.

Die Führungskraft von heute ist widerstandsfähig, stark und flexibel, aber auch offen, selbstbewusst und menschenorientiert.

Und verwechseln Sie nicht Führung und Management. Eine Führungskraft kann auch ein Manager sein, aber ein Manager ist nicht unbedingt eine Führungskraft.

Während Ihre Aufgabe als Führungskraft darin besteht, die Menschen zu beeinflussen, zu überzeugen, zu motivieren und sie dazu zu bringen, sich in eine vereinbarte Richtung zu bewegen, ist der Manager eher die Person, die plant, überwacht, berichtet, misst und organisiert. Er unterstützt Sie in Ihrer Führungsrolle, indem er sich um die Details kümmert (wie man zum Ziel kommt), während Sie eher die Ideen, die Visionen und die Richtung vorgeben (wohin es gehen soll).

Sie können die Führung übernehmen und andere Teammitglieder oder Kollegen einsetzen, die Sie beim Bewältigen des Prozesses und des „Wie" unterstützen.

Dennoch kann es vorkommen, dass Sie beides tun müssen. Beides sind wichtige Rollen, aber man muss ein wenig zwischen ihnen unterscheiden.

Zu den wichtigsten Führungsqualitäten, die sich als immer unverzichtbarer erweisen, gehören:

- Widerstandsfähigkeit angesichts von Herausforderungen und Veränderungen. Führungskräfte müssen in der Lage sein, sich geistig, körperlich und emotional zu erholen. In erster Linie müssen sie diese Fähigkeiten ihrem Team vorleben und mit gutem Beispiel vorangehen.

- Eine Zukunftsvision, um nicht nur über politische, rechtliche, wirtschaftliche, soziale, technologische oder ökologische Veränderungen und Trends informiert zu sein, sondern auch um zu verstehen, wie all dies zusammenhängt und was dies für die Organisation bedeutet. Dies geschieht aus zwei Blickwinkeln: zum einen aus dem Blickwinkel des Risikomanagements und zum anderen aus dem Blickwinkel der Suche nach möglichen Wachstumschancen.

- Ein Ansatz, der den Menschen in den Mittelpunkt stellt und jeden Einzelnen sowie das Team als Ganzes versteht und schätzt.

- Die Fähigkeit, Negativität neu zu formulieren, für Energie und gute Laune zu sorgen und in jeder schwierigen Situation die positive Seite, nützliche Lektionen oder Chancen zu finden.

- Die Einsicht und der Weitblick, Neues zu schaffen, zu innovieren und den Status quo infrage zu stellen, wobei die gemeinsame Vision und die Werte stets im Auge behalten werden.

- Mut und Zuversicht im Umgang mit Selbsterkenntnis und persönlicher Weiterentwicklung, mit herausfordernden Menschen und Szenarien sowie bei der Führung des Teams durch zielgerichtete Versuche und Risiken, die zu Wachstum führen können.

- Die Fähigkeit zu offener, ehrlicher, transparenter, häufiger, angemessener und authentischer Kommunikation.

- Die Fähigkeit, die Stärken jedes Einzelnen herauszufinden und Unterstützungssysteme einzurichten bzw. den Einzelnen auch in seinen Schwächen zu fördern, sodass sich jeder Einzelne wertgeschätzt fühlt und einen sinnvollen Beitrag zum Team und zum Ziel leisten kann.

- Die Fähigkeit zur Anpassung von Konzepten mit einem Gespür für alle Formen der Vielfalt und die unterschiedlichen Bedürfnisse des Teams.

Neue Herausforderungen und Trends

So, wie die Dinge stehen, bewegen wir uns in herausforderndem Treibsand. Angesichts des raschen technologischen Wandels und der Leichtigkeit des Zugangs zu und der Speicherung von Informationen in Verbindung mit der Globalisierung stehen wir einem Szenario gegenüber, das es in der Geschichte noch nie gegeben hat.

Die Art und Weise, wie wir leben, arbeiten, kaufen, verkaufen, miteinander in Beziehung treten und uns verhalten, verändert sich grundlegend und in einer Weise, die wir nur erahnen können. Hinzu kommen die jüngste globale Pandemie und die Abkehr von der Büroarbeit, von 9-bis-5-Jobs und zentralisierten Arbeitssystemen – wo wir landen werden, ist ungewiss.

Dies ist einer der Gründe, wegen derer Führungskräfte aufmerksamer sein müssen und mehr denn je mit dem Weltgeschehen und den besten Praktiken in Berührung kommen müssen.

Hier sind einige Expertenempfehlungen, die Ihnen helfen könnten, Ihre eigenen nächsten Schritte zu formulieren:

- Künstliche Intelligenz und intelligente Geräte entwickeln sich weiter: 3-D-Druck, Nanotechnologie, Quantencomputer, Sicherheit, Energieerzeugung und -speicherung sowie autonome Maschinen (einschließlich selbstfahrender Autos). Dies führt zu weniger praktischer und körperlicher Arbeit und zu mehr Möglichkeiten, kreativ zu sein und Zeit zu gewinnen. Was werden wir damit anfangen?

- Die Transport- und Kommunikationskosten sinken. Die Logistik und die globalen Lieferketten werden effizienter.

- Störungen und Entwicklungen auf dem Arbeitsmarkt, da der Bedarf an Arbeitskräften, die durch Automatisierung ersetzt werden, abnimmt. Gegenwärtig vergrößert sich die Kluft zwischen den sehr Armen und den sehr Reichen auf der Grundlage von hoher Qualifikation/hohem Lohn und niedriger Qualifikation/geringem Lohn. Derzeit ist es eine Situation, in der der Gewinner alles bekommt, aber das ändert sich, da immer mehr Menschen aus dem Mainstream ausbrechen und alternative Einkommen und Lebensstile finden. Es besteht ein größeres Risiko, dass unmoralische Führer die Verzweifelten mit extremen Ideen und Ideologien um sich scharen.

Der langsame Zerfall der Mittelschicht, das Wohlstandsgefälle und der Verlust von Arbeitsplätzen aufgrund der Automatisierung werden das Risiko sozialer Unruhen in den Ländern der ersten Welt erhöhen. Wir wissen nicht genau, wie sich dies entwickeln wird, aber eine Möglichkeit besagt, dass sozioökonomische Anpassungen erforderlich sein werden und möglicherweise auch ein Nettozuwachs an Unternehmern, Selbstständigen und sichereren, lohnenderen Arbeitsstilen mit dem Schwerpunkt auf Talent, Geschicklichkeit und all den menschlichen Fähigkeiten, die Bots nicht haben, wie Flexibilität, Kreativität usw. (Schwab, n.d).

- Die jüngste Pandemie hat ein Umdenken in Bezug auf Fernarbeit, Fachwissen und einen geringeren Bedarf an Büroumgebungen ausgelöst. Dazu gehören mehr virtuelle und selbstverwaltete Arbeitskräfte sowie Unternehmer, die gezwungen sind, alternative Einkommensmöglichkeiten zu finden, da einige größere Organisationen als Reaktion auf die wirtschaftlichen und sonstigen Veränderungen schließen oder sich verkleinern.

- Der Schwerpunkt liegt auf dem Zuhause, dem Zuhause als Arbeitsplatz, dem Zuhause als selbstständigem Ort und der Heimerziehung.

- Eine Abkehr von traditionellen Familienstrukturen.

- Eine Abkehr von traditionellen Bildungsmethoden und eine große Vielfalt und Verfügbarkeit in Bezug auf die Art und Weise, wie und welche Fähigkeiten erworben, gelenkt und vielseitig eingesetzt werden. Eine Ethik des kontinuierlichen Lernens. Der Schwerpunkt liegt auf beobachtbaren Ergebnissen (können Sie mir zeigen, wie Sie das, was Sie wissen, anwenden?) und nicht auf Qualifikationen und Zertifikaten in Papierform.

- Ein Überangebot an sozialen Medien und Werbung in sozialen Medien, die auf individualisierten Logarithmen basiert. Die Qualität aller Informationen wird fragwürdig. Zunehmende Unzufriedenheit, da die Mehrheit der Menschen sich bei ihren Entscheidungen von eben diesen Informationen leiten lässt.

- Ressourcenknappheit und Klimawandel, einschließlich erschöpfter fossiler Brennstoffe, extremer Wetterbedingungen und Wasserknappheit. Alternative Energien, Abfallwirtschaft sowie Recycling- und Wiederverwendungstechnologien werden unsere traditionelle Arbeitsweise verändern.

- Verschiebung der globalen Machtverhältnisse. Sich schnell entwickelnde Länder überbieten und überholen die alte Garde.

- Die Märkte werden in rasantem Tempo von Innovatoren gestört, die schnellere und qualitativ bessere Produkte zu günstigeren Preisen anbieten können.

- Cancel Culture, die sich bei mangelnder Ethik, mangelnder sozialer Flexibilität oder mangelndem Verständnis störend auswirken kann.

- Verbrauchergesteuerte Märkte. Die Menschen wollen mehr Transparenz und zwingen die Unternehmen, die Art und Weise, wie sie ihre Dienstleistungen gestalten, vermarkten und anbieten, anzupassen.

- Technologieplattformen wie Uber, Airbnb usw., die Menschen, Vermögenswerte, Dienstleistungen und Daten auf unerwartete, einfach zu nutzende Weise miteinander verbinden. Sie verbinden Menschen schneller und mit weniger Zwischenhändlern mit allen Arten von Dienstleistungen.

- Zunehmendes soziales Engagement und zunehmender Einfluss auf die Regierung. Eine steigende Nachfrage nach Transparenz, Dezentralisierung und Verantwortlichkeit. Strukturen, wie wir sie kennen, werden infrage gestellt, erschüttert und verlagert. Gleichzeitig finden mehr staatliche und behördliche Kontrollen und Überwachungen statt. Ein wachsender Bedarf an flexibler Verwaltung, mit dem die meisten Regierungen nicht Schritt halten.

- Normen wie der Schutz der Privatsphäre, Vorstellungen von Eigentum, Konsum, Lebensstil, Entwicklung von Fähigkeiten und sozialen Beziehungen werden erschüttert und verändern sich.

- Die Verfolgung und Weitergabe von Informationen wird einfacher, Informationen werden weniger privat oder schützenswert.

- Mit den Fortschritten in der Medizin- und Gesundheitstechnologie steigt die Lebenserwartung. Dies wird die Volkswirtschaften zunehmend unter den Druck setzen, eine wachsende ältere Bevölkerung versorgen zu müssen. Der Ruhestand und das Rentenalter werden neu definiert.

(Schwab, n.d).

Dies sind nur einige der Trends, die es gibt. Deshalb müssen wir wachsam bleiben, in Kontakt bleiben und an unseren Anpassungsfähigkeiten als Führungskräfte arbeiten.

Was sollten wir also unseren Kindern sagen? Dass man sich auf seine Fähigkeit konzentrieren muss, sich ständig anzupassen, sich mit anderen auf diesen Prozess einzulassen und vor allem seine Kernidentität und seine Werte zu bewahren, um an der Spitze zu bleiben. Für Schüler geht es nicht nur um den Erwerb von Wissen, sondern auch darum, wie man lernt. Wir anderen sollten uns daran erinnern, dass intellektuelle Selbstgefälligkeit nicht unser Freund ist und dass das Erlernen – nicht nur neuer Dinge, sondern neuer Denkweisen – ein lebenslanges Unterfangen ist. – Blair Sheppard, Global Leader, Strategy and Leadership Development, PwC.

Wie man sich anpasst und weiterentwickelt

Machen Sie sich klar, dass wir alle in dieser neuen Welt nur überleben können, wenn wir uns anpassen und offen für Veränderungen sind. Wenn Sie sich immer noch gegen den Wandel sträuben oder ihn hinauszögern und sich von der Angst zurückhalten lassen, dann nehmen Sie die Hilfe und Unterstützung in Anspruch, die Sie brauchen, um diese Einstellung zu ändern.

Die Zukunft liegt nur dann in Ihrer Hand, wenn Sie sich auf die Veränderungen einlassen. Die Veränderungen werden so oder so kommen, egal, was Sie tun. Wenn Sie sich nicht daran anpassen, werden Sie zurückbleiben.

Handeln Sie jetzt. Es geht hier nicht um eine ferne Zukunft der Arbeit. Der Wandel findet bereits statt und beschleunigt sich jeden Tag. Wenn Sie stillstehen, gehen Sie im Vergleich zu allen anderen rückwärts.

Es gibt kein festes Ziel. Planen Sie lieber für eine dynamische, unbekannte Zukunft als für eine statische Zukunft. Erkennen Sie verschiedene und sich entwickelnde Szenarien.

Seien Sie mutig und gehen Sie fundierte Risiken ein.

Machen Sie größere Sprünge. Lassen Sie sich nicht durch Ihren Ausgangspunkt einschränken. Vielleicht braucht es eine größere Veränderung als nur einen kleinen Schritt von Ihrem jetzigen Standpunkt aus.

Öffnen Sie sich für Automatisierung und Online-Lebensstile. Automatisierung und künstliche Intelligenz (KI) werden einen Teil unseres Lebens beeinflussen. Das Thema ist zu wichtig, um es allein der IT (oder der Personalabteilung) zu überlassen. Sie brauchen Verständnis und Einblick in die sich verändernde Technologielandschaft.

Konzentrieren Sie sich auf Menschen, nicht auf Arbeitsplätze. Unternehmen können keine Arbeitsplätze oder Aufgaben schützen, die häufig durch die Technologie überflüssig werden. Fördern Sie Flexibilität, Mehrfachqualifikationen, Anpassungsfähigkeit und Umschulungen.

Entwickeln Sie ein klares Narrativ. Eine große und wachsende Zahl von Menschen hat Angst vor der Zukunft, was das Vertrauen und die Kreativität beeinträchtigt. Wissen Sie, wohin Sie (vorerst) wollen, und halten Sie das Gespräch mit Ihrem Team am Laufen.

Moderne Arbeitskräfte führen

In einem kürzlich veröffentlichten Bericht der Führungsexperten von Glint wurden vier Prioritäten ermittelt, die sich als führende Teamwerte erweisen:

- Das Wohlbefinden wurde von 92 % der Arbeitnehmer genannt. Darunter wurde vor allem die Gesundheit und Sicherheit verstanden. Es kann sich auch auf eine angenehme Umgebung beziehen, in der es sich gut und angenehm arbeiten lässt.

Wohlbefinden bezieht sich auf die körperliche, emotionale und geistige Gesundheit in einem Kontext, der dies unterstützt.

- Die Zugehörigkeit wurde von 94 % der Mitarbeiter als wichtig bezeichnet. Das Gefühl, zu einem Team zu gehören, miteinander in Beziehung zu stehen, gesehen, gehört und geschätzt zu werden, wirkt sich direkt auf das Engagement, die Arbeitszufriedenheit, die Mitarbeiterbindung und die Loyalität aus. Menschen arbeiten für und mit Menschen, nicht für einen Firmennamen.

- Flexibilität und Unterstützung für Telearbeit wurden von 94 % der Mitarbeiter gewählt.

- Lernen und Wachstum wurden von 91 % der Mitarbeiter als Priorität genannt. Führungskräfte, die das Experimentieren, Ausprobieren und Lernen unterstützen und Möglichkeiten zum Lernen und zur Weiterentwicklung bieten, sorgen dafür, dass die Mitarbeiter fast dreimal so engagiert bei der Arbeit sind.

(GLINT, 2021)

Das sind die Dinge, deren Erfüllung Ihr Team aktiv von Ihnen als Führungskraft erwartet. Sie sind das, wonach neue Talente in Vorstellungsgesprächen suchen und was sie nach der Einstellung in der Firma hält.

Wenn Sie ein starkes Team aufbauen und halten wollen, werden Sie sich darauf konzentrieren.

SCHLUSSFOLGERUNG

Im Durchschnitt verbringen wir etwa ein Drittel unseres Lebens bei der Arbeit. Wenn diese Arbeit wenig Bedeutung für uns hat und die Arbeit in diesem Team uns nicht inspiriert oder motiviert, dann ist das eine Menge Zeit, die wir damit verbringen, ziemlich unglücklich zu sein.

Wir sind keine Roboter. Wir marschieren nicht in Reih und Glied, ständig davon angetrieben, ungeachtet der äußeren Bedingungen unermüdlich voranzukommen. Wir arbeiten nicht gefühllos, so als ob wir uns nur um das kümmern würden, wozu wir programmiert und angewiesen worden sind. Auch wenn einige kognitiv inkompetente Menschen es gerne so hätten wie eben beschrieben, ist es eine Tatsache, dass der Mensch komplex, kreativ, einzigartig und vielschichtig ist. Ja, das macht es etwas schwieriger, uns dazu zu bringen, etwas zu tun, als es ist, einen Roboter zu programmieren, aber wenn sich unser Herz und unser Verstand erst einmal auf eine Aufgabe eingelassen haben, sind große Dinge möglich. Unsere Komplexität ist auch die Grundlage für unsere Fähigkeit, uns anzupassen, zu überleben und zu gedeihen.

Jeder, der schon einmal in einer Gruppe war, die von einem nur begrenzt kompetenten Leiter geführt wurde, kann Ihnen sagen, wie schnell jeder kleine Funke des Interesses durch jemandem ausgelöscht werden kann, der sich nicht kümmert, unwissend ist oder rein eigennützig handelt.

Diese Arten von Führungskräften richten für alle Unheil an, auch für sich selbst. Wenn sie nur die Einsicht hätten, dies zu erkennen.

Ich habe lukrative Verträge gekündigt und hoch bezahlte Jobs mit vielen Zusatzleistungen und sogar großer zeitlicher Flexibilität aufgegeben, weil die Führung schlecht war. Selbst wenn ich nicht in der Schusslinie einer schlechten Führungskraft stand, waren die Demoralisierung und das sich langsam ausbreitende Gift von Angst und schlecht gehandhabten Konflikten für mich zermürbend. Wie konnte ich tatenlos zusehen, wie Menschen niedergemacht, missachtet und respektlos behandelt wurden? Es wird zu einem Konflikt mit der eigenen Ethik und den eigenen Werten, und wie wir wissen, ist das eines der am schwersten zu lösenden Probleme und Konflikte, vor allem, wenn die Machthaber es nicht einmal als Problem erkennen. Wenn ich viel hätte tun können, um die Situation zu ändern, hätte ich es getan, aber es war einfach nur anstrengend, eine zunehmend verärgerte Gruppe von Mitarbeitern zu unterstützen und zu betreuen, ohne dass ein Ende in Sicht war. Die Sache wollte sich nicht ändern.

Für diese Unternehmen und ihre sogenannten Führungskräfte war es ebenso ruinös. Menschen, die aus den falschen Gründen in Machtpositionen gebracht werden und keine angemessene Unterstützung oder Ausbildung erhalten, können ein Unternehmen schneller zerstören als eine ansteckende Seuche.

Da ich schlechte Führung erlebt habe, die das genaue Gegenteil von großartiger Führung war, und auch das Privileg hatte, selbst viele Jahre lang eine Führungskraft zu sein, hatte ich immer das Gefühl, dass diese frühen Erfahrungen mir einen entscheidenden Einblick in das gegeben haben, was funktioniert und was nicht.

Der Bedarf an guter Führung ist immens. Nicht nur in der Geschäftswelt, sondern überall.

Und ich weiß, dass das nicht einfach ist. Man nimmt nicht einfach seine Führungsposition ein, ausgestattet mit seinem Superhelden-Umhang und das war's. Es braucht Zeit, um diese Superhelden-Stärken aufzubauen. Sie werden immer wieder herausgefordert werden, an manchen Tagen werden Sie das Gefühl haben, dass Sie grandios scheitern, und an anderen fühlen Sie sich wie auf dem Gipfel auf der Welt. Ein oder zwei Mentoren oder sogar ein Business-Coach sind immer eine gute Idee, denn Sie können sich mit ihnen austauschen und sich von ihnen über die schwierigen Phasen hinweghelfen lassen.

Wenn Sie Ihre Führungsqualitäten trainieren, wird es mit der Zeit leichter. Ihr Selbstvertrauen wächst, und was sich früher anstrengend und unbeholfen anfühlte, wird sich irgendwann mühelos und intuitiv anfühlen.

Das bedeutet natürlich nicht, dass Sie aufhören zu lernen oder sich die Fragen zu stellen, die Ihnen helfen, zu prüfen, wo Sie stehen und wie es Ihnen geht. Gute Führungspersönlichkeiten bleiben durch ständige Achtsamkeit und Selbsterkenntnis auf diesem Weg. Andernfalls besteht die Gefahr, dass sie sich rückwärts entwickeln, fälschlicherweise geschützt durch ein Bild davon, wie gut sie einmal waren.

Wenn sich die Welt und der Arbeitsplatz verändern, müssen Sie sich anpassen. Und die Welt hört nie auf, sich zu verändern. Tatsächlich deuten alle Anzeichen darauf hin, dass sich der Wandel beschleunigt, sodass wir weniger Zeit zum Nachdenken und Abwägen haben. Wir müssen am Puls der Zeit bleiben. Wir müssen die Nachrichten lesen, Expertenforen und -quellen konsultieren und nach neuen Trends und Mustern Ausschau halten. Wir müssen jetzt handeln, nicht erst in vielen Monaten, wenn es zu spät ist. Und wir müssen mutig genug sein, einige Risiken einzugehen. Da die Führungskraft die Richtung vorgibt und dazu beiträgt, die Vision dieser Richtung zu schaffen und aufrechtzuerhalten, ist es eine der wichtigsten Führungsaufgaben, zu wissen, in welche Richtung man sich bewegen und wann man umschwenken muss. Viele Menschen verlassen sich auf Ihren Weitblick und Ihre Einsicht, und diese Menschen wollen keine Führungskraft, die sich im Nachhinein fragen muss: „Was ist passiert?"

Es gibt kein Patentrezept für alle. Menschen und Situationen verlangen von Führungskräften, dass diese eine unendliche Neugierde entwickeln und immer wieder fragen: „Was ist das?" Selbstgefälligkeit hat im Wortschatz einer Führungskraft keinen Platz. Ihre Fähigkeit, einen offenen und analytischen Geist zu bewahren, ist entscheidend. Erst wenn Sie den Großteil der Fakten kennen, können Sie eine fundierte Entscheidung treffen.

Es ist eine Gratwanderung zwischen zu langem Warten und überstürztem Handeln. Führungskräfte lernen, diesen Spagat zu meistern wie erfahrene Turner. Sie sollten nicht der reizbare oder überreaktive Typ sein, der Konflikte ungeschickt eskalieren lässt, weil er seine eigenen Emotionen nicht unter Kontrolle hat, oder sich von Wut, Angst oder anderen starken, potenziell zerstörerischen Gefühlen jeden Schritt diktieren lässt. Sie müssen an einem gewissen Maß an Selbstkontrolle arbeiten, an der konstruktiven Pause, in der Sie die Kontrolle über sich selbst erlangen, bevor Sie einen Schritt tun. Gleichzeitig sollten Sie aber nicht so lange innehalten, dass Sie in einer Analyse-Paralyse stecken bleiben, wie ein Reh im Scheinwerferlicht. Das verschafft auch nicht viel Respekt.

Und um Respekt geht es schließlich. Nicht die falsche, erzwungene Art. Sondern die Art, die man sich verdient hat, weil man sich als Mensch zeigt, der sich kümmert, der authentisch und leidenschaftlich ist und sich für das einsetzt, was er tut und für denjenigen, mit dem er es tut.

Wenn Sie den Verstand und die Herzen Ihres Teams gewinnen können, indem Sie einfach nur ein anständiger Mensch mit einer Leidenschaft für Ihre Ziele sind, haben Sie schon mehr als die Hälfte des Weges zurückgelegt, den es braucht, um nicht nur eine gute, sondern eine großartige Führungskraft zu werden.

Hinzu kommt die Fähigkeit, zuzuhören und auch gehört und verstanden zu werden, also die Grundlagen einer effektiven Kommunikation, und schon ist man wieder auf einem höheren Level. Wenn Sie ein Umfeld schaffen, in dem Ihr Team dazu ermutigt wird, seine Meinung zu sagen, sich zu äußern und seine Ideen einzubringen, werden Sie nicht nur für die Gesundheit Ihres Teams sorgen, sondern auch mit Trends und bevorstehenden Herausforderungen Schritt halten können. Man kann nicht von einer Person erwarten, dass sie alle Antworten kennt, und man sollte dies auch nicht von sich selbst erwarten. Wenn Sie ein starkes Team aufgebaut haben, werden alle auf die eine oder andere Weise dazu beitragen und Sie somit entlasten. Deshalb ist ein integrativer, vielfältiger und fehlerfreundlicher Arbeitsplatz eines Ihrer Hauptziele. Das sorgt nicht nur für engagiertere und motiviertere Teammitglieder, sondern macht auch Ihre Arbeit leichter. Es ist definitiv weniger einsam an der Spitze, wenn Sie alle zur Mitarbeit ermutigen.

Natürlich wird nicht alles immer nur rosig sein. Es wird Zeiten geben, in denen die Menschen aus dem einen oder anderen Grund einfach nicht miteinander auskommen. Dann müssen Sie eingreifen, um eine konstruktive und hoffentlich zufriedenstellende Lösung zu ermöglichen. Große Führungskräfte gehen Konflikten nie aus dem Weg. Sie stellen sich den Konflikten direkt und gehen sie schnell an. Dabei entstehen oft neue Einsichten oder Ideen, Prozesse werden aufgerüttelt, und die Menschen lernen durch Ihr gutes Beispiel viel über sich selbst, andere und den Umgang mit Konflikten.

Auch wenn alle gut miteinander auskommen und Sie den Horizont auf Anzeichen von Hindernissen absuchen, wird es doch gelegentlich unvorhergesehene Krisen geben. Sicherlich können Sie über Risiken nachdenken, wie z. B. die Erkrankung wichtiger Mitarbeiter oder einen Lieferantenwechsel. Aber man kann nicht erwarten, dass Sie alles vorhersehen können. Und da ist es gut, ein starkes, kompetentes, selbstverwaltetes und motiviertes Team zu haben, das Ihnen zur Seite steht. Denn wenn es hart auf hart kommt, stehen diese Leute an Ihrer Seite, um den Sturm zu überstehen, weil Sie ihr Anführer sind und sie nicht nur an Sie glauben, sondern Sie auch bewundern, respektieren und sich um Sie sorgen. Das ist es, was es bedeutet, eine mit ihrem Team verbundene Führungskraft zu sein.

Führen ist nichts für Weicheier. Wenn Sie es gut machen, wird es Sie verändern, Sie wachsen lassen und Ihnen ein Maß an Belastbarkeit verleihen, das Sie nie für möglich gehalten hätten. All diese Herausforderungen, auch wenn sie sich vorübergehend hart oder negativ anfühlen, werden Sie am Ende zu dieser Superhelden-Führungskraft formen.

Lassen Sie sich nicht beirren. Egal, wie oft man hinfällt, man muss nur einmal mehr aufstehen, als man hinfällt. Das ist wahres Durchhaltevermögen und Widerstandskraft. Mit diesem Ansatz können Sie so lange im Geschäft bleiben und im Leben erfolgreich sein, wie Sie wollen, bevor Sie sich zur Ruhe setzen und mit Ihrer Jacht übers Mittelmeer segeln oder am Strand liegen und Mojitos schlürfen. Führung ist aber nicht nur ein Mittel zum Zweck, stimmt's? Oft bringt sie finanzielle und andere Vorteile mit sich, aber den meisten großen Führungskräften geht sie in Fleisch und Blut über. Es geht nicht darum, was Sie tun, sondern darum, wer Sie sind, und Sie werden bis zu Ihrem letzten Tag eine Führungspersönlichkeit bleiben, sei es in Ihrer Gemeinde, Ihrer Familie oder auf einer anderen Ebene.

Ich wünsche Ihnen alles Gute auf Ihrer spannenden Reise als Führungskraft. Ich weiß, dass Sie, wenn Sie sich die grundlegenden Ideen, die ich Ihnen vorgestellt habe, zu Herzen genommen und einige der Hilfsmittel, die ich Ihnen gegeben habe, genutzt haben, bereits auf dem besten Weg sind, eine Führungskraft zu werden, auf die Sie und alle um Sie herum stolz sein können.

WIRKSAMER EINFLUSS

INSPIRIEREND FÜHREN

Wie Sie die Macht der Beeinflussung
nutzen. So motivieren Sie Menschen zu
Höchstleistungen und entfesseln das volle
Potenzial Ihrer Mitarbeiter

PAUL A. WYATT

EINFÜHRUNG

Fällt Ihnen rückblickend ein Beispiel aus Ihrem Leben ein, bei dem Sie sich die unbegreifliche Fähigkeit gewünscht haben, andere zu beeinflussen? Die Sichtweise des Einzelnen mag sich unterscheiden, aber man kann mit Fug und Recht behaupten, dass Menschen danach streben, die notwendigen Eigenschaften zu erwerben, um erfolgreiche Führungskräfte zu werden. Es sind Ihr innerer Antrieb und Ihre Leidenschaft, die Sie − richtig kanalisiert −, erkennen lassen, wie wichtig Ambitionen in Ihrem Leben sind. Es mag viele Gegenstimmen zu diesem Gedanken geben, aber es ist nie zu spät, Vertrauen in sich selbst zu haben und ein neu entdecktes Ziel oder eine langgehegte Leidenschaft zu verfolgen. Warum stellen Sie sich also nicht vor, eine Führungsrolle zu übernehmen, und wenn Sie bereits eine Führungskraft sind, warum vergrößern Sie nicht Ihren Einfluss auf die bestmögliche Art und Weise?

Die Ära, in der wir leben, bietet grenzenlose Möglichkeiten, wobei es nur auf Ihre Intelligenz und Ihre Bemühungen ankommt, das zu erreichen, was Sie anstreben. Zweifellos klingt, dass ein wenig weit hergeholt. Aber was wäre, wenn ich Ihnen sagen würde, dass Sie alles in sich tragen, das nötig ist, um die erfolgreiche und einflussreiche Führungskraft zu werden, die Sie schon immer sein wollten? Die Antwort auf diese Frage wird in diesem Buch schrittweise offenbart. Macht ist ein Wort, das mit einer Menge Verantwortung verbunden ist. Macht bedeutet in erster Linie, dass die meisten Führungskräfte in der Lage sind, andere dazu zu bringen, sich an ihren Entscheidungen zu orientieren. Die Macht kann den Führungskräften und den Leitern der jeweiligen Gruppen oder Abteilungen zur Verfügung stehen. Eine Person, die einem beliebigen Sektor angehört, sei es der Regierung, einem Unternehmen, der Politik, der Wirtschaft, dem Sozialwesen oder einem anderen wichtigen Sektor, und die eine Führungsposition innehat, muss die Grundlagen verstehen, die eine einflussreiche Führungspersönlichkeit benötigt, um geliebt und respektiert zu werden und damit ihr vorwiegend viele Menschen folgen.

Von Königen über politische und soziale Führer bis zu Unternehmensleitern – seit Beginn der Zivilisation hat es keinen Mangel an Führungspersönlichkeiten gegeben. In den Köpfen vieler Menschen haben sich viele falsche Vorstellungen festgesetzt, wenn es um Führungsstärke geht. Manche assoziieren eine Führungspersönlichkeit mit Geld, andere mit Ruhm und viele mit Erfolg. Doch Reichtum und Ruhm allein sind nicht das, was eine Führungspersönlichkeit zu einer einflussreichen Führungspersönlichkeit macht. Es ist eine Tatsache, dass nicht viele die Aufmerksamkeit der Massen für eine lange Zeit erhalten können, und nicht jeder hat die Fähigkeit, einen starken Einfluss auf die Menschen im Allgemeinen auszuüben.

Jeder, insbesondere eine Führungskraft, muss in der Lage sein, auf Menschen zu wirken, wenn er Einfluss auf seine Teamkollegen, Mitarbeiter oder Zuhörer haben oder einfach nur neue Freunde gewinnen will. Viele Führungspersönlichkeiten haben eine große Anhängerschaft, aber es gelingt ihnen nicht, diesen Einfluss aufrechtzuerhalten, um die Menschen, um sie herum zu motivieren und ihnen einen wirksamen Weg aufzuzeigen. Wenn man die Macht des Geistes und die Kunst der Überzeugung nicht studiert, kann das auf dem Weg zur Verwirklichung der eigenen Hoffnungen und Ziele zu einer Reihe von Problemen führen. Der Druck, der sich um das Verständnis dieser Theorie aufbaut, kann eine gewaltige Aufgabe sein, die sich langfristig negativ auf das Selbstvertrauen einer Führungskraft auswirken kann. Ferner wird dies oft als einer der häufigsten Gründe für das Scheitern von Führungskräften angeführt.

Die Faustregel für Führungskräfte lautet nicht nur, dass sie niemals die Verbindung zu ihren Mitarbeitern verlieren sollten, sondern auch, dass sie niemals die geringste Chance darauf verstreichen lassen sollten, zu verstehen, wie wichtig es ist, das Vertrauen und den Glauben der Menschen an, sie zu gewinnen. Andernfalls könnten sie ihre Position in hohem Maße aufs Spiel setzen. Eine Führungskraft muss sich daher bewusst machen, wie wichtig es ist, mit anderen auf möglichst authentische Weise zu kommunizieren.

Eine Führungspersönlichkeit zu sein, egal, wie bedeutend sie ist, kann eine äußerst mühsame Aufgabe sein! Führungskräfte stehen immer unter der Beobachtung der übergeordneten Machthaber, der Menschen, die für Sie arbeiten, der Menschen, die Sie führen wollen, der Menschen, die gegen Ihre Ideologien sind, der Menschen, die Ihre Konkurrenz sind, und vieler anderer Teile der Gesellschaft. Ein einfacher Fehler kann Ihr Image zerstören. Deshalb sollten Sie sich in dem Bereich, dem Sie angehören, mit Bedacht einbringen, damit Sie sich einen Platz für sich selbst schaffen.

Eine einfache Frage, deren Antwort ein gesundes Bild des Themas vermittelt, über das wir hier debattieren, lautet: „Was hilft dabei, Veränderungen herbeizuführen?" Die Antwort auf diese Frage, zusammen mit verschiedenen anderen Assoziationen, ist ein kräftiger Schubs in Richtung „Führung"! Ohne eine starke Führung ist es sehr schwierig, in einem Bereich etwas zu bewirken. Das Chaos und die Komplexität, die sich aus dem Fehlen einer angemessenen Vision und einer starken Führung durch eine Führungspersönlichkeit ergeben können, können sehr belastend sein. Das liegt daran, dass eine Führungspersönlichkeit die Fähigkeit haben muss, Probleme auf unvoreingenommene Art zu lösen, und dass sie in der Lage sein sollte, mit den Gedanken der zahlreichen Menschen umzugehen, die ihr folgen oder für sie arbeiten! Das erfordert ein hohes Maß an Einfluss!

Einflussnahme ist ein intensives Thema, mit dem man sich beschäftigen muss. Mit der Theorie sind verschiedene Konnotationen verbunden, manche positiv, manche negativ. Es geht darum, dass Menschen zu Recht Führungskräfte sein können. Einflussnahme gilt als eine Eigenschaft, die zu den dominierenden Merkmalen einer Führungsperson mit einer gewissen Autorität gehören sollte. Wenn Sie etwa eine Führungskraft in einem Unternehmen sind und ein neues Geschäftsfeld eröffnen wollen, müssen Sie zunächst Ihre Teamleiter und Mitarbeiter für Ihre Idee gewinnen. Die Ressourcen, die Sie möglicherweise benötigen, die Budgetzuweisungen, Genehmigungen, die Einstellung der Mitarbeiter usw. – auf jeden Aspekt muss Einfluss genommen werden, denn es ist fast unmöglich, Ihre Ideen zu verkaufen, wenn Sie nicht in den Köpfen Ihrer Zielgruppe angekommen sind! Darüber hinaus gibt es zahlreiche Herausforderungen, mit denen man als Führungskraft konfrontiert werden kann, und die größte von ihnen ist der regelmäßige Umgang mit den unterschiedlichsten Menschen. Das kann sehr schwierig werden und ist eine Frage des eigenen Einfühlungsvermögens. Um das Ziel zu erreichen, mehr und mehr Menschen zu beeinflussen, bedarf es einer Reihe von Strategien.

Einige der berühmtesten Führer und einflussreichen Persönlichkeiten, die sich im Laufe der Geschichte hervorgetan haben, sind: Martin Luther King Jr., Nelson Mandela, Abraham Lincoln, Mahatma Gandhi, Winston Churchill, Marie Curie, Henry Ford und andere. Diese Persönlichkeiten ließen sich nicht durch Demarkierungen und Grenzen einschränken. Sie erzielten gigantische Erfolge und prägten die Weltgeschichte in vielerlei Hinsicht. Einer der Gründe, aus denen sie so berühmt wurden, war, dass sie die Herzen der Menschen gewannen und damit die Messlatte für andere Persönlichkeiten ziemlich hoch legten.

Keine Grenze, keine Religion, keine Hautfarbe und kein Glaubensbekenntnis kann die Glaubwürdigkeit einer Führungspersönlichkeit beeinträchtigen. Wie kann man also seine Fähigkeiten verbessern, um eine Führungspersönlichkeit mit Goldstatus zu werden? Führungsaufgaben sind sehr dynamisch und können manchmal auch sehr anstrengend sein. Man darf weder die Kontrolle noch die Geduld verlieren, wenn man mit Menschen zu tun hat, für die man eine Führungskraft ist. Die Kommunikation und Vermarktung der eigenen Strategie erfordert viel Manipulation, was negativ klingen mag, aber viele verschiedene Aspekte hat. Vertrauenswürdigkeit muss Hand in Hand gehen mit der autoritären Rolle, die eine Führungskraft innehat. Um eine Gruppe von Menschen zu leiten, muss man in der Lage sein, seine Ideen an eine große Gruppe von Menschen zu vermarkten, und ja, sich zu verkaufen ist eine schwierige Aufgabe! Nehmen Sie sich einen Moment Zeit und denken Sie an ein Beispiel, wie das Wahlsystem in demokratischen Ländern. Wie schafft es eine einzige Person, zur mächtigsten Person im ganzen Land werden, indem sie an die Spitze der Regierungsordnung kommt? Auf welche Weise gelingt es den Führern, die Mehrheit der Menschen im Land davon zu überzeugen, zu ihren Gunsten abzustimmen? Jede Antwort wird auf die Rolle des Einflusses hinweisen!

Wenn Sie also Ihre Führungsqualitäten verbessern und als Fachkraft in einem Bereich wachsen wollen, müssen Sie das Konzept der Macht und den tief verwurzelten Aspekt des Einflusses verstehen. Es lohnt sich nicht, sich Ihren Selbstzweifeln hinzugeben. Vielmehr ist es an der Zeit, neue Fähigkeiten zu erlernen, um zu wachsen und alles zu verlernen, was Ihnen auf dem Weg zu einer erfolgreichen und einflussreichen Führungskraft im Wege steht. Jede Sekunde zählt, und die Mühe, die Sie sich machen, indem Sie den Anweisungen in diesem Buch folgen, wird Ihnen helfen, Ihren Traum zu verwirklichen, das Beste aus sich herauszuholen und vor allem eine Führungskraft zu werden, die von Grund auf mächtig und einflussreich ist!

KAPITEL 1:
DIE ROLLE DES EINFLUSSES IN DER FÜHRUNGSARBEIT

Wie oft waren Sie schon gezwungen, an langen und anstrengenden Sitzungen und Seminaren teilzunehmen, die von der Geschäftsleitung Ihres Arbeitsplatzes veranstaltet wurden? Wie oft haben Sie sich geärgert, dass Sie einen langweiligen Vortrag über sich ergehen lassen mussten? Wie oft haben Sie gedacht, dass es besser ist, motivierende Zitate per E-Mail zu erhalten, als sich persönlich mit Ihren Führungskräften zu treffen? Wie oft ist es Ihnen nicht gelungen, sich von Ihren Führungskräften inspirieren zu lassen, und Sie haben dennoch aus einer Angst heraus zustimmend mit dem Kopf genickt? Wie oft haben Sie sich vorgestellt, dass Sie mehr bewirken könnten, wenn Sie mehr Macht hätten, andere zu beeinflussen? Die Antwort auf diese Fragen variiert von Mensch zu Mensch und hängt auch davon ab, wie eine Führungskraft sein sollte, um ein solches Maß an Kontrolle und Einfluss auf das Publikum ausüben zu können. Tatsache ist jedoch, dass man in seinem Leben vielen Menschen begegnet, aber nur wenige den Eindruck machen, eine einflussreiche Führungspersönlichkeit zu sein. Führungsqualitäten müssen nicht immer mit hochrangigen Regierungsämtern, Konzerngiganten oder der Politik in Verbindung stehen. Auch eine Einzelperson kann eine Führungspersönlichkeit sein, die in der Lage ist, eine große Anzahl von Menschen zu beeinflussen und den Weg für Veränderungen zu ebnen.

Peter F. Drucker sagt in seinem Werk „Your Leadership is Unique" (zu Deutsch: „Ihre Führung ist einzigartig"): „Die einzige Definition einer Führungskraft bezeichnet jemanden, der Anhänger hat. Manche Menschen sind Denker. Manche sind Propheten. Beide Rollen sind wichtig und werden dringend benötigt. Aber ohne Gefolgschaft kann es keine Führungskräfte geben." Diese aufschlussreiche Aussage wirft ein Licht auf den Sinn und die Bedeutung der Führungsrolle. Es geht nicht um die hierarchische Position oder die prächtigen Auszeichnungen, die man besitzt. Es geht darum, die Aura und die Fähigkeiten einer Führungspersönlichkeit zu besitzen, die das Potenzial hat, einflussreich und mächtig zugleich zu sein.

Einfluss ist ein Konzept, das durch die Macht einer Person ausgelöst wird, das Verhalten eines anderen zu ändern. Wie Robert B. Cialdini in seinem Buch „Influence: the Psychology of Persuasion" (zu Deutsch: „Einfluss: die Psychologie der Überredung") schreibt, gibt es sechs wichtige Techniken, die bei der Beeinflussung von Menschen angewandt werden können, damit sie zustimmen oder besser gesagt, Ja sagen. Überredung ist eine Fähigkeit, die in die Grundsätze der Gegenseitigkeit, des sozialen Konsens, der Sympathie, der Beständigkeit, der Knappheit und des Engagements unterteilt werden kann. Es ist oft eine entmutigende Aufgabe, die erforderliche Zustimmung von Geschäftspartnern, Partnern, Kollegen, Familie und Freunden zu erhalten. Es gibt eine interessante Theorie, die besagt, dass die Existenz von Macht das Ergebnis des Einflusses einer abhängigen Beziehung ist.

Um die Fähigkeit zu erlangen, eine einflussreiche Ausstrahlung zu schaffen, brauchen Sie den Mut und die Entschlossenheit, etwas zu tun, das auf konstruktive Weise einen großen Einfluss auf den Geist der Menschen haben kann. Es stimmt auch, dass wir uns meistens nicht dessen bewusst sind, wie wir die Menschen um uns herum beeinflusst haben. Einflussnahme kann ansteckend sein. Als wir Kinder waren, sagten uns die meisten Älteren zum Beispiel, wir sollten uns nicht mit den einen, sondern eher mit den anderen Freunden einlassen. Außerdem betonten sie die Tatsache, dass wir auf eine bestimmte Art und Weise beeinflusst würden, die sie natürlich nicht guthießen. Das Konzept der Einflussnahme begegnet uns in unserem täglichen Leben schon seit Langem.

Führung kann nicht auf eine bestimmte Position oder einen bestimmten Status beschränkt werden. Sie kann mit unterschiedlichen Perspektiven definiert werden. In einem Unternehmen kann eine Führungskraft etwa der Leiter des Unternehmens sein, der auch der Gründer und die treibende Kraft hinter der Vision ist, oder ein ernannter CEO. In einer politischen Einrichtung ist der Leiter der Organisation die Führungskraft. Mit einfachen Worten: Jeder, der eine große Gruppe von Menschen führen kann, kann als Führer bezeichnet werden.

Eine Sache zu verteidigen, die es wert ist, dass man sich für sie einsetzt, eine Gruppe für den Erfolg zu mobilisieren und auch selbst als gutes Beispiel voranzugehen, sind einige der erwarteten Aktionen einer Führungspersönlichkeit. Wie Bill Gates sagte: „Wenn wir in das nächste Jahrhundert blicken, werden die Führungskräfte diejenigen sein, die andere befähigen." Man kann also sagen, dass der Begriff „Führung" von verschiedenen Menschen auf viele verschiedene Arten erklärt werden kann. Der Kernpunkt bleibt jedoch derselbe. Führungskräfte können erst dann erfolgreich sein, wenn sie die Kunst erlernt haben, andere zu beeinflussen.

Einfluss geht Hand in Hand mit Überredung und Gegenseitigkeit. Ist es nicht faszinierend genug, zu verstehen, welche Faktoren dazu führen, dass eine Person die Ideen oder Vorschläge eines anderen ohne das geringste Zögern bejaht? Dieses Maß an Zustimmung zu erreichen, kann oft wie eine unmögliche Aufgabe erscheinen. Was wäre, wenn ich Ihnen sagen würde, dass es auf die Art und Weise ankommt, wie Sie Einfluss nehmen, damit Sie Ihre Arbeit so erledigen können, wie Sie es wünschen? Bevor wir uns an die Arbeit machen, wollen wir einen Blick auf die verschiedenen Arten der Beeinflussung werfen und uns ansehen, wie effektiv sie sein können, wenn es darum geht, andere zu überzeugen.

Arten der Beeinflussung

Nicht jeder Mensch denkt auf die gleiche Weise. Wie sehr man sich auch anstrengt, es kann ziemlich viel Mühe kosten, seinen Einfluss als Führungskraft auf den Punkt zu bringen.

Rationale Beeinflussung

Ob in der Wirtschaft oder in einem anderen Bereich, die Logik ist das, was zählt. Eine Idee kann nicht nur auf dem Boden von Theorien entstehen. Sie muss pragmatisch sein und sich bei der Erreichung ihrer Ziele bewähren. Als Führungskraft kann eine rationale Herangehensweise dabei helfen, Ihre Punkte und Argumente transparent darzustellen, so, dass sie durch Fakten und nicht nur durch Gedanken gestützt sind. In der Kommunikation mit Ihren Anhängern sollten Sie mit Zuversicht und Klarheit auf die Maßnahmen hinweisen, die sich positiv auswirken können. Um die Meinung Ihrer Vorgesetzten, Kollegen und Mitarbeiter zu beeinflussen, müssen Sie die richtigen Überzeugungstechniken anwenden. Das dafür erforderliche Fingerspitzengefühl schließt den richtigen Gebrauch von Worten mit ein, der durch entsprechende konkrete Pläne unterstützt wird.

Inspirierende Beeinflussung

Es ist vorgeschrieben, dass Führungskräfte inspirierend sein sollten und es sich verdienen müssen, die Stimme ihrer Anhänger zu sein. Wenn die Gefolgschaft nicht mit Ihren Ideen mitgeht, kann der Weg zu einer erfolgreichen Führungskraft sehr mühsam sein. Von Ihnen als Führungskraft wird erwartet, dass Sie eine Wirkung auf Ihre Anhänger ausüben, die sie dazu bewegen kann, Veränderungen herbeizuführen. Bei dieser Wirkung geht es eher darum, eine Anziehungskraft zu erzeugen, oder besser gesagt, andere auf inspirierende Weise zu beeinflussen. Es geht darum, die Emotionen der Menschen so zu prägen, dass sie sich mit einer Situation verbunden fühlen können. Wenn es der Führungskraft gelingt, ihre Vision für die Zukunft auf motivierende Weise zu kommunizieren und den anderen verständlich zu machen, dann kann sie bei ihren Anhängern große Unterstützung und Begeisterung wecken. Eine der wichtigsten Möglichkeiten, wie sie als Führungskraft den zündenden Funken überwältigender Unterstützung für ihre Ideen auslösen können, besteht darin, sich selbst als Vorbild zu präsentieren. Ihr Verhalten, ihre Umgangsformen und ihre ethischen Grundsätze werden von allen in ihrem Umfeld immer genauestens überprüft werden. Wenn die Führungspersönlichkeit mit gutem Beispiel vorangeht und das Richtige tut, werden auch die anderen, die ihr folgen, inspiriert genug sein, sie zu unterstützen, um das gemeinsame Ziel langfristig zu erreichen.

Beratende Beeinflussung

Konsultationen und gesunde Diskussionen können maßgeblich zum Erreichen eines gemeinsamen Ziels beitragen. Das Einholen von Ratschlägen und Anregungen von Fachleuten kann auch helfen, die Herausforderungen zu verstehen, die mit einem Arbeitsplatz oder einem politischen Bereich verbunden sind. Die Ermutigung zur aktiven Beteiligung von Mitarbeitern an wichtigen Angelegenheiten kann ihnen einen Motivationsschub geben und so mehr Eifer für bessere Leistungen erzeugen. Beim Einsatz von Konsultationen als Mittel der Überzeugung müssen die Führungskräfte jedoch aufpassen, dass sie nicht manipulativ erscheinen. Es handelt sich um eine Beeinflussungstaktik, die schon seit vielen Jahren von Führungskräften in Spitzenpositionen eingesetzt wird.

Kooperative Beeinflussung

Die Technik der Beeinflussung durch Zusammenarbeit ist eine sehr wirksame Methode, um andere dazu zu bringen, in einer bestimmten Weise zu denken und zu handeln, ohne dies deutlich zu machen. Bei dieser Methode bitten Sie nicht um Unterstützung, sondern Sie sind da, um zu führen und zu helfen. Es handelt sich um einen psychologischen Trick, der am häufigsten in der abwärts gerichteten bzw. lateralen Struktur der Organisation eingesetzt wird. Die meisten Führungskräfte wenden diese Technik an. Sie stellen ihren Untergebenen die Ressourcen zur Verfügung, die sie für angemessen halten, und schlagen ihnen vor, entsprechend ihrer Anleitung zu handeln. Durch den Gedankenaustausch entsteht eine Atmosphäre des gegenseitigen Respekts, und der Führungskraft gelingt es so, die Meinung der anderen Mitarbeiter zu beeinflussen.

Daher spielt die Überzeugungsarbeit im Hinblick auf die Vision und die Ziele der Mission eine entscheidende Rolle für das reibungslose Funktionieren der Agenda einer Führungskraft. Führungspersönlichkeiten müssen einflussreich sein, und wenn sie das nicht sind, können sie nicht so erfolgreich werden wie einige der bekanntesten Führungspersönlichkeiten der Welt.

Macht verstehen

Macht ist ein starkes Wort mit zahlreichen Konnotationen, und es muss gründlich untersucht werden, inwiefern sie das Potenzial hat, Veränderungen in der Gesellschaft und in anderen untergeordneten Bereichen herbeizuführen. Macht in der Gesellschaft hängt meist mit dem Potenzial einer Persönlichkeit zusammen, die eine bedeutende Reform herbeiführen kann. Diese Führungspersönlichkeit ist in erster Linie auf die ihr zur Verfügung stehenden Ressourcen angewiesen, und diese Ressourcen stehen meist in Zusammenhang mit den sechs Grundlagen der Macht: Belohnung, Legitimation, Information, Zwang, Fachwissen und Identifikation. Die Art und Weise, wie sozialer Wandel vollzogen wird, die Dauer des Veränderungseffekts und die Art und Weise, wie

Macht aufgebaut wird, sind die bestimmenden Elemente dieser sechs Machtgrundlagen. Zwei der wichtigsten Grundlagen der Macht werden jedoch wie folgt berücksichtigt:

Formelle Macht

Die Position, die eine Person innehat, kann in direktem Verhältnis zum Umfang der ihr anvertrauten Macht stehen. Es ist eine Tatsache, dass mehrere Quellen zur Entstehung von formeller Macht führen. Einige dieser Quellen sind:

- Legitime Macht: In einer Organisation wird die Macht auf der höheren Ebene der hierarchischen Ordnung ausgeübt. Dies geschieht, um die vorherrschenden Ressourcen zu unterstützen und zu überwachen, damit die Vision und die Ziele erreicht werden können. Die legitime Macht wird also den obersten Beamten verliehen, die die volle Autorität haben, die Arbeit des Unternehmens und der Mitarbeiter im Allgemeinen zu überwachen. So sind etwa der Geschäftsführer oder der Vorstandsvorsitzende eines Unternehmens meist befugt, Mitarbeiter gemäß den jeweiligen Unternehmensnormen einzustellen und zu entlassen. Sie sind meist berechtigt, in der Businessclass zu reisen und in luxuriösen Hotels zu wohnen. Auch die Vorteile, die eine Person ganz legal aus ihrer Position zieht, können unter diese Kategorie von Macht fallen.

- Zwangsgewalt: Diese Art von Macht ist auch mit der legitimen Macht verbunden. Der Begriff „Zwang" selbst bezeichnet eine Form der Einschüchterung und Bedrohung zur Erreichung eines bestimmten Ziels. In einer Organisation haben etwa die oberste Autorität oder die leitenden Angestellten die Möglichkeit, Mitarbeiter, die ihnen unterstellt sind, zurückzustufen und zu verwarnen. Diese Form der Macht hat einen eher negativen Beigeschmack und hat meist mit der Verhängung von Strafen oder der Abwendung von Strafen zu tun. Es wird dringend empfohlen, von dieser Befugnis mit äußerster Vorsicht Gebrauch zu machen. Negative Strafen wie die Verhängung von Suspendierungen, Kündigungen oder auch die Zuweisung falscher und unangenehmer Aufgaben können auf lange Sicht schwerwiegende Konsequenzen nach sich ziehen.

- Belohnungsmacht – eine Art von Macht, die Menschen und Gefolgsleuten Positivität und Motivation verleihen kann. Diese Macht gibt den Führungskräften und den Machthabern die höchste Autorität, ihre Angestellten zu belohnen. Belohnungen werden oft in Form von Gehaltserhöhungen, höheren Gehaltsstufen, Beförderungen, Anerkennungen, Lob und auch durch die Zuweisung wichtiger Aufgaben an fähige Personen gewährt. Diese Art von Macht hat allerdings ihre Grenzen, denn ein Übermaß an Lob und Auszeichnungen kann sich manchmal auf das Ziel auswirken und Menschen in den Wahnsinn treiben. Mit dem richtigen Urteilsvermögen und den richtigen Belohnungen können Führungskräfte jedoch den Weg ebnen, um ihre Gefolgsleute oder Angestellten in hohem Maße zu motivieren. Wertschätzung der Arbeit und positives Feedback können eine Person mehr ermutigen als formale Belohnungen. Mit einem Konzept zur Förderung des Teamgeistes und des Durchhaltevermögens kann eine Führungskraft das Team in kürzester Zeit auf ein hohes Leistungsniveau bringen.

Man kann also sagen, dass Macht mit einem gewissen Maß an Autorität und Verantwortung einhergeht. Mit legitimen Befugnissen in der Hand können Führungskräfte eine Ebene erreichen, die sowohl für ihre Karriere als auch für ihr Ansehen fruchtbar sein kann.

Informelle Macht

Informelle Macht ist die Macht, die eine Person durch Einflussnahme mithilfe von persönlichen Fähigkeiten, Wissen und Taktgefühl erreichen kann.

- Expertenmacht: Am Arbeitsplatz wird oft festgestellt, dass eine Person oder eine Gruppe von Personen als Experten bezeichnet werden, die von den Machthabern und den Beschäftigten im Allgemeinen viel um Rat gebeten werden. Es besteht die weitverbreitete Auffassung, dass sie über besondere Fähigkeiten verfügen, die sie in einem bestimmten Arbeitsbereich oder in allen damit zusammenhängenden Bereichen zu Experten machen. Die Macht, die diesen Personen übertragen wird, beruht auf ihrem überlegenen Fachwissen. Darüber hinaus besteht eine große Abhängigkeit von diesen Personen, was sie mächtiger macht als den Rest der Gruppe.

- Charismatische Macht: Die überschwängliche Macht der Persönlichkeit eines Individuums kann sehr einflussreich sein, wenn es darum geht, ein starkes Fundament für den Aufbau von Kommunikation zu legen, um mehr Anhänger zu gewinnen. Wenn Führungspersönlichkeiten sowohl über eine charismatische Ausstrahlung als auch über rhetorische Fähigkeiten verfügen, werden sie zwangsläufig eine große Gruppe eifriger Gefolgsleute anführen, was dem Gesamtziel sowie der Vision der Organisation und insbesondere der Führungspersönlichkeit zugutekommen kann. Letztlich ist es die Persönlichkeit der Führungskraft, die von den übrigen Menschen als Erstes wahrgenommen wird.

- Macht durch Identifikation: Diese Form der informellen Macht erfordert Ruhm und Aufmerksamkeit. Jede Person, die mit Film, Fernsehen, Sport, Musik und so weiter in Verbindung gebracht wird, hat ein großes Publikum. Die Reichweite über solche Medien ist vergleichsweise viel höher als über jedes andere Medium. Ihr Einfluss darf nicht unterschätzt werden, und solche Personen mit einer hohen Macht durch Identifikation verfügen über ein beträchtliches Potenzial für den Zugang zu Ressourcen und können eine große Wirkung auf die Menschen ausüben, die sie beeinflussen wollen.

Es wird daher davon ausgegangen, dass das Konzept der Macht verschiedene Arten von Taktiken erfordert, die die Machtgrundlagen in die angestrebten Ziele des Führers und anderer höherer Instanzen, die an dem komplexen Machtspiel beteiligt sind, umsetzen können.

Macht versus Einfluss

Es gibt eine Vielzahl von Definitionen von Führung und Macht, und ein gemeinsamer Faktor, der sich häufig in allen Erklärungen findet, ist die Rolle des Einflusses. Führung und Macht sind fast gleichbedeutend und die Abgrenzung zwischen beiden Begriffen ist sehr fein und neigt in vielen Fällen sogar dazu, mit Leichtigkeit zu verwischen. Macht und Einfluss sind zwei wesentliche Aspekte der Führung, aber wenn man sich die Feinheiten beider Aspekte genau anschaut, kann man sagen, dass sie auf unterschiedliche Weise funktionieren. Darüber hinaus ist festzustellen, dass beide gleich wichtig sind, um ein Vermächtnis der Führung zu schaffen.

Mit einfachen Worten: Mit Macht können Sie einen großen, drastischen Einfluss auf Ihre Gefolgsleute oder Angestellten ausüben. Wenn Sie etwa Ihre Anhänger nach ihrer Meinung fragen und diese sofort mit einem Nicken antworten, was bedeutet, dass sie zustimmen, dann kann das daran liegen, dass sie Ihre Position respektieren oder Angst haben, auf lange Sicht entlassen zu werden, wenn sie ihre ehrliche Meinung kundtun. Bei der Beeinflussung hingegen kann man nicht so direkt auf die Menschen einwirken. Man kann nur Einfluss nehmen, indem man ein Bewusstsein schafft, inspiriert und an den Verstand der Anhänger appelliert, um sie dazu zu veranlassen, einer Sache zuzustimmen.

Auch hier gibt es einige Unterschiede, die den schmalen Grat zwischen Macht und Einfluss markieren:

- Führungspersönlichkeiten, die Einfluss ausüben, haben mehr Erfolg als Machtpersönlichkeiten: Einfluss ist übertragbar und kann sich schnell wie ein Lauffeuer verbreiten. Führungspersönlichkeiten mit einflussreichem Auftreten werden von ihren Anhängern eher gemocht, da sie sympathischer und zugänglicher erscheinen als Führungspersönlichkeiten, die nur mit Macht ausgestattet sind. Inspiration ist der Schlüssel, um den Geist Ihrer Gefolgschaft zu entfachen. Jeder Mensch hat die Vorstellung, dass eine Führungskraft jemand ist, zu dem er aufschauen kann und nach dessen Vorbild er strebt. Motivation ist der Schlüsselgedanke bei der Umsetzung dieser Strategie. Es ist an den Führungskräften, auf subtile Weise mit ihren Anhängern zu verhandeln, ohne dass es wie eine Form von Zwang oder Manipulation aussieht, was bei Führungskräften, die sich nur durch Macht konstituieren, der Fall sein könnte.

- Die Interessen, die einflussreiche Führungspersönlichkeiten gemeinsam mit ihren Gefolgsleuten verfolgen, können dazu führen, dass sie deren Perspektive besser verstehen. Dies kann einen großen Einfluss auf ihren Gesamterfolg haben. Sie werden in der Lage sein, den Kern einer Situation bzw. eines Problems zu verstehen und entsprechend zu handeln, mit einer positiven Wirkung und vor allem mit der Unterstützung ihrer Gefolgschaft. Führungskräften, die nur macht orientiert sind, kann es hingegen unter Umständen nicht gelingen, die Motivation ihrer Mitarbeiter zu steigern. Sie haben eine strenge Arbeitsmoral, die sie dazu bringt, alles kontrollieren zu wollen, was oft zu einem Missbrauch ihres Einflusses führen kann. Die meisten macht gesteuerten Führungskräfte arbeiten mit der gezielten Ausübung von Kontrolle und mit Methoden zur Unterdrückung von Prozessen. Dies kann eine Atmosphäre der Angst unter den Angestellten schaffen, was ihre Gesamtproduktivität stark beeinträchtigen kann.

- Einfluss kann im Vergleich zu Macht in mehrerer Hinsicht stärker sein. Es geht um den Verstand und seine Kontrolle über die Emotionen und den gesamten psychologischen Aspekt des Menschen. Einflussreiche Führungskräfte wirken eher als Mentor; sie erreichen eine große Gruppe von Menschen, um sie zu ermutigen und eine positive Wirkung zu erzielen. Sie sind immer bereit dazu, Menschen für ihre Visionen und Ziele zu begeistern. Einflussorientierte Führungskräfte sind offene Menschen, die alle Arten von Feedback zu ihrer Rolle, Arbeit,

Position oder jeder anderen Situation, die von Belang sein könnte, annehmen.

- Einflussreiche Führungspersönlichkeiten sind Visionäre und glauben daran, dass sie den Menschen, mit denen sie zu tun haben, zu wahrer Größe verhelfen können. Sie schaffen eine Atmosphäre, die ihren Anhängern Sicherheit und Respekt vermittelt. Macht orientierten Führungspersönlichkeiten, die einfach dominieren und Befehle erteilen, gelingt es hingegen kaum, eine solch bereitwillige Unterstützung durch die Anhänger zu erreichen.

Es ist eine Tatsache, dass Einflussnahme für die Organisation oder die gegenwärtigen bzw. zukünftigen Ziele der Führungskraft vorteilhafter sein kann, aber es kann auch nicht geleugnet werden, dass Macht und Einflussnahme, wenn sie zusammen eingesetzt werden, eine drastische Veränderung in den Köpfen und im Verhalten der Menschen, die folgen, bewirken können. Die Kraft, die Macht ausübt, ist im Vergleich zur sanften und kontinuierlichen Eigenschaft der auf subtile Weise beeinflussenden Überzeugungsarbeit anstrengend. Einfluss kann ein entscheidender Faktor sein, wenn es um wichtige und riskante Entscheidungen geht. Es kann also davon ausgegangen werden, dass eine Führungskraft die Eigenschaften einer mächtigen und gleichzeitig sehr einflussreichen Führungskraft beherrschen sollte bzw. muss.

Als Führungskraft können Sie Ihre Bindung zu Ihrer Organisation und Ihren Untergebenen stärken, indem Sie taktvoll vorgehen. In einem Unternehmen und auch in jeder anderen Organisation benötigt eine Führungskraft sehr viel Macht. Mehr noch, es kann sogar erforderlich sein, Ihre Zuhörerschaft zu beeinflussen und in deren Köpfen etwas zu bewirken. Daher ist es eine kluge Entscheidung, sich Einfluss zu verschaffen, was Ihnen in vielerlei Hinsicht helfen wird.

Die meisten von uns haben sicher schon einmal Gemeinschaftsaktivitäten an ihren Arbeitsplätzen erlebt. Es gibt Zeiten, in denen einige der Aktivitäten extrem viel Spaß machen, und andere Zeiten, in denen sie eine überwältigende Erfahrung sein können. Wenn wir über die Gründe nachdenken, die uns dazu bringen, eine bestimmte Art von Aktivität abzulehnen, werden wir vielleicht feststellen, dass uns die meisten Aktivitäten, zu denen wir von höheren Instanzen gezwungen werden, irritieren. Es kann sein, dass der Zwang, der damit einhergeht, bei den Menschen Angstzustände und Unlust auslöst. Aber die Aktivitäten, an denen wir aus freien Stücken teilnehmen, können erfüllend und viel lohnender sein. Alles, was uns aufgezwungen wird, werden wir natürlich versuchen, abzuwehren, aber wenn wir wirklich motiviert sind, an etwas zu arbeiten, kann das kaum scheitern. Man geht davon aus, dass Inspiration und Einfluss über einen sehr langen Zeitraum bestehen bleiben und dass dieser Einfluss auf den Geist der Menschen von dauerhafter Natur ist.

Die Führungskräfte von heute sollten sich immer dessen bewusst sein, wie wichtig es ist, Macht und Einfluss in einer kombinierten Form einzusetzen. Sie sollten aus den Fehlern lernen, die einige Führer gemacht haben, indem sie die Handlungen ihrer Anhänger gewaltsam manipulierten. Führungskräfte sollten sich stets bewusst sein, dass sie nur durch Beeinflussung und Inspiration der Massen in der Lage sein werden, ihre Macht über einen längeren Zeitraum zu erhalten.

KAPITEL 2:
DIE MACHT DES EINFLUSSES IN DER HEUTIGEN GESELLSCHAFT

Die Umgebung, in der wir uns befinden, spielt eine entscheidende Rolle bei der Bestimmung unserer Stimmung. Der Einfluss der Menschen um uns herum, seien es Freunde, Familie oder Kollegen, kann so subtil und gleichzeitig so stark sein, dass wir kaum merken, dass wir auf diese Weise beeinflusst werden. Betrachten Sie doch einmal die Umgebung, in der Sie aufgewachsen sind. Wurden Sie nicht von Ihrem Umfeld und den Freunden, mit denen Sie aufgewachsen sind, beeinflusst? Die Antwort lautet mit hoher Wahrscheinlichkeit „Ja". Wenn Sie genau hinschauen, werden Sie feststellen, dass Sie mit Menschen befreundet sind, die ähnliche Ziele und Vorlieben haben. Vielleicht ist es die Literatur, die Sie bevorzugen, oder die Filme, die Sie sich ansehen. Einfluss kann vielschichtig sein und eine ebenso komplexe Rolle bei der Gestaltung des eigenen Lebens spielen!

Die Hauptfrage besteht darin, ob die Einflüsse, mit denen Sie zu tun haben, ethisch vertretbar sind oder nicht. Vor allem in Führungspositionen sind Ethik und Einfluss wichtige und sehr bedeutende Faktoren. Cass R. Sunstein weist in seinem Buch „The Ethics of Influence" (zu Deutsch: „Die Ethik des Einflusses") darauf hin, dass es aus ethischer Sicht einen großen Unterschied zwischen Zwang und Einfluss gibt. Gewalt kann auf viele unethische Arten angewendet werden. Das Wort „Zwang" selbst ist schon ein wenig unethisch. Wenn Manager etwa Angestellte dazu zwingen, drei Tage am Stück zu arbeiten, tun sie dies oft, indem sie ihnen mit Entlassung drohen. In solchen Fällen werden die Mitarbeiter, um ihren Arbeitsplatz zu retten, zweifellos wie verlangt arbeiten. Dies geschieht im Sinne einer Beeinflussung durch Zwang; bei einer bloßen Beeinflussung hingegen ist das Szenario niemals so hart. Wie Cass R. Sustain hervorhebt, können Sie einem Bettler auf der Straße jederzeit die Herausgabe von Geld verweigern. Das ist Ihre Entscheidung, und alles, was der Bettler tun kann, ist zu versuchen, Sie in gewissem Maße zu beeinflussen. Mehrere Fälle wie dieser können einen Unterschied zwischen diesen beiden Konzepten bewirken. Bei näherer Betrachtung zeigt sich jedoch, dass die Ethik eine wichtige Rolle für die Führungsqualität einer Person spielt, die andere führen soll.

Ethisch korrekte Führung

Bei der ethisch korrekten Führung geht es um einen Verhaltenskodex, der aus beruflichen und moralischen Gesichtspunkten akzeptabel ist. Es ist wichtig, sowohl die negativen als auch die positiven Aspekte einer ethisch korrekten Führung zu untersuchen, um eine Grundlage für die Führungsqualität zu schaffen, die eine Führungskraft von heute auszeichnen sollte. Ethisch korrekte Führung und ihr Einfluss beruhen auf den folgenden wesentlichen Merkmalen:

Seien Sie ein Vorbild:

Unabhängig von der Epoche, der sie angehören, müssen Führungspersönlichkeiten die Fähigkeit haben, die Menschen zu inspirieren, indem sie selbst mit gutem Beispiel vorangehen. Sie sollten nicht nur redegewandt sein, sondern das, was sie predigen, auch in die Tat umsetzen können. Die meisten Menschen blicken hoffnungsvoll und voller Vertrauen zu ihren Führungspersönlichkeiten auf, aber wenn diese in den Augen ihrer Anhänger nicht bestehen können und sich auch nicht für ihr Volk einsetzen, bedeutet das auf lange Sicht einen großen Verlust. Eigenschaften wie Loyalität, Vertrauen, Ehrlichkeit usw. tragen alle zur positiven Gesamtausstrahlung der Führungskraft bei. Es ist eine Tatsache, dass sich die Menschen eher zu Führungspersönlichkeiten hingezogen fühlen, mit denen sie in Resonanz treten und denen sie zum Wohle ihrer Zukunft vertrauen können. Integrität und ethisch korrektes Verhalten können Führungskräften nicht nur in ihrem Berufsleben helfen, viele Kämpfe zu überstehen und zu gewinnen, sondern auch in ihrem Privatleben.

Kommunizieren Sie

Kommunikation ist die Grundlage für jede Art von Beziehung. Zahlreiche Konflikte in der Welt sind auf das Fehlen einer angemessenen Kommunikation oder auf Kommunikationsfehler zurückzuführen. Für eine Führungspersönlichkeit, die eine Vision hat und Veränderungen herbeiführen will, ist es sehr wichtig, in der Kommunikation mit ihren Anhängern präzise und klar zu sein. Menschen unterscheiden sich in ihrer Natur und ihren Verhaltensmustern. Manche Menschen bevorzugen die Kommunikation über Anrufe, E-Mails und Briefe bzw. heutzutage mehr über Text- und Sprachnachrichten. Es spielt keine Rolle, welches Medium die Menschen für ihre Kommunikation wählen. Entscheidend ist, wie und warum sie das Bedürfnis haben, zu kommunizieren. Mittels offener Gespräche können sich Führungskräfte ein transparentes Bild von ihren Anhängern machen. Sie werden mehr Verständnis für deren Probleme aufbringen und Feedback liefern. Der Aufbau von Beziehungen auf der Grundlage von Kommunikation kann ewig dauern. Wenn es den Führungskräften jedoch gelingt, mit ihren Anhängern auf ehrliche, faire, mitfühlende und vor allem respektvolle Weise zu kommunizieren, entsteht die Idee einer perfekten Welt mit guten Beziehungen zwischen Führungskraft und Anhängern.

Betonen Sie die Bedeutung der Ethik

Eine ethische Führungspersönlichkeit muss sich auf den entscheidenden Faktor der Anwendung ethischer Standards im Tagesgeschäft und anderen damit verbundenen Angelegenheiten konzentrieren. Ein angemessener Ethikkodex ist ein Muss, um in einem Unternehmen oder an einem Arbeitsplatz mit allen Rechten zu überleben. Ein faires und professionelles Umfeld kann nur erreicht werden, wenn die Rolle der Ethik bei der Gestaltung des charakterlich starken Fundaments einer Führungskraft sowie der gesamten Unternehmensstruktur betont wird.

Die Ethik des Einflusses für die ethisch korrekten Führungskräfte von heute

Die Ethik der Einflussnahme kann bei den heutigen Führungskräften nie außer Kraft gesetzt und muss mit Respekt und Reife befolgt werden. Wie und in welchem Ausmaß ethisch korrekte Führung Wirkung zeigen kann, lässt sich durch eine Vertiefung der folgenden Punkte verstehen:

- Führungspersönlichkeiten, die sich von einem Verhaltenskodex leiten lassen, helfen der Gesellschaft und ihren Anhängern auf unzählige Arten. In einer formellen Regierungs- oder Unternehmensstruktur muss eine Führungspersönlichkeit das allgemeine Wohlergehen ihrer Mitarbeiter, die ihr vertrauen und folgen, im Hinterkopf behalten.

- Sie müssen sich der Situation und der Probleme bewusst sein, die mit den Tätigkeiten der wichtigsten Personen, ihres Teams und der gesamten Organisation, die sie vertreten, zusammenhängen. Durch die Schaffung eines positiven Umfelds und den Aufbau einer guten Beziehung zu ihren Mitarbeitern können die Führungskräfte im Gegenzug auch mehr Unterstützung für sich selbst gewinnen.

- Die Schaffung eines Umfelds, das Positivität und Motivation fördert, ist eine wichtige Aufgabe einer ethisch korrekten Führungskraft. Die Menschen in einem Arbeitsbereich neigen zu hoher Produktivität, wenn der Zusammenhalt im Team und die Moral stimmen.

- Respekt ist einer der wichtigsten Aspekte bei der Pflege von Beziehungen, sei es im beruflichen oder im privaten Bereich. Keine zwei Menschen können gut miteinander kommunizieren, wenn kein Respekt zwischen ihnen herrscht. Eine Führungskraft muss dafür sorgen, dass ein produktives Arbeitsumfeld geschaffen wird, indem sie aufzeigt, auf welche Art es einer ethisch korrekten Organisation gelingt, auf ein gemeinsames Ziel hinzuarbeiten.

Der Harvard Business Review zufolge gibt es ein neues Modell für ethisch korrekte Führung, dass das Potenzial hat, der Gesellschaft als Ganzes einen größeren Nutzen zu bringen. Dieses neue Modell besagt, dass eine ethisch korrekte Führungspersönlichkeit nicht einfach nur eine Liste von Verboten erstellen sollte, sondern dass die Schaffung von Werten für die Gesellschaft Priorität haben sollte. Max H. Bazerman vertritt bei dieser utilitaristischen Theorie die Auffassung, dass philosophische Ideen mit dem Pragmatismus der Wirtschaftsethik verschmolzen werden sollten, sodass zahlreiche Managementaufgaben auf pragmatische und zugleich ethisch vertretbare Weise ausgeführt werden können. Um diese Idee zum Erfolg zu führen, sollten die beteiligten Führungskräfte jedoch kognitive Maßnahmen ergreifen, um zu prüfen, ob es eine Form von Hindernissen gibt, die die Menschen in den Führungsetagen oder höheren Machtpositionen daran hindern, ethisch vertretbare Entscheidungen zu treffen.

Laut einer Veröffentlichung der Villanova University gibt es ein Modell, das mit der Idee der ethisch korrekten Führung übereinstimmt. Dieses Modell umfasst Werte, Vision, Stimme und Tugenden, die vier Hauptmerkmale, die eine starke, vor allem aber ethisch korrekte Führungskraft ausmachen. Durch den Einsatz von intuitiven und abwägenden Theorien und Denkprozessen können Führungskräfte, die einen ethisch korrekten Ansatz verfolgen, auf lange Sicht viel verantwortungsvoller arbeiten.

Die transformative Führungskraft

Führung lässt sich nicht nur auf eine bestimmte Art beschränken. In der Welt, in der wir leben, gibt es zahlreiche Arten von Führungskräften. Bei manchen Führungspersönlichkeiten geht es vor allem um Motivation und Tatkraft, während andere sich durch das Eingehen von Risiken und das Annehmen von Herausforderungen auf ein höheres Niveau begeben. Was auch immer ihr Stil sein mag, ein Merkmal, das allen gemeinsam ist, ist die Fähigkeit, zu inspirieren und einen bemerkenswerten Wandel in dem Bereich herbeizuführen, in dem der Wandel am meisten benötigt wird.

Das digitale Zeitalter hat für die meisten Organisationen in Bezug auf ihre Funktionsweise eine Reihe neuer Aspekte mit sich gebracht. Die transformative Führung ist eine der am meisten diskutierten Formen der Führung, die in den vergangenen Jahren in den Vordergrund gerückt sind. Transformative Führungskräfte sind diejenigen, die in der Hoffnung und in dem Bestreben führen, sinnvolle Veränderungen herbeizuführen. Motivation ist der Schlüssel, um die Belegschaft eines Unternehmens dazu zu bringen, sich zu beteiligen, und genau das ist das Ziel einer transformativen Führung. Die transformative Führung

wird auch als ein wichtiger Aspekt des „Full Range Leadership Model"
angesehen.

Der Führungstheoretiker und Präsidenten-Biograf James MacGregor
Burns definierte das Wesen der transformativen Führung im Jahr
1978. Er erläuterte, wie sich Führungskräfte und ihre Gefolgsleute in
bestimmten Situationen gegenseitig unterstützen und auf das Erreichen von gemeinsam angestrebten Zielen und Erfolgen hinarbeiten.
Viele Theorien besagen, dass die Bezeichnung „Führungskraft" durch
die „Geführten" verliehen wird. Unter den vielen Theorien, die sich
auf die transformative Führung stützen, ist die Theorie von Bernard
M. Bass die am weitesten verbreitete. In seiner Theorie sagt er, dass
erfolgreiche transformative Führungskräfte bewertet werden sollten,
oder besser gesagt, ihre Fähigkeiten sollten anhand der Auswirkungen
gemessen werden, die sie auf ihre Anhänger haben. Die selbstlosen
Handlungen der Führungspersönlichkeiten, die gemeinsam mit den
Gefolgsleuten ausharren, können zwischen den beteiligten Parteien ein
Gefühl des gegenseitigen Vertrauens, des Respekts und der Loyalität
fördern. Transformative Führungskräfte müssen fesselnd genug sein,
um ihr Team auf lange Sicht zusammenzuhalten.

In seinem Artikel „Lincoln – the Transformational Leader" (zu Deutsch:
„Lincoln – der transformative Führer") befasst sich Gordon Leidner
mit der amerikanischen Geschichte im Hinblick auf die Führungs-
qualitäten von Abraham Lincoln, dem 16. Präsident der Vereinigten
Staaten von Amerika. Zwar gibt es weltweit zahlreiche Arbeiten über
Lincoln, aber nur wenige wurden auf der Grundlage einer modernen
Führungstheorie verfasst, die sich um eine Analyse der Führungsquali-
täten von Lincoln bemüht.

Um die transformative Führung von Lincoln zu bewerten, wurden drei seiner Fähigkeiten untersucht und gemessen:

- das Maß an Vertrauen, Respekt und Loyalität, das Lincoln von seinen Anhängern entgegengebracht wurde,
- wie er seine Anhänger dazu inspirierte und motivierte, selbst in den schwierigsten Zeiten große Opfer zu bringen,
- wie er seine Anhänger ethisch beeinflusste, damit sie einen Sinn für hohe Moral bewahren.

Die Potomac-Armee dokumentierte die Meinungen ihrer Soldaten über Lincoln in Form von Briefen und Schriften, die auch heute noch existieren. Die meisten dieser Briefe der Soldaten waren an ihre Angehörigen, wie Familie und Freunde, gerichtet. Bei näherer Betrachtung kann man feststellen, dass die Meinungen, die sie über Lincoln äußerten, echt waren und von Herzen kamen. Lincoln war eine Führungspersönlichkeit, zu der die Menschen aufschauten, und so hatte er eine große Schar von Anhängern, die ihn bei der Verwirklichung ihrer gemeinsamen Ziele unterstützten.

Der Autor William C. Davis ist überzeugt, dass Lincoln eine große Initiative ergriff, um in engem Kontakt mit den Soldaten zu bleiben. Da er bereits als Freiwilliger im Black-Hawk-Krieg gedient hatte, war er mit den Gepflogenheiten der Armee und ihren hierarchischen Ansätzen vertraut. Er hatte die Kämpfe dieser Soldaten aus nächster Nähe miterlebt und konnte sich daher in die Probleme der Soldaten einfühlen. Der Punkt hierbei ist, dass eine Führungspersönlichkeit auch auf die kleinsten Details der Probleme, mit denen sie konfrontiert ist, eingehen muss, wenn sie einen bedeutenden Wandel und eine Welle positiven Einflusses in den Köpfen ihrer Anhänger bewirken will.

William Seward, Außenminister, zitierte Lincoln mit den Worten: „Es gab nie einen Mann, der so zugänglich war, sowohl für die richtigen als auch für die falschen Leute." Das bringt die Sache auf den Punkt! Lincolns Engagement für die Belange der in Not geratenen Soldaten ist nur ein Beispiel dafür, wie eine transformative Führungspersönlichkeit handeln sollte. Durch die sympathische und zugängliche Haltung des Präsidenten wurden immer mehr Menschen von seiner Ausstrahlung angezogen.

Eine Frage, die sich an dieser Stelle stellt, ist: Welches sind die wesentlichen Gewohnheiten, die sich Führungskräfte aneignen müssen, um erfolgreiche transformative Führungskräfte zu werden? Hier sind einige Eigenschaften, die für Führungskräfte unerlässlich sind, um bemerkenswerte Veränderungen herbeizuführen:

Selbsterkenntnis

Die Reflexion über die eigenen Stärken und Schwächen kann einer Person helfen, ein tiefes Gefühl der Selbsterkenntnis zu erlangen. Die wichtigste Eigenschaft von transformativen Führungskräften ist es, sich auf das allgemeine Wachstum der Organisation oder des Teams, mit dem sie zusammenarbeiten, zu konzentrieren und sich dabei ständig selbst zu verbessern. Unscheinbare Gewohnheiten, wie das Setzen von Tageszielen, können nichtig erscheinen, sind aber genau die Praktiken, die den Führungskräften helfen können, zu planen und sich auf ihre Hauptziele zu konzentrieren. Der Lerneifer und die Leidenschaft dafür, das Beste aus den unternommenen Anstrengungen herauszuholen, sind einige der wichtigsten Eigenschaften, die eine Führungskraft besitzen muss, um eine positive Reform herbeizuführen.

Managementfähigkeiten

Managementfähigkeiten sind eine Voraussetzung für die Rolle als Führungskraft, ganz gleich in welchem Bereich. Sie sollten entscheidungsfreudig sein, aber auch in der Lage, sich in die Gedanken ihrer Mitarbeiter und Kollegen hineinzuversetzen. Sie sollten autark sein und mit einem Minimum an äußerem Einfluss arbeiten können. Um einen Wandel herbeizuführen, muss eine Führungspersönlichkeit einfühlsam und gleichzeitig geschickt genug sein, um das Team oder die Gefolgschaft fest im Griff zu haben.

Visionär

Jede Führungskraft muss ein Visionär mit genauen Zielen sein. Transformative Führungskräfte müssen in der Lage sein, ihre Mitarbeiter zu motivieren, indem sie sie mit ihren Ideen und ihrer Vision für die Organisation beeinflussen. Sie sollten Begeisterung verbreiten und eine Atmosphäre der Unterstützung und Inspiration unter den Anhängern schaffen. Ohne eine Reihe von Plänen oder eine richtige Vision kann kein Ziel erreicht werden. Transformative Führungskräfte müssen sich der Ernsthaftigkeit ihrer Ziele bewusst sein und mit voller Hingabe darauf hinarbeiten.

Innovativ

Innovation ist der Schlüssel zu einem echten Wandel. Ohne über den Tellerrand hinauszuschauen, kann niemand einen neuen Weg zum Erfolg entdecken. Führungspersönlichkeiten, die einen Wandel herbeiführen, können nur dann etwas verändern, wenn sie vor Ideen für ein erreichbares Wachstum strotzen. Sie sollten vorausschauend denken und sich nicht scheuen, ein Risiko einzugehen, um gut recherchierte Strategien auszuprobieren.

Es zeigt sich also, dass transformative Führungspersönlichkeiten in der Lage sind, einen Wandel in der regulären Unternehmensdynamik herbeizuführen und ihren Weg zum Erfolg durch kontinuierliches Lernen und die Zusammenarbeit mit ihren Mitarbeitern zu markieren.

Transformative Führungskräfte sind Visionäre, die eine erfolgreiche Zukunft anstreben. Sie setzen zahlreiche Techniken und Strategien ein, um ihr Unternehmen in eine Richtung zu lenken, die zu fruchtbaren Ergebnissen führt. Sie setzen auch Ideen ein, durch die sie im Wettbewerb die Nase vorn haben. Sie sind bekannt für ihre Anpassungsfähigkeit, die sie auch in den schwierigsten Stunden in Bewegung hält.

Führer zeitgenössischen Denkens

Die heutige Zeit ist geprägt von der einflussreichen Rolle der sogenannten Millennials und seit Kurzem auch der Generation Z. Der technologische Fortschritt hat ihren Horizont so weit erweitert, dass es heutzutage schwierig ist, jemanden zu finden, der kein Mobiltelefon in der Hand hält! Angesichts der sichtbaren Veränderungen in der Lebensweise und der weiten Verbreitung des Internets kann man davon ausgehen, dass das digitale Zeitalter in vollem Gange ist.

Die meisten von uns kennen natürlich alle verfügbaren sozialen Plattformen und sind bis zu einem gewissen Grad auch begeisterte Follower und Nutzer. In letzter Zeit hat es im Bereich der sozialen Medien und anderer Internetmedien einen Zustrom von „Influencern" gegeben. Die größten Marken und Unternehmen der Welt haben ebenfalls eine Grundlage dafür geschaffen, reibungslose Beziehungen zu einigen der prominentesten Influencer des digitalen Marktes aufzubauen. Anpassungsfähigkeit ist eine Tugend, und in Zeiten, in denen sich die Struktur und die Funktionsweise von Personengruppen auf der ganzen Welt verändern, ist sie umso mehr gefragt.

Wenn man über Generationen spricht, muss man beachten, dass sich die Generation Z in Bezug auf ihre Einstellungen und Meinungen stark von den Millennials unterscheidet. Dennoch sind beide die Personengruppen, die dazu beitragen, ein modernes Muster der Meinungsführung zum Tragen zu bringen. Es gibt mehrere Gründe, warum Influencer als effektiver angesehen werden als eine konventionelle Art, eine Gruppe von Menschen zu führen. Alle Influencer sind auf ihre Weise Führer. Sie wissen, wie sie mit Menschenmassen umgehen müssen, um mehr Aufmerksamkeit zu erlangen. Die verschiedenen trendigen Social-Media-Anwendungen und -Seiten wie Twitter, Instagram, Facebook, YouTube und sogar Pinterest usw. haben zweifellos zu einem sprunghaften Anstieg von Personen geführt, die als Influencer bezeichnet werden.

Die Macht des Einflusses beruht auf einer Energie, die durch die Reaktionen und Kommentare der Menschen gespeist wird. Diese Logik wird in solchen Internet-Medien in einer sehr kognitiven Weise genutzt, um eine Basis von Influencern zu schaffen. In den vergangenen Jahren hat das Internet einen revolutionären Wandel erlebt. Die meisten Menschen ziehen es nicht mehr vor, Zeitungen zu lesen, sie kaufen Produkte lieber online, als in ein Geschäft zu gehen, und sie folgen lieber einer Person, zu der sie einen Bezug haben, wenn es um Mode- oder Make-up-Tipps geht, als sich eine Werbung mit einem Hollywood-Star anzusehen, der unerreichbare Schönheitsstandards vorgibt. Die tiefgreifende Verbindung, die dafür sorgt, dass die Gedanken der Follower mit den Ideen der Influencer übereinstimmen, ist das Gefühl der Vertrautheit.

Moderne Influencer werden oft als Social-Media-Berühmtheiten oder -Stars bezeichnet, weil ihre Popularität enorm groß sein kann! Digitales Marketing ist einer der Bereiche, in denen solche Influencer eine umwerfende Rolle spielen, was surreal erscheint, aber wahr ist.

Alle paar Sekunden hat ein Mensch Zugang zum Internet und sieht dort eine Form von Marketing, ob auf subtile oder direkte Weise. Die Influencer von heute haben sich in ihren jeweiligen Bereichen eine eigene Nische geschaffen und verfügen über ähnliche Follower. Es wird davon ausgegangen, dass sie auch das Potenzial haben, Ihre Produktkampagne mit einem einzigen Beitrag, den sie teilen, zum Erfolg oder Misserfolg zu führen. Laut Forbes sind Mikro-Influencer die Zukunft der Marketingbranche. Diese Influencer haben in der Regel 1.000 bis 100.000 Follower und nutzen in erster Linie die gängigen Social-Media-Plattformen.

Bei jeder Form von Führung spielen Einfluss und Zugänglichkeit eine große Rolle. Die Tatsache, dass die meisten modernen Influencer für die ganze Welt zugänglich sind, macht sie erfolgreich, doch manchmal auch anfällig für Probleme. Sie haben zwar die Fähigkeit, mit ihren Nischeninhalten einen Großteil der Menschen zu beeinflussen, aber gleichzeitig lauern im Internet auch Schurken, die auf Dauer mehr Schaden anrichten als Nutzen bringen können. Durch zu viel Druck seitens der Marken verlieren manche Influencer auf Dauer ihre Authentizität. Zahlreiche Mode- und Kosmetik-Influencer neigen dazu, nach den Vorgaben einer Marke zu arbeiten, was, wenn es nicht auf subtile Weise geschieht, dazu führen kann, dass sie viele ihrer Follower verlieren, weil ein Gefühl der Manipulation entsteht.

Letzten Endes spielt es keine Rolle, wie berühmt man ist. Die Rolle einer Führungspersönlichkeit kann viele Herausforderungen mit sich bringen, aber mit den richtigen Entscheidungen und dem richtigen Einfluss kann man eine echte Führungspersönlichkeit werden, die massive positive Reformen im Unternehmen, in der Gemeinschaft und in der Gesellschaft bewirken kann.

KAPITEL 3:

WIE SIE IHREN EINFLUSS AUSBAUEN

Halten wir einmal kurz inne und überlegen wir uns, welche Eigenschaft einer Führungspersönlichkeit als die wesentlichste angesehen werden kann. Es liegt auf der Hand, dass jeder eine andere Antwort geben wird, aber es lässt sich auch nicht leugnen, dass Einfluss ein wichtiger Faktor ist, der eine Führungspersönlichkeit auf ein insgesamt höheres Niveau heben kann. Einfluss kann verschiedene Konnotationen haben. Viele würden im Allgemeinen annehmen, dass es sich dabei um einen Faktor handelt, der eine Menge Intrigen und negative Manipulationen erfordert. Das ist zwar nicht ganz von der Hand zu weisen, aber es gibt einige Schlüsselstrategien, die in ihrer Kombination dazu führen, dass man als starke Führungskraft die Fähigkeit zur Beeinflussung anderer beherrscht.

Es ist ziemlich schwierig, Führung auf eine bestimmte Art von Rolle oder Titel zu reduzieren. Der Vorstandsvorsitzende eines Unternehmens, der Schulleiter eines Gymnasiums, der Teamleiter, der Abteilungsleiter, der Leiter einer Regierungsbehörde usw. – alle Personen in diesen Positionen können als Führungskräfte bezeichnet werden. Es ist jedoch ihre Fähigkeit, Einfluss auf ihre Kunden, Lieferanten, Angestellten und Kollegen zu gewinnen, die ihnen den Weg zu beruflichem Ansehen und Respekt ebnet.

Beeinflussungsfähigkeiten

Die Fähigkeit, Einfluss zu nehmen, ist die Fähigkeit, die Sie in einer Welt mit viel Wettbewerb erfolgreich macht. Es ist die Fähigkeit, mit der Sie andere überzeugen und dazu bringen können, sich Ihren Ideen und Anweisungen entsprechend zu verhalten. Diese Fähigkeit muss nicht unbedingt auf aggressive Weise eingesetzt werden, um Untergebenen Autorität aufzuzwingen, sondern es geht vielmehr darum, wie Sie durch einen subtilen Ansatz andere motivieren und sich in ihren Köpfen festsetzen können. Um dies näher zu erläutern, möchten wir einige wirksame Strategien vorstellen, die einer Führungskraft den Weg ebnen können, um auf lange Sicht noch einflussreicher zu werden.

Drei Schlüssel zur Beeinflussung von Menschen

Einem Artikel des Center for Creative Leadership zufolge lassen sich die wichtigsten Taktiken, die als am vorteilhaftesten für die Beeinflussung angesehen werden, in drei Hauptkategorien unterteilen, die entweder Kopf, Herz oder Hände nutzen. Widmen wir uns den Details:

Appell an die Logik (Kopf)

Dies ist die erste Schlüsseltaktik zur Beeinflussung. Der Kopf steht für die intellektuellen und rationalen Faktoren einer menschlichen Persönlichkeit. Es ist der Verstand, der einem hilft, eine logische Entscheidung zu treffen oder ein wirksames Argument zu formulieren, das auf persönlichen oder beruflichen Vorteilen beruht. Führungskräfte müssen in der Lage sein, die Gedanken ihrer Angestellten oder Anhänger zu verstehen. Es kann eine ziemlich entmutigende Aufgabe sein, die Gedanken der Menschen zu manipulieren, ohne eine logische Erklärung für eine Idee, eine Methode oder eine Vision zu liefern, an der als kollektives Ziel gearbeitet werden muss. Daher werden Führungspersönlichkeiten nicht als solche angesehen, wenn sie nur großmütige Ziele versprechen, sondern sie werden respektiert, wenn sie ihren Anhängern einen transparenten Ansatz mit stichhaltigen Argumenten vorlegen. Überzeugungsarbeit lässt sich am besten leisten, wenn sie mit rationalen Schlussfolgerungen untermauert wird.

Appell an die Emotionen (Herz)

Die meisten Menschen sind von Natur aus recht gefühlsbetont, und bei schwerwiegenden Entscheidungen überstimmt oft das Herz den Verstand. Ein Appell an die Emotionen hat eine stärkere Wirkung, als man sich vorstellen kann. Deshalb müssen Führungskräfte in der Lage sein, mit ihren Anhängern zu kommunizieren und dabei die richtigen Emotionen anzusprechen. Die Fähigkeit, eine Idee oder eine Zielstrategie zu vermitteln, indem man mit den beteiligten Personen kommuniziert und die Idee nachvollziehbar und wertvoll macht, ist das, worauf eine Führungskraft immer achten sollte. Eine Verbindung zu den Menschen herzustellen, von Herz zu Herz, kann eine Führungskraft menschlicher erscheinen lassen und der Gefolgschaft das Gefühl geben, dass sich die Führungskraft ihrer Realität bewusst ist. Dieses Gefühl der Zugehörigkeit kann ein hervorragender Faktor sein, der den Führungskräften hilft, die wirklichen Probleme und Gedanken ihrer Untergebenen zu verstehen. Zweifelsohne kann die positive Ausstrahlung einer Führungspersönlichkeit, die ihren Anhängern zu Diensten steht, immer mehr und vor allem aufrichtige Gefolgsleute anziehen.

Appell an die Zusammenarbeit (Hände)

Eine erfolgreiche Führungskraft wird immer für die Vorteile der Zusammenarbeit einstehen. Eine Führungspersönlichkeit kann niemals allein ohne die Unterstützung ihrer Untergebenen und Anhänger funktionieren. Die Konsultation und die Zusammenarbeit zwischen der Führungskraft und ihren Verbündeten sind es, die ein weitreichendes Gefühl der Glaubwürdigkeit vermitteln. Eine Führungspersönlichkeit sollte niemals den Intellekt ihrer Gefolgschaft infrage stellen oder diese als selbstverständlich ansehen. Gegenseitiger Respekt und ein Gefühl der Kameradschaft können immer dafür sorgen, dass die Führungskraft Unterstützung erhält. Indem sie anderen eine helfende Hand reichen, können Führungskräfte eine positive Atmosphäre schaffen, die ihnen mehr Erfolg bei der Einflussnahme bringt.

Wichtige Einflussfaktoren

Zu den oben genannten drei Kategorien von Taktiken kommen noch weitere hinzu. Ohne die richtigen Strategien ist es nicht möglich, einen Plan umzusetzen. In diesem Fall stellt sich für eine angehende Führungskraft zwangsläufig die Frage, wie diese Taktiktheorien überhaupt angewendet werden können. Um die Antwort zu vereinfachen und verständlicher zu machen, finden Sie hier eine Liste mit sieben wichtigen Ansätzen, die von Führungskräften oder solchen, die es werden wollen, verwendet werden können, um Macht und Einfluss zu gewinnen und das gewünschte Ziel zu erreichen:

Strategische Beeinflussung

Jede Anstrengung, die ohne gültige und funktionale Strategien unternommen wird, birgt immer das Risiko, dass sich versteckte Schlupflöcher entwickeln. Strategische Einflussnahme ist eine Technik, die von einer Führungskraft eingesetzt werden kann, um Verbindungen, Beziehungen, Glaubwürdigkeit, Fähigkeiten und sogar die erforderliche Infrastruktur aufzubauen, damit zukünftige Ziele erreicht werden. Dieser Führungsstil kann nicht nur in der Geschäftswelt und im Beruf eingesetzt werden, sondern auch in anderen Bereichen. Auch persönliche und soziale Ziele lassen sich mit diesem Ansatz leichter erreichen. Der Einfluss, der mithilfe solcher Strategien erzeugt werden kann, kann es den Führungskräften ermöglichen, den Abläufen und Trends in der Geschäftswelt eine neue Richtung zu geben, wenn dies erforderlich ist.

Strategische Beeinflussung ist nicht nur eine Modeerscheinung, die erst kürzlich ins Spiel gekommen ist. Es handelt sich um eine Technik, die schon seit vielen Jahren angewandt wird. Eine Führungskraft muss wissen, dass es in der Wirtschaft und auch in jeder anderen Organisation viel Strategie und Ausdauer benötigt, um Pläne zu entwerfen, diese Pläne umzusetzen und die Menschen zu beeinflussen, damit sie diese Pläne auch ausführen. Jede Führungskraft muss flexibel genug sein, um die Arbeits- und Marktsituation des Unternehmens, an dem sie beteiligt ist, zu verstehen. Der strategische Aufbau von Einfluss ist keineswegs eine leichte Aufgabe. Eine Führungskraft muss Beziehungen aufrechterhalten, die auf einer Grundlage von Vertrauen und Loyalität aufgebaut sind. Ein Verständnis der verschiedenen Netzwerke, die am Aufbau von Beziehungen zu den Zielgruppen beteiligt sind, ist ein Muss für eine Führungskraft, die positiven Einfluss nehmen will. Strategische Einflussnahme hat viele Vorteile. Sie kann für die folgenden Zwecke genutzt werden:

- Strategische Beeinflussung kann sich als nützlich erweisen, um den Grundstein für starke berufliche Beziehungen zu legen.

- Sie kann dazu beitragen, das Image und den Ruf der Führungskräfte positiv zu beeinflussen.

- Sie ist äußerst wichtig, um festzulegen, wie sich der berufliche Weg weiterhin entwickeln soll.

- Einfluss kann auf wichtige Personen genommen werden, die für künftige Geschäfte von Nutzen sein können.

- Es ist immer ein kluger Schachzug, jeden Schritt zu planen, um besorgte Anhänger und Menschen zu beeinflussen, damit mehr Vertrauen entsteht.

Die strategische Gestaltung des Plans und die transparente Darlegung der wichtigsten Fakten vor den Mitarbeitern kann das Vertrauen zwischen der Führungskraft und ihrem Team stärken, was sich als entscheidend für die Schaffung eines starken Fundaments gleich zu Beginn erweisen kann.

Taktische Beeinflussung

Die Kunst, andere Menschen zu beeinflussen, kann als eine tiefgreifende Fähigkeit angesehen werden, die in fast allen Lebensbereichen eines Menschen erforderlich ist, nicht nur als Führungskraft. Das Taktgefühl, das erforderlich ist, um einen wirksamen Plan zur Beeinflussung anderer zu entwickeln, kann für viele ein wenig schwierig zu erreichen sein.

Im Allgemeinen wird gesagt, dass Führungskräfte je nach Bedarf für bestimmte Ziele verschiedene Taktiken anwenden. Es mag Fälle geben, in denen Führungskräfte nicht nur Einfluss auf ihre Mitarbeiter und Untergebenen ausüben müssen, sondern auch keine andere Wahl haben, als den Versuch zu unternehmen, Menschen zu beeinflussen, die in der Hierarchie höher stehen als sie. So muss jede Führungskraft die Situation sorgfältig prüfen und dann ihre Strategie zur Beeinflussung im Sinne der gesetzten Ziele umsetzen. Taktische Beeinflussung kann eingesetzt werden, um Unterstützung von Personen zu erhalten, die für das Erreichen eines Ziels wichtig sind. Eine gute Führungskraft muss herausfinden, welche Art von Taktik eingesetzt werden sollte, um einen wirkungsvollen Einfluss zu erzielen. Hier sind einige der taktischen Einflussmöglichkeiten, die häufig eingesetzt werden:

- Reziprozität: Jede Form von Geschäft erfordert eine gewisse Form von Geben und Nehmen. Die damit verbundene Gegenseitigkeit und die Hoffnung, dass ein Gefallen in Zukunft erwidert wird, ist ein taktischer Faktor, der in fast allen Bereichen der Welt und der Wirtschaft weitverbreitet ist.

- Schaffung eines Vorurteils: Die Psychologie des Menschen ist so beschaffen, dass sich leicht Vorurteile entwickeln. Starke Gefühle der Vorliebe oder Abneigung können über Entscheidungen und damit auch über die Zukunft einer Geschäftsbeziehung entscheiden. Fast jede Führungskraft muss von ihren Angestellten und Kollegen gemocht und respektiert werden. Nur dann kann sie ein eigenes Imperium aufbauen.

- Delegierte Autorität: Durch das Erkennen von Taktgefühl bei der Beeinflussung der delegierten Autorität kann eine Führungskraft viele Managemententscheidungen, die auf einer höheren Hierarchieebene getroffen werden, weitgehend indirekt kontrollieren. Eine Führungskraft sollte über das nötige Wissen verfügen, um eine statistische Analyse der verschiedenen Informationen durchzuführen, die mit den höheren Autoritätspersonen in Verbindung stehen. Auf diese Weise kann die Führungskraft eine Situation schaffen, in der sie Pläne erstellen und präsentieren und sich selbst auf positive und sympathische Art darstellen kann. Mit der richtigen Unterstützung und Anleitung durch erfahrene und führende Mitglieder der Organisation kann eine Führungskraft in ihrem Unternehmen aufblühen, indem sie von den Erfahrungen der Älteren lernt und von deren Einfluss profitiert.

- Ruhig, aber proaktiv: Ein ruhiger Geist hilft einem Menschen, klar und deutlich zu denken. Dies ist eine Eigenschaft, die jede Führungskraft besitzen muss. Menschen werden immer wieder mit Widrigkeiten konfrontiert, sowohl in ihrem persönlichen als auch in ihrem beruflichen Leben. Der Umgang mit den Problemen der Menschen kann eine der größten Herausforderungen bei der Arbeit als Führungskraft sein. Es gibt keine zwei Menschen, die genau gleich denken und handeln, und die Denkweise zu verstehen ist eine Aufgabe, die nicht nur schwierig ist, sondern für eine Führungskraft auch sehr anstrengend sein kann. Die Menschen werden sich bei schwerwiegenden Problemen immer an ihre Führungskraft wenden, und gerade in solchen Momenten zeigt sich der wahre Charakter einer Führungskraft. Wenn Sie also Ruhe bewahren, ist das schon die halbe Miete, und den Rest können Sie sich erarbeiten, indem Sie proaktiv und scharfsinnig bleiben. Das Verstehen verschiedener geschäftlicher Probleme und die anschließende Lösung dieser Probleme erfordert immense Fähigkeiten und Entschlossenheit, und diese sind ein Muss für Führungskräfte.

- Exzellenz in der Präsentation: Es reicht nicht aus, nur Ideen zu kultivieren, denn eine Führungspersönlichkeit muss nicht nur voller Ideen und Strategien sein, sondern sie muss diese Ideen und Anliegen auch hervorragend präsentieren können. Sie sollte effizient genug sein, um eine gute Diskussion vorzubereiten, und sie sollte über außergewöhnliche rhetorische Fähigkeiten verfügen. Ohne verbale Überzeugungskraft kann es etwas mühsam werden, die Gedanken der Menschen zu beeinflussen. Mit der richtigen Strategie sollte eine Führungspersönlichkeit

bereit sein, mit den unterschiedlichsten Menschen zusammenzuarbeiten, die alle eine andere Einstellung haben. Je mehr
Unterstützung eine Führungspersönlichkeit erhält, desto effektiver wird sie.

Man kann also ohne Zweifel sagen, dass jedes Team seine Planung
auf den Punkt bringen muss. Ohne eine solide Ausrichtung ist es für
die Mitstreiter äußerst schwierig, voranzukommen. Es liegt an der
Führungskraft, eine günstige Situation zu schaffen, indem sie alle motiviert und dafür sorgt, dass sie zufrieden sind.

Situative Beeinflussung

Eine Situation bleibt selten über einen längeren Zeitraum gleich. Die
Bedingungen neigen dazu, sich recht häufig zu ändern, vor allem in
einem Unternehmen. Der Markt mit all seinen Änderungen von
Angebot und Nachfrage stagniert selten. Dies führt zu einem weiteren
Rätsel im Verhalten der Menschen, der Interessenvertreter und
anderer, die mit der Prozesskette in Verbindung stehen. Manchmal
spielen physische und manchmal soziale Faktoren eine wichtige Rolle
bei der Schaffung einer Situation. Situativer Einfluss ist ein Begriff, der
am häufigsten in einem Kontext verwendet wird, der mit dem Markt zu
tun hat und an dem Käufer und Verkäufer beteiligt sind.

Was Führungspersönlichkeiten in einer solchen Situation auszeichnet,
ist ihre Fähigkeit, andere zu beeinflussen, auch wenn sie sich in unterschiedlichen und manchmal schwierigen Situationen befinden. Wie
können sie also ihre Fähigkeit nutzen, um eine Situation zu beeinflussen,
in der etwa der Markt zusammenbricht? Der wichtigste Schritt für sie
wäre, das Szenario genau zu studieren, damit sie sich effektiv an den
Diskussionen beteiligen können, die ihren Angestellten und Kollegen

helfen könnten, sich aus der schwierigen Situation zu befreien. Sie müssen das Thema oder den Sachverhalt, um den es in den Debatten und Sitzungen geht, gründlich kennen.

Es ist eine bekannte Tatsache, dass Beeinflussung in den meisten Unternehmen stets situationsbedingt ist. Daher müssen sämtliche Führungskräfte lernen, alles zu verstehen, was in dem Unternehmen oder der Organisation, der sie angehören, wichtig ist. Indem sie die Situation am Arbeitsplatz versteht, kann die Führungskraft damit beginnen, auf die Gedanken der Mitarbeiter oder Untergebenen einzuwirken, da sie dafür sorgen muss, dass die Motivation der Menschen in keiner Situation erschüttert wird. Kontrolle ist der wichtigste Schlüssel zur Beeinflussung der Zielgruppe, und das kann durch die Nutzung des relativen Wissens, das Sie über das jeweilige Thema haben, erreicht werden.

Nehmen wir als einfaches Beispiel einen Kardiologen. Er ist ein Experte in seinem Fachgebiet, was ihm großes Selbstvertrauen gibt, seine Patienten und die Menschen, die sich mit dem Thema befassen, beeinflussen zu können. Auf einem zahnärztlichen Gebiet hingegen wird sein Selbstvertrauen nicht so groß sein. Der Punkt ist, dass die Situationen nicht immer auf einen bestimmten Typus beschränkt sind und dass es eine Fülle von Schwierigkeiten gibt, denen eine Führungspersönlichkeit auf ihrem Weg begegnen wird. Es ist die Art und Weise, wie er mit jeder Situation umgeht, indem er Taktgefühl und seinen Intellekt einsetzt, die seinen Einfluss auf seine Anhänger viel stärker macht. Hier sind einige Umstände, unter denen Sie die Theorie der situativen Beeinflussung anwenden können:

- Jede Führungskraft sollte sich stets über ihre Organisation und ihre Stärken im Klaren sein. Dadurch wird sie im Vergleich zu ihren Kollegen selbstbewusster auftreten.

- Vorbereitung ist der Schlüssel! Daher kann es für die Beeinflussung der Zielgruppe äußerst hilfreich sein, die Situation im Voraus zu verstehen und sich ausreichend darauf vorzubereiten.

- Die Führungskraft sollte in der Lage sein, ihre eigenen Interessen zum richtigen Zeitpunkt zurückzustellen, und sie sollte auch bereit sein, sich zum Wohle des gesamten Teams zurückzuziehen.

Daraus ergibt sich, dass jede Führungskraft in der Lage sein muss, Taktgefühl und Klugheit einzusetzen, um situationsbedingte Probleme zu bewältigen.

Beeinflussung zur Selbsthilfe

Bei der Beeinflussung geht es nicht nur darum, die Meinung eines anderen Menschen zu ändern. Der Einzelne kann manchmal auf eine Selbsthilfestrategie zurückgreifen, um innere Probleme zu überwinden und sich zum Besseren zu entwickeln. Es handelt sich dabei um eine Technik, die dazu dient, die eigenen Ziele zu verstehen und gleichzeitig die eigenen Hindernisse zu untersuchen. Es ist nur natürlich, dass es bei der Selbstverwirklichung manchmal unumgänglich ist, sich von jemand anderem beeinflussen zu lassen, um einen Fortschritt zu erzielen.

Zum Beispiel neigt man bei übermäßigem Stress, der durch verschiedene Situationen bei der Arbeit und zu Hause verursacht wird, oft dazu, seine Energie zu verlieren. In einer solchen Zeit sucht man oft nach anderen Mitteln, um sich positiv beeinflussen zu lassen. Wenn man mit extremem Stress konfrontiert ist, sucht man oft Zuflucht in philosophischen Programmen, Wellness-Behandlungen, Entspannungsprogrammen, Therapien, Diätprogrammen, Yogakursen und Bewegungsprogrammen. Indem Sie ein externes Medium nutzen, um sich selbst zu helfen oder sich in einer Weise beeinflussen zu lassen, die für Ihr persönliches und berufliches Wachstum förderlich ist, können Sie vielfältige Möglichkeiten finden, um neue Perspektiven zu gewinnen.

Dieses Konzept der auf Selbsthilfe basierenden Theorie ist eine äußerst taktvolle Methode, die nicht nur dazu beitragen kann, Ihre Persönlichkeit als harte Führungskraft zu entwickeln, sondern Ihnen auch helfen wird, die Beziehungen der Menschen zu verstehen, die Sie beeinflussen möchten. Auf diese Weise können Sie als Führungskraft Ihren Einfluss in der Organisation erhöhen, und zwar durch die Steigerung der Gesamtproduktivität des Unternehmens. Einflussnahme durch Selbsthilfe kann aus folgenden Gründen genutzt werden:

- Die auf Selbsthilfe basierende Beeinflussungstheorie ist hilfreich, wenn Sie das Bedürfnis haben, Ihre Fähigkeiten zu verbessern und Ihr Wissen zu vertiefen.

- Um diese Theorie in die Praxis umzusetzen, müssen Sie die Logik und den tieferen Sinn dieser Technik verstehen.

- Wenn Sie diese Methode gut beherrschen, können Sie eine Führungspersönlichkeit werden, die als Teamplayer bekannt ist.

- Verbindungen lassen sich leicht herstellen, wenn die Kommunikation reibungslos verläuft.

Daraus lässt sich ableiten, wie Führungskräfte die Möglichkeiten der Beeinflussung strategisch nutzen können, um ihre gewünschte Zielgruppe wirksam zu beeinflussen.

Unbeabsichtigte Beeinflussung

Wir alle haben schon einmal gehört, dass viele Dinge nach hinten losgehen können und ein völlig unerwartetes Ergebnis eintreten kann. Dies ist eine Theorie über eine Beeinflussungstechnik, bei der es eher um einen unbeabsichtigten Effekt geht. Wir alle haben schon oft eine Situation erlebt, in der wir versucht haben, einen anderen Menschen von etwas zu überzeugen, dieser aber genau das Gegenteil getan hat. Diese Situation kann, wenn sie in einem beruflichen Umfeld auftritt, mehr schaden als nutzen. Solche Fälle sind eher in einem politischen Szenario zu beobachten.

Diese Theorie kann bei vielen verschieden Gelegenheiten angewendet werden, je nachdem, was die Stunde geschlagen hat – zum Beispiel, wenn Bewerber absichtlich Sätze sagen, die eine ganz andere Situation herbeiführen. So kann diese Technik zum Beispiel eingesetzt werden, um Projekte voranzutreiben oder abzubrechen, von denen Sie glauben, dass sie Ihren Bemühungen nicht gerecht werden. Wenn es jedoch zu Rückschlägen kommt, können viele Änderungen vorgenommen werden, um die Ressourcen neu zuzuweisen und die Priorität der Projekte zu ändern. Dies kann ein entscheidender Faktor für Sie sein. Wenn die Führungsebene die Einführung des Systems vorantreibt und die Leiter der Organisation überzeugen, kann dies für Sie eine Win-Win-Situation sein. Im Folgenden finden Sie einige Möglichkeiten, wie Sie unbeabsichtigte Beeinflussungstechniken einsetzen können:

- Eine sorgfältige Untersuchung der Situation, die zu den Ereignissen um Sie herumgeführt hat, kann sich später als vorteilhaft für Sie erweisen.

- Ein wacher Geist ist geboten. Sie müssen sich der Tatsache bewusst sein, dass sich Situationen und Dynamiken innerhalb kürzester Zeit ändern können. Sie müssen sich immer fragen, welche Veränderungen stattfinden und wie sich diese auf Ihre Situation oder Ihre Position in der Organisation auswirken können.

Mit dieser bemerkenswerten Technik der unbeabsichtigten Beeinflussung können Sie sich also den Weg dafür ebnen, eine effektive Führungskraft zu werden.

Befugnis Beeinflussung

Diese Taktik ist zwar etwas unaufrichtig, aber sie hat sich als hilfreich erwiesen, um das Vertrauen und die Unterstützung von Menschen auf breiter Ebene zu gewinnen. Es hat immer wieder Situationen gegeben, in denen Menschen den Einfluss anderer genutzt haben, um mehr Unterstützung, Gunst und Aufmerksamkeit zu gewinnen. Es gibt jedoch viele Fälle, in denen einem nichts anderes übrig bleibt, als seinen Einfluss in der Branche geltend zu machen und seine Befugnisse zu nutzen, um wichtige Entscheidungen zu seinem Vorteil zu beeinflussen. Viele Führungskräfte neigen auch dazu, diese Theorie anzuwenden, um einen höheren Grad an Sichtbarkeit zu erreichen. Für diese Methode gibt es eine Regel, nämlich, dass sie nur dann angewendet werden darf, wenn es notwendig ist, und zwar, ohne dass es zu Rückwirkungen auf die Ergebnisse kommt.

Umgekehrte Beeinflussung

Haben wir nicht schon einmal von dem Konzept der umgekehrten Psychologie gehört? Diese Theorie ist nicht viel anders als die umgekehrte Beeinflussung. Bei dieser Technik kommen eine Menge Intelligenz und Feingefühl zum Einsatz. Es gibt etwa zahlreiche Menschen, die etwas nur deshalb tun, weil ihnen jemand gesagt hat, sie könnten es nicht tun. Das darf nicht außer Acht gelassen werden. Es muss als eine Form der Einflussnahme gewertet werden. Zahlreiche Personen, die für Führungsaufgaben und höhere Positionen vorgesehen sind, wenden diese Technik an. Oftmals fordern sie ihre Untergebenen auf, sie vom Gegenteil einer Idee oder einer Vision zu überzeugen. Von dieser Tatsache, dass sie sich weigern, eine negative Aussage über ihre Person zu akzeptieren, lebt diese Theorie.

Dies waren einige der wichtigsten Beeinflussungstechniken, die für den Aufbau einer stärkeren Perspektive und Rolle einer Führungskraft eingesetzt werden können.

Kommunizieren Sie mit Einfluss

Nicht nur Kommunikation, sondern effektive Kommunikation ist das Gebot der Stunde für jede Führungskraft. Mit der zunehmenden Komplexität des Geschäftsumfelds ist der Bedarf an fortschrittlicher Kommunikation für die Festlegung der internen Organisationsstruktur, die Verwaltung der externen Zusammenarbeit und das Erreichen wichtiger Geschäftsziele zusätzlich gestiegen.

Es gibt zahlreiche Qualitäten, die eine Führungskraft besitzen muss, um eine Führungspersönlichkeit zu werden, die ihre Anhänger beeinflussen kann, aber der eine Faktor, der alle anderen übertrifft, ist die Fähigkeit, effektiv mit anderen zu kommunizieren. Effektive Kommunikation ist eine zentrale unternehmerische Stärke, die jedem Geschäft zusätzliches Gewicht verleihen kann.

In der heutigen hart umkämpften Geschäftswelt besteht eine große Herausforderung für Führungskräfte darin, eine bestimmte Art der Kommunikation mit anderen zu wählen. Verschiedene Faktoren – psychologische, geografische, kulturelle, gewohnheitsmäßige und sogar politische – spielen eine wichtige Rolle und machen es für eine Führungskraft umso schwieriger, unter den gegebenen Umständen das effektivste Kommunikationsmittel zu finden. In jüngster Zeit sind etwa massive Globalisierungseffekte im Bereich der Arbeitskultur zu beobachten. Zahlreiche Teams und Mitarbeiter arbeiten von weit entfernten Standorten aus, zwischen denen ganze Ozeane liegen können. Daher ist es für eine Führungskraft eine Herausforderung, ihr Vertrauen in Mitarbeiter zu setzen, die vielleicht sogar von einem ganz anderen Kontinent kommen. In einer solchen Situation ist die einzige Methode, die solche Schwierigkeiten lösen kann, die Einführung eines strukturierten Kommunikationsweges.

In einem sehr interessanten Beitrag in Forbes, verfasst von G. Riley Mills, dem Co-Autor des viel beachteten Buches „The Pin Drop Principle" (zu Deutsch: „das Prinzip der fallenden Stecknadel"), hat dieser eine Liste von fünf Kategorien aufgestellt, die jede Führungskraft berücksichtigen sollte, um Zuhörer oder Zuschauer zu beeinflussen. Lassen Sie uns diese Liste etwas genauer betrachten:

Die 5 Kategorien der Kommunikationstheorie

Haben wir jemals darüber nachgedacht, was eine Führungspersönlichkeit oder eine Person des öffentlichen Lebens von anderen unterscheidet? Wie wir bereits erwähnt haben, geht es nicht immer um die

Position und die Hierarchie. Es geht darum, dass eine Führungskraft ein großartiger Kommunikator sein sollte. Führungspersönlichkeiten sind bereits in eine Position aufgestiegen, in der sie eine Reform beeinflussen können, sei es auf politischer, sozialer, kultureller oder sogar organisatorischer Ebene. Was nützt die gegebene Plattform, wenn sie nicht so genutzt wird, dass sie einen positiven Einfluss auf die Menschen ausübt, die die Person führt? Wie können Sie einen Unterschied bewirken, wenn Sie einen Raum voller Konkurrenten betreten? Es sind Ihre kommunikativen Fähigkeiten, die die meisten Situationen zu Ihren Gunsten wenden können.

Großartige Persönlichkeiten wie Winston Churchill, Ronald Reagan, Henry Ford, John Wooden, Billy Graham, Oprah Winfrey und Barack Obama, die den Lauf der Geschichte und der Zeit wesentlich verändert haben, gelten als große Kommunikatoren. Mit ihren starken Meinungen und richtig ausgeführten Taten in ihren jeweiligen Bereichen haben sie alle bemerkenswerte Anstrengungen unternommen, um einen Wandel in der öffentlichen Meinung und ihrer Reaktion zu bewirken. Als ein Beispiel von Persönlichkeiten, die wir in letzter Zeit erlebt haben, können wir Barack Obama nennen, der ein phänomenaler Redner und Kommunikator ist. Er hat nicht nur die Herzen vieler Menschen erobert, sondern wurde auch zu einer Inspiration für Menschen auf der ganzen Welt. Man kann sich ebenso ein Beispiel an Stephen Colbert nehmen, der ein außergewöhnlich brillanter Kommunikator ist. Er hat die Fähigkeit, eine große Gruppe von Menschen anzusprechen, die seinen geistreichen und humorvollen Vorträgen folgen, die nicht nur unterhalten, sondern auch zahlreiche kulturelle und politische Bezüge herstellen.

Es geht vor allem darum, wie und auf welche Weise Sie Ihre Gedanken, Ideen und Handlungen als Führungskraft bei den Menschen und Anhängern ankommen lassen können. Hier sind die fünf Kategorien, die Sie nutzen können, um Ihre Fähigkeit zu verbessern, Ihr Publikum, Ihre Zuhörer bzw. Ihre Anhänger zu beeinflussen:

- Klarheit: Als Führungskraft ist es Ihre Aufgabe, sich bei Ihren Anhängern Gehör und Verständnis zu verschaffen. Denn Sie können nicht erwarten, Unterstützung und Loyalität von anderen zu bekommen, wenn die Argumentation nicht klar ist. Laut einer Studie, die in einem Forbes-Artikel erwähnt wird, sind rund 46 % der Menschen auch am Ende der Sitzung noch im Unklaren über die Tagesordnung. Klarheit ist der entscheidende Faktor. Sie müssen knackig und präzise sein und gleichzeitig der Gruppe Ihre Ideen und Visionen überzeugend präsentieren. Bei jeder Art von Botschaft, die Sie in Bezug auf die Ziele der Organisation übermitteln, müssen Sie als Führungskraft sicherstellen, dass Sie sich klar genug ausdrücken, um von den übrigen Teilnehmern verstanden zu werden. Stellen Sie außerdem sicher, dass die Präsentationen und die Medien, die Sie für ein solches Treffen verwenden, alle Punkte ansprechen, die notwendig sind, um eine klare Verbindung mit den Teilnehmern herzustellen.

- Kurz und bündig: Das bemerkenswerteste Beispiel hierfür ist die berühmte Rede von Abraham Lincoln, die „Gettysburg Address". Diese Rede, die nur drei Minuten dauerte, gilt als eine der wirkungsvollsten Reden in der Geschichte der Moderne. Ist es nicht atemberaubend, sich die Wirkung dieser Rede mit nur 272 Wörtern vorzustellen? Wenn wir uns die meisten unserer Arbeitsszenarien ansehen, gibt es viele Sitzungen und Konferenzen, die regelmäßig abgehalten werden, um Themen zu behandeln, die auch in einer einfachen E-Mail hätten geschrieben und verschickt werden können. Der springende Punkt ist, dass eine Führungskraft es vermeiden sollte, die Zeit ihrer Mitarbeiter zu verschwenden, nur um ihren Standpunkt zu beweisen. Die Menschen neigen dazu, nach einer gewissen Zeit das Interesse zu verlieren. Je kürzer und intelligenter Ihre Rede also ist, desto mehr Einfluss werden Sie auf die Menschen haben.

- Selbstvertrauen: Die Haltung, mit der eine Person ihre Ideen vorbringt, macht eine Führungspersönlichkeit aus. Niemand würde eine Führungspersönlichkeit wollen, zu der er nicht aufschauen kann. Daher ist es wichtig, dass Sie als Führungskraft mit Ihrer gesamten Persönlichkeit Selbstvertrauen ausstrahlen. Es ist eine Tatsache, dass jeder nervös werden kann, aber wenn die Anhänger auch nur ein kleines bisschen Nervosität im Vortrag und der Körpersprache der Führungskraft spüren, dann kann das zu ernsthaften Auswirkungen führen. Achten Sie immer auf eine entspannte und starke Körperhaltung und Körpersprache. Instabilität im Verhalten und im Ausdruck von Ideen kann zu massiven Problemen führen. Seien Sie selbstbewusst, wenn Sie die Leute ansprechen und mit ihnen interagieren, und sorgen Sie dafür, dass diese Ihre Anwesenheit als bestimmt und selbstbewusst wahrnehmen. Selbstvertrauen kann sehr beruhigend wirken und jedem Menschen das Gefühl geben, dass er sich seiner Identität und seines Lebensziels sicher ist.

- Glaubwürdig: Vertrauen wird immer durch Glaubwürdigkeit erworben, und diese ist bei Führungsqualitäten von größter Bedeutung. Jedes Unternehmen baut auf der Grundlage von Vertrauen auf, und wenn einer Ihrer Partner oder Mitarbeiter Sie nicht für aufrichtig hält, kann dies zu Problemen bei den Geschäftsergebnissen führen. Es ist ein Geschäftsprozess, bei dem eine solide Basis geschaffen werden muss, die aus gegenseitigem Vertrauen und Zuversicht gegenüber dem potenziellen Kunden besteht. Bereiten Sie sich vor jeder Art von Interaktion oder Treffen mit einem potenziellen Kunden vor. Seien Sie sich über die Geschäftsstruktur und die Bedingungen des Kunden im Klaren. Ein guter Kommunikator muss sicherstellen, dass er jeden Aspekt anspricht, der für das Geschäft von Vorteil sein könnte. Mit den richtigen Worten, die auf die legitimen Klauseln und die Funktionsweise des Unternehmens hinweisen, kann eine Führungskraft ihr Ansehen unter Beweis stellen. Vermeiden Sie im Umgang mit Kunden Floskeln wie „irgendwie" sowie verbale Infektionen wie „hm", „äh", „ähm" und dergleichen. Der Ruf, glaubwürdig zu sein, kann einer Person helfen, mehr Einfluss zu haben als jemandem ohne diesen Ruf.

- Überzeugung: Mit guten Überzeugungsfähigkeiten kann eine Führungskraft ihr Publikum in jeder Situation beeinflussen. Als Führungskraft müssen Sie die Menschen für sich gewinnen, indem Sie die drei von Aristoteles definierten Hauptmittel der Überzeugungstechnik anwenden. Die Menschen bevorzugen einen Redner bzw. eine Führungskraft, die ehrlich und glaubwürdig erscheint und mit der sie sich verbunden fühlen.

Einige Führungskräfte bemühen sich nur dann darum, zu kommunizieren, wenn sie das Gefühl haben, dass es für sie in Ordnung ist. Dies ist kein guter Ansatz, denn um in einer Matrixorganisation erfolgreich zu sein, muss die Kommunikation bewusster erfolgen und alle am Kommunikationsprozess beteiligten Parteien müssen berücksichtigt werden. Ein strategisch angelegter Koordinationsplan ist erforderlich, damit die Kommunikation in jeder Situation natürlich und zielgerichtet abläuft. Erfolgreiche Projekte brauchen ein Kommunikationslayout, in dem klar festgelegt ist, wer bestimmte Informationen hat, wer bestimmte Informationen braucht, wann sie benötigt werden und wo sie zu finden sind. Außerdem befindet sich die Arbeitswelt in der heutigen Zeit auf einem fortgeschrittenen Niveau. Die meisten Verbindungen finden über virtuelle Wege statt. Machen Sie sich die Technologie zu eigen und nutzen Sie sie, um Ihr Unternehmen zu verbessern und Ihre Fähigkeiten zu erweitern. Lernen Sie alle technologischen Hilfsmittel kennen, um Ihre Kommunikation zu verbessern. Der Punkt ist, dass Sie die Vitalität effektiver Kommunikation verstehen müssen, um eine Führungskraft zu werden, die einen großen Einfluss auf die Menschen hat.

KAPITEL 4:
AUF DEN WANDEL EINFLUSS NEHMEN

Seit den Anfängen der Zivilisation gibt es einen Faktor, der sich als der konstanteste erwiesen hat: der „Wandel". Es ist in der Tat eine Ironie, dass etwas, das so wankelmütig und in Bewegung ist wie der „Wandel", sich als am dauerhaftesten erwiesen hat. Die Geschichte ist Zeuge eines kontinuierlichen Veränderungsprozesses in fast allen möglichen Bereichen. Der Wandel kann durch interne oder externe Faktoren verursacht werden, die beide von den Umständen und der Klassifizierung der sich verändernden Struktur abhängen. Manchmal genügt ein bloßer Anstoß, und die Reform findet statt, und manchmal sind immense Anstrengungen und Kompromisse erforderlich, um eine wirksame Veränderung herbeizuführen. Aus verschiedenen Gründen wie diesen kann das Management von Veränderungen ein Prozess sein, der sich als schwere Belastung für eine Führungskraft erweist. Dennoch kann jede Führungskraft ein effektiver Change Agent sein, wenn sie ihre Macht nutzt, um andere gezielt zu beeinflussen.

Haben Sie auf persönlicher Ebene schon einmal versucht, auch nur eine kleine Veränderung in Ihrem Büro oder an einem anderen Ort, an dem Sie arbeiten, vorzunehmen? Die Veränderung kann zum Beispiel darin bestehen, das Verhalten eines Kollegen zu beeinflussen, einen Riss in den Beziehungen am Arbeitsplatz zu verursachen, eine Veränderung in der Arbeitskultur herbeizuführen usw. Haben Sie schon einmal versucht, Ihre Liebsten davon zu überzeugen, sich so zu verhalten, wie Sie es sich wünschen, selbst in einem privaten Rahmen? Auf all diese komplexen Fragen gibt es eine einfache Antwort: Ja. Es mag sein, dass Sie nicht direkt versucht haben, eine solche Veränderung herbeizuführen, aber wir alle haben irgendwann einmal versucht, die Meinung anderer in unserem Sinne zu beeinflussen. Das kann etwas so Simples sein wie einen Freund dazu zu bringen, die neue Popcorn-Geschmacksrichtung zu probieren, auf die Sie sich schon so lange gefreut haben oder die Sie vielleicht sogar am meisten lieben. Die Rolle der Beeinflussung in unserem täglichen Leben kann also in keiner Weise unbeachtet bleiben, schon gar nicht im Falle einer Person, die eine von allen anerkannte Führungspersönlichkeit werden möchte.

Eine Aufgabe, die für die Rolle einer Führungskraft von größter Bedeutung ist, besteht darin, selbst in Zeiten der Ungewissheit triumphale Ergebnisse zu erzielen. Viele Menschen haben ein angeborenes Talent, andere zu beeinflussen, aber das bedeutet nicht, dass eine Person ohne ein natürliches Gespür für die Beeinflussung anderer dieses Gespür nicht durch Übung erlernen kann. Sie können diese Fähigkeit verbessern, indem Sie die folgenden Kernpunkte beachten:

- Verstehen Sie die Taktik des „Anstoßens" im Entscheidungsprozess.

- Verbessern Sie Ihre Überzeugungskraft, ohne dabei den Eindruck von Manipulation zu erwecken.

- Untersuchen Sie Ihre Stärken und Schwächen und bitten Sie um Feedback von wichtigen Personen. Verschwenden Sie keine Zeit, sondern beginnen Sie sofort damit, daran zu arbeiten.

- Denken Sie nicht einseitig, sondern seien Sie offen für Vorschläge, egal wie kritisch sie sein mögen.

- Geben Sie Ihr Bestes, um sich an verschiedene Umstände anpassen zu können.

- Bemühen Sie sich, die Denkweise im gesamten Unternehmen und insbesondere in dem Team, dem Sie angehören, zu ändern.

Es ist sehr wahrscheinlich, dass die meisten Menschen, die schon einmal in einer Organisation gearbeitet haben, sei es auf Regierungs- oder Nichtregierungsebene, Zeuge der Veränderung der Team- und Organisationsdynamik durch den Wechsel von Führungskräften geworden sind. Die Rolle, die die Führung spielt, ist entscheidend für den Erfolg oder Misserfolg eines jeden Arbeitsplatzes. Leider sind solche Situationen in einer Organisation recht häufig anzutreffen. Es ist jedoch nicht immer der Wechsel der Führungskraft, der Probleme verursacht. Es ist vielmehr die Art der Führung, die als ausschlaggebend angesehen wird. Unabhängig davon, ob es sich um eine neue oder eine erfahrene Führungspersönlichkeit handelt, muss diese immer darauf achten, das Verhalten und das Leben ihrer Angestellten positiv zu beeinflussen. Zweifellos müssen Führungspersönlichkeiten Vorbilder sein, wenn es darum geht, Reformen zum Wohle der Menschen durchzuführen.

Wie Sie Ihr Leben positiv verändern können

Jede Veränderung, die Sie anstreben, sollte in erster Linie von Ihnen selbst ausgehen. Als Führungspersönlichkeit, die vorankommen will, indem sie die Perspektive ihrer Anhänger beibehält, dürfen Sie nie vergessen, dass Sie es sind, der an die Reformen glauben sollte, die Sie anderen auferlegen wollen. Einfluss ist eine Veränderung, die man herbeiführen muss, ohne dass es wie eine Manipulation aussieht.

Der Mensch ist von Natur aus nicht sehr empfänglich für plötzliche Veränderungen, egal, in welchem Bereich seines Lebens. Widerstand ist die Folge, wenn keine stichhaltige Begründung für eine neue Veränderung geliefert wird, die auf ihn zukommt. Daher müssen Sie als Führungskraft, die gleichzeitig auch einfühlsam ist, einige Überlegungen anstellen, bevor Sie die entsprechenden Strategien zur Herbeiführung von Veränderungen ergreifen. In erster Linie sollten Sie nach Möglichkeiten suchen, wie Sie als Einzelperson und nicht nur als Führungskraft positive Veränderungen in Ihrem persönlichen und beruflichen Leben herbeiführen können. Hier sind einige Tipps, die Ihnen helfen können, Ihr Leben positiv zu verändern:

- Bestimmen Sie, was Sie verändern wollen: Jede Führungskraft muss eine klare Vorstellung davon haben, was ihre Vision ist. Bevor sie einen Schritt in Richtung eines Veränderungsprogramms machen, müssen sie sicherstellen, dass sie nicht den geringsten Zweifel an ihrer Arbeit oder ihren Strategien haben. Anthony Grant, außerordentlicher Professor am Lehrstuhl für Coaching-Psychologie der Universität Sydney, erklärt: „Sie müssen in der Lage sein, zu erkennen, was das Ziel für Sie als Person bedeutet, wodurch Sie sich besser fühlen und wodurch Sie mehr aus sich herausgehen." Diese Theorie basiert auf der Logik, dass die Wahrscheinlichkeit für positive Ergebnisse hoch ist, wenn Ihre Ziele mit Ihren Grundwerten übereinstimmen.

- Vermeiden Sie Negativität: Umgeben Sie sich mit Menschen, die Ihrer Persönlichkeit positive Energie verleihen. Lassen Sie also nicht zu, dass die Negativität einer Person oder ihre Gedanken Ihren Seelenfrieden in einer Weise beeinflussen. Das hektische Leben, das die meisten von uns führen, hat uns nicht nur zahlreiche Möglichkeiten gegeben, unsere Träume zu verwirklichen, sondern gleichzeitig auch einen erheblichen Druck erzeugt, der zu Erschöpfung und Stress führt. Solche Umstände können nicht nur unser Berufsleben behindern, sondern auch unsere geistige und körperliche Gesundheit beeinträchtigen. Eine der besten Möglichkeiten, Positives anzuziehen, besteht daher darin, alles und jeden zu meiden, der eine negative Ausstrahlung hat. Je mehr Sie sich auf die Vorteile einer Situation konzentrieren, desto eher werden Sie in der Lage sein, die Nachteile zu überwinden.

- Seien Sie freundlich und einfühlsam: Freundlichkeit und Einfühlungsvermögen haben nur Gutes zu bieten. Verständlicherweise wird der Arbeitsplatz oft zu einem Ort des knallharten Wettbewerbs, und in einem solchen Fall wird es schwierig, immer mit dem Herzen zu denken. Sie können jedoch kleine Veränderungen vornehmen, z. B. Ihre Kollegen und Angestellten fragen, ob sie Schwierigkeiten haben, eine Aufgabe zu erledigen. Sie könnten eine einfache Geste benutzen, z. B. Ihrem Kollegen ein Glas Wasser oder vielleicht eine Tasse Kaffee anbieten, wenn er aus der Cafeteria kommt. Auf einer persönlichen Ebene könnten Sie tiefer gehen und sehen, wo Sie Wiedergutmachung leisten können, um Ihre Beziehung zu jemandem zu verbessern, sei es zu Freunden oder zur Familie. Selbst die kleinsten Gesten können Ihnen helfen, als Mensch zu wachsen, und vor allem eine Führungspersönlichkeit mit Qualitäten wie Freundlichkeit und Einfühlungsvermögen kann sich als wahres Juwel erweisen.

- Bauen Sie sich ein Hilfsnetz auf: Wir alle sind soziale Wesen, und allein zurechtzukommen, ist ein wenig unrealistisch. Jeder Mensch benötigt ein starkes Hilfsnetz, seien es Freunde, Familie, Kollegen oder andere positive Beziehungen. Es gibt einen Punkt im Leben, an dem man Unterstützung benötigt, und die Menschen, auf die wir uns in schwierigen Zeiten verlassen, werden auf lange Sicht unsere Wegweiser. Deshalb sollten Sie immer eine Reihe von Menschen haben, die Ihnen den Rücken stärken und Ihnen das Gefühl geben, wertvoll zu sein, wenn Sie es am meisten benötigen.

- Machen Sie einen Schritt nach dem anderen: Ein kleiner Schritt ist viel bequemer als ein großer Sprung. Kleine Schritte zur Erreichung Ihrer Ziele können überschaubar und weniger kompliziert sein als ein Schritt mit größerer Wirkung. Überstürzen Sie nichts und nehmen Sie sich Zeit, um die richtige Wirkung zu erzielen, anstatt sich auf eine Aktion zu stürzen, die Ihr Image möglicherweise beeinträchtigen könnte.

- Entwickeln Sie Gewohnheiten, um Ihren Geist zu beruhigen: Unsere täglichen Gewohnheiten prägen unsere gesamte Persönlichkeit. Kleine Veränderungen in Ihrem Lebensstil können sich positiv auf Ihren Geist und Körper auswirken. Regelmäßige Bewegung, gesunde Ernährung, Yoga, Meditation und Ähnliches können die geistige und körperliche Gesundheit fördern. Wenn Sie solche Gewohnheiten übernehmen, werden Sie sich in Ihrer Haut wohlfühlen. Auch Ängste und Stress werden erheblich abgebaut, was letztlich Ihr Selbstvertrauen stärkt.

Es ist also klar, dass positiver Einfluss bei einem selbst beginnen muss. Sie müssen sicherstellen, dass Sie alle positiven Schwingungen in sich selbst verankern, bevor Sie losgehen und andere dazu ermutigen. Wenn Sie stellenweise etwas ändern, können Sie sich selbst mehr Sicherheit, Selbstvertrauen und Glück bringen, was auch Ihrem Berufsleben zugutekommen wird.

Wie Sie Veränderungen bei anderen beeinflussen

In den vergangenen Jahren hat sich das berufliche Wachstum exponentiell beschleunigt. Die Art und Weise, auf die eine Person ihr berufliches und privates Leben managt, ist kaum vorstellbar, und die erforderliche Ausdauer dafür aufzubringen, kann äußerst mühsam sein. In einer solchen Zeit besteht die Rolle einer Führungskraft darin, als Change Leader zu agieren und einen Wandel herbeizuführen – eine Aufgabe, die eine große Herausforderung darstellen kann. Die Popularität des Veränderungsmanagements als Konzept und der Change Agents hat im Laufe der Jahre zugenommen, weil in jeder Form von Unternehmen das Hauptziel darin besteht, erfolgreich zu sein und den Spitzenplatz einzunehmen. Die einzige Möglichkeit für ein Unternehmen, sich auf der höchsten Ebene zu positionieren, besteht darin, etwas zu tun, das es von den anderen Wettbewerbern unterscheidet und das sich lohnt.

Darüber hinaus geht dies mit anderen Herausforderungen einher. Es ist etwa typisch für die Denkweise vieler Menschen, dass sie sich eher für etwas entscheiden, bei dem sie sich bereits sicher fühlen, als sich an etwas zu wagen, das angeblich besser ist. Als Führungskraft, die Einfluss nehmen und eine Lösung für solche Probleme herbeiführen möchte, müssen Sie sicherstellen, dass Sie den Menschen alle positiven Gründe für solche neuen Veränderungen aufzeigen. Als etwa Mobiltelefone mit

Kameras eingeführt wurden, gab es eine große Gruppe von Menschen auf der ganzen Welt, die der Meinung waren, dass es keine gute Idee sei, ein Telefon mit einer Kamera zu haben. Diese Denkweise entstand, weil viele Menschen davon gehört hatten, dass das Internet und der einfache Zugang dazu über Telefone einen schrecklichen Einfluss auf die Psyche der Menschen, insbesondere der jungen Menschen, haben kann. Als Unternehmensleiter, der in diesem Bereich tätig ist, sollten Sie in diesem Fall als Erstes einen großen Teil der Menschen durch Treffen, Konferenzen, Werbung, schriftliches usw. ansprechen. Es ist Ihre Aufgabe, die Gedanken dieser Menschen zu ergründen und ihnen zu helfen, eine kluge Entscheidung für ein modernes Gerät zu treffen. Indem Sie ihnen die Vor- und Nachteile der Verwendung eines Fotohandys darlegen, können Sie sie auf sehr taktvolle Art davon überzeugen, das Produkt zu kaufen, das Sie auf den Markt bringen.

Der Prozess, andere dazu zu bringen, sich selbst zu ändern oder eine neue Methode der Veränderung zu akzeptieren, klingt in der Theorie einfach, kann aber eine mühsame Aufgabe sein. Um die Schritte zu vereinfachen, finden Sie hier einige Möglichkeiten, wie Sie andere zur Veränderung bewegen können:

- Lassen Sie die andere Person zuerst über ihre Probleme und ihre allgemeine Sichtweise sprechen. Sich die Sichtweise der anderen Person anzuhören, kann eine äußerst nützliche Verhaltensweise sein, da dadurch ein Gefühl des Vertrauens aufgebaut wird.

- Seien Sie in Ihrem Ansatz authentisch, denn der Kern einer starken Beziehung basiert auf Interaktionen, die echt und nicht manipulativ sind. Wenn die Menschen anfangen, an Ihre Ideen und an Sie als Person zu glauben, werden sie weniger geneigt sein, Ihre Theorien anzuzweifeln.

- Nachdem Sie die Grundlage für Vertrauen und Authentizität geschaffen haben, können Sie den Vertrag abschließen. Legen Sie Ihre Pläne für neue Veränderungen im System und bei den einzelnen Personen dar. Mit der richtigen Überzeugungskraft werden Sie in der Lage sein, sie positiv zu beeinflussen.

- Klären Sie alle ihre Zweifel und Fragen. Zeigen Sie ihnen die strategischen Pläne und wie Sie sie umsetzen wollen. Ein erkennbares Verständnis der Menschen wird Ihnen helfen, mehr Zugang zu ihren Gedanken und Handlungen zu erhalten.

Wenn Sie sich gründlich mit dem Thema befasst und sich ernsthaft bemüht haben, die Perspektive der Betroffenen zu studieren, werden Sie in der Lage sein, mit Unterstützung des gesamten Teams, der Mitarbeiter und der gesamten Organisation den Weg zu mehr Erfolg zu ebnen.

Positiver Einfluss auf den Wandel am Arbeitsplatz

Wir alle sprechen über Probleme und die verschiedenen Möglichkeiten, sie zu lösen. Die meisten Führungskräfte stehen auf einem Podest und sind durch ihre Rolle verpflichtet, bedeutende Veränderungen herbeizuführen, die die Aussichten der Organisation, in der sie tätig sind, verbessern können. Deshalb müssen sie die bestmögliche Beeinflussungstaktik wählen, die für die jeweilige Situation geeignet ist. Im Folgenden werden einige Techniken vorgestellt, mit denen Führungskräfte ihre Leistung steigern können, um andere zu beeinflussen, insbesondere am Arbeitsplatz:

- Analysieren Sie die Situation: Seien Sie sich der Gründe bewusst, aus denen Sie sich für eine bestimmte Aufgabe engagieren und auch dessen, wie wichtig die Ergebnisse für Sie sind. Als Führungskraft müssen Sie sich darüber im Klaren sein, warum Sie Einfluss auf bestimmte Personen nehmen müssen, und dann entsprechend Ihren Strategien festlegen, um in diese Richtung zu arbeiten.

- Zielpublikum: Ein gutes Verständnis der Zielgruppe, die man erreichen will, ist für das reibungslose Funktionieren einer Strategie der Einflussnahme unerlässlich. Damit eine Führungskraft ohne Interessenkonflikte arbeiten kann, muss sie ein umfassendes Verständnis für die Perspektiven der verschiedenen am Arbeitsprozess beteiligten Personen haben.

- Verstehen Sie Ihre Interessengruppen: Viele Entscheidungen einer Organisation beruhen auf den Interessen der Beteiligten. Die Wahrscheinlichkeit, dass diese Beteiligten unterschiedliche Meinungen, Interessen, Prioritäten und Pläne haben, ist groß. Sie müssen herausfinden, wie Sie die einzelnen Interessenvertreter entsprechend ihren Bedürfnissen und Persönlichkeiten beeinflussen können. Demgemäß muss eine Führungskraft Pläne aufstellen, um sie so subtil wie möglich zu beeinflussen. Untersuchen Sie sorgfältig die Rolle und den Beitrag jedes Einzelnen in der Organisation, und setzen Sie sich dann weitere Ziele.

- Schätzen Sie Ihre Fähigkeiten selbst ein: Seien Sie immer mit sich selbst im Reinen. Führen Sie eine gründliche und ehrliche Analyse Ihrer Fähigkeiten und Arbeitstechniken durch. Auf diese Weise werden Sie verstehen, was Sie ausbremst und welche Stärken Sie weiterbringen. Überlegen Sie, welche Taktiken in der Vergangenheit nützlich waren und die besten Ergebnisse geliefert haben. Arbeiten Sie mit Ihren Kollegen und Angestellten zusammen und versuchen Sie, gelegentlich ein Feedback von ihnen einzuholen. Wenn Sie auf rationale Weise vorgehen, können Sie Ihrem Ziel, Einfluss auf Ihre Zielpersonen zu nehmen, einen gesunden Schritt näher kommen.

Der Einfluss von Führungskräften hat das Potenzial, massive Veränderungen in einer Organisation herbeizuführen. An jedem Arbeitsplatz mit einer großen Anzahl von Menschen gibt es zwangsläufig ein Gemisch von Meinungen und Arbeitsstilen. Um einen grundlegenden Wandel herbeizuführen, muss eine Führungskraft ohne offensichtliche Anstrengung Einfluss ausüben. Es sind vor allem das Image und der Ruf, die die Menschen dazu inspirieren, ihr zu folgen.

Ein fesselnder Vorfall, der in einem Artikel in „ChangeFolio" über den Apple-Gründer Steve Jobs erwähnt wird, ist ein großartiges Beispiel dafür, auf welche Weise der Einfluss einer Führungspersönlichkeit an ihrem Arbeitsplatz wirkt. Die Entwickler des Apple-Teams präsentierten Steve Jobs den Prototyp des iPod. Er hob ihn hoch, wog ihn in seinen Händen und lehnte ihn auf der Stelle ab, weil er zu groß war. Die Entwickler und Ingenieure, die an dem Gerät gearbeitet hatten, waren enttäuscht und versuchten zu erklären, wie schwierig es sein würde, die Größe zu reduzieren. Steve Jobs schwieg und hörte zu, dann ging er hin und ließ das Gerät in das Aquarium im Raum fallen. Kaum hatte das Gerät den Boden des Aquariums erreicht, begannen Blasen aus dem Gerät aufzusteigen. Steve Jobs sagte dann, dass es sich um Luftblasen handelte, was bedeutete, dass es im Inneren des Geräts noch Platz gab, der hätte verkleinert werden können.

Dies ist ein klares Beispiel dafür, dass Steve Jobs eine Führungspersönlichkeit war, die nicht nur inspirierte, sondern auch die Fähigkeit besaß, die Denkprozesse der Menschen zu beeinflussen. Führungspersönlichkeiten spielen in der Tat eine enorme Rolle bei der Beeinflussung des Verhaltens anderer, sowohl im positiven als auch im negativen Sinne.

Was Mitarbeiter und Organisationen betrifft, so ist eine rasante Entwicklung im Gange, die massive Veränderungen in Technologie und Methodik mit sich bringt. Eine der größten Herausforderungen einer Führungsposition ist der Umgang mit Widerständen und Problemen der Mitarbeiter. Führungspersönlichkeiten werden vom Rest der Bevölkerung stets genau beobachtet, da sie als Quelle der Inspiration, Hoffnung, Beratung und Unterstützung angesehen werden. Sie werden immer mit Argusaugen beobachtet. Sie müssen agil sein und sich in den Prozess des Veränderungsmanagements einbringen, ohne ihrem Ansehen und ihrer Vision zu schaden. Hier sind einige Möglichkeiten, wie eine Führungskraft einen positiven Einfluss auf den Arbeitsplatz ausüben kann:

- Helfen Sie den Menschen, den Wert der Veränderung zu verstehen. Widerstand ist eine der häufigsten Reaktionen, wenn eine neue Reform zunächst ohne große Ankündigung eingeführt wird. Was kann in einem solchen Fall die Menschen dazu bringen, den Wandel zu akzeptieren? Die Antwort lautet: der Wert. Es stimmt, dass Menschen auf der Grundlage einer Beziehung von Geben und Nehmen arbeiten. Nach der gleichen Logik wird ein Mensch seine Energie nicht in etwas investieren, das er nicht als wertvoll ansieht. Als Führungskraft müssen Sie sich diese Psychologie zunutze machen, um die Gedanken der Menschen zu beeinflussen. Sie müssen ihnen begreiflich machen, welchen Wert eine neue Veränderung für ihr Leben haben wird. Wenn Sie auf diese Weise vorgehen, wird die Zahl Ihrer Zuhörer langsam aber sicher stark ansteigen.

- Stellen Sie sich dem Widerstand: Um ein Problem zu lösen, sollte man zunächst seine Existenz akzeptieren. Erst, wenn ein Problem anerkannt ist, kann eine Lösung gesucht werden. Als Führungskraft sollten Sie jede einzelne Stimme der Menschen wahrnehmen. Hören Sie ihnen zu, hören Sie sich ihre Sorgen an, stellen Sie sich allen Gründen für ihren Widerstand gegen Veränderungen. Ermutigen Sie die Menschen und beeinflussen Sie sie gedanklich, um eine positive Entscheidung zu treffen, anstatt dass sie bei jeder neuen Veränderung, die von der Führung eingeführt wird, einen Stolperstein bilden.

- Drücken Sie sich klar aus: Es liegt auf der Hand, dass die Menschen bei jeder plötzlichen Veränderung verunsichert sind. Eine Führungskraft muss alle Zweifel oder Missverständnisse in Bezug auf Veränderungen klären. Fassen Sie sich kurz und verwenden Sie keine Begriffe und Phrasen, die zu noch mehr Verwirrung führen könnten. Achten Sie darauf, wie und welche wichtigen Details Sie den Menschen mitteilen.

- Seien Sie einnehmend: Kommunizieren Sie mit Ihrem Publikum mit Klarheit und bleiben Sie bis zu einem gewissen Grad ansprechbar. Schaffen Sie am Arbeitsplatz eine Atmosphäre, in der die Menschen gerne kommunizieren und sich

stärker an produktiven Aktivitäten beteiligen. Als Führungskraft ist es ratsam, sich an Team-Management-Sitzungen und
anderen Abläufen am Arbeitsplatz zu beteiligen. Es ist ein
motivierender Anblick für die übrigen Teammitglieder, wenn
sie sehen, dass die Führungskraft in die zahlreichen Team-
Management-Programme eingebunden ist. Dies vermittelt ein
Gefühl des beständigen Vertrauens, das sich positiv auf die
Gedanken der Menschen auswirken kann.

Indem sie sich auf beruflicher Ebene an die verschiedenen Szenarien
anpassen, müssen sich Führungskräfte als inspirierende Vorbilder für
den Rest der Belegschaft erweisen. Auf diese Weise können sie nicht
nur andere inspirieren und einen positiven Einfluss auf den Arbeitsplatz ausüben, sondern auch erfolgreich die Gedanken der Menschen
beeinflussen, damit diese so denken und handeln, wie es für die Gesamt-
vision der Organisation erforderlich ist.

KAPITEL 5:
ÜBERZEUGEN UND BEEINFLUSSEN

Zu glauben, dass man noch nie eine Entscheidung getroffen hat, die auf einem irrationalen Gedanken beruhte, kann ziemlich schwierig sein. Selbst für die praktischsten Menschen auf der Welt ist die Behauptung, dass kein Einfluss ihre Gedanken oder Handlungen in der Vergangenheit getrübt hat oder dies in Zukunft tun wird, eine fast unmögliche Antwort. Dies bringt uns an einen Scheideweg, an dem wir verstehen müssen, wie Überzeugung und Einfluss funktionieren. Als Führungskraft zählt Ihr Kaliber, Ihr Potenzial, ein Ziel zu erreichen und die Dinge so zu erledigen, wie es erforderlich ist. Ihr Erfolg wird oft an den Herausforderungen gemessen, denen Sie sich stellen und die Sie mit großem Erfolg gemeistert haben.

Zu überleben ist der Schlüssel in jedem Bereich des Lebens in dieser Welt, und zweifellos ist es das Ziel einer Person mit Führungsqualitäten, dies auf sieghafte Weise zu erreichen. Der Weg zum Triumph ist jedoch ein steiler Weg. Er kann zu vielen Stürzen führen, aber ein Faktor, der helfen wird, den Weg zu ebnen, ist die Kunst der Überzeugung. Auch die Beeinflussung spielt eine große Rolle, wenn es darum geht, die Denkweise der Menschen zu lenken und erfolgreiche Ergebnisse zu erzielen. Doch was ist eigentlich der Unterschied zwischen Überzeugung und Beeinflussung? Lassen Sie uns in die Feinheiten der beiden hochwirksamen Begriffe eintauchen:

Überzeugen versus Beeinflussen

Lassen Sie uns eine Pause einlegen und über den grundlegenden Unterschied zwischen Überzeugung und Beeinflussung nachdenken, der Ihrer Meinung nach besteht. Gibt es Bereiche, in denen diese beiden Taktiken bei der Behandlung eines Themas und der Erledigung einer Aufgabe getrennt voneinander zum Tragen kommen? Außerdem kann man sagen, dass es einen schmalen Grat zwischen diesen beiden Methoden gibt, die von Führungskräften häufig eingesetzt werden.

Überzeugungsarbeit ist eine Methode, um einen Fall darzulegen und ihn auf den Punkt zu bringen, an dem die Menschen zustimmen. Bei der Beeinflussung handelt es sich um ein taktvolleres Vorgehen. Es geht darum, wie eine Situation so gestaltet wird, dass die Sichtweise der betroffenen Personen manipuliert wird. Die Wahrscheinlichkeit, dass diese beiden Begriffe austauschbar verwendet werden, ist groß, und der Unterschied zwischen ihnen ist kein verhängnisvoller. Überzeugen und Führen sind zwei wichtige Fähigkeiten, die einen entscheidenden Unterschied im Stil und in der Qualität einer Führungskraft bewirken.

Bei der Überzeugung geht es eher darum, eine andere Person dazu zu überreden, das zu tun, was man von ihr möchte. Jemanden zu beeinflussen, erfordert dagegen mehr Geschick und ist vielen Menschen angeboren. Bei der Führung geht es um den Umgang mit einer Gruppe von in vielerlei Hinsicht unterschiedlichen Menschen mit grundlegenden Emotionen. Bei einer der interessantesten Theorien über die Macht der Beeinflussung geht es darum, wie rationale Überzeugung funktioniert. Lassen Sie uns diese Aspekte näher beleuchten:

Rationale Überzeugungskunst

Macht kann auf vielen Ebenen subjektiv sein. Sie kann auf der Wahrnehmung der Fähigkeiten einer Person beruhen, das Geschehen um sie herum zu beeinflussen, sei es im sozialen oder politischen Bereich. Sie kann in zahllosen Formen auftreten, auf einer hierarchischen Basis oder auf einer persönlichen Ebene des Einflusses auf andere. Wie wir bereits erörtert haben, gibt es verschiedene Formen der Einflussnahme wie Beratung, Zusammenarbeit, Inspiration usw. Bei all diesen verschiedenen Beeinflussungstechniken sticht jedoch die rationale Überzeugung als eine großartige Methode hervor.

Wenn Sie als Führungskraft eine Gruppe von Menschen oder ein Team in Ihrer Organisation leiten, kann Ihnen rationale Überzeugung bei Ihren Bemühungen helfen, die Menschen um Sie herum zu beeinflussen. Es handelt sich um eine einfache Methode, bei der die Aufforderung zur Annäherung mit Argumenten kombiniert wird, die äußerst rationaler Natur sind. Die Aufforderung erfolgt in Form eines dringenden Appells, aber die Argumente, die dabei verwendet werden, sind mit sachlichen Beweisen untermauert. Aufgrund der Gründe, die auf die praktischste Art und Weise gerechtfertigt sind, erweist sich der Appell als durchführbar.

Viele Führungspersönlichkeiten, die eine rationale Überzeugungsmethode anwenden, um ihren Einfluss auf die Menschen, mit denen sie zusammenarbeiten, auszubauen, werden als jemand angesehen, der Dinge auf den Punkt bringt und als superobjektiv und relevant gilt. In vielen Fällen folgen solche Führungskräfte einem prototypischen Prozess, in dem sie Strategien entwickeln, um ihr Publikum davon zu überzeugen, Entscheidungen und neue Veränderungen zu akzeptieren. Sie führen ihre Pläne mithilfe von Diagrammen, Statistiken, Schaubildern, Umfragen, Auszügen aus Aussagen von Personen usw. aus. Auf diese Weise erläutern sie ihren Standpunkt und können ihre Position rechtfertigen. Auf sehr subtile Weise machen sie deutlich, dass die Sichtweise einer Führungskraft die vertretbare und rationalste ist.

Bei der Erstellung eines statistischen Diagramms, das den Zuhörern präsentiert wird, werden umfangreiche Analysen, Expertenwissen und Erfahrungen genutzt. Die Führungskraft führt häufig Gründe an, die den Nutzen des neuen Systems oder Projekts für das berufliche und persönliche Leben der Menschen beschreiben. Sie weicht nie vom Thema ab und spricht über die Datenanalyse, indem sie die Einzel-

heiten der durchgeführten Umfragen oder die angegebenen Daten-
details präsentiert. Diese Art der Überzeugungsmethode folgt im Falle
einer Hierarchie in der Regel dem Top-Down-Ansatz; sie bietet kaum
Spielraum, bei einem Bottom-Up-Ansatz verfolgt zu werden.

Rationale Überzeugungsarbeit basiert auf einer Arbeitsmoral, bei der
keine Drohungen ausgesprochen werden oder die Macht einer der
beteiligten Personen missbraucht wird. Es ist der einfachste Prozess,
denn was die meisten Führungskräfte in einer solchen Situation tun, ist,
ihre Meinungen, Ideen und Strategien vor den betroffenen Personen
darzulegen. Es gibt keinen Grund, sich bei den anderen Mitgliedern der
Organisation einzuschmeicheln, denn all ihre Diskussionen beruhen
auf nichts anderem als auf Logik und hervorragend erläuterten Ideen,
die die beste Option für die gegebene Situation darstellen.

Wichtige Konzepte

Führungspersönlichkeiten stehen immer unter der strengen Beobachtung der Menschen. In einem solchen Szenario können sie es sich nicht leisten, einen Fehler zu machen und die ihnen durch ihre Position gegebene Chance, ein großes Publikum zu beeinflussen, zu verspielen. Die unvergessliche Rede „I Have a Dream" (zu Deutsch: „Ich habe einen Traum") von Martin Luther King Jr. und die Film-Rede „Greed is Good" (zu Deutsch: „Gier ist gut") von Gordon Gekko im Film „Wall Street" haben es beide geschafft, eine große Anzahl von Menschen auf der ganzen Welt zu beeinflussen. Diese beiden großmütigen Persönlichkeiten waren nicht nur gute Redner, sondern es war die Tatsache, dass ihre Reden auf einer Logik beruhten, die ihnen mehr Respekt und Anhänger verschaffte.

Wir alle haben uns in unserem Leben durch Beratung und inspirierende Sendungen beeinflussen lassen. Einflussnahme erfordert ein solides Fundament an Überzeugungstechniken, und die Führungspersönlichkeiten müssen vor allem in Bezug auf ihren Ansatz und ihre Ziele absolut aufrichtig sein. Als Führungspersönlichkeit sollten Sie sicherstellen, dass alle Fakten, die dem Publikum präsentiert werden, relevant und wahrheitsgetreu sind, denn sonst könnten Sie die Aufmerksamkeit Ihrer Zuhörer doppelt so schnell wieder verlieren, wie Sie sie gewonnen haben. Indem Sie sich an die Fakten halten, werden Sie Fehlinformationen und Missverständnisse auf lange Sicht ausschließen können. Der Grund, warum so viel Wert auf Echtheit gelegt wird, liegt darin, dass eine Führungsperson das Vertrauen der Menschen gewinnen muss. Wenn ein Anführer auch nur einen Hauch von Zweifel oder Unehrlichkeit zeigt, ist auch die Wahrscheinlichkeit groß, dass er auf lange Sicht die Unterstützung seiner Anhänger riskiert. Sie werden nicht nur die

Unterstützung verlieren, sondern auch in den folgenden Tagen nicht in der Lage sein, Akzeptanz für Ihre Ideen zu gewinnen.

Das wichtigste Konzept, das von jeder Führungskraft zu jeder Zeit befolgt werden sollte, besteht darin, ein breites Wissen über das Thema zu haben. Nur so können Sie Ihre Fakten richtig darstellen und Ihren Kollegen, Angestellten oder Mitgliedern ein stichhaltiges Argument präsentieren. Behauptungen, die sich am Ende als falsch herausstellen, können auf lange Sicht zu einem erheblichen Verlust von Anhängern führen. Vertrauen ist ein großes Wort, ohne das jede Art von Unternehmen nur schwer gedeihen kann. Daher ist es Ihr Vorrecht als Führungskraft, eine auf Vertrauen und Respekt basierende Verbindung zu Ihrem Publikum aufzubauen.

In „When Execution Isn't Enough: Decoding Inspirational Leadership" (zu Deutsch: Wenn die Ausführung nicht genug ist: inspirierende Führung verstehen") weist der Autor Claudio Feser darauf hin, dass die Aussagen von Führungskräften das Potenzial haben, einen starken Eindruck bei ihren Zuhörern zu hinterlassen. Er gibt Beispiele für bestimmte Aussagen, die von Führungskräften häufig verwendet werden, wenn sie rationale Überzeugungsarbeit leisten, wie: „Die Umgestaltung des Unternehmens ist notwendig, um Wachstum zu erzielen, die Kosten zu senken und die Konkurrenz zu schlagen", „Ich möchte, dass Sie aktiv werden", „Angesichts der verfügbaren Daten ist der logischste Ansatz ...", und dergleichen.

Daher ist es ziemlich klar, dass Logik mithilfe unterstützender Beweise funktioniert, um rationale Entscheidungen zu treffen. Rationale Führungspersönlichkeiten sind eher auf der sicheren Seite, da sie alle ihre Handlungen mit Verstand und sorgfältiger Planung untermauern.

Wirkungen der rationalen Überzeugung

Veränderungen werden von den meisten Menschen nicht gerne gesehen. Es ist ganz natürlich, dass man sich nicht wohl dabei fühlt, sich an etwas Neues anzupassen. Die Neubesetzungen und die Verwirrung, die durch Veränderungen im beruflichen und persönlichen Bereich verursacht werden, können unvorstellbare Auswirkungen auf die Gedanken und das Leben der Menschen haben, und diese Auswirkungen können für jeden Einzelnen andere sein. Die Verwirrung, die durch solche Szenarien entsteht, soll von Führungskräften durch den Einsatz rationaler Überzeugungsmethoden kontrolliert werden.

Wenn Sie eine Führungskraft sind, besteht der erste Schritt, den Sie immer machen müssen, wenn Ihnen eine große Verantwortung übertragen wird, darin, das Feld, in das Sie gestellt werden, mit besonderer Hingabe zu verstehen und zu studieren. Mit der richtigen Begründung kann jedes Argument, das für eine Form von Widerstand bürgt, der die Arbeit der Organisation behindern könnte, durch eine rationale Debatte vonseiten der Führungskraft entkräftet werden. Mit Metakognition, aufmerksamer Forschung und praktischer Überzeugungsarbeit kann eine Führungspersönlichkeit ohne Zweifel auch in den schwierigsten Zeiten ein starkes Argument vorbringen.

Rationale Überzeugungsarbeit kann Ihnen helfen, eine Ausschreibung zu gewinnen oder die Argumente für Ihre Präsentation zu verstärken. Kein Wunder, dass diese Form der Überzeugungstechnik oft mit Manipulation verwechselt wird. Sie ist jedoch etwas ganz anderes. Debatten und Diskussionen, die Darlegung aller Vor- und Nachteile eines Themas und sogar die Ausarbeitung strategischer Pläne mit einer umfassenden Analyse können dem Publikum dabei helfen, zu begreifen, dass die Ideen der Führungskraft viel authentischer und realistischer sind. Manipulation, wenn Sie so wollen, aber nicht mit einer negativen Konnotation.

Der Hauptzweck der rationalen Überzeugungsarbeit besteht letztlich darin, Ihre Ideen zu den Ideen aller anderen zu machen. Es ist sehr wichtig, sein Ego beiseitezulassen und nicht zu denken, dass man für jede Arbeit, die man leistet, die Lorbeeren ernten wird. Es wird eine Zeit kommen, in der es Meinungsverschiedenheiten zwischen den Teammitgliedern geben wird, aber es hängt alles von der Einstellung des Leiters ab, der mithilfe einer rationalen Methode wie dieser dazu beitragen wird, jegliche Form von Problemen zu lösen.

Emotionale Überzeugungskunst

Man muss zweimal oder besser gesagt mehrmals nachdenken, bevor man behauptet, dass man sich in seinen Entscheidungen nie von seinen Emotionen beeinflussen ließ und immer nur dem rationalen Denken treu geblieben ist. Tatsache ist, dass wir alle in unserem Leben von bestimmten Emotionen beeinflusst werden, und das kann sich wiederum auf unsere berufliche Situation auswirken. Emotionen spielen eine sehr wichtige Rolle im Prozess der Überzeugung und letztlich auch bei der Beeinflussung der Meinung anderer. Dies ist der Grund, warum emotionale Überzeugungsarbeit eher zu einer Meinungsänderung führen kann.

Shanelle Mullin schreibt in ihrem Artikel mit dem Titel „Emotional Persuasion: The Advanced Guide" (zu Deutsch: „Emotionale Überzeugungskunst: Der Leitfaden für Fortgeschrittene") darüber, dass Emotionen bei der Überzeugung eine große Rolle spielen. Sie beschreibt, wie der renommierte Neurologe António Damásio mit den Auswirkungen von Emotionen auf Aspekte der Entscheidungsfindung experimentierte. Es ist interessant zu wissen, dass er seine Studie an Menschen durchführte, die einen Hirnschaden hatten und nicht in der Lage waren, Gefühle zu empfinden. Um die Conversion-Optimierung zu verstehen, muss man wissen, wie diese Studie ablief. Alle Studienteilnehmer verhielten sich normal. Was jedoch auffiel, war, dass diese Menschen nicht in der Lage waren, Entscheidungen zu treffen, nicht einmal einfache Entscheidungen wie die Wahl des Essens oder der Kleidung.

Das Gehirn ist auch für die Entstehung der verschiedenen Emotionen verantwortlich. Das neuronale System besteht aus zwei Gehirnhälften. Die linke Hälfte ist mit Emotionen wie Stolz, Wut und Glück verbunden. Die rechte Hälfte des Gehirns hingegen ist für Emotionen wie Angst, Ekel und Vermeidung zuständig. In der Psychologie wird dies oft als duale Verarbeitung bezeichnet. Nach dieser psychologischen Theorie werden die beiden Systeme des Gehirns auch als System eins und System zwei bezeichnet, wobei das Erste mit den unbewussten, automatischen, wenig anstrengenden und schnellen Eigenschaften verbunden ist, während das Zweite mit den bewussten, kontrollierten, anstrengenden und langsamen Eigenschaften verbunden ist. Mit einfachen Worten kann man sagen, dass System eins unseres Gehirns für unser logisches Verhalten verantwortlich ist und System zwei für die emotionalen Entscheidungen, die wir treffen, wobei es aber auch dazu neigt, diese Gedanken später zu rationalisieren.

Es wurde beobachtet, dass emotionale Überzeugungsarbeit auf dem Weg zur Meinungsänderung mehr Erfolg hat. Anhand einfacher Beispiele aus dem Bereich des Kaufverhaltens lässt sich zeigen, auf welche Weise Emotionen einen Menschen dazu bringen, etwas zu konsumieren, ohne es vorher rational zu überdenken. Werbeagenturen können dies bestätigen. Die meisten Anzeigen, die wir sehen, konzentrieren sich darauf, wie wir uns auf emotionale Art mit dem Gedanken verbinden, ein Produkt zu kaufen. Wenn Sie zahlreiche erfolgreiche Werbekampagnen analysieren, werden Sie verstehen, wie emotionale Trigger genutzt werden, um eine Idee oder ein Produkt zu verkaufen. Nehmen Sie das Beispiel der Schuh-Marke TOMS, denn diese Marke ist für ihr soziales Engagement bekannt. Wenn Sie ein Paar TOMS-Schuhe kaufen, bürgt die Marke dafür, dass sie ein Paar Schuhe an ein unterprivilegiertes Kind spendet. Die philanthropischen Emotionen, die mit dieser Marke verbunden sind, sind es, die sich in den Köpfen der Verbraucher festsetzen und bleiben. So sehr sich die Marke auch für bedürftige Kinder einsetzt, kann man aus Verbrauchersicht nicht leugnen, dass die überwältigenden Emotionen, die der Gedanke an eine gute Sache auslöst, bemerkenswert sind.

Daher kann man sagen, dass emotionale Überzeugung auf unzählige Arten genutzt werden kann. Auf die Bedürfnisse anderer zu achten und dementsprechend selbst beachtet zu werden, kann eine Taktik sein, die in vielerlei Hinsicht hilfreich ist und den Grundstein für emotionale Überzeugung legt.

Die überzeugende Führungskraft

Überzeugende Führung ist ein Stil, bei dem die Meinungen der Menschen angehört und Entscheidungen getroffen werden, um sich Ziele zu setzen, ohne dass dabei die allgemeine Zufriedenheit der Menschen aus dem Auge verloren wird. Diese Methode umfasst die Partizipations-, Delegations-, Kooperations- und interessanterweise auch die Laissez-faire-Methode. Diese Methoden funktionieren jedoch auf ihre eigene Art. Die Überzeugungsarbeit ist, einfach ausgedrückt, die Hauptquelle all dieser Methoden, da sie sich mit dem Wunsch mehrerer Personen befassen, eine Entscheidung herbeizuführen, die die Bedingungen aller erfüllt.

Kommen wir gleich zur Sache und erörtern wir die verschiedenen Möglichkeiten, um eine überzeugende Führungskraft zu werden:

- Bereiten Sie den Weg: Als Führungskraft müssen Sie Ihre Ziele klar definieren und Strategien ausarbeiten, um Ihre Visionen in die Tat umzusetzen. Sie müssen verstehen, wie wichtig es ist, Menschen davon zu überzeugen, nach Ihren Vorstellungen zu arbeiten. Seien Sie sich der Tatsache bewusst, dass Menschen nicht gerne direkt überredet werden. Zwanghafte Überzeugungsarbeit kann zu Widerstand und Polarisierung führen. Seien Sie offen für Dialog und Feedback und nutzen Sie beides, um die Situation zu verbessern.

- Schaffen Sie Glaubwürdigkeit: Von einer Führungspersönlichkeit wird ein aufrichtiges Verhalten erwartet. Jede Führungspersönlichkeit, deren Aussagen man vertrauen kann, ist in der Lage, die Menschen mit Leichtigkeit zu überzeugen und auf ihre Seite zu ziehen. Seien Sie klar und ehrlich, was Ihre Meinung angeht, und vermeiden Sie es, intrigant und manipulativ zu wirken.

- Verstehen Sie die Zuhörerschaft: Eine Führungskraft hat mit den unterschiedlichsten Menschen und Orten zu tun. Sie werden nicht in der Lage sein, vorherzusagen, welche Art von Begegnungen Sie in naher Zukunft auf Ihrem Weg als Führungskraft haben werden. Studieren Sie die Menschen, mit denen Sie zu tun haben, und machen Sie sich ein Bild von ihnen. Achten Sie darauf, dass Sie ihre Gefühle nicht verletzen. Nur wenn Sie das Wesen Ihres Publikums verstehen, können Sie es überzeugen.

- Tun Sie, was richtig ist: Auf dem Weg zum Ziel werden Sie an jeder Ecke auf Situationen treffen, die Kompromisse erfordern. Sie müssen sich den Herausforderungen mit Mut und Entschlossenheit stellen und dementsprechend über alle Aspekte der Situation nachdenken. Nur, wenn Sie die Situation richtig einschätzen, können Sie die richtige Entscheidung treffen. Ohne Vorurteile und Voreingenommenheit wird eine Führungskraft in der Lage sein, fundierte Entscheidungen zu treffen, die sich sowohl für die Gegenwart als auch für die Zukunft als nützlich erweisen werden.

- Vermeiden Sie persönliche Absichten: Keine Führungskraft sollte auf dem Weg zur Erreichung der kollektiven Ziele ihre persönliche Agenda und ihr Ego einbringen. Wenn Sie persönliche Motive einbringen, besteht die Gefahr, dass Sie als egozentrische und egoistische Führungskraft angesehen werden und Ihr Image leidet. Dies kann das Hauptziel der Beeinflus-

sung von Menschen stark beeinträchtigen und statt der Erreichung dieses Ziels werden Ihre negativen Eigenschaften in den
Vordergrund gestellt.

- Verwenden Sie eine verlockende Sprache: Eine gute Redekunst
  kann die Aufmerksamkeit des Publikums fesseln. Sprechen Sie
  mit Klarheit und sorgen Sie für knackige und fesselnde Argumente. Wenn Sie die Aufmerksamkeit Ihrer Zuhörer nicht
  halten können, werden Sie sie nicht davon überzeugen können,
  etwas zu tun.

- Legen Sie Beweise vor: Von Führungspersönlichkeiten wird
  nicht erwartet, dass sie ohne gründliche Nachforschungen und
  Details über die von ihnen behandelten Themen sprechen.
  Alle ihre Argumente und Debatten müssen durch Schaubilder,
  Diagramme usw. mit Daten und Fakten belegt werden. Indem
  Sie korrekte Daten vorlegen, können Sie dem Publikum Ihr
  authentisches und professionelles Verhalten beweisen.

- Seien Sie sympathisch: Es ist schwierig, jemanden zu überzeugen, der sich nicht in irgendeiner Weise mit Ihnen identifizieren kann. Als Führungskraft sollten Sie wissen, was die
  emotionale Bindung des Publikums auslöst, diese Emotionen
  ansprechen und den Zuhörern Ihre Sichtweise verständlich
  machen, was ihnen in Zukunft zugutekommen kann.

Wir haben also gesehen, dass Überzeugung und ihre verschiedenen
Arten etwas ganz anderes sind als bloße Beeinflussung. Obwohl es
manchmal fast unmöglich ist, zwischen diesen beiden Methoden
zu unterscheiden, kann man sagen, dass es für eine Führungskraft
nicht falsch ist, diese beiden Methoden gelegentlich austauschbar zu
verwenden, um ein positives Ziel zu erreichen.

KAPITEL 6:
KONSULTATION UND DER KOOPERATIVE ANSATZ IN DER FÜHRUNG

Konsultation und Kooperation sind zwei Begriffe, die den Kern jeder Organisation bilden, deren Fundament der Respekt für alle Mitglieder der Belegschaft ist. Beides sind Beeinflussungstaktiken, die von Führungskräften eingesetzt werden, um ihr Publikum zu beeinflussen.

Der Grund dafür, dass diese beiden Faktoren nicht greifbar sind, liegt darin, dass in der wettbewerbsorientierten Welt von heute nicht viele Mitarbeiter bereit sind, regelmäßig zusammenzuarbeiten. Sie sind mehr damit beschäftigt, miteinander zu konkurrieren, und das manchmal auf zu aggressive Weise. Infolge eines solchen Konkurrenzkampfes an der beruflichen Front fühlen sich viele erschöpft, was sich schließlich negativ auf die allgemeine Produktivität auswirkt. Ein genauerer Blick auf diese beiden Methoden kann daher von Vorteil sein.

Konsultation: Eine Taktik der Beeinflussung

Die Konsultation wird in vielerlei Hinsicht als Taktik eingesetzt, um Einfluss zu gewinnen. Einfach ausgedrückt bedeutet dies, dass eine andere Quelle als die Führungsperson gebeten wird, bei der Beeinflussung einer Gruppe von Menschen zu helfen. Die Beratungsbranche floriert, und ihre Bedeutung wächst von Tag zu Tag. Immer mehr Menschen und Unternehmen suchen nach Möglichkeiten, ihre Organisationen zu verbessern, indem sie das Fachwissen von Experten in Anspruch nehmen. Es ist weithin bekannt, dass Konsultation eine Methode ist, die vor allem in Organisationen eingesetzt wird, die die Meinung aller respektieren und Wert auf eine demokratische Entscheidungsfindung legen.

In Unternehmen und sogar in verschiedenen Regierungsstellen werden häufig zahlreiche Personen als Berater eingestellt und ernannt. Unter diesen vielen Mitarbeitern gibt es einige wenige, die als Berater für die Führungskräfte fungieren und ihnen bei den Entscheidungsprozessen helfen. Die meisten dieser Personen werden intern für die Position vorgeschlagen, und häufig wird ein erfahrener Berater für diese Aufgabe eingestellt. Berater sind wie Change Agents in der Regel damit betraut, neue Ideen und wirksame Techniken vorzuschlagen, um die Annäherung an die festgelegten Ziele schnell und reibungslos in Gang zu bringen.

Konsultation ist ein wirksames Instrument, das von zahlreichen Unternehmen eingesetzt wird, um ihren Markenwert zu steigern. Sie gilt als eine zwischenmenschliche Methode, die das Potenzial hat, eine Vielzahl von arbeitsbezogenen Problemen anzugehen und zu lösen. Bei der Konsultation geht es jedoch nicht nur darum, Ratschläge zu erteilen und Menschen zu überreden, eine bestimmte Richtung einzuschlagen, sondern sie kann weit mehr als eine Gelegenheit betrachtet werden, auf unvoreingenommene Weise mit der Führungskraft und den Mitarbeitern zusammenzuarbeiten. In vielen Betrieben wird die Konsultation auch als gesetzliche Vorschrift betrachtet, die für ein gesundes und sicheres Arbeitsumfeld dringend erforderlich ist. Durch Debatten und Diskussionen, die von Konsultationsexperten untersucht werden, kann eine Führungskraft die möglichen Ursachen für Widerstand und die allgemeine Einstellung der Arbeitnehmer ermitteln. Daher kann die Konsultation als eine wirksame Methode der Überzeugung bezeichnet werden, die nach deren Grundsätzen und auch deren der Beeinflussung funktioniert.

Warum Kooperation wichtig ist

Die Kooperation ist für das Management der Bindung zwischen Führungskraft und Angestellten sowie für die Dynamik zwischen Arbeitgeber und Arbeitnehmer von wesentlicher Bedeutung. Kooperation kann nur dann stattfinden, wenn Menschen einander respektieren und bereit sind, einander zuzuhören. Es ist eine Praxis, die den Mitgliedern einer Organisation hilft, als Team zusammenzuarbeiten, auch bei unterschiedlichen Herausforderungen. Diese Managementpraxis bringt die Perspektiven aller am Team und seiner Arbeit Beteiligten zusammen, um der Organisation zu nutzen.

In letzter Zeit wird diese Methode von Managern verschiedener Organisationen in unterschiedlichen Sektoren immer häufiger angewandt. Es handelt sich um eine Theorie bzw. einen Stil, der nicht dem konservativen Top-Down-Ansatz der hierarchischen Struktur folgt. Dieser Stil stellt die Vorstellung infrage, dass die übergeordneten Machthaber Entscheidungen für alle Bereiche der Organisation treffen, ohne jegliche Erkenntnisse der Mitarbeiter zu berücksichtigen. Der kooperative Ansatz schafft ein Gefühl der Einheit zwischen den Managern und ihren Mitarbeitern, das den Boden für reibungslose Geschäftsentscheidungen bereitet. Es handelt sich um strategische Geschäftsprozesse, bei denen die Grundwerte des Unternehmens im Vordergrund stehen. Durch die Praxis der Zusammenarbeit inspirieren die Manager und Führungskräfte die gesamte Belegschaft dazu, in ähnlicher Weise zu arbeiten. Durch die Festlegung von Grundregeln, wie und was befolgt werden sollte, um zusammenarbeiten zu können, sind die Führungskräfte ein Beispiel anhand ihres eigenen Handelns. Dies wird von den zahlreichen anderen Mitarbeitern aufmerksam beobachtet, und natürlich entwickeln sie gemeinsam die Gewohnheit, es den Führungskräften gleichzutun.

Jedes Führungsprogramm, so heißt es, beginnt mit der Führungskraft, und es liegt an ihr, es zum Erfolg zu führen oder durch ihre Einstellung und ihr Ego künftige Blockaden aufzubauen. Indem sie eine gute Arbeitsmoral verkörpert und mit dem Rest des Teams zusammenarbeitet, kann eine Führungskraft eine Atmosphäre der Sicherheit und ein Zusammengehörigkeitsgefühl für alle anderen Mitglieder der Organisation schaffen. Die Transparenz, mit der sie den Erfordernissen der Situation nachkommt, kann bei den anderen ein Gefühl des Vertrauens hervorrufen.

Bei der Kooperation geht es darum, alle unterschiedlichen Meinungen mitzuteilen und anzuhören, um die beste Entscheidung für das Team zu treffen. Die Führungskräfte, die diesen Ansatz verfolgen, sorgen dafür, dass die Mitarbeiter ein angenehmes und sicheres Umfeld vorfinden, in dem sie sich öffnen und ihre ehrlichen Gedanken und Ideen äußern können. Nur durch die Zusammenarbeit mit Menschen mit unterschiedlichen Hintergründen und Fähigkeiten kann man eine globale Perspektive und vielfältiges Wissen erreichen.

Dies ist nicht nur ein innovativer Prozess, sondern viele Studien haben im Laufe der Jahre zudem bewiesen, dass eine positive Atmosphäre am Arbeitsplatz die Produktivität steigern kann. Laut Forbes ist die Wahrscheinlichkeit höher, dass Mitarbeiter, die anerkannt und gefördert werden, eine höhere Leistung erbringen. Man sieht also, auf welche Weise eine Führungskraft mithilfe der richtigen Kooperation zahlreiche Entscheidungen zum Wohle des gesamten Teams umsetzen kann, ohne dabei auf einen Widerstand zu stoßen.

Steigern Sie Ihren kooperativen Einfluss

Die kooperative Beeinflussung ist eine Taktik, die eine Vielzahl von agilen Strategien erfordert. Alle Führungskräfte, die diese Methode anwenden wollen, müssen zunächst das Motivationsniveau des Publikums verstehen. Sie müssen sich fragen, welches die Trigger sind, die die Denkprozesse der übrigen Teammitglieder beeinflussen. Im Folgenden finden Sie einige dieser Taktiken, die zur Erzeugung kooperativen Einflusses eingesetzt werden können:

- Beobachten Sie den Grad der Motivation des Publikums. Die Motivation lässt sich im Allgemeinen in drei Ansätze unterteilen, die auf Gefühlen, Erwartung und sozialer Zugehörigkeit beruhen. Versuchen Sie herauszufinden, auf welcher Grundlage sich die Zuhörer mit der neuen Veränderung verbunden fühlen oder was genau die Gründe sind, die sie dazu bringen, Widerstand zu leisten.

- Lernen Sie das Problem kennen und lösen Sie es dann. Berücksichtigen Sie die Anforderungen der Mitarbeiter, bevor Sie neue strategische Ziele festlegen. Holen Sie sich deren Meinung rechtzeitig ein. Auf diese Weise geben Sie ihnen das Gefühl, dass ihre Meinung wichtig ist und berücksichtigt wird.

- Schätzen Sie die individuellen Stärken und akzeptieren Sie die Tatsache, dass eine Organisation nur dann optimal arbeiten kann, wenn alle Mitarbeiter ihre Fähigkeiten einsetzen, um ein fruchtbares Ergebnis zu erzielen. Ein Unternehmen kann nie von der Führungskraft allein geführt werden; es erfordert Zusammenarbeit, um die Arbeitskraft zu erhöhen. Nur wenn die Fähigkeiten der gesamten Belegschaft genutzt werden, kann das Unternehmen gedeihen.

- Fördern Sie die digitale Zusammenarbeit, um viele metaphorische und physische Hindernisse für die Mitarbeiter zu überwinden. Durch die Benutzung von digitalen Geräten können Teams einen effizienten Weg finden, ihre Arbeit zu erledigen. Der Einsatz digitaler Technologien kann die Hindernisse überwinden, die durch die Fernarbeit und die häufige Nichterreichbarkeit von Mitarbeitern entstehen können. Videokonferenzen, Team-Chat-Fenster und Instant Messaging können dazu beitragen, die Kommunikation effizienter und effektiver zu gestalten. Digitale Kommunikationstools wie die G-Suite von Google sind sehr gefragt, da sie Vorgänge wie die Erstellung von Dateien, die Bearbeitung und das Versenden an das Team viel bequemer machen als die alten Verfahren, die Zeit und Geduld erfordern.

- Eine Führungspersönlichkeit muss ein Zeichen der Zusammenarbeit setzen, indem sie ihre Absichten direkt äußert. Sie sollte immer darauf vorbereitet sein, von Fragen und Zweifeln angegriffen zu werden. Achten Sie darauf, dass die Aussicht auf Zusammenarbeit nicht negativ beeinflusst wird. Erreichen Sie stattdessen durch Diskussionen einen Punkt, an dem Sie Lösungen für die Probleme finden.

- Die Erstellung einer Liste von Problemen, die die Aufmerksamkeit der Führung erfordern, ist ein Muss, um eine Form von Veränderung herbeizuführen. Die Probleme sind vielleicht nicht immer direkt sichtbar, aber es ist die Aufgabe der Führungskraft, die tieferen Ursachen des Widerstands zu erforschen.

- Eine Führungskraft sollte immer durch einen Notfallplan vorbereitet sein. Sie sollten immer einen Plan B haben – für den Fall, dass Plan A fehlschlägt. Arbeiten Sie mit dem Rest des Teams zusammen, um eine Lösung zu finden, die die Interessen aller Beteiligten berücksichtigt.

- Prüfen Sie sorgfältig alle Bereiche, in denen eine umfassende Zusammenarbeit möglich ist und zu gewinnbringenden Möglichkeiten in der Zukunft führen kann. Achten Sie stets darauf, die Lösungsoptionen einzugrenzen – damit Ihr Plan durchführbar ist, sollte überprüft werden, ob die Lösungen mit ihm übereinstimmen.

Es zeigt sich also, dass man mit dem taktvollen Einsatz von kooperativen Führungstechniken nicht nur Ziele setzen und sie leicht erreichen kann, sondern vor allem eine Atmosphäre schafft, die auf gegenseitigem

Vertrauen und Ehrlichkeit beruht, und das ist es, was beim Aufbau starker Beziehungen hilft.

Kooperative Führung

Die Macht der Einheit darf auf keiner Ebene unterschätzt werden, und wenn eine Führungskraft sich diesen positiven Faktor zu eigen macht, kann sie die Organisation sprunghaft zum Erfolg führen. Durch strategisches Denken, Kommunikation und Einfühlungsvermögen kann die Führungskraft dazu beitragen, die praktischen Fähigkeiten der Mitarbeiter zu verbessern. Es wird davon ausgegangen, dass die Zusammenarbeit die Stimmen der Menschen stärkt, und kooperative Führungskräfte arbeiten verantwortungsbewusst an der Entwicklung des Ganzen, denn durch eine kooperative und kollektive Anstrengung werden die Leistungskennzahlen auf verschiedene Weise steigen.

Die Atmosphäre einer jeden Organisation ist untrennbar mit den Beziehungen und dem aufrichtigen Respekt zwischen den Führungskräften und den anderen Mitarbeitern verbunden. Die Fähigkeit der meisten Führungskräfte, gute Kooperationsbeziehungen aufzubauen, entscheidet über ihre Position als Führungskraft. Mit den folgenden Fähigkeiten kann man jedoch leicht eine erfolgreiche kooperative Führungskraft werden:

- Kooperative Absicht: Geschäftliche Auseinandersetzungen können nicht nur von emotionalen Ansätzen geleitet werden. Die Debatten, die zur Lösung führen, sollten immer auf rationale Art geführt werden, und vor allem sollte die Führungskraft immer eine Präsenz zeigen, die nicht defensiv ist. Die Führungskraft muss sich bewusst dazu verpflichten, mit gegenseitigem Respekt zu arbeiten. Diese nicht defensive Präsenz der Führungskraft wird oft als „grüne Zone" bezeichnet; zu ihr gehören Menschen, die mit einvernehmlichen Lösungen zum Erfolg führen wollen. Im Gegensatz dazu wird den Menschen der „roten Zone" nachgesagt, dass sie einen defensiven Modus anstreben, der auf Schuldzuweisungen beruht. Probleme sollten nie als Kämpfe betrachtet werden, sondern auf eine Art und Weise behandelt werden, die auf Zusammenarbeit ausgerichtet ist, was die Beziehungen und die Leistung auf lange Sicht weiter verbessern kann.

- Eigenverantwortung: Eine Führungskraft, die mit anderen zusammenarbeitet, sollte verantwortungsbewusst genug sein, um die Verantwortung für die eigenen Handlungen und Pläne zu übernehmen. Jeder geschäftliche Schritt kann unvorhergesehene Folgen haben, die sowohl beabsichtigt als auch unbeabsichtigt sein können. Negatives Denken führt nur dazu, dass wir die vor uns liegenden Möglichkeiten und Entscheidungen nicht erkennen. Echte Führungskräfte müssen sich immer der Konsequenzen bewusst sein, die eine von ihnen getroffene Entscheidung haben kann. Daher sollten sie stets die Meinungen aller Gruppen einbeziehen und dann eine endgültige Entscheidung auf der Grundlage von Logik und intensiven Studien treffen. Die Eigenverantwortung wird sie nicht nur mit einer starken Geschäftsethik ausstatten, sondern sie auch in den Augen der Menschen, die ihnen folgen, authentischer machen.

• Selbsterkenntnis: Eine echte Verpflichtung zur Selbsterkenntnis und langfristig auch zur Reform der Arbeitskultur einer Organisation ist für eine Führungskraft erforderlich. Effektive Entscheidungen zu treffen, um die anderen Mitglieder der Organisation zu sensibilisieren, ist eine wesentliche Fähigkeit, auf die jede Führungskraft achten muss. Die Situationen können unterschiedlich sein, und auch die Ziele können entsprechend variieren. Es ist die Führungskraft, die ihre Hand ausstrecken muss, um die Menschen dabei zu unterstützen, selbstreflektierend zu werden. Die Kontaktaufnahme mit den eigenen inneren Gefühlen, Werten, Absichten und Ängsten kann eine unglaubliche Wirkung auf die Verhaltensmuster der Menschen haben. Eine Führungskraft muss diesen Gefühlen auf den Grund gehen und die Hauptgründe für das betreffende Verhalten herausfinden. Ein Team kann nur dann optimal arbeiten, wenn sich seine Mitglieder in einem guten geistigen und körperlichen Zustand befinden. Durch die Förderung der Selbsterkenntnis unter den Mitarbeitern kann eine Führungskraft dafür sorgen, dass sie diese ungenutzten Emotionen und

Fähigkeiten zum Nutzen des Einzelnen und der Organisation im weiteren Sinne einsetzen.

- Verhandlungsgeschick: Eine der wichtigsten unternehmerischen Fähigkeiten ist das Verhandlungsgeschick. Hin und wieder wird eine Organisationsstruktur mit einigen Problemen konfrontiert. Es hängt alles von der Führungskraft ab, die durch eine vollständige Verweigerungshaltung jede Form von Konflikten vermeiden oder mit Beharrlichkeit und Strategien zu einer Lösung der bestehenden Probleme beitragen kann. Jeder Mensch kann mit Schwierigkeiten konfrontiert werden, wenn er eine Beziehung oder ein Engagement aufrechterhalten will, sei es im privaten oder beruflichen Bereich. Unabhängig davon, wie kooperativ, verantwortungsbewusst, nicht defensiv, wahrheitsliebend und selbstbewusst diese Person sein mag, wird ein Mangel an Verhandlungsgeschick zu massiven Problemen führen. Das Aushandeln und Überarbeiten eines Geschäftsvertrags erfordert immensen Mut und Selbstvertrauen. Der Mut, der erforderlich ist, um ein Geschäft zu verhandeln und an einer Entscheidung festzuhalten, um die Meinung der Gegenseite zu beeinflussen, kann nicht nur schwierig aufzubringen sein, sondern birgt auch Risiken. Eine Führungskraft, die mit anderen zusammenarbeitet, muss über Verhandlungsgeschick verfügen, ohne die das Funktionieren eines Geschäfts zu einer überfordernden Aufgabe werden kann.

- Vertrauenswürdigkeit: Es hat sich immer wieder gezeigt, dass Wahrhaftigkeit beim Aufbau jeder Art von Beziehung hilfreich ist. Eine Führungskraft muss eine wahrheitsliebende Einstellung haben, aber sie sollte auch immer die Wahrheit sagen. Unsicherheiten und Misstrauen unter den Mitgliedern einer Organisation gehören zu den Hauptursachen, die zur Dysfunktion des Systems führen. Zuzuhören ist der Schlüssel zum Verständnis der Sichtweise eines anderen, und wenn Führungskräfte keine geduldigen Zuhörer sind, werden sie sich davor fürchten, von den Menschen angesprochen zu werden. Solche Gründe können allein schon zu zahlreichen unnötigen Kommunikationsproblemen führen und auf lange Sicht schwierige Fragen aufwerfen. Eine aufgeschlossene Haltung und ein Ansatz, der auf Wahrheit und Ehrlichkeit beruht, können dazu beitragen, eine solide Grundlage zwischen Führungskräften und ihren Anhängern zu schaffen.

Bei der Kooperation geht es darum, in gegenseitigem Einvernehmen zu arbeiten, und nur mit der Fähigkeit zur Zusammenarbeit kann man in jedem Bereich, in dem man tätig werden will, erfolgreich sein. Die Belegschaft ist die Grundlage für den Erfolg jeder Organisation, und wenn die Menschen in einer beruflich gesunden Weise betreut werden, dann wird das Ergebnis sehr positiv sein. Durch die Einbeziehung des Konzepts der Selbsterkenntnis kann eine kooperative Führungspersönlichkeit die Menschen dazu bringen, ihren Selbstwert zu erkennen, und so ein vertrauensvolles und erfüllendes Teamumfeld schaffen.

KAPITEL 7:

INSPIRIERENDER APPELL: FÜHREN MIT INSPIRATION, VISION UND WERT

∞≫∞

Führungspersönlichkeiten, die es schaffen, zu inspirieren, haben auf ihrem Weg zum Erfolg beinahe die Hälfte ihrer Arbeit geleistet. Es heißt, dass viele Führungspersönlichkeiten eine breite Palette von Taktiken anwenden, um zu triumphieren. Im Gegensatz zur rationalen Überzeugung soll der inspirierende Appell durch das Auslösen von Begeisterung und Emotionen wirken.

Die Psychologie spielt den Menschen Streiche, um Inspiration in ihren Köpfen hervorzurufen. Der inspirierende Appell geht Hand in Hand mit überwältigenden Gefühlen der Sehnsucht, wie jemand anderes zu sein oder das zu erreichen, was jemand anderes bereits im Leben erreicht hat. Die Werte und die Ethik, die eine Führungspersönlichkeit vertritt, sollten offen und für die Gefolgschaft zugänglich sein. Dadurch entsteht ein Gefühl der Verbundenheit, das die Menschen gegenüber der Führungsperson empfinden.

Seit unserer Kindheit werden wir gefragt, wer uns inspiriert und was wir werden wollen, wenn wir erwachsen sind. Diese einfachen Fragen besitzen eine größere Tiefe. Seit jeher sind die Köpfe der Menschen durch Emotionen in Bezug auf Wünsche und Träume angezapft worden. Die Gefühle der Menschen reichen aus, um in ihnen einen Leistungseifer zu entwickeln, wenn sie erfahren, dass sie ihre Ziele sehr bald erreichen werden, wenn sie nur beharrlich bleiben.

Die Merkmale einer inspirierenden Führungskraft

Inspiration ist eine großartige Technik der Beeinflussung. Es handelt sich um eine Methode, mithilfe derer eine Person die Gedanken anderer kontrollieren kann, ohne dabei Aufsehen zu erregen. Sie funktioniert auf der Grundlage eines Bildes, das über einen längeren Zeitraum hinweg aufgebaut wurde. Dieser ist notwendig, weil es für Menschen schwierig ist, sich sofort inspirieren zu lassen und jemand anderen als Vorbild zu akzeptieren. Es braucht eine gewisse Zeit und eine bestimmte Einstellung, um die Eigenschaften und Leistungen anderer Menschen zu beobachten und schließlich von der sie umgebenden Aura gefangen genommen zu werden. Es gibt keine festen Regeln, die einen Menschen inspirierend machen. Vielmehr sind es seine inneren Fähigkeiten und seine Persönlichkeit, die den Ausschlag geben. Was sind jedoch die Merkmale, die eine Führungspersönlichkeit ausmachen, die an Inspiration, Vision und Werte glaubt? Hier sind ein paar Hinweise, um das Konzept dahinter zu verstehen:

Inspirierende Aktionen

Eine inspirierende Führungspersönlichkeit hält nicht nur motivierende Reden. Wer predigt, muss zuerst seine Theorien in die Tat umsetzen. Jede Führungskraft muss ihre Bereitschaft zeigen, sich auch mit den kleinsten Details zu befassen, die das allgemeine Wohlergehen der Organisation und der Mitarbeiter betreffen. Jedes Arbeitsumfeld ist im Zusammenhang mit der Erbringung von Dienstleistungen oder mit Kundenfragen zwangsläufig irgendwann mit Problemen belastet. Wenn die Lage angespannt ist, muss die Führungskraft ruhig bleiben und mit einem Höchstmaß an Arbeitsmoral auf eine Lösung hinarbeiten. Jede Reaktion auf eine Aktion wird immer von den Mitgliedern einer Organisation beobachtet. In schwierigen Zeiten muss eine Führungskraft auf sorgfältige Weise Besprechungen einberufen und gut durchdachte Strategien vorlegen, um die Probleme einzudämmen. Dieses Verhalten der Führungskraft ist ein inspirierendes Beispiel für die übrigen Mitarbeiter. Wenn sie sich daran ein Beispiel nehmen, werden sich auch die Angestellten in Stresssituationen geduldig und ruhig verhalten, so wie es ihre Führungskraft getan hat.

Kommunikation

Selbst die stärksten Beziehungen können an einem Mangel an angemessener Kommunikation scheitern. Missverständnisse sind die Wurzel des Übels in jeder Organisation. Die Menschen, die für die Organisation arbeiten, sollten sich immer sicher fühlen. Schon ein Hauch von Zweifel und auch Spekulationen können zu einer Hysterie der Verwirrung führen, die wiederum ein massives geschäftliches Desaster verursachen kann. Die Führungskräfte müssen darauf achten, dass die Mitarbeiter in einem gewissen Umfang in den Entscheidungsprozess einbezogen werden. Auf diese Weise stärken sie das Vertrauen der Menschen und geben ihnen ein Gefühl der Sicherheit. Die empfindliche Integrität einer Person muss mit äußerster Sorgfalt behandelt werden, und jede Entscheidung, die zu Veränderungen oder irgendetwas anderem führt, sollte in einem systematischen Prozess getroffen werden, ohne die Absicht, das Vertrauen der Menschen zu beschädigen. Es ist die Fähigkeit der Führungspersönlichkeiten, ihre Vision den Menschen auf eine solche interessante und klare Weise zu vermitteln, dass es ihnen ein unterstützendes Publikum verschafft.

Leidenschaft

Leidenschaft ist das, was Menschen dazu motiviert, durchzuhalten und sich regelmäßig um ihre Ziele zu bemühen. Es gibt ein Konzept, das als „geteilte Leidenschaft" bezeichnet wird. Dieses kann von der Führungskraft genutzt werden, um bei den anderen Menschen die Leidenschaft dafür zu wecken, ein gemeinsames Ziel anzustreben und darauf hinzuarbeiten. Eine Führungspersönlichkeit muss andere dazu inspirieren, leidenschaftlich zu arbeiten, um im Leben erfolgreich zu sein. Die Mission der Organisation sollte auch mit dem individuellen Eifer der Menschen übereinstimmen, hart für das Ziel zu arbeiten. Eine Führungspersönlichkeit muss den Beteiligten mit viel Fingerspitzengefühl klarmachen, dass es sinnvoll ist, sich mit großer Leidenschaft für eine Sache einzusetzen. Indem sie ihnen ein größeres Szenario vor

Augen führt, kann eine Führungspersönlichkeit die Leidenschaft des Teams entfachen, um eine großartige Erfolgsrate zu erzielen.

Zuhören

Eine Führungskraft kann nicht in einer Blase leben, in der es kein Feedback und keine Bewertungen gibt. Damit Menschen vertikal wachsen können, müssen sie in Bezug auf ihre Führung und alles, was mit der Organisation zu tun hat, offen sein für die Meinungen anderer. Eine inspirierende Führungspersönlichkeit sollte immer ein offenes Ohr für die bedeutsamen Gedanken der Menschen haben, und durch eine solche Kommunikation wird die Führungspersönlichkeit in der Lage sein, viele Probleme der Menschen im Allgemeinen zu lösen.

Die Vision und der Auftrag der Führungskraft und der Organisation müssen mit den kollektiven Zielen der Menschen übereinstimmen. Es hat sich gezeigt, dass Führungskräfte, die ansprechbar sind, eher in der Lage sind, andere zu überzeugen. Die Fähigkeit, zuzuhören ist eine weitere Eigenschaft, die eine inspirierende Führungskraft haben sollte. Wie können Führungskräfte glauben, dass sie andere inspirieren können, wenn sie nicht wissen, was ihr Gegenüber gerade denkt? Um die richtige Aufmerksamkeit zu bekommen, müssen sie sich darauf konzentrieren, das Eis zu brechen, das durch die hierarchische Struktur entsteht, und einfachere Wege einführen, um den Bedürfnissen der Menschen gerecht zu werden.

Einbeziehung

Wenn die Mitarbeiter das Gefühl haben, übergangen zu werden, treten innerhalb der Organisation echte Probleme auf. Eine Führungskraft muss den Menschen das Gefühl geben, dass sie inspiriert werden, indem sie sie in viele Angelegenheiten einbezieht. Es muss klar sein, dass mit Einbeziehung nicht nur formale Umfragen und Feedback-Prozesse gemeint sind.

Eine Führungspersönlichkeit muss verstehen, dass es die Gefolgschaft ist, die die Position der Führungspersönlichkeit ausmacht. Ausgehend von einer genaueren Betrachtung sollte die Führungskraft daher große Anstrengungen unternehmen, um den Menschen das Gefühl zu geben, gebraucht zu werden und mit der Organisation verbunden zu sein. So kann beispielsweise die Einbeziehung der Meinung der Beteiligten bei einer einfachen Entscheidung über einen Prozess dazu beitragen, die durch die hierarchischen Strukturen verursachte Kluft zu überbrücken. Das allgemeine Gefühl, als Teil der Organisation betrachtet zu werden, und die Einbeziehung in viele Entscheidungen, die die Prozesse betreffen, kann die Moral der übrigen Mitarbeiter erheblich steigern.

Integrität und Vertrauen

Integrität ist das, was einen Menschen auch in schwierigen Zeiten standhaft bleiben lässt, und Vertrauen ist etwas, das die Dynamik einer Beziehung verändern kann. Wenn Ihnen als Führungskraft ein Großteil Ihrer Anhängerschaft nicht vertraut, kann dies Ihrer Karriere und Ihrem persönlichen Wachstum erheblichen Schaden zufügen. Die Bedeutung von Vertrauen und Integrität darf unter keinen Umständen unterschätzt werden. Die Menschen vertrauen ihren Führungskräften, wenn diese ihnen ein Gefühl der Sicherheit vermitteln. Eine Führungspersönlichkeit muss inspirierend genug sein, um eine Atmosphäre zu schaffen, die auf Respekt und Vertrauen basiert. Es ist eine Tatsache, dass sich Vertrauen nicht in kurzer Zeit aufbauen lässt. Es muss über einen längeren Zeitraum erarbeitet und bewiesen werden. Die Richtung, die eine Führungskraft vorgibt, und der Weg, den die Gefolgschaft einschlägt, sind nicht immer identisch, aber es ist die Persönlichkeit der Führungskraft, die den Anhängern helfen kann, den richtigen Weg zu wählen. Jede Führungspersönlichkeit muss sich bemühen, ein integres Leben zu führen, denn ihr Verhalten und ihre Entscheidungen werden von anderen immer aufmerksam verfolgt. Auf diese Weise kann sie den Geist der Menschen beeinflussen und sie dazu bringen, eine positive Richtung einzuschlagen.

Darauf achten, was die Menschen wollen

Der Gedanke an lohnende Ergebnisse kann eine große Triebkraft für Menschen sein, auf ihre Ziele hinzuarbeiten. Wenn Führungskräfte diese psychologische Tatsache verstehen, müssen sie alles in ihrer Macht Stehende tun, um ihren Mitarbeitern das Gefühl zu geben, dass ihre gute Arbeit wertgeschätzt wird. Die Gewährung einer Gehaltserhöhung ist nicht immer möglich, da dies eine umfangreiche strategische

Planung und Prüfung erfordern würde. Doch Führungskräfte können auf ihre Weise Belohnungen organisieren, um Menschen mit unterschiedlichen Fähigkeiten und Fertigkeiten anzuerkennen. Ein einfaches Schulterklopfen kann in solchen Fällen Wunder bewirken, um die Energie und das Selbstvertrauen der Mitarbeiter zu stärken. Lob und Anerkennung machen Lust auf mehr und führen dazu, dass man bei der Arbeit sein Bestes gibt.

Aus all diesen Gründen folgen die Menschen bestimmten Führungspersönlichkeiten und ignorieren andere. Führung hat nicht immer etwas mit einer Berufsbezeichnung zu tun, sondern ist eher eine inspirierende Position, und die Person in dieser Position hat die Macht, die Gedanken vieler Menschen auf fruchtbare Weise zu beeinflussen. Als wirklich inspirierende Führungspersönlichkeit gilt jemand, der leidenschaftlich, zielstrebig und ein großartiger Zuhörer ist und der der Rolle, die er innehat, einen immensen Wert verleiht.

Die Kunst, Menschen zu inspirieren

Es ist ziemlich unwahrscheinlich, dass eine Führungskraft eines Konzerngiganten über die Komplexität des Aspekts, Menschen zu inspirieren, nachgedacht hat. Ein CEO mag mit den Tricks und Kniffen des Geschäfts, an dem er beteiligt ist, gut vertraut sein, aber sich selbst als Führungskraft zu präsentieren, die sich darauf konzentriert, die Angestellten zu ermutigen und zu bestärken, kann mehr erfordern, als man annimmt. Menschen zu inspirieren und sich den Hut einer inspirierenden Führungspersönlichkeit aufzusetzen, ist nie eine leichte Aufgabe.

Starke zwischenmenschliche Fähigkeiten und das Geschick, mit den übrigen Mitarbeitern zusammenzuarbeiten, sind das, was die Macht einer Führungskraft ausmacht. Die Bezeichnung „Kunst" rührt daher, dass es ein angeborenes Talent braucht, um diese Aura der Inspiration um die eigene Persönlichkeit zu legen. Hochkarätige Geschäftsleute sind vielleicht außergewöhnlich gut darin, millionenschwere Geschäfte abzuschließen, aber ihre Fähigkeit, andere Mitglieder ihrer Firma zu inspirieren, ist möglicherweise sehr gering. Um eine erfolgreiche Führungspersönlichkeit zu werden, sind geschäftliche Fähigkeiten zweifellos sehr wichtig, aber auch hier können Kommunikation und die Begabung zu positiven Interaktionen auf ihre eigene Weise von Vorteil sein. Der Punkt ist, dass manche Menschen zwar technisch versiert sind, aber wenn es darum geht, zwischenmenschliche Beziehungen zu entwickeln und ein gutes Verhältnis zu anderen zu pflegen, sind sie möglicherweise nicht gut darin. Dies kann sich nachteilig auf die Popularität der Führungskraft auswirken und sogar dazu führen, dass ihr in naher Zukunft Chancen verwehrt werden.

Es erfordert große Anstrengungen und es ist nicht einfach, das Ziel zu erreichen, eine Führungskraft zu werden, zu der die Menschen aufschauen. Hier sind jedoch einige Punkte, die als Erinnerung dienen und Sie auf Ihrem Weg, eine Inspiration für andere zu werden, leiten können:

- Positives Denken ist der Schlüssel zum Erfolg.

- Aufgeschlossenheit kann viel bewirken.

- Mit der Macht kommt die Verantwortung.

- Dankbarkeit ist wichtig.

- Selbsterkenntnis hilft, Probleme mit dem Ego zu vermeiden.

- Respektieren Sie die Integrität aller.

Man kann also sagen, dass es Ausdauer und mehrere Kompromisse erfordert, um eine Führungspersönlichkeit zu werden, die für den Rest der Organisation inspirierend ist.

Die inspirierende Führungskraft

Wie wir bereits erwähnt haben, ist die Frage, worum es bei der Führung geht und welche Rolle die Inspiration bei der Umsetzung des Führungskonzeptes spielt, von großer Bedeutung. Eine Führungskraft, die mit einer Vision und einer Mission vor Augen führt, hat das Potenzial, die Person zu sein, der andere folgen wollen. Eine inspirierende Führungspersönlichkeit ist jemand, der weiß, wie wichtig es ist, von seinen Anhängern unterstützt zu werden, und der bereit ist, die notwendigen Schritte zu unternehmen, um seine eigenen Vorlieben und Abneigungen zurückzustellen, damit die Bedürfnisse seiner Anhänger erfüllt werden können.

Die Hauptaufgabe einer inspirierenden Führungskraft muss das kontinuierliche Wachstum der Organisation und ihrer Mitarbeiter sein. Die Führungskraft sollte die Menschen nicht nur mit Worten inspirieren, sondern auch versuchen, wesentliche Veränderungen am Arbeitsplatz herbeizuführen, die dazu beitragen, das Gleichgewicht zwischen Arbeit und Privatleben der Mitarbeiter zu verbessern. Eine Führungspersönlichkeit glaubt fest an ihre Grundwerte und die Unternehmensethik und muss als Vorbild für viele Menschen fungieren, um sie auf den richtigen Weg zu führen.

Inspirierende Führungskräfte sind nicht einfach nur irgendwelche Führungskräfte. Sie delegieren ihre Entscheidungen nicht nur an ihre Angestellten und Kollegen, sondern sind auch dafür bekannt, dass sie sich in jeden Aspekt des Managementprozesses und der Mitarbeiter-Veranstaltungen einbringen. Die Entscheidungen, die unter ihrer Führung getroffen werden, sind oft in Mitgefühl begründet, sodass auch Menschen, die keine Macht haben, durch harte Arbeit in der Organisation gedeihen können. Mit ihrer sympathischen Ausstrahlung und ohne die Anwendung von angstbasierten Taktiken, die auf Manipulation der Menschen beruhen, gehören sie zu den am meisten respektierten Führungskräften. Inspirierende Führungspersönlichkeiten glauben an die Einbeziehung von Vielfalt, sie betrachten Fehler als Möglichkeiten, dazuzulernen, und glauben fest daran, dass gute Arbeit und Anstrengungen gewürdigt werden.

KAPITEL 8:
WIE MAN EIN
FÜHRUNGSVERMÄCHTNIS AUFBAUT

Unser ganzes Leben lang streben wir danach, uns das Leben aufzubauen, von dem wir immer geträumt haben. Es ist ein nie endender Prozess, bei dem die meisten ehrgeizigen Menschen versuchen, ein Gleichgewicht zwischen ihrem Privat- und ihrem Berufsleben herzustellen. Der hektische Lebensstil und der Eifer, immer mehr zu erreichen, lassen oft wenig Zeit, um darüber nachzudenken, welches Erbe die Menschen hinterlassen werden, wenn sie schon lange tot sind.

Es ist ein Thema, das zum Nachdenken anregt und das die Perspektive einer Person tiefgreifend beeinflussen kann, je nachdem, welche Arbeit sie leistet und was sie erreicht hat. Der Begriff „Vermächtnis" bezieht sich auf etwas Wertvolles, das in physischer oder inspirierender Form vorliegen kann und durch das wir in Erinnerung bleiben. Die Beiträge, die Sie in den verschiedenen Bereichen Ihres Lebens leisten, machen Sie letztendlich zu der Person, die Sie sind. Das Vermächtnis eines Menschen kann mit seiner Denkweise und seinen Handlungen in Bezug auf konkrete Dinge in Verbindung gebracht werden. Das Konzept, ein starkes Vermächtnis zu schaffen, kann ein ermutigender Faktor sein, wenn es darum geht, die Bemühungen der Führungskraft zu bestimmen, weiter auf höhere Ziele hinzuarbeiten.

Die Grundsätze des Führungsvermächtnisses

Eine einflussreiche Position wie die einer Führungskraft ist mit einer Fülle von anspruchsvollen Aufgaben verbunden. Die meisten Führungskräfte denken von Zeit zu Zeit über das Vermächtnis nach, das sie geschaffen und hinterlassen haben. Was kann also als solch ein Vermächtnis angesehen werden? Diese Frage kann zu zahlreichen kritischen Überlegungen anregen. Doch zusammenfassend lässt sich sagen, dass die Entscheidungen, die eine Führungspersönlichkeit zu Lebzeiten trifft, direkt oder indirekt einen deutlichen Einfluss auf das Erbe haben, das sie hinterlässt.

Ein bemerkenswertes Beispiel für diesen Aspekt ist das des ehemaligen CEO von General Electric (kurz: GE), Jack Welch. Laut Forbes forderte er seine Mitarbeiter einmal auf, bei ihren Entscheidungen eine Frage im Hinterkopf zu behalten, und zwar die Frage, ob das, was sie tun, dem Unternehmen einen großen Gewinn bringen würde. Es heißt, dass diese Frage einen enormen Einfluss hatte, und die Gewinne von GE stiegen von 13 Milliarden Dollar im Jahr 1981 auf 480 Milliarden Dollar im Jahr 2000. Dies ist ein klares Beispiel dafür, wie eine Führungskraft mit der richtigen Technik der Einflussnahme jedes Unternehmen und jeden Arbeitsplatz verändern kann.

Es gibt zwar keine Abkürzungen, um eine inspirierende Führungspersönlichkeit zu werden, aber einige der folgenden Vermächtnisprinzipien können Ihnen helfen, das Konzept besser zu verstehen und Sie bei Ihren Bemühungen anzuleiten:

Binden Sie Mitarbeiter ein

Ein Hauptgrund, warum viele Unternehmen Zeit für Programme zur Mitarbeiterbindung aufwenden, ist, dass es für die Menschen, die Tag und Nacht für ein Unternehmen arbeiten, wichtig ist, ein Gefühl der Zugehörigkeit zu empfinden. Organisatorische Grenzen werden oft von den übergeordneten Machthabern in der hierarchischen Struktur festgelegt. Es ist die Vision der Führungskräfte, die das Funktionieren einer Organisation bestimmt.

Mangelnde Kommunikation und Koordination zwischen den verschiedenen Mitgliedern der Organisation kann zu Problemen führen, die für niemanden von Vorteil sind. Daher sollte eine Führungskraft immer die notwendigen Schritte unternehmen, um den Menschen zu erklären, welche Maßnahmen aus welchen Gründen ergriffen werden. Wenn die Führungskraft eine klare Vorstellung von der Vision hat, kann sie die Mitarbeiter dazu inspirieren, besser auf die neuen Ziele hinzuarbeiten, anstatt noch mehr Verwirrung zu stiften.

Konzentration

Die Menschen sind es, die dafür sorgen, dass eine Organisation funktioniert. Führungskräfte müssen das Humankapital respektieren und sollten Wege finden, ihr Interesse an den Meinungen und der Arbeitsweise der Mitarbeiter zu zeigen. Das Hauptziel für eine Führungskraft, die sich auf einer Mission befindet, ist es, den größtmöglichen Teil der Menschen zu erreichen, die am Funktionieren der Organisation beteiligt sind. Erkundigen Sie sich nach den nicht erreichbaren Teilen der Belegschaft und besuchen Sie sie persönlich. Durch unangekündigte Besuche können Sie sich ein Bild von der realen Situation am Arbeitsplatz machen. Wenn Sie als Führungskraft die Initiative ergreifen, um mit diesen Personen in Kontakt zu treten, bemühen Sie sich, dies so zu tun, dass keine Mittelsmänner die Chance haben, die Person vorzuwarnen. Auf diese Weise können Sie sich ein Bild von der Lage der Arbeitnehmer machen und ihnen auf vielfältige Weise helfen. Konzentration ist der Schlüssel, und wenn Sie sich auf die Ressourcen Ihres Unternehmens konzentrieren, können Sie als Führungskraft mit gutem Beispiel vorangehen.

Legen Sie die Bedingungen fest

Die Schaffung eines Umfelds, das für einen fleißigen Mitarbeiter geeignet ist, kann ein weiterer Schritt zur Verbesserung der Leistung der Organisation sein. Die Führungskräfte sollten die Voraussetzungen dafür schaffen, dass jeder Mitarbeiter in dem Unternehmen in seinem Bereich hervorragende Leistungen erbringen kann. Hier sind einige Möglichkeiten, wie Sie Bedingungen schaffen können, die den Anforderungen des Teams entsprechen:

- Setzen Sie sich Ziele entsprechend der Rolle und den Bezeichnungen.

- Sie sollten einen klaren schriftlichen Erwartungskodex haben.

- Vergewissern Sie sich, dass der Arbeitsplatz den Fähigkeiten der Mitarbeiter entspricht.

- Gewinnen Sie Unterstützung auf höchster Ebene.

- Setzen Sie sich mit der Personalpolitik auseinander.

Daher kann es sehr nützlich sein, eine Reihe von Bedingungen für das reibungslose Funktionieren der Prozesse zu schaffen. Es gibt viele Fälle, in denen Menschen die Tendenz haben, mündlich übermittelte Aufträge zu vermeiden, und am Ende des Tages neigen viele sogar dazu, sie zu vergessen. Indem Sie solche klaren Bedingungen aufstellen, setzen Sie nicht nur Grenzen für sich selbst, sondern machen sich auch die genauen Erwartungen an Ihre derzeitige Arbeitsstelle bewusst. Indem Sie klare Bedingungen aufstellen, lassen sich viele Komplikationen weitgehend lösen.

Inspirieren Sie

Menschen folgen Führungspersönlichkeiten aufgrund ihrer inspirierenden Persönlichkeit und der Ausstrahlung, die sie auf andere ausüben. Führungspersönlichkeiten fungieren oft als Change Agents bei der Einführung neuer Reformen. Der Wandel ist ein komplexes Thema und hat das Potenzial, ein schreckliches Chaos zu bewirken. An Führungspersönlichkeiten, die ein Vermächtnis hinterlassen haben, wird man sich erinnern, weil sie einen neuen Wandel herbeigeführt und sich um die Menschen gekümmert haben, die ihnen gefolgt sind.

Wenn Führungspersönlichkeiten eine Situation mit Witz und Verstand meistern, hebt sie dies von anderen ab.

Inspiration ist ein Konzept, das ohne Zwang oder hartes Engagement funktioniert und einfach auf dem Respekt beruht, den eine Person einer anderen entgegenbringt. Es ist die Art von Respekt, die man sich verdient hat und die nicht durch Forderungen manipuliert wird. Es ist eines der ermutigendsten Gefühle, zu wissen, dass jemand anderes sich von einem inspiriert und motiviert fühlt. Das Gefühl, dass jemand anderes die gleichen Ziele erreichen will wie man selbst, ist eine Bestätigung dafür, dass man etwas richtig gemacht hat. Allein dieses Gefühl der Motivation von außen wird Sie dazu bringen, sich im Gegenzug höhere Ziele zu setzen. Der einzige Zweck der Inspiration besteht darin, auf subtile Weise mehr Einfluss auf eine andere Person auszuüben als jede andere verfügbare Quelle es könnte.

Zeigen Sie, wo Sie stehen

Eigenwerbung ist kein negativer Ansatz, wenn es darum geht, als eine Führungskraft, die in der Lage ist, ein Vermächtnis von außergewöhnlicher Arbeit zu hinterlassen, die eigene Leistung zu präsentieren. So wichtig es auch ist, das Gesamtziel der Organisation anzustreben, so wichtig ist es auch, die Arbeit hervorzuheben, die Sie leisten, um der Organisation einen Mehrwert zu bieten. Auch bei den Rückmeldungen, die eine Führungskraft zu den Leistungen ihrer Mitarbeiter geben sollte, ist darauf zu achten, dass sie genau und rechtzeitig erfolgen. Es geht darum, die verschiedenen Zweifel, die den Mitarbeitern auf der Seele liegen, auf die bestmögliche Weise anzusprechen und sie aus der Welt zu räumen.

Bei rechtzeitigem Feedback haben die Betroffenen die Möglichkeit, so schnell wie möglich an Problemen zu arbeiten und sich zu verbessern. Wenn sich das Feedback anhäuft und erst zu einem späteren Zeitpunkt gegeben wird, lässt das Interesse an der Bearbeitung mit der Zeit nach. In einer solchen Situation können sich viele nicht mehr auf das Feedback konzentrieren und daher nicht mit der gleichen Entschlossenheit daran arbeiten, wie sie es zum richtigen Zeitpunkt getan hätten. Das in Vancouver ansässige Unternehmen ResponseTek beispielsweise führte eine Software ein, mit deren Hilfe sich das Feedback eines Verbrauchers zu einem Mitarbeiter sofort erfassen ließ. Jedes Mal, wenn ein Kunde ein Produkt kaufte, schickte das Unternehmen eine Nachricht an das Telefon des Kunden, um ihn zu fragen, wie der jeweilige Verkäufer gearbeitet hatte. Wenn der Kunde schließlich sein Feedback abgab, wurde der Mitarbeiter umgehend kontaktiert, um ihm mitzuteilen, in welchen Bereichen er sich verbessern muss.

Führungskräfte, die ein Vermächtnis erschaffen wollen, sollten ehrgeizig sein und nach Dingen streben, die einen Fußabdruck hinterlassen werden. Die meisten dieser Führungskräfte nehmen aktiv an Wissenstransferprozessen teil, indem sie ihr Fachwissen mit den Menschen teilen, die für sie arbeiten. Man kann also sehen, wie verschiedene Wege einer Führungskraft helfen können, ein Vermächtnis zu hinterlassen.

Ein Führungsvermächtnis aufbauen

Es ist ein weitverbreiteter Irrtum, dass ein Vermächtnis gegen Ende der beruflichen Laufbahn geschaffen werden muss. Sie können mit der gleichen Kraft und Leidenschaft auf die Schaffung eines lebendigen Vermächtnisses hinarbeiten. Schon der Gedanke, dass Sie sich fragen, welche Auswirkungen Ihr Leben haben wird, ist aufregend genug.

Die verschiedenen Kämpfe und Turbulenzen, denen Sie im Laufe Ihrer Karriere begegnen, werden zu Ihrem endgültigen Erfolg oder Misserfolg beitragen. Doch Ihr gesamtes Können wird Ihnen helfen, die Zeiten der Prüfungen zu überstehen. Der Aufbau eines Vermächtnisses ist nicht nur ein Schritt, den Sie unternehmen können, um nach Ihrem Ausscheiden aus der Arbeitswelt einen guten Ruf zu hinterlassen, sondern er kann Ihrem Leben auch einen großen Sinn geben. Das Herzblut, das Sie in das Ziel stecken, Ihre zukünftigen Jahre besser zu machen, ist die Mühe immer wert.

Der erste Schritt zum Aufbau eines Führungsvermächtnisses besteht darin, die Ziele, die Sie zu Lebzeiten erreichen möchten, klar zu formulieren und aufzuschreiben. Konzentrieren Sie sich auf die Ziele, die für Sie oberste Priorität haben, und denken Sie eine Weile über sie nach.

Den Zweck der Führung definieren

Die Vorstellung von Führung kann sehr subjektiv sein. Eine Person kann in vielerlei Hinsicht eine Führungspersönlichkeit sein. Wenn Sie den Zweck von Führung definieren, können Sie entscheiden, was Führung für Sie bedeutet und wie Sie Ihre Führungsrolle aufbauen wollen.

Es gibt Führungspersönlichkeiten, die ihr Vermächtnis in verschiedenen Bereichen hinterlassen haben. Führungspersönlichkeiten aus den Bereichen Politik, Technologie, Wissenschaft, Bildung, Medizin, Geld, Business usw. haben der Geschichte ihren Stempel aufgedrückt. Es ist jedoch nicht so einfach, ein Vermächtnis für sich selbst zu definieren und zu schaffen, wie es klingt. Die Führungspersönlichkeiten, die als „Vermächtnis-Führer" gelten, haben in ihrer Vergangenheit scheinbar unerreichbare Ziele erreicht und erfolgreich Reformen durchgeführt, die das Leben vieler Menschen verändert haben. Doch es reicht nicht aus, Beispiele berühmter inspirierender Führungspersönlichkeiten zu zitieren, um dasselbe zu tun. Nahezu jeder CEO und jede Führungskraft hätte den Titel „Vermächtnis-Führer" verdient, wenn es nur darum ginge, inspirierende Reden zu halten.

Die Chancen, die sich Ihnen bieten, und die Erfahrungen, die Sie im Laufe Ihres Lebens sammeln, sind die Bausteine für Ihre Karriere als Führungskraft. Letzten Endes können keine externen Faktoren Ihre Karriere so sehr fördern wie Ihre harte Arbeit und Ihr beharrliches Bemühen, in Ihrem Job hervorragende Leistungen zu erbringen. Heutzutage ist festzustellen, dass immer mehr Menschen in Führungspositionen darauf bedacht sind, ein Vermächtnis für sich selbst zu hinterlassen. Was einige dieser Führungskräfte jedoch übersehen, ist, dass ein Vermächtnis nicht etwas ist, das man erst erreicht, wenn man die Szene verlässt, sondern es ist ein fortlaufender Prozess während der gesamten Karriere.

Die Zielsetzung, die den Führungskräften im Namen des Vermächtnisses auferlegt wird, ist etwas, worüber man nachdenken sollte. Es ist ziemlich überzeugend, dass viele Führungskräfte motiviert sind, ihren Fahrplan für das Erreichen höherer Ziele im Leben frühzeitig festzulegen, um eines Tages ein Vermächtnis hinterlassen zu können. Daher kann es absolut nicht schaden, sich unermüdlich darum zu bemühen, diesen Status irgendwann zu erreichen.

Zu stellende Fragen

Jeder Versuch, etwas zu lernen oder ein Ziel zu erreichen, erfordert einen wachsamen Geist und das Stellen von unzähligen Fragen. Wie man so schön sagt, gibt es keine dummen Fragen. Denn wie können Sie überhaupt daran denken, Ihre Pläne, als Führungspersönlichkeit ein Erbe zu hinterlassen, weiterzuverfolgen, ohne auch nur einen Funken Zweifel zu haben? Es ist völlig normal, sich Fragen zu stellen, und es wird auch als eine der besten Methoden angesehen, um dazuzulernen. Wenn Sie anfangen, darüber nachzudenken, wie und warum Sie ein Vermächtnis hinterlassen wollen, werden Sie sicherlich mit vielen Fragen konfrontiert werden. Wie kann man sich vorstellen, eine solche sich langfristig auswirkende Führungskraft zu werden, ohne sich dabei irgendwelche Sorgen zu machen? Fragen sind legitim und sollten gestellt werden; Zweifel sollten ausgeräumt werden, wenn sie aufkommen. Fragen zu stellen ist das Beste, was man tun kann, um mehr zu erfahren.

Einige der Fragen, die Ihnen vielleicht in den Sinn kommen, sind die folgenden:

- Warum möchte ich ein Erbe erschaffen, und was bringt mich dazu, auch nach meinem Tod einen Fußabdruck von mir hinterlassen zu wollen?

- Wie fühle ich mich als eine solche Führungskraft, wenn ich meine Arbeit und meine Geschäftsstrategien hinter mir lasse?

- Wie soll mein Unternehmen in drei oder fünf Jahren dastehen?

- Welche Werte möchte ich meinen Mitarbeitern im Besonderen hinterlassen?

Diese Fragestellung muss nicht nur für Sie selbst gelten. Wenn Sie möchten, können Sie auch andere vertrauenswürdige Mitglieder der Organisation einbeziehen, damit sie Ihnen ihre ehrliche Meinung mitteilen. Sie könnten ihnen die gleichen Fragen stellen und die verschiedenen Gedankengänge vergleichen, die sich in all ihren Fragen und Antworten widerspiegeln. Indem Sie ernsthafte Pläne wie diese machen, können Sie sich selbst dazu bringen, in jeder Hinsicht einen langfristigen Eindruck zu hinterlassen.

Wie möchten Sie die Welt beeinflussen?

Ein großes Konzept führt nicht immer zu einer großen Führungspersönlichkeit. Die Art und Weise, in der diese Pläne umgesetzt werden, trägt zur Entwicklung der Persönlichkeit der Führungskraft bei. Um zum Hauptpunkt zu kommen: Wie man als Einzelner die Welt beeinflussen würde, ist eine sehr subjektive Frage. Einige würden sagen, dass sie sich Frieden wünschen, während andere davon träumen, mehr Geld zu verdienen. Es gibt keine einheitliche Antwort, denn keine zwei Menschen denken auf dieselbe Weise. Selbst der Versuch, die Perspektiven zweier Menschen in Bezug auf ihre persönlichen Ziele zu vergleichen, wäre unklug. Daher kann es unfair sein, die Wünsche der vielen angehenden Führungskräfte auf einen einzigen zu reduzieren. Eine allgemeine Perspektive dazu, welche Maßnahmen ergriffen werden könnten, um die Welt in positiver Weise zu beeinflussen, kann jedoch ausführlich diskutiert werden:

Versuchen Sie, der Gesellschaft etwas zurückzugeben

Bei der Führung geht es nicht nur darum, die Spitzenposition in einem Unternehmen oder einer Organisation anderer Art zu erlangen. Qualität ist etwas, das nicht jeder besitzen kann, oder besser gesagt, es dauert lange, bis man die Feinheiten versteht, die eine echte Führungspersönlichkeit ausmachen. Es gibt viele solcher Führungskräfte, die nicht nur ein Vermächtnis hinterlassen wollen, sondern auch einen Beitrag zur Gesellschaft leisten wollen. Indem sie in Weiterbildungen investieren, verbringen die meisten Führungspersönlichkeiten im Laufe ihres Lebens viel Zeit mit dem Lernen und oft auch mit dem Sich-Abgewöhnen der Dinge, die sie zuvor für richtig hielten. Mit der Zeit sammeln sie immense Erfahrungen und Kenntnisse, die sie an neue Mitarbeiter und Menschen, die wie sie eine Führungsposition anstreben, weitergeben möchten. Indem sie ihr hart erarbeitetes Wissen und ihre Anekdoten weitergeben, wollen sie der nächsten Generation zum Erfolg verhelfen und sie bereichern.

Setzen Sie sich für die gute Sache ein

Mit der Macht, die Führungspersönlichkeiten besitzen, ist es möglich, sich für Dinge einzusetzen, die der Gesellschaft in vielerlei Hinsicht zugutekommen können. Als Führungskraft können Sie innerhalb der Organisation Ihre Besorgnis über die Lohnungleichheit zwischen den Geschlechtern zum Ausdruck bringen, und außerhalb des Arbeitsplatzes können Sie sich für eine beliebige Sache einsetzen. Es muss nicht unbedingt etwas sein, das große Aufmerksamkeit erregt, es kann auch eine einfache Sache sein, die das Potenzial hat, einem bestimmten Teil der Gesellschaft, in der wir leben, zu nutzen. Wenn eine Führungspersönlichkeit ihre Macht und ihren Einfluss auf die richtige Weise für wertvolle Anliegen einsetzt, wird man in naher Zukunft mit Sicherheit das Vermächtnis wertschätzen, welches sie hinterlässt.

Vereinen Sie Mitarbeiter

Was nützt es, Einfluss zu haben, wenn man ihn nicht auf seine Gefolgsleute ausüben kann? Alle Mitarbeiter, unabhängig von ihrer Funktion, sind für das Unternehmen, für das sie arbeiten, von größter Bedeutung. Die meisten Führungskräfte sind voller neuer Ideen und Strategien, und sie brauchen Mitarbeiter, um diese Ideen umsetzen zu können. Eine Führungskraft muss sich immer dessen bewusst sein, wie wichtig es ist, sich mit den Mitarbeitern zusammenzuschließen. Sie können eine Gruppe von Menschen einsetzen, um die Botschaft Ihrer Vision mit Klarheit zu verbreiten, wie eine Art von Werbung. Indem Sie mit den Mitgliedern Ihrer Organisation kommunizieren, können Sie den Denkprozess der Mitarbeiter, mit denen Sie regelmäßig in Kontakt sind, beeinflussen. Sie können nur dann eine Inspiration für viele Menschen sein, wenn Sie sich eine solche Reichweite aufbauen, was eine engagierte Kommunikationspraxis voraussetzt.

Heißen Sie Vielfalt willkommen

Ein Büro mit globaler Ausrichtung ist ein idealer Arbeitsort. Als Führungskraft müssen Sie dafür sorgen, dass das Gleichgewicht zwischen den verschiedenen Geschlechtern am Arbeitsplatz gewahrt bleibt. Menschen verschiedener Kulturen, Gemeinschaften und Religionen sollten alle die gleiche Chance erhalten, sich unter Ihrer Führung zu entfalten. Wenn Sie als Führungskraft Menschen aus verschiedenen Ländern und Gemeinschaften einstellen, haben Sie Zugang zu unterschiedlichen Ideen und Perspektiven. Vielfalt kann den normalen Arbeitsprozess einer Organisation sehr bereichern. Eine Organisation mit vielfältigen Mitarbeitern hat eine höhere Chance, in verschiedenen Situationen zu überleben und zu gewinnen. Wo unterschiedliche Perspektiven im Spiel sind, ist ein interessantes Publikum vorprogrammiert. Die Atmosphäre eines Arbeitsplatzes wird von seinen Mitarbeitern geprägt, und wenn es eine vielfältige Mischung von Fähigkeiten und Ideen gibt, wird das Unternehmen mit Sicherheit besser gedeihen.

Seien Sie interessant

Es gibt viele Menschen auf der Welt, die vielleicht die gleiche Vision predigen, die Sie im Sinn haben. Es ist jedoch die Art und Weise, in der Sie Ihre Geschichte Ihrem Publikum präsentieren, die Sie interessant macht und dazu führt, dass Sie von vielen akzeptiert werden. Eine Führungspersönlichkeit muss nicht immer ein ernstes Gesicht machen. Wie man so schön sagt: Respekt muss man sich verdienen und nicht einfordern. Daher ist es nur logisch, dass die Menschen Sie als Führungskraft respektieren werden, wenn sie Sie als Person mögen. Wenn Sie mit Menschen interagieren, versuchen Sie, hier und da ein paar persönliche und berufliche Anekdoten zu erzählen, um das Interesse der Zuhörer zu wecken. Je sympathischer diese ihre Führungskraft finden, desto eher werden sie an sie glauben. Und was gibt es Besseres, als von zahllosen Menschen geliebt zu werden und von ihnen als eine Führungspersönlichkeit erinnert zu werden, die ein Vermächtnis geschaffen hat?

Üben Sie sich in Freundlichkeit

Was könnte in einer rauen, wettbewerbsorientierten Welt attraktiver sein als ein freundlicher Mensch? Freundlichkeit und Empathie tragen wesentlich dazu bei, dass sich Menschen sicher und respektiert fühlen. Indem sich eine Führungskraft um die Gefühle und das Wohlbefinden ihrer Mitarbeiter kümmert, kann sie auch die Unterstützung ihrer Anhänger gewinnen. Indem eine Führungskraft mit ihren Mitarbeitern kommuniziert, ohne dabei arrogant und/oder dominant zu wirken, kann sie sie positiv beeinflussen. Die Arbeit kann erledigt werden, ohne dass eine feindselige Atmosphäre entsteht. Es handelt sich um eine wechselseitige psychologische Wirkung, bei der der Empfänger einer freundlichen Geste die Freundlichkeit erwidert. Mit dieser Methode kann eine Führungskraft die Mitarbeiter dazu bringen, nach ihren Wünschen zu arbeiten, ohne dass sie sich gestresst fühlen.

Unterstützen Sie andere

Der technologische Fortschritt und die zunehmenden professionellen Standards haben es einfacher gemacht, technische Unterstützung für alle Herausforderungen zu erhalten, die in den verschiedenen Branchen auftreten können. Menschliche Unterstützung, vor allem am Arbeitsplatz, wo extrem viel Wettbewerb herrscht, ist jedoch recht selten. Die Menschen sind so sehr in ihr normales Arbeitsleben vertieft, dass sich die Verbindung unter ihnen mit der Zeit und der Entfernung oft verändert. Dies ist ein grundlegendes menschliches Problem, mit dem viele Menschen konfrontiert sind, die Tag und Nacht für ihren Lebensunterhalt arbeiten. Eine Führungskraft kann sich auf ein solches Problem konzentrieren, um eine Veränderung in einer Arbeitskultur herbeizuführen, selbst dann, wenn sich die Menschen schon ziemlich daran gewöhnt haben. Das Gleichgewicht zwischen den Arbeitszeiten und der Zeit, die man mit der Familie, mit Freunden und mit sich selbst verbringt, sollte korrigiert werden. Solche Situationen lassen sich durch die gemeinsame Anstrengung aller Mitarbeiter bewältigen.

Treten Sie für die Bedeutung der psychischen Gesundheit ein

Weltweit hat sich das Bewusstsein für die Bedingungen der psychischen Gesundheit verbessert. Allgemein ist das Bewusstsein für psychische Gesundheit am Arbeitsplatz eine absolute Notwendigkeit. Eine echte Führungskraft sollte der Gesundheit jedes Mitarbeiters, auch derjenigen, die unter verschiedenen Formen psychischer Probleme leiden, immer Priorität einräumen. Oftmals können Stress und Negativität am Arbeitsplatz die Ängste einer Person noch verstärken, wenn sie unbemerkt und unbehandelt bleiben. Eine Führungspersönlichkeit, die ein Vermächtnis hinterlassen will, muss solchen Problemen Vorrang einräumen. Es sollten Anstrengungen unternommen werden, um das Arbeitsumfeld weniger frustrierend und positiver zu gestalten. Ein offenes Umfeld mit Mitarbeiter-Aktivitäten kann zeitweise organisiert werden, um die Menschen von der Arbeit und anderen persönlichen Belastungen und Problemen abzulenken. Es sollten je nach Wunsch der Mitarbeiter auch Beratungs- und Therapiesitzungen angeboten werden, und es muss großer Wert auf das ganzheitliche Wohlbefinden der Mitarbeiter gelegt werden.

Überwachen Sie Ihre Wirkung

Als Führungskraft sollte man seine Bemühungen, Erfolge und Fortschritte auf dem Weg zum Hauptziel regelmäßig sorgfältig überprüfen. Führen Sie ein Tagebuch, in das Sie alles eintragen, was mit Ihrer Zukunftsvision zu tun hat. Bei Bedarf können Sie sich auch mit

Ihren Kollegen und Angestellten austauschen und sich einen Überblick darüber verschaffen, wie sich Ihre Arbeit auf sie und das Unternehmen auswirkt. Kommunizieren Sie mit Ihren Vorgesetzten und Interessenvertretern und verschaffen Sie sich ein klares Bild davon, was diese von Ihren Strategien halten und wie Sie sich ihrer Meinung nach darstellen sollten. Konstruktives Feedback sollte von einem Profi immer willkommen geheißen werden. Nur wenn Sie sich anhören, was andere über Sie zu sagen haben, haben Sie die Chance, die Bereiche zu verbessern, die Ihnen Probleme bereiten. Beobachten Sie jeden Schritt, den Sie unternehmen, und prüfen Sie, wie er sich auf Ihre Gesamtleistung und Ihr Image auswirkt.

Ergreifen Sie kleine Chancen

Keine Chance sollte mit der Begründung abgelehnt werden, sie sei zu klein. Wenn man eine Chance unterschätzt, wird man das in der Zukunft eventuell sehr bereuen. Jede Anstrengung und jede Gelegenheit, die sich auf dem Weg bietet, trägt zu einem positiven Ergebnis bei. Selbst die kleinsten Gelegenheiten zu ergreifen, kann auf lange Sicht zu unerwarteten Ergebnissen führen. Eine Führungspersönlichkeit sollte nicht voreingenommen sein und eine Situation niemals aufgrund von Vorurteilen beurteilen. Die Art und Weise, auf die Sie selbst die kleinsten Gelegenheiten nutzen, um die Ziele Ihres Teams zu erreichen, zeigt Ihren wahren Geist als Führungskraft. Keine Gelegenheit kann für sich genommen klein oder groß sein. Es ist die Art und Weise, auf die Sie sie wahrnehmen, die sie zu etwas Großem macht. Indem Sie selbst die kleinsten Gelegenheiten wahrnehmen, können Sie Türen zu größeren Erfolgen öffnen.

Seien Sie ein Vorbild

Veränderungen können nur dann stattfinden, wenn Sie sich aktiv daran beteiligen. Ebenso können keine noch so brillanten Worte so gut für den Ruf einer Führungspersönlichkeit bürgen, wie ihr alltägliches Verhalten. Wenn Führungspersönlichkeiten die Absicht haben, ein Vermächtnis zu hinterlassen, müssen sie sich mit der Tatsache abfinden, dass keine noch so großen Leistungen und weisen Worte nützlicher sind als das Image, das sie sich durch jahrelange harte Arbeit und Beharrlichkeit erworben haben. Menschen blicken oft zu inspirierenden Führungspersönlichkeiten auf und wünschen sich, so zu sein wie sie. Aus diesem Grund haben wir bestimmte Vorbilder im Kopf. Viele Menschen sind motiviert, ihre Ziele zu erreichen, weil sie sich wünschen, so zu sein wie diese Vorbilder. Es ist nicht leicht, ein Vorbild zu sein. Jede Ihrer Handlungen wird hinterfragt, aber wenn Sie die richtige Motivation und das richtige Ziel vor Augen haben, können Sie die Messlatte sogar so hoch legen, dass Sie zu einem herausragenden Vorbild für künftige Generationen werden.

Halten Sie Ihr Vermächtnis unter Kontrolle

Eine Führungspersönlichkeit muss sich konsequent und unermüdlich anstrengen, um ein Vermächtnis hinterlassen zu können. Bei dem täglichen Arbeitsstress und der Arbeitsüberlastung ist es nur natürlich, dass man hin und wieder seine Ziele aus den Augen verliert.

Die Arbeitskultur ist heutzutage so, dass der Einzelne keine Zeit hat, sich auf andere Ziele als die regelmäßigen Arbeitsprojekte zu konzentrieren. Die Liefertermine und die Flut von E-Mails über den Tag und die Woche halten einen Menschen in Trab. So sehr, dass es extrem schwierig werden kann, Zeit für die eigenen Bedürfnisse zu finden, ganz zu schweigen von der Ausübung eines Hobbys oder einer zusätzlichen Aktivität. Als Führungskraft, die ein Vermächtnis hinterlassen will, muss man sich jedoch Zeit für sich selbst nehmen und eine tägliche Gewohnheit der Selbstreflexion kultivieren. Sie müssen sich dafür nicht unbedingt ein oder zwei Stunden Zeit nehmen. Schon zehn bis 30 Minuten reichen aus, um Ihr Ziel zu erreichen, und können sehr nützlich sein. Das Hauptziel besteht jedoch darin, wachsam zu bleiben und sich für die Träume zu begeistern, die Sie für sich selbst haben. Indem Sie sich immer wieder an Ihre Ziele erinnern, wird Ihre Konzentration nicht nachlassen und Sie werden motiviert genug bleiben, um alle zur Erreichung Ihres Ziels erforderlichen Übungen durchzuführen.

Das blitzschnelle Internet und die Plattformen der sozialen Medien von heute haben eine ganz eigene Wachsamkeit geschaffen. Prominente Führungspersönlichkeiten werden von der Presse und der Bevölkerung oft zusätzlich unter die Lupe genommen. Jede Verfehlung Ihrerseits, die sich auf den Ruf des Unternehmens und damit auch auf Sie selbst auswirkt, kann das gesamte Vorhaben, ein Führungsvermächtnis aufzubauen, beeinträchtigen. Daher ist es unerlässlich, jederzeit vorsichtig zu sein und ein Leben zu führen, das auf guter Moral und guter Arbeitsethik beruht.

Viele Vorstandsvorsitzende, leitende Angestellte und Manager lassen sich von speziellen Trainern beraten, um ihr Ziel des „Führungsvermächtnisses" zu erreichen. Die Einbeziehung von Coaches in diese Situation ist ein klares Zeichen dafür, dass ihr Geschäft boomt, da ihre Kunden immer zahlreicher werden. Diese Bemühungen der Führungskräfte zeigen, dass das Gefühl, in ihrer Arbeitsmoral und ihren Ambitionen eine Spur von sich selbst zu hinterlassen, eine globale Wirkung hat.

Personen, die als Führungskraft ein Vermächtnis hinterlassen wollen, sollten sich vor Augen halten, dass sie mit einem außergewöhnlichen Ziel vor Augen arbeiten müssen. Aufgrund des harten Wettbewerbs steht sehr viel auf dem Spiel, und viele Menschen arbeiten mit Trainern für Führungskräfte zusammen, um ihre Führungsqualitäten zu verbessern. Es ist sehr wahrscheinlich, dass alle die gleichen Ziele anstreben. In einer solchen Situation ist es das Fingerspitzengefühl des Einzelnen, das ihm helfen wird, in dieser Komplexität zu manövrieren. Ein Vermächtnis entsteht nicht durch bloße Überlegungen und Planungen, es bedarf zusätzlicher Arbeit und eines unkonventionellen Denkansatzes, um die Strategie in Gang zu bringen. Führungspersönlichkeiten sollten sich von ihren Mitstreitern abheben, um als inspirierend zu gelten und in Erinnerung behalten zu werden.

Daher sollte sich jede Führungskraft ihrer selbst bewusst sein und sich auf die besten Eigenschaften konzentrieren, die sie persönlich und beruflich zu einem guten Menschen machen, um ein Vorbild für die Personen in ihrem Umfeld sein zu können. Diese Selbstbeobachtung kann der Führungspersönlichkeit dabei helfen, ihr Reich zu vergrößern und das bestmögliche Vermächtnis zu schaffen.

SIE SIND DRAN

Seit der Entstehung der Welt bis zum heutigen Tag haben sich Führungsrollen eine Nische geschaffen. Führung ist eine Rolle, die viele in verschiedenen Lebensbereichen gespielt haben, aber nur wenige haben es geschafft, sich in den Köpfen der Menschen einzuprägen. Führung ist auch eine Rolle, die auf vielen Ebenen ausgeübt werden kann. Die Fähigkeit einer Person, tiefe Bindungen mit einer großen Gruppe von Menschen einzugehen, wird durch ihre Großzügigkeit bestimmt. Jede Kultur oder Hautfarbe, jeder Glaube, jedes Land und jede Berufsgruppe hat Führungspersönlichkeiten hervorgebracht, die das Leben vieler Menschen beeinflusst haben.

Die Macht des Einflusses ist, wie wir in diesem Buch gesehen haben, ein Thema, das zu umfangreich ist, um mit einem einzigen Begriff zusammengefasst zu werden. Ähnlich verhält es sich mit dem Wort „Führungspersönlichkeit". Neben den offiziell ernannten Führungspersönlichkeiten in den verschiedenen Organisationen kann eine Führungspersönlichkeit auch ein junges Mädchen sein, das sich für Umweltfragen auf der ganzen Welt einsetzt, oder ein achtjähriger Junge, der seine Klasse in der Schule überwacht. Eine wirklich inspirierende Führungspersönlichkeit definiert sich nicht über die Position, sondern über die Denkweise und die Ziele, die sie sich setzt. Der Mehrwert, den eine Führungspersönlichkeit in einer einfachen Situation schafft, und die Beratung, die sie ihren Mitstreitern anbietet, um ihre Leistung zu steigern und ihre Work-Life-Balance zu verbessern, bilden die Grundlage für echte Führung. Das Verhalten und die Eigenschaften einer Führungskraft entscheiden darüber, ob er oder sie von vielen gemocht wird oder nicht. Die Gesamtsicht der Menschen auf das Verhalten der Führungskraft macht diese sympathisch. Interessanterweise haben wir gelernt, dass eine Führungskraft umso mehr Einfluss auf ein größeres Publikum hat, je mehr sie von anderen gemocht wird.

Die allgemeine Theorie besagt, dass eine Führungspersönlichkeit Spitzenleistungen erbringen sollte und sich nicht auf einige wenige banale Aufgaben beschränken sollte. Wirksame Führungskräfte sollten proaktiv sein und mit allen Ebenen der Belegschaft interagieren, ohne Voreingenommenheit oder abfällige Haltung. Sie sollten diejenigen sein, die eine große Rolle bei der Entwicklung eines Teams oder eines Unternehmens gespielt haben. In jüngster Zeit hat das Aufkommen von Influencern auf Social-Media-Plattformen das Muster des Einflusses dramatisch verändert. Influencer werden nicht umsonst so genannt, denn sie haben eine größere Reichweite, als man sich noch vor ein paar Jahren vorstellen konnte. Die Menschen fühlen sich von den Inhalten angezogen, die von Influencern erstellt werden. Heutzutage gehen die Menschen lieber auf soziale Netzwerke und sehen sich Werbevideos für Produkte an, die von Influencern erstellt wurden, als sich Werbung im Fernsehen anzusehen. Aufgrund dieser boomenden Influencer-Branche engagieren auch hochwertige Marken verschiedener Produkte mehrere Influencer, um ihre Produkte zu bewerben.

Zweifellos ist die Bedeutung des Einflusses nicht zu übersehen, wenn es darum geht, ein Image zu schaffen und manchmal sogar darum, das Gegenteil von etwas zu erreichen. Die austauschbaren Rollen von Macht und Einfluss sind ein wenig heikel und können sich bei zahlreichen Gelegenheiten in die Quere kommen. Macht ist nichts anderes als die Fähigkeit einer Person, die Gedanken und Verhaltensmuster eines anderen zu kontrollieren. Der Widerstand, der mit der Einführung einer neuen Struktur zur Bewirkung von Veränderung einhergeht, ist jedoch in jeder Situation neu zu verstehen. Keine zwei Situationen sind immer gleich, und es ist nicht unbedingt klug, jedes Mal die gleiche Methode anzuwenden.

In vielen Fällen verwechseln Menschen Manipulation mit der Logik der Beeinflussung. Die feine Grenze zwischen diesen beiden Konzepten ist von vielen Zweifeln umgeben, weil viele Einfluss mit Negativität in Verbindung bringen. Dieser Zusammenhang ist jedoch etwas einseitig, denn Einfluss kann auch genutzt werden, um positives Wachstum und Veränderungen in einer bestehenden Organisation zu bewirken. Solche Spekulationen können durch eine Führungspersönlichkeit ausgeräumt werden, die inspirierend ist und an die Relevanz dessen glaubt, bedeutende Veränderungen herbeizuführen.

Von der Definition von Macht und Einfluss bis hin zu den verschiedenen Arten von Führungsrollen, von den verschiedenen Überzeugungstechniken bis hin zu den definierten Zielen der Führung, vom inspirierenden Aspekt des Einflusses bis hin zum Modell der rationalen Beeinflussung, von der Bildung des wahren Charakters einer Führungspersönlichkeit bis hin zur Kontrolle des zu hinterlassenden Vermächtnisses haben wir uns erfolgreich mit allen Aspekten befasst, die mit dem Thema Macht und Einfluss zu tun haben und die aus der Sicht der heutigen und angehenden Führungskräfte relevant sind.

Die Macht, die mit der Position der Führungskraft verbunden ist, macht sie fähig, überall dort, wo es nötig ist, einen massiven Wandel herbeizuführen. Mehr noch, sie kann sich sogar um eine Veränderung der Arbeitskultur bemühen, auch wenn ihr das vielleicht einige Stolpersteine in den Weg legt. Wie gesagt bedeutet die Betonung der Bedeutung von Führungskräften nicht, dass die Aufgaben der anderen Mitarbeiter der Organisation weniger wichtig sind. Durch Zusammenarbeit und seriöse Beratungsprogramme können die Führungskräfte Veränderungen so effektiv wie möglich herbeiführen. In der Tat besteht der Einfluss, den Führungskräfte am häufigsten ausüben, darin, den anderen Mitarbeitern ein Gefühl für die Einhaltung der Arbeitsmoral zu vermitteln. Personalfragen und Programme zur Mitarbeiterbindung werden von den Führungskräften vor Ort mit Vorsicht behandelt. Daher ist es die Aufgabe der Führungskräfte, das

Team zusammenzubringen, indem sie die Mitarbeiter dazu bringen, strategisch nach dem Arbeitsplan zu arbeiten.

Betrachtet man die bedeutenden Rollen von Führungskräften und ihre Auswirkungen auf das persönliche und berufliche Leben der Mitarbeiter und Gefolgsleute genauer, so kommt man zu dem Schluss, dass die Macht der Einflussnahme eine Fähigkeit ist, die nur schwer zu nutzen ist, die man aber mit schierer Hingabe und Zuversicht erreichen kann. An dieser Stelle scheint es völlig angebracht, mit dem folgenden Sprichwort zu enden: „Führungskräfte sind immer einen Schritt voraus, lassen aber niemanden zurück. Führungspersönlichkeiten werden sowohl geboren als auch geschaffen, um Menschen zum Erfolg zu führen."

DIE BESTEN

FÜHRUNGSKRÄFTE DER WELT

ZEITLOSE LEKTIONEN ÜBER LEADERSHIP

Wie Sie zu einem außergewöhnlichen Chef
werden und die entscheidenden Strategien
moderner Führung anwenden

PAUL A. WYATT

EINFÜHRUNG

Wie würden Sie eine große Führungspersönlichkeit definieren? Ist es jemand, der stark ist? Ist es jemand, der fürsorglich ist? Ist es jemand, dem Sie nacheifern wollen? Ist es eine Person, die Sie respektieren, oder eine Person, die Sie fürchten? Wird eine große Führungspersönlichkeit geboren, oder wird sie gemacht?

Es ist schwierig, eine große Führungspersönlichkeit zu beschreiben. Es hat Anführer gegeben, die viele als großartig bezeichnen würden, aber einige würden sie auch als Tyrannen bezeichnen. Einige Führungspersönlichkeiten haben ein großes Erbe hinterlassen, aber macht sie das zu einem großen Anführer? Andere haben zu ihrer Zeit große Taten vollbracht, aber macht eine große Tat sie auch zu einem großen Anführer?

Es ist einfach genug, Größe zu definieren, aber wie definiert man eine große Führungskraft?

Große Führungspersönlichkeiten gibt es überall in der Geschichte, und wir haben Jahre damit verbracht, sie zu beobachten und von ihnen zu lernen. Sie glauben vielleicht, dass Größe etwas ist, mit dem man geboren wird, aber in Wirklichkeit ist sie etwas, das man lernen kann. Große Führungspersönlichkeiten in der Geschichte haben sich selbst als Lehrer gesehen, aber nur für diejenigen, die bereit sind, zu lernen.

Wenn Sie auf der Suche nach dem Geheimnis einer großen Führungspersönlichkeit sind, müssen Sie sich zunächst fragen, ob Sie bereit sind, zu lernen, was es bedeutet, großartig zu sein.

Was ist der Unterschied zwischen einer Führungskraft und einer großen Führungskraft? Eine Führungskraft ist jemand, dem andere folgen müssen, weil sie dazu gezwungen werden, aber eine große Führungskraft ist jemand, dem andere folgen, weil sie es wollen. Sie sollten sich dafür entscheiden, jemandem zu folgen, der Sie zu Großem inspiriert, anstatt gezwungen zu sein, jemandem aus dem einen oder anderen Grund zu folgen.

Großartige Führung hat das Potenzial, außergewöhnliche Dinge zu erreichen. Sie begeistert die Menschen und fordert ihre Loyalität. Führung ist die höchste aller Berufungen, aber auch die schwerste, die man annehmen kann. Es kann entmutigend sein, sich mit den Führern der Geschichte und den großen Menschen, die die Welt in der Vergangenheit geführt haben, zu messen, aber genau hier kommt dieses Buch ins Spiel.

Wenn Ihre Handlungen andere dazu inspirieren, mehr zu lernen, mehr zu tun, mehr zu träumen und mehr zu werden, sind Sie eine Führungspersönlichkeit; aber sind Sie auch eine große Führungspersönlichkeit? Der einfachste Weg, eine gute Führungskraft von einer großen Führungskraft zu unterscheiden, sind ihre Qualitäten. Sie können eine gute Führungspersönlichkeit sein und andere dazu inspirieren, Ihnen zu folgen, aber wenn Sie eine große Führungspersönlichkeit sind, inspirieren Sie andere dazu, ebenfalls eine Führungspersönlichkeit zu werden.

Große Führer sind:

- authentisch,
- entscheidungsfreudig,
- mutig,
- charaktergesteuert,

- demütig,

- verbindlich,

- zielgerichtet,

- ein Zuhörer,

- inspirierend,

- klug,

- kenntnisreich,

- optimistisch,

- nobel,

- motivierend,

- zuverlässig,

- vertrauenswürdig,

- unterstützend

- ein Visionär.

Sie werden feststellen, dass alle diese Eigenschaften mit Größe und einer großen Führungspersönlichkeit in Verbindung gebracht werden. Die wirklich großen Menschen, die wir im Laufe der Geschichte kennengelernt und die Millionen von Menschen in eine neue Welt geführt haben, hatten jedoch nicht alle diese Eigenschaften und waren dennoch großartig.

Für moderne Unternehmer und aufstrebende Führungskräfte ist es schwer, das Geheimnis wahrer Größe zu finden. Deshalb habe ich mich entschlossen, dieses Buch zu schreiben. Eine Führungspersönlichkeit zu sein ist schwierig, und noch schwieriger ist es, zu wissen, was einen Menschen zu einer Führungspersönlichkeit macht. Was bringt Menschen dazu, Ihnen zu folgen? Welche Qualitäten müssen die Menschen in Ihnen sehen, damit sie sich entscheiden, Ihnen zu folgen?

Abraham Lincoln war ein Mann, der ein bescheidenes Leben führte, aber er strebte nach Großem. Er griff nach dem, von dem alle um ihn herum sagten, dass er es nicht haben könne, und nahm es sich.

Mahatma Gandhi stammte aus den bescheidensten und unbedeutendsten Verhältnissen, aber er wusste, dass er für mehr bestimmt war, und so arbeitete er hart, um es zu erreichen.

Mutter Teresa wollte ein einfaches Leben führen, aber ein Leben voller Reisen und einem Sinn für Größe rief nach ihr. Wie hätte sie es ablehnen können?

Bill Gates hatte eine privilegierte Kindheit, stammte aus wohlhabenden Verhältnissen und besuchte die besten Schulen, die ihm offenstanden, aber er wusste, dass seine Herkunft allein ihn nicht durchs Leben tragen würde. Er arbeitete hart und strebte nach etwas Besserem als dem, was ihm in die Wiege gelegt worden war.

Die Welt sagte Nelson Mandela, dass er für eine Sache bestimmt sei, nämlich im Schatten anderer zu stehen, die ihm ihre Führung aufzwangen. Nelson Mandela war damit nicht einverstanden, denn er wusste, dass es einen besseren Weg gab, die Welt zu führen, auch wenn er noch nicht wusste, dass er der Führer dieser Welt sein würde.

Viele sagten Stephen Hawking, dass er nicht älter als 20 Jahre alt werden würde, aber er heiratete die Liebe seines Lebens im Alter von 26 Jahren und vollbrachte bis zu seinem Tod im Alter von 76 Jahren unglaubliche und großartige Dinge.

Dies sind nur einige der größten Führer, die diese Welt je gesehen hat. Sie haben der Welt ihren Stempel aufgedrückt und eine Fülle von Lehren hinterlassen, von denen wir lernen können. Was haben all diese

Führungspersönlichkeiten gemeinsam? Waren es ihre Qualitäten, die die Menschen um sie herum dazu inspirierten, ihnen zu folgen? Das mag sein, aber sie waren auch alle völlig unterschiedliche Führungspersönlichkeiten. Was ist es also, das sie alle miteinander verbindet?

Alle diese Führungspersönlichkeiten haben eines gemeinsam. Sie strebten nach mehr, das heißt, sie strebten nach Größe. Die Welt teilte ihnen ihren Teil zu, doch sie sagten, sie wollten mehr. Jeder von ihnen hatte seine eigenen Qualitäten, und jeder von ihnen führte seine Anhänger auf unterschiedliche Weise, aber alle wussten sie, dass sie zu Großem bestimmt waren.

Auch Sie können diese Größe erreichen, wenn Sie bereit sind, danach zu streben. In diesem Buch finden Sie die Qualitäten, die viele große Führungspersönlichkeiten gemeinsam haben, Sie erfahren, wie Sie diese Qualitäten in sich selbst finden und entwickeln können, und Sie entdecken die Lektionen, die Führungspersönlichkeiten im Laufe der Geschichte den Menschen zuteilwerden ließen – denjenigen, die bereit sind, zu lernen.

KAPITEL 1:
DIE ENTSCHLÜSSELUNG DER GEHEIMNISSE VON GRÖSSE

Definition von Führung und von einer großen Führungspersönlichkeit

„Folge nicht der Menge, lass die Menge dir folgen". – Margaret Thatcher

Wenn wir an eine Führungspersönlichkeit denken, denken wir oft an die Menschen, die das Sagen haben. Das können hochrangige Personen wie Politiker, der Präsident, Geschäftsführer von Unternehmen und sogar Ihr Chef sein. Diese hochrangige Position ist jedoch nicht das, was jemanden zu einer Führungspersönlichkeit macht.

Führung hat nichts mit der Position zu tun, die Sie innehaben, oder mit dem Titel, den Sie tragen. Sie haben vielleicht jahrelang gearbeitet, um in eine höhere Position zu gelangen, oder Sie haben eine Volksabstimmung gewonnen, um diese Position zu erlangen, aber das bedeutet nicht, dass Sie die Qualitäten und Fähigkeiten besitzen, die für die Leitung eines Teams erforderlich sind.

Was macht eine gute Führungskraft aus? Es geht um mehr als nur um Titel und Positionen. Was macht jemanden nicht nur zu einer Führungskraft, sondern zu einer großartigen Führungskraft? Größe und Führungsqualitäten beruhen auf mehr als nur Erfahrung. Sie erfordern auch bestimmte Qualitäten in einer Person.

Führung wird als ein Prozess beschrieben, bei dem eine Person andere dazu ermutigt und motiviert, sich an der Erfüllung einer bestimmten Aufgabe zu beteiligen. Diese Definition wird nicht dem gerecht, was die spezifischen Wege vieler Personen, die heute als die herausragendsten Führungspersönlichkeiten der Welt gelten, tatsächlich kennzeichnet. Alle großen Führungspersönlichkeiten der Vergangenheit hatten etwas Besonderes an sich. Sie sind alle durch ihre Größe vereint. Die besonderen Qualitäten, durch die sie sich definiert haben, haben sie in die Lage versetzt, Menschen zu neuen Ideen, Philosophien und einer besseren Zukunft zu führen.

Acht Qualitäten, die zu Großartigkeit führen

„Der größte Führer ist nicht unbedingt derjenige, der die größten Dinge tut. Es ist derjenige, der die Menschen dazu bringt, die größten Dinge zu tun. "
– Ronald Reagan

Jede Eigenschaft einer großen Führungspersönlichkeit ist dazu gedacht, andere dazu zu inspirieren, ebenfalls groß zu werden. Selbstvertrauen und Wissen können Sie an fantastische Orte bringen, aber die Art und Weise, wie Sie sich selbst hochhalten, muss hinter der Art und Weise zurückstehen, wie Sie andere hochhalten. Die Menschen werden nur demjenigen folgen, der weiß, wie man führt.

Optimismus

Optimismus, Begeisterung und Leidenschaft sind die Dinge, die eine große Führungskraft benötigt. Optimismus in Bezug auf Ihr aktuelles Projekt oder Ihre aktuelle Situation ist der erste Schritt, um sicherzustellen, dass Ihre Nachfolger ebenso begeistert von der Aufgabe sind wie Sie selbst. Große Führungspersönlichkeiten wissen, dass die

Energie, die sie in ihr aktuelles Projekt oder ihre Situation stecken, von ihren Gefolgsleuten aufgegriffen wird. Wenn Sie hoffnungsvoll, hilfsbereit und begeistert von der Aufgabe sind, werden Ihre Mitarbeiter das auch sein.

Man kann nicht einfach nur so tun, als sei man optimistisch, um das Gesicht zu wahren. Falscher Optimismus ist leicht zu erkennen. Sie müssen bei Ihrer Arbeit echte Leidenschaft zeigen. Zeigen Sie Ihren Anhängern Ihre Begeisterung, und Ihr Optimismus wird bald ansteckend sein.

Jemand, der mit Elon Musk in der Anfangsphase des SpaceX-Projekts zusammengearbeitet hat, sagte, dass die Begeisterung von Elon Musk für die Raumfahrt der eigentliche Grund für den Erfolg des Projekts war.

Entscheidungsfreudigkeit

Eine große Führungspersönlichkeit übernimmt nicht einfach die Aufgabe, Entscheidungen zu treffen, weil es ihre Pflicht ist, sondern sie begrüßt das Risiko der Entscheidungsfindung. Mit der Größe kommt auch die Verantwortung, sich zuallererst selbst zur Rechenschaft zu ziehen, wenn eine schlechte Entscheidung getroffen wurde. Eine große Führungspersönlichkeit macht nicht Tag und Nacht Stress, weil sie nicht in der Lage ist, eine Entscheidung zu treffen. Eine große Führungspersönlichkeit ist entschlossen.

Integrität

Eine große Führungspersönlichkeit ist jederzeit integer. Integrität bedeutet, dass man Anerkennung zollt, wo Anerkennung gebührt, dass man die Sicherheit der Mitarbeiter und die Qualität ihrer Leistungen über alles andere stellt, dass man Fehler eingesteht und wiedergutmacht und dass man das Richtige tut, auch wenn es nicht das Beste für das aktuelle Projekt oder die aktuelle Situation ist. Eine Führungspersönlichkeit ohne Integrität ist eine Führungspersönlichkeit, die nicht das Vertrauen ihrer Mitarbeiter hat.

Bescheidenheit

Eine große Führungspersönlichkeit glaubt nicht, dass sie fehlerfrei ist oder dass sie sich einfach keinen Fehler erlauben kann. Niemand ist perfekt, und wenn Sie versuchen, sich auf ein Podest und über Ihre Anhänger zu stellen, werden Sie deren Loyalität schnell verlieren.

Bescheidenheit ist die treibende Kraft jeder großen Führungspersönlichkeit. Wenn Sie in der Lage sind, Ihre Fehler zuzugeben und zu zeigen, dass Sie nicht über denen stehen, die Ihnen folgen, gewinnen Sie nicht nur die Loyalität Ihrer Anhänger, sondern auch deren Vertrauen und ihre Bereitschaft zu harter Arbeit.

Wenn Sie Ihre Misserfolge mit Anmut akzeptieren, sind Sie eine gute Führungspersönlichkeit, und wenn Sie danach streben, jeden Misserfolg zu überwinden und sich zu verbessern, sind Sie eine große Führungspersönlichkeit.

Authentizität

Um authentisch zu sein, darf kein Teil von Ihnen unecht sein. Ihre Persönlichkeit, Ihre Leidenschaft für Ihre Arbeit, die Art und Weise, wie Sie mit Menschen umgehen, und Ihre Loyalität – all das muss echt sein. Die Menschen achten auf Authentizität, wenn sie nach großen Führungskräften suchen. Sie wollen wissen, dass jeder Teil von Ihnen echt ist und dass sie nicht nur eine Maske sehen, die Sie aufsetzen, um das zu sein, was von Ihnen erwartet wird.

Man kann nicht so tun, als sei man eine große Führungspersönlichkeit; entweder man ist es, oder man ist es nicht.

Loyalität

Der Unterschied zwischen einer Führungspersönlichkeit und einer großen Führungspersönlichkeit besteht darin, dass letztere weiß, dass wahre Loyalität auf Gegenseitigkeit beruht. Sie können nicht erwarten, dass Ihre Gefolgsleute Ihnen gegenüber loyal sind, wenn Sie ihnen nicht im Gegenzug ebenfalls Loyalität entgegenbringen. Eine große Führungspersönlichkeit weiß, dass sie in einer Position ist, in der sie ihren Anhängern dient, und nicht umgekehrt. Wenn Ihre Anhänger wissen, dass Sie ihnen gegenüber genauso loyal sind, wie es umgekehrt der Fall ist, werden sie eher geneigt sein, Ihnen diese Loyalität in den Momenten zeigen, in denen sie am wichtigsten ist.

Charisma

Einfach ausgedrückt: Die Menschen folgen eher jemandem, den sie mögen. Charisma ist die wichtigste Eigenschaft einer großen Führungspersönlichkeit. Die größten Führungspersönlichkeiten aller Zeiten waren freundlich, redegewandt, ansprechbar und zeigten sich gegenüber anderen aufrichtig. Wenn Sie ein geselliger Mensch sind, können Sie sicherstellen, dass sich Ihre Anhänger mit Ihnen identifizieren können, und daran erkennen Sie, dass Sie das Zeug zu einer großen Führungspersönlichkeit haben.

Ermächtigung

Um eine große Führungspersönlichkeit zu sein, müssen Sie an Ihre Fähigkeiten glauben, Ihre Mitarbeiter zu ermächtigen. Sie zu ermächtigen bedeutet, ihnen die Mittel an die Hand zu geben, die sie benötigen, um Vertrauen in sich selbst und ihre Fähigkeiten zu haben, ihre Aufgaben gut zu erledigen. Wenn Sie Ihre Mitarbeiter ermächtigen, können Sie sich sicher sein, dass Sie Entscheidungen treffen werden, die im besten Interesse des aktuellen Projekts oder der aktuellen Situation sind. Eine Führungspersönlichkeit, die ihre Mitarbeiter ermächtigt, hat Vertrauen in diese, schult sie und hilft ihnen, alle erforderlichen Fähigkeiten zu entwickeln.

Um eine große Führungspersönlichkeit zu sein, müssen Sie jede einzelne dieser acht Eigenschaften besitzen. Sie können sich nicht aussuchen, welche davon am besten zu Ihnen passen. Nur diese acht Qualitäten können Sie zu Großem führen. Ohne diese Eigenschaften werden Sie nicht in der Lage sein, Ihr volles Potenzial als Führungskraft zu erkennen, und infolgedessen werden auch Ihre Mitarbeiter nicht in der Lage sein, zu wachsen und ihr Potenzial zu entfalten.

Ihre größten Qualitäten als Führungskraft

„Gehe nicht, wohin der Weg führen mag, sondern dorthin, wo kein Weg ist, und hinterlasse eine Spur." – Ralph Waldo Emerson

Was ist wahre Größe? Größe ist die Fähigkeit, sich von anderen zu unterscheiden. Wenn man sich von der Masse abhebt, ist man auf seinem Gebiet wirklich herausragend. Eine Kombination von Eigenschaften und Handlungen ist erforderlich, um jemanden wirklich großzumachen. Vielleicht halten Sie sich selbst für eine große Führungspersönlichkeit oder für jemanden, der zu Großem bestimmt ist. Die einzige Frage, die Sie sich stellen müssen, ist diese: Sind Sie eine Führungspersönlichkeit oder sind Sie ein Mitläufer?

Wenn Sie eine große Führungspersönlichkeit werden wollen, geht es nicht nur um Ihre Führungsqualitäten, sondern vielmehr um Ihre Größe. Um groß zu sein, muss man nicht unbedingt eine Führungspersönlichkeit sein. Sowohl Anhänger als auch Führer können großartig sein. Ihr Ziel ist es also nicht, eine große Führungskraft zu sein, sondern wahre Größe zu erreichen.

Zu wissen, welche Qualitäten Sie haben und welche Ihre besten sind, ist der erste Schritt zur Größe. Hier finden Sie eine kurze Übung, mit deren Hilfe Sie herausfinden können, welche Ihrer Qualitäten Ihre besten sind und wie Sie diese entwickeln oder neue Qualitäten aufbauen können.

Schritt eins: Erbitten Sie sich Feedback

Ihre erste Aufgabe besteht darin, Feedback von mehreren Personen einzuholen, sowohl innerhalb als auch außerhalb Ihres Berufslebens. Das Feedback von anderen hilft Ihnen, ein klareres Bild zu bekommen, denn es fällt uns schwer, uns selbst gegenüber ehrlich zu sein. Andere Menschen werden ehrlicher sein und Sie so sehen, wie Sie wirklich sind. Ihr Feedback ist das, was Sie benötigen, um Ihre besten Qualitäten zu finden.

Ihr Feedback muss aus einer Vielzahl von Quellen stammen. Das können Ihre Freunde, Ihre Familie, frühere und gegenwärtige Kollegen, Ihre Lehrer usw. sein. Dies wird Ihnen helfen, ein viel umfassenderes und besseres Verständnis von sich selbst und Ihren Qualitäten zu entwickeln.

Sie halten nach den besten Eigenschaften Ausschau, die andere in Ihnen sehen, also stellen Sie genau diese Frage. Was sind die besten Eigenschaften, die anderen in den Sinn kommen, wenn sie an Sie denken? Am besten stellen Sie diese Frage per E-Mail oder Textnachricht. In einer E-Mail sind die Leute eher bereit, ehrlich zu sein als im persönlichen Gespräch, wo sie sich vielleicht unter Druck gesetzt fühlen, etwas Nettes zu sagen. Sie können sie um Ehrlichkeit bitten und das daraus folgende Feedback ernst nehmen.

Schritt zwei: Erkennen Sie Ihre Verhaltensmuster

Nachdem Sie nun Ihr Feedback erhalten haben, suchen Sie darin nach Mustern. Die Untersuchung der Themen, die jeder, den Sie gefragt haben, angesprochen hat, wird Ihnen helfen, Ihre besten Qualitäten herauszuarbeiten. Versuchen Sie bei der Suche nach Mustern in den Rückmeldungen, diese mit Ihren eigenen Erinnerungen zu verbinden.

Wenn sich zum Beispiel jemand daran erinnert, wie freundlich Sie sind, fragen Sie ihn nach mindestens drei Beispielen. Wenn derjenige Ihnen mehrere Beispiele nennen kann, bedeutet das, dass Sie oft freundlich sind, was es mehr zu einer Gewohnheit macht als etwas, das Sie ein- oder zweimal getan haben. Wenn eine andere Person Ihre Freundlichkeit erwähnt, fragen Sie sie ebenfalls nach Beispielen. Es ist ein guter Schritt, die Eigenschaften, die mehrere Personen Ihnen zuschreiben, mit bestimmten Erinnerungen zu verbinden, und dies wird Ihnen beim nächsten Schritt in diesem Prozess helfen.

Manchmal erkennen wir eine Eigenschaft, die wir haben, nicht. Wenn Sie oft genug Freundlichkeit zeigen, wird dies zu einem unbewussten Verhalten, das Sie kaum noch bemerken. Ihre besten Eigenschaften werden Ihnen wie selbstverständlich erscheinen, und Sie werden sie auf Ihrem Weg zur Größe nutzen können.

Wenn Sie Ihre Muster gefunden und die Eigenschaften erkannt haben, notieren Sie sie in einer Tabelle, von Ihren besten bis zu Ihren schlechtesten Eigenschaften. Dieser Teil der Übung kann Ihnen helfen, sich selbst klarer zu sehen. Er dient sowohl der Integration des erhaltenen Feedbacks als auch dem Aufbau eines umfassenderen Bildes von sich selbst und den eigenen Fähigkeiten.

Schritt drei: Komponieren Sie ein Porträt von sich selbst

Nun können Sie das erhaltene Feedback nutzen, um eine Beschreibung Ihrer Person zu verfassen. Diese Beschreibung muss die gesammelten Informationen, die Sie erhalten haben, kurz zusammenfassen. Sie muss die Muster, die Sie in den Informationen gefunden haben, mit Ihren eigenen Erfahrungen und Erinnerungen an diese Muster verschmelzen, damit Sie sich ein klares Bild von Ihrem besten Selbst machen können.

Diese Beschreibung ist Ihr Porträt, aber sie sollte nicht als vollständiges kognitives und physiologisches Profil verwendet werden. Es ist ein aufschlussreiches Bild, das Sie nutzen können, um sich an Ihre besten Qualitäten zu erinnern und um es als Leitfaden für die Verbesserung Ihres zukünftigen Selbst zu verwenden.

Das Porträt, das Sie verfassen, sollte mit dem Satz beginnen: „Wenn es mir gut geht, bin ich …". Schreiben Sie zwei bis vier Absätze, um diesen Satz zu vervollständigen. Zum Beispiel: „Wenn ich in Bestform bin, helfe ich anderen selbstlos, ohne eine Gegenleistung zu erwarten. Ich bin stark, wenn es nötig ist, und ich bin immer bereit, eine Herausforderung anzunehmen. Ich vertraue den Menschen um mich herum und bin denen gegenüber loyal, die es verdient haben." Dies ist ein kurzes Beispiel, und Ihres sollte länger sein und alle besten Eigenschaften, die Sie durch Ihr Feedback herausgefunden haben, zusammenfassen.

Nehmen Sie sich Zeit, dieses Porträt zu erstellen. Hetzen Sie sich nicht. Überlegen Sie sich gut, wie Sie all diese Informationen am besten zusammenstellen.

Schritt vier: Gestalten Sie sich selbst neu

Wenn Sie Ihre besten Eigenschaften herausgefunden haben, können Sie diese weiterentwickeln oder andere Eigenschaften aufbauen, die Sie gerne hätten. Sie können auch versuchen, Ihre Welt, um Ihre besten Eigenschaften herum aufzubauen, um Nutzen aus ihnen zu ziehen. Suchen Sie sich einen Job, bei dem Sie und Ihre Qualitäten am meisten gebraucht werden. Sie können sogar Hobbys wählen, die diese Qualitäten in Ihrer Freizeit fördern.

Der beste Weg, sich so zu entwickeln, wie Sie es sich wünschen, besteht darin, auf Ihren besten Eigenschaften aufzubauen und daran zu arbeiten, weitere gute Eigenschaften zu entwickeln. Sie kennen die Qualitäten, die die meisten der größten Führungskräfte auszeichnen, und Sie wissen jetzt, ob Sie diese Qualitäten besitzen oder nicht.

Diese Übung hilft Ihnen, Ihre Stärken herauszufinden, damit Sie sie ausbauen können. Wenn Sie Ihre Stärken kennen, haben Sie die Möglichkeit, Ihr Leben um diese herum zu gestalten, anstatt eine Arbeit oder Tätigkeit anzunehmen, die Ihren Stärken zuwiderläuft. Mit anderen Worten: Wenn Sie gut im Führen, aber schrecklich im Rechnen sind, können Sie ein Unternehmen führen, aber Sie benötigen einen Finanzpartner, der Ihnen mit den Zahlen hilft.

Es gibt einige Dinge, die Sie nach dieser Übung beachten sollten:

Akzeptieren Sie Ihre Schwächen

Wenn Sie Ihre besten Eigenschaften herausfinden, werden Sie auch Ihre Schwächen aufdecken. Das kann manchmal ein wenig entmutigend sein für diejenigen, die sich ihrer schlechtesten Eigenschaften oder Schwächen nicht bewusst waren.

Es ist in Ordnung, Schwächen zu haben, und sie zu akzeptieren ist der erste Schritt, um sich zu verbessern. Wenn Sie vor Ihren Schwächen zurückschrecken, können Sie sie nicht in Ihre Stärken verwandeln. Sie können sich ändern, und nicht alles ist in Stein gemeißelt. Sehen Sie Eigenschaften, die Ihnen negativ erscheinen, also nicht als Schwächen an, denn sie müssen nicht so bleiben.

Unterscheiden Sie Ihre Stärken von Ihren Talenten

Menschen verwechseln oft ihre Stärken mit ihren Talenten. Es gibt die besten persönlichen Eigenschaften, und dann gibt es Dinge, die man einfach gut kann. Das sind sehr unterschiedliche Dinge. Stärken werden als Eigenschaften angesehen, die man durch Anstrengung entwickeln und erlernen kann, während Talente als natürliche Qualitäten angesehen werden, die man genetisch geerbt hat. Manchmal ist es schwierig, den Unterschied zwischen den beiden zu erkennen, also muss man ehrlich zu sich selbst sein.

Denken Sie daran, dass Stärken und Talente manchmal ineinander übergehen können. Jonglieren wird durch Training erlernt, fällt aber leichter, wenn Sie ein natürliches genetisches Talent für Gleichgewicht und Koordination haben. Gute soziale Fähigkeiten entwickeln sich als Stärke durch bewusste Anstrengung, aber diese Entwicklung wird gefördert, wenn Sie genetisch bedingt ein ansprechendes Äußeres haben, das Menschen auf Sie aufmerksam macht. Denken Sie darüber nach, welche angeborenen Talente Sie haben, und versuchen Sie, sie optimal zu nutzen, indem Sie sich die Zeit nehmen, sie in echte Stärken zu verwandeln.

KAPITEL 2:
ABRAHAM LINCOLN – DER BEFREIER DER SKLAVEN UND DAS SYMBOL DER FREIHEIT

„Dass einige großen Erfolg haben, ist der Beweis für alle, dass andere ihn auch erreichen können." – Abraham Lincoln

Abraham Lincoln war der 16. Präsident der Vereinigten Staaten und diente von 1861 bis 1865 als Führer der Nation. Seine Präsidentschaft dauerte etwas mehr als vier Jahre, und in dieser kurzen Zeit wurde er zu einem Helden, einem Symbol und gilt heute als einer der größten Präsidenten der Geschichte, was seinen Charakter und seinen politischen Scharfsinn angeht.

Abraham Lincoln war nicht nur ein großer Mann, ein großer Präsident und ein großes Symbol für die Menschheit, er war auch ein großer Führer.

Eine geteilte Nation

Abraham Lincoln hat in seinem Leben viel erreicht. Eine seiner bemerkenswertesten Leistungen war seine Zeit als Präsident der Vereinigten Staaten, während der er der Nation half, ihre größte Herausforderung zu bewältigen: den Bürgerkrieg.

Lincoln stammte aus bescheidenen Verhältnissen. Er wurde 1809 als zweites Kind von Thomas Lincoln und Nancy Hanks Lincoln geboren. Er wuchs in einer Blockhütte auf, bevor die Familie in den Westen auswanderte. Seine Eltern waren einfache Leute, die ein einfaches Leben führten, ohne zu ahnen, dass Abraham zu Großem bestimmt war.

Zur Zeit von Lincolns Präsidentschaft war die Nation in zwei Fraktionen geteilt: die Nordstaaten und die Südstaaten. Ihr Krieg wurde um das Recht auf Sklavenbesitz geführt. Die meisten Südstaaten der USA erlaubten ihren Bürgern den legalen Besitz von Sklaven. Die Nordstaaten jedoch, in denen sich die Sklaven emanzipierten und ein freies Leben führen durften, wurden damals als „Freistaaten" bezeichnet. Abraham Lincoln gehörte zu den Freistaaten und glaubte an die

Rechte aller Menschen, zu denen auch das Recht auf Freiheit und Ungebundenheit gehörte.

Abraham Lincoln unterstützte die Union in ihrem Widerstand gegen die Sklaverei. Die Südstaaten unterstützten die Sklaverei, und als Lincoln 1860 die Präsidentschaftswahlen gewann, waren sie verärgert. Eines von Lincolns Versprechen als Präsident war die Abschaffung der Sklaverei. Seine Wahl führte zu einer Spaltung der Staaten.

South Carolina war der erste Staat, der sich am 20. Dezember 1860 von der Union abspaltete, da er sich von ihr distanzieren wollte, bevor Abraham Lincoln als Präsident vereidigt werden konnte. Bald folgten andere Südstaaten, South Carolina und gründeten die Konföderierten Staaten von Amerika. Jefferson Davis wurde zu ihrem Präsidenten gewählt, wodurch die Vereinigten Staaten effektiv in zwei Nationen geteilt wurden.

Die Spaltung der Vereinigten Staaten sollte nicht das Ende der Geschichte sein. Abraham Lincoln wurde im März zum Präsidenten gewählt, und im April, noch bevor er sich im Weißen Haus einrichten konnte, wurde Fort Sumter in South Carolina von konföderierten Truppen angegriffen. Dies markierte den Beginn des Bürgerkriegs.

Abraham Lincoln musste das Amt des Präsidenten in einer der schwierigsten Zeiten der Vereinigten Staaten übernehmen, und deshalb haben viele der Entscheidungen, die er während seiner Amtszeit traf, einen großen Einfluss auf das Leben der Amerikaner heutzutage. Jede einzelne der von Lincoln getroffenen Entscheidungen hat die Nation geprägt und das Leben vieler Menschen, die heute in den Vereinigten Staaten leben, gestaltet. Ebendarum wird er als große Führungspersönlichkeit angesehen, und seine Leistungen als solche sind sein Vermächtnis.

Seine Präsidentschaft

Viele, die an die Wahl Abraham Lincolns denken, sehen darin den Grund für die Spaltung der Nation und den Beginn des Bürgerkriegs. Dies ist nicht korrekt. Bevor er 1860 seine Präsidentschaft antrat, war die Nation bereits gespalten. Der Süden und der Norden hatten zu fast allem unterschiedliche Meinungen, von den Rassenrechten über die Sklaverei hin zu den Frauenrechten. Ihre gegensätzlichen Meinungen zur Sklaverei führten schließlich zur Spaltung. Da Sklaverei in den Nordstaaten abgeschafft wurde, ermutigte dies viele Sklaven aus den Südstaaten, in den Norden zu fliehen, um dort ihre Freiheit zu finden. Es stimmt, dass Abraham Lincolns Amtsantritt diese Spaltung nur noch vergrößerte, aber er nahm sie gelassen hin.

Die Ernennung zum Präsidenten der Vereinigten Staaten wird als eine seiner größten Leistungen angesehen, da sie in einer so schwierigen Zeit erfolgte. Nicht viele wären stark genug gewesen, um eine geteilte Nation durch einen Krieg zu führen. Es ist bei Weitem nicht seine größte Leistung, aber sie ist es wert, erwähnt zu werden.

Eine zweite Amtszeit gewinnen

Als Lincolns erste Amtszeit als Präsident zu Ende war, kämpfte er um seine Wiederwahl. Dass er die Präsidentschaftswahlen zum zweiten Mal gewann, war eine seiner größten Leistungen, denn er benötigte die Unterstützung der Wähler, um den Krieg weiterführen zu können. Als seine Amtszeit endete, war der Bürgerkrieg immer noch im Gange. Wäre in dieser Zeit jemand anderes zum Präsidenten gewählt worden, hätte das Ergebnis völlig anders ausfallen können. Lincoln musste den Krieg gewinnen, und er hatte genügend Unterstützer, um dies zu erreichen.

Er wurde in seine zweite Amtszeit als Präsident der Vereinigten Staaten gewählt, weil viele an seine Führungsqualitäten glaubten, und viele andere stimmten für ihn wegen der Emanzipationsproklamation.

Die Union bewahren

Abraham Lincoln setzte sich dafür ein, einen Teil der Union zu erhalten. Viele Südstaaten verließen die Union und gründeten ihre eigenen Konföderierten Staaten. Die Sezession von 13 Staaten aus der Union war ein schwerer Schlag für das Land, aber Lincoln tat sein Bestes, um den Schaden zu begrenzen.

Während des Bürgerkriegs erfüllte Lincolns Regierung ihre Aufgabe, indem sie einige Staaten daran hinderte, sich den 13 Südstaaten anzuschließen. Lincoln tat dies, indem er die Grenzstaaten ins Visier nahm. Der Hauptgrund für die Sezession war, dass die Bürger ihr Recht auf Sklavenbesitz behalten wollten. Lincoln erkannte dies und erlaubte vielen Grenzstaaten, die noch Sklaven besaßen, ihre Sklaven zu behalten, um sie an der Abspaltung zu hindern.

Viele hielten dies für eine schlechte Entscheidung und für weit entfernt von den Überzeugungen, für die Lincoln stand, aber als Präsident musste er so viel von der Union bewahren, wie er konnte. Die Grenzstaaten blieben in der Union und wurden schließlich dazu gebracht, ihre Sklaven zu befreien, als Lincoln die Emanzipationsproklamation veröffentlichte.

Die Emanzipationsproklamation

Sie steht ganz oben auf der Liste der Errungenschaften von Abraham Lincoln und ist eine seiner größten. Die Emanzipationsproklamation war ein Schritt zur Schaffung von Rechten für Sklaven und zu deren

Befreiung. Sie war kein direkter Sieg für dieses Ziel, aber ein großer Schritt in diese Richtung.

Dies war nicht Abraham Lincolns Verdienst, aber er war derjenige, der die Proklamation unterzeichnete, und er tat dies gerade noch rechtzeitig, um den Krieg zu beenden. Mit der Emanzipationsproklamation wurden nicht sofort alle Sklaven befreit. Das Land befand sich noch mitten im Krieg, als die Proklamation 1863 erstmals in Kraft trat. Stattdessen gab die Proklamation den Afroamerikanern das Recht, sowohl in der Marine als auch in der Armee der Union zu dienen.

Damit wendete sich das Blatt des Krieges. Die Union war zahlenmäßig stark unterlegen und benötigte dringend Truppen. Nach der Proklamation meldeten sich mehr als 200.000 Afroamerikaner bei den Streitkräften und waren froh, dass sie endlich ihrem Land dienen durften. Lincoln gab ihnen das Recht, für ihre eigene Freiheit zu kämpfen, und sie nutzten diese Gelegenheit.

In der Emanzipationsproklamation hieß es auch, dass die Sklaven befreit werden sollten; dies galt jedoch nicht für die Konföderierten Staaten oder die Grenzstaaten. Die Staaten, für die die Proklamation galt, waren zu diesem Zeitpunkt bereits sklavenfrei, aber Erklärung setzte den ersten Schritt in Richtung der endgültigen Befreiung aller Sklaven und der Gewährung ihrer Rechte.

Den Bürgerkrieg gewinnen

Der Sieg im Bürgerkrieg ist eine von Lincolns größten Errungenschaften, wenn nicht sogar seine größte, aber es ist nicht die Tatsache, dass er den Unionsstaaten zum Sieg verholfen hat, für die man sich an ihn erinnern sollte. Es sind seine Taten und seine Haltung nach dem Sieg, die man als seine Leistungen betrachten sollte. Abraham Lincoln hatte den Unionsstaaten Tag und Nacht geholfen, zu kämpfen, während er viele Soldaten verlor, die kleinsten Siege feierte und jede Niederlage bedauerte. Als er schließlich die letzte Schlacht schlug und den gesamten Krieg gewann, war er kein grausamer Diktator, sondern ein demütiger Sieger.

Anstatt harte Strafen zu verhängen, machte er sich sofort daran, den unterlegenen Staaten Hilfsmaßnahmen zukommen zu lassen. Er wollte ihnen seinen Sieg nicht vorhalten oder sie für ihre Entscheidung, die Union zu verlassen, bezahlen lassen. Stattdessen wollte er ihnen helfen, zusammen mit der Union zu wachsen und aufzusteigen. Er wollte das Land als Ganzes wiederaufbauen, damit alle Staaten gemeinsam aufsteigen und wieder groß werden konnten.

Es ist bedauerlich, dass Lincoln das Land, das er aufbauen wollte, nicht vollständig zu Gesicht bekam. Seine Hilfsmaßnahmen wurden durch seine Ermordung schnell unterbrochen. Wäre die Kugel von John Wilkes Booth nicht gewesen, hätte sich der Süden wahrscheinlich schon viel früher vom Krieg erholt und sich dem Land wieder angeschlossen. Nach dem Tod Lincolns kamen die Bemühungen jedoch zum Erliegen, und ein weiterer kleinerer Krieg begann von Neuem. Diesmal überwältigte der Norden den Süden und sorgte dafür, dass dieser für seine Taten bezahlte.

Beendigung der Sklaverei

Abraham Lincoln war zwar nicht der unmittelbare Urheber dieser Leistung, und er war vielleicht nicht mehr da, als sie schließlich ans Licht kam, aber er wird dennoch als die Hand gesehen, die andere zu dieser Entscheidung führte.

Die von Lincoln unterzeichnete Emanzipationsproklamation führte nicht zur Befreiung der Sklaven, auch wenn dies als Absicht angegeben wurde. Sie gab den Sklaven jedoch das Recht, den Streitkräften beizutreten, und zwang viele Afroamerikaner und Weiße dazu, auf engem Raum zusammenzuarbeiten. Dies war der erste Schritt, der schließlich zum 13. Verfassungszusatz führte.

Nach dem Krieg und vor seinem Tod setzte sich Lincoln weiterhin für die Gesetzgebung ein, die tatsächlich zur Befreiung der Sklaven führen sollte. Er unterstützte zu Lebzeiten den 13. Verfassungszusatz, der schließlich die Sklaverei beenden sollte.

Dies gilt als Abraham Lincolns größte Errungenschaft, auch wenn er nicht mehr am Leben war, um sie zu erleben. Seine Bemühungen, den Sklaven Rechte zu geben und ein freies Land für alle zu schaffen, sollten schließlich die Welt prägen, in der wir heute leben.

Vom bescheidenen Anfang zu einem großartigen Ende

„Stell sicher, dass du deine Füße an der richtigen Stelle platzierst und dann fest stehst." – Abraham Lincoln

Mehr als 150 Jahre sind vergangen, seit Abraham Lincoln ermordet wurde – ein tragisches Ereignis, das sein großartiges Leben zum Stillstand brachte. Dennoch ist er eine Inspiration für uns alle, und seine Ideale sind nach wie vor etwas, nach dem Menschen auf der Suche nach Größe streben. Seine weisen Worte und großen Taten sind für uns alle lehrreich.

Um seine Größe wirklich zu würdigen, muss man die Schritte verstehen, die er auf seinem Lebensweg gegangen ist.

Der bescheidenste Anfang

Wenn wir jemanden sehen, der in seinem Leben Großes erreicht hat, ist es oft schwer vorstellbar, dass er aus einem einfachen und bescheidenen Umfeld stammt. Manche Menschen glauben sogar, dass man keine Größe erreichen kann, wenn man nicht dazu geboren wurde. Dies könnte nicht weiter von der Wahrheit entfernt sein. Viele Menschen, die in ihrem Leben Großes geleistet haben, darunter einige der historisch größten Führungspersönlichkeiten, stammen aus bescheidenen Verhältnissen.

Abraham Lincoln ist weithin als große Führungspersönlichkeit und einer der größten Präsidenten bekannt, die Amerika je hatte, aber nicht viele wissen, dass er ein einfacher Bauernjunge war. Lincolns Eltern, Thomas und Nancy Hanks Lincoln, waren einfache Leute, die ein einfaches Leben führten. Abraham wurde auf der Sinking Springs Farm in einer Einzimmer-Blockhütte geboren.

Sein Vater war von Beruf Zimmermann und Landwirt, und als Abraham geboren wurde, besaß Thomas bereits eine kleine Anzahl von Farmen in dieser Gegend. Abraham sollte jedoch nicht sein ganzes Leben hier verbringen, da sein Vater den größten Teil seines Ackerlandes in Streitigkeiten um Eigentumsurkunden verlor. Nur zwei Jahre nach Abrahams Geburt packte die Familie schließlich ihre Sachen und reiste nach Indiana, um einen Neuanfang zu wagen.

Die Familie Lincoln zog von Kentucky, einem Staat, in dem der Besitz von Sklaven erlaubt war, nach Indiana, das als „freies" Gebiet galt. In diesem Staat war es den Einwohnern nicht gestattet, Sklaven zu besitzen. Die Tatsache, dass Abraham Lincoln mit seiner Familie in einen freien Staat zog, anstatt in Kentucky zu bleiben, beeinflusste wahrscheinlich die Entscheidungen, die er später im Leben treffen sollte. Abraham Lincolns Haltung zur Sklaverei lässt sich möglicherweise auf diese Entscheidung seiner Familie zurückführen, nach Indiana zu ziehen.

Abraham Lincoln wuchs in Hurricane Township auf, wo sein Vater als Farmer, Schreiner und Tischler hart arbeitete, um seine Familie zu ernähren. Thomas Lincoln konnte schließlich das Geld, das er in Kentucky verloren hatte, zurückgewinnen und mindestens 32 Hektar Land kaufen, um die Gemeinde Little Pigeon Creek zu gründen.

Abraham sollte bald mit seinem Vater auf dem Hof arbeiten, wie es damals viele Jungen taten, sobald sie das Alter erreicht hatten, in dem sie arbeiten konnten. Doch als Abraham erst neun Jahre alt war, verlor er seine Mutter durch die Milchkrankheit. Seine elfjährige Schwester übernahm daraufhin die Aufgaben der Frau im Haus und wurde zu seiner wichtigsten Bezugsperson, bis sein Vater wieder eine Frau heiratete, die selbst drei Kinder hatte. Der Verlust seiner Mutter war schwer für Abraham, aber er wuchs bald mit seiner Stiefmutter zusammen und nannte sie sogar Mutter.

Wer Abraham Lincolns Weg zur Größe verstehen will, muss wissen, dass er aus sehr ärmlichen Verhältnissen stammte. Er war nur ein Bauernjunge, der hart auf der Farm seines Vaters arbeitete und Entbehrungen wie den Verlust seiner Mutter im Alter von neun Jahren und die Eingewöhnung in eine neue, größere Familie ertragen musste.

Die Liebe zum Lernen

Abraham Lincoln begann als bescheidener Bauernjunge und arbeitete hart, um seinem Vater auf der Farm zu helfen, aber er zog immer das Lesen und Schreiben der Farmarbeit vor. Ein kleines, aber wichtiges Detail, das viele bei Abraham Lincoln übersehen, ist, dass er sich weitgehend autodidaktisch bildete.

Abraham zog es vor, zu lesen und zu schreiben, aber zu dieser Zeit sahen viele in seinem Umfeld dies als reine Faulheit und eine Ausrede an, um sich vor der Arbeit zu drücken. Trotz dieser rückständigen Einstellung zur Bildung arbeitete Abraham weiter daran, seine Bildung zu verbessern. Obwohl er größtenteils Autodidakt war, lernte er gelegentlich bei Lehrern, die in der Stadt vorbeikamen. Abraham besuchte in seiner Jugend nur zwölf Monate lang eine formale Schule.

In seiner Kindheit las Abraham Titel wie *The Pilgrim's Progress*, die Bibel, Äsops Fabeln und die Biografien von Benjamin Franklin und George Washington.

Neben seiner geistigen Bildung trainierte Abraham auch seine körperliche Kraft. Er arbeitete weiterhin auf dem Bauernhof und verrichtete einige Gelegenheitsarbeiten in der Stadt, und er erwarb sich sogar einen Ruf für seine Stärke, als er den Anführer einer Gruppe von Tyrannen, die Clary's Grove Boys, in einem Kampf besiegte. Er gab seinen gesamten Verdienst an seinen Vater ab, um der Familie zu helfen. Die Familie zog schließlich erneut um, als Abraham 21 Jahre alt war. Er begleitete sie zu ihrem neuen Zuhause in Macon County, Illinois. Als die Familie jedoch im nächsten Jahr erneut umziehen wollte, beschloss Abraham, allein weiterzuziehen.

Abraham war ein Familienvater und arbeitete hart, aber er schätzte seine Ausbildung und sein Lernen über alles. Er lernte und arbeitete weiter, als er die nächsten sechs Jahre in der Stadt New Salem auf sich allein gestellt lebte. Er arbeitete unter anderem als Soldat, Bootsführer, Schienenspalter, Landvermesser und Postmeister. Er besaß und betrieb sogar einen eigenen Gemischtwarenladen. Er bildete sich weiter, und 1834 kandidierte er als Abgeordneter für die Generalversammlung von Illinois und wurde gewählt. In den folgenden zwei Jahren arbeitete er daran, seine Zulassung als Rechtsanwalt zu erlangen.

Leben, Liebe, Nöte und Größe

Abrahams Arbeit war nicht getan, nachdem er seine Zulassung als Anwalt erhalten hatte. Es erforderte harte Arbeit und Hingabe, um ohne formale Ausbildung so hoch aufzusteigen, aber er konnte es nicht dabei belassen. Abraham Lincoln war entschlossen, in seinem Leben auf mehr als nur eine Weise Großes zu erreichen.

Er zog nach Springfield, Illinois, und wurde Juniorpartner in der Anwaltskanzlei von John Todd Stuart. Durch Stuart lernte er die Tochter eines Sklavenhalters aus Kentucky, Mary Todd, kennen, und drei Jahre später heirateten sie. Im selben Jahr, in dem Abraham Lincoln seine eigene Anwaltskanzlei eröffnete, kam ihr erstes Kind, Robert Todd Lincoln, auf die Welt.

Abraham gewann kurz nach der Geburt seines zweiten Sohnes einen Sitz im US-Kongress. Dies war sein erster Schritt in die Welt der Politik und seine spätere Präsidentschaft. Abraham und seine Familie zogen wegen seiner neuen Position im Kongress nach Washington, D.C., aber seine Frau brachte die Kinder später zurück nach Springfield, damit Abraham sich auf seine Arbeit konzentrieren konnte. Abraham war mit dieser Entscheidung nicht einverstanden, aber er arbeitete weiter, und einige Jahre später war er für die Einführung des Gesetzes verantwortlich, das schließlich die Sklaverei in Washington, D.C. abschaffen sollte.

Nur ein Jahr später, im Februar, erhielt Abraham die Nachricht vom Tod seines jüngsten Sohnes Edward, der kaum vier Jahre alt war. Es wird angenommen, dass er an Tuberkulose starb. Im Dezember desselben Jahres brachte seine Frau einen dritten Sohn, William, zur Welt, und zwei Jahre später einen weiteren Sohn, Thomas. Abrahams Familie wuchs beständig, ebenso wie seine Ambitionen.

Sein Vermächtnis

Einem guten Menschen genügt es, ein gut gelebtes Leben zu hinterlassen, aber von einem großen Menschen wird erwartet, dass er ein Vermächtnis hinterlässt. Genau das hat Abraham Lincoln getan. Er war der größte Politiker und der größte Präsident, den die Vereinigten Staaten je hatten. Er führte die Nation durch ihre schwierigste Zeit und zeigte allen, die zusahen, wie groß er war.

Er hat nicht nur Geschichten, sondern auch Legenden hinterlassen. Sein größter Verdienst zu Lebzeiten waren der Erhalt der Union, indem er den Zerfall des Landes während des Krieges zwischen den Staaten wirksam verhinderte. Die Abschaffung der Sklaverei und seine Meisterschaft in der Demokratie sind ebenfalls große Leistungen.

Sein Vermächtnis prägt noch immer die Welt, in der wir heute leben. Die Art und Weise, wie er das Land führte, und der Einfluss, den er während des Bürgerkriegs und der gespaltenen Nation hatte, bewegen und diktieren auch heute noch unser Handeln. Das ist das Vermächtnis eines großen Mannes und einer großen Führungspersönlichkeit.

Lektionen des Lebens und Führens von Abraham Lincoln

„Der beste Weg, einen Feind zu vernichten, ist, ihn zum Freund zu machen". – Abraham Lincoln

Abraham Lincoln gilt als eine Ikone der Weisheit, der Entschlossenheit, des Mitgefühls und der Geduld. Er hat Leidenschaft für seine Ziele gezeigt, Entschlossenheit beim Erreichen dieser Ziele, Mut angesichts von Bedrohungen und Gefahren, Demut beim Verlieren und Anmut beim Gewinnen.

Zusammen mit seinem Vermächtnis hat Abraham auch Lektionen für diejenigen hinterlassen, die, wie er, nach Größe streben. Diese Lektionen beziehen sich nicht nur auf Größe als Führungskraft, sondern gelten auch für Größe im Leben.

Mitgefühl

Das Mitgefühl, das Abraham Lincoln zeigte, beschränkte sich nicht nur auf seine Anhänger oder Freunde, sondern galt auch seinen Feinden. Er wusste, dass es auf beiden Seiten des Krieges Leid gab und dass sowohl die Nord- als auch die Südstaaten Menschenleben verloren. Er wusste, dass die Beendigung des Krieges nicht nur eine Erleichterung für ihn und seine Freunde, sondern auch für seine Feinde bedeuten würde. Schließlich glaubte er, dass der beste Weg, seine Feinde zu vernichten, darin bestand, sie zu seinen Freunden zu machen.

Barmherzigkeit

Als der Krieg gewonnen war und die Südstaaten vor den Nordstaaten kapitulierten, freute sich Abraham nicht über seinen Sieg. Er feierte nicht, er dachte nicht daran, seine Feinde zu bestrafen, und er genoss seinen Sieg nicht, wie es viele andere getan hätten, wenn sie einen Krieg gewonnen hätten. Stattdessen dachte Abraham an den Wiederaufbau der Nation als Ganzes, und das bedeutete, seinen Feinden zu helfen.

Abraham verhängte keine harten Strafen dafür, dass die Südstaaten die Union verließen, unabhängig wurden und Krieg gegen die Nordstaaten führten. An Bestrafung dachte er nicht einmal. Er sah die Südstaaten nicht als seine Feinde an. Er sah sie als sein Volk an, das seine Hilfe benötigte.

Abraham zeigte Barmherzigkeit, wo andere es nicht getan hätten, und das zeichnete ihn aus.

Demut

Barmherzigkeit im Sieg ist nur die eine Hälfte des Puzzles; Demut in der Niederlage wie auch im Sieg zu zeigen, ist das, was es braucht, um das Puzzle zu vervollständigen. Abraham wusste, dass seine Position als Präsident ihn nicht über andere stellte. Er war demütig und sah alle anderen als seinesgleichen an.

Wenn man seinen Anhängern gegenüber so demütig ist und sie als gleichberechtigt ansieht, gewinnt man ihren Respekt am besten. Abraham hat das verstanden.

Kompromiss

Eine der größten Qualitäten Abraham Lincolns war seine Fähigkeit zum Kompromiss. Als die ersten Südstaaten die Union verließen und er sah, dass viele andere in ihre Fußstapfen traten, wusste er, dass er etwas tun musste, um so viel wie möglich von der Union zu erhalten.

Er tat dies, indem er die Grenzstaaten davon überzeugte, in der Union zu bleiben. Er schlug einen Kompromiss vor.

Abraham glaubte nicht an die Sklaverei, und eines seiner Hauptziele war ihre vollständige Abschaffung, aber er stellte dieses Ziel für einen Moment zurück und konzentrierte sich auf das große Ganze. Er schloss einen Kompromiss mit den Grenzstaaten und erlaubte ihnen, ihre Sklaven zu behalten, damit sie in der Union blieben.

Kompromissbereitschaft ist eine wichtige Fähigkeit für jede große Führungspersönlichkeit.

Streben nach mehr

Abraham wusste nicht genau, ob er zu Großem bestimmt war. Er wurde in eine bescheidene Familie hineingeboren und lebte ein bescheidenes Leben. Nichts in seinem Leben deutete darauf hin, dass er für mehr bestimmt war, aber das hielt ihn nicht davon ab, danach zu streben.

Abraham ging über seine Grenzen hinaus und meisterte jede Herausforderung, die er sich selbst stellte. Er sah keine Hindernisse auf seinem Weg. Er sah Chancen. Wenn man etwas aus dem Leben von Abraham Lincoln mitnehmen kann, dann ist es, dass nicht jeder zu Größe geboren wird und nicht jeder dazu bestimmt ist, aber diejenigen, die es wollen, können danach streben.

KAPITEL 3:
MAHATMA GANDHI – DER MANN MIT DEM GLOBALEN ERBE

„Der Mensch ist nur das Produkt seiner Gedanken. Was er denkt, wird er."
– Mahatma Gandhi

Mahatma Gandhi ist einer der am meisten verehrten und einer der bedeutendsten Freiheitskämpfer der Geschichte. Er war ein Anti-Kriegs-Aktivist und der Mann, der der Welt ein Vermächtnis hinterließ, dem sie folgen kann. Er wird auf der ganzen Welt für seine gewaltfreie Bewegung geschätzt. Er war Pazifist und versuchte, anderen zu zeigen, dass Gewalt nicht die Antwort auf die Probleme der Welt ist. Er glaubte an die Rechte der anderen und setzte sich für die Verwirklichung seiner Überzeugungen ein. Er war der Vater einer Nation und der Anführer einer neuen Welt.

Der Vater der Nation

Mahatma Gandhi wurde 1869 in Indien geboren, als das Land noch Teil des britischen Empire war. Sein Aktivismus als indischer Einwanderer begann in den frühen 1900er-Jahren, in den Jahren nach dem Ersten Weltkrieg. Er begann in Südafrika, wo er zur führenden Figur im Kampf für die Unabhängigkeit Indiens von Großbritannien wurde.

Er wurde in Indien als „Vater der Nation" bezeichnet und war als die „große Seele" bekannt. Gandhis Streben nach Freiheit und den Rechten seines Volkes führte dazu, dass er viele Male inhaftiert wurde und mehrere Hungerstreiks unternahm, alles im Namen seiner Sache. Er hat nie aufgegeben, vorwiegend nicht seine Überzeugungen.

Alles begann in Südafrika, nachdem Mahatma Gandhi seine Schulausbildung abgeschlossen und das Recht erworben hatte, als Anwalt zu praktizieren. Er schloss sein Jurastudium in London ab und wurde 1891 zum Rechtsanwalt berufen. Er nahm eine Stelle als Anwalt eines indischen Geschäftsmannes und Händlers an, der in Johannesburg, Südafrika, stationiert war. Mahatma Gandhi liebte seine indische Heimat, aber da er in seinem Heimatland keine florierende Anwaltskanzlei aufbauen konnte, zog er nach Südafrika, wo sich ihm die besten Möglichkeiten boten, als Anwalt zu praktizieren.

Schließlich verbrachte er mehr als zwei Jahrzehnte in Südafrika, wo er die Ideale des Landes mit seinen Überzeugungen prägte und durch seine gewaltfreien Aktionen die Verhältnisse veränderte. In der Vergangenheit hatte Gandhi sein Potenzial nie voll ausschöpfen können. Er war immer schüchtern, sprach leise und nicht gern vor Menschenmengen. Dies ist einer der Gründe, warum er nicht in London hatte bleiben können, wo er Jura studierte und praktizierte. Er war dafür nicht geeignet. Während seines Aufenthalts in Südafrika kam er jedoch wirklich aus sich heraus und verfeinerte seine Überzeugungen, sozialen Ansichten, politischen Ideen und Gedanken über die Umwelt.

Einer der wichtigsten Beweggründe Gandhis während seines Aufenthalts in Südafrika war die Art und Weise, wie er behandelt wurde. Aufgrund seiner Hautfarbe wurde er fast täglich auf das Schärfste diskriminiert. Die Rassenfrage war zu dieser Zeit in Südafrika ein weitverbreitetes Thema.

Gandhi glaubte nicht an Gewalt, aber er glaubte daran, für das einzustehen, was er für richtig hielt; das bedeutete auch, sich gegen das zu stellen, was er für falsch hielt. Er tat dies, indem er sich weigerte, die Gesetze des Landes zu befolgen, die ihn diskriminierten. Er protestierte in Bussen und Zügen. Ein solcher Protest endete damit, dass er aus dem Zug geworfen wurde, weil er sich weigerte, einer weißen Frau seinen Sitzplatz zu überlassen. Für seine individuellen Proteste wurde er auch mehrfach verprügelt. In einem Fall wurde er von einem Richter aufgefordert, seinen Turban abzunehmen, was er jedoch ablehnte.

Für Gandhi war klar, dass sein Volk schlecht behandelt wurde, und er sah es als seine Pflicht an, etwas dagegen zu tun. So fasste er kurz nach Ablauf seines Arbeitsvertrags den Entschluss, in Südafrika zu bleiben. Zunächst bestand sein Ziel darin, gegen das neu verabschiedete Gesetz zu protestieren, dass das Wahlrecht aller in Südafrika lebenden Inder beeinträchtigen würde. Er arbeitete hart, aber das Gesetz wurde 1896 trotz seiner Bemühungen verabschiedet. Seine Reise hatte gerade erst begonnen.

Während seines Aufenthalts in Südafrika setzte sich Gandhi dafür ein, Inder aus allen Lebens- und Arbeitsbereichen zu vereinen. Er trug dazu bei, viele Menschen zusammenzubringen, und zwang die Welt, ihre Sichtweise auf Menschen anderer Hautfarbe zu ändern.

Gandhi setzte sich nicht nur für eine gerechte Behandlung der in Südafrika lebenden Inder ein. Als seine Arbeit dort beendet war, kehrte er nach Indien zurück und setzte sich auch dort für die Freiheit des Landes ein. Er wurde zu einem politischen und spirituellen Führer, und viele folgten ihm in seinen gewaltfreien, nicht kooperativen Kampagnen. Er machte deutlich, wie wichtig es war, dass Indien wirtschaftliche Unabhängigkeit erlangte.

Während seiner Bemühungen, Indien als Land zu befreien, arbeitete er auch hart daran, die innerlich gespaltene Nation wieder zusammenzuführen. Das Land Indien war zwischen Hindus und Muslimen aufgeteilt. Gandhi folgte dem hinduistischen Glauben, aber er wollte, dass sowohl Hindus als auch Muslime in Frieden zusammenleben.

Er setzte sich sowohl für die Freiheit als auch für den Frieden ein, aber am Ende wurde ihm nur eines von beiden gewährt. Nach all seinen Bemühungen führten die Verhandlungen zwischen Großbritannien, der Muslimliga und der Kongresspartei zu einer Einigung, und Indien erhielt 1947 seine Unabhängigkeit von Großbritannien. Dies geschah leider, nachdem Gandhi 1934 seinen Rückzug aus der Politik angekündigt hatte und aus der Kongresspartei ausgetreten war. Er tat dies, um sich mehr auf seine Bemühungen in den eher ländlichen Gemeinden zu konzentrieren. Er verwirklichte seinen Traum von einem freien Indien, aber nicht seinen Traum von einem geeinten Indien, da das Land in zwei Bereiche aufgeteilt wurde: Pakistan und Indien. Gandhi war zunächst dagegen, stimmte aber schließlich zu, in der Hoffnung, dass Muslime und Hindus nach ihrer Unabhängigkeit endlich eine Form von Frieden erreichen könnten.

Dennoch hatte Gandhi lange genug gelebt, um sein Ziel verwirklicht zu sehen. Die Ideale und Träume, auf die er sein ganzes Leben lang hingearbeitet hatte, waren endlich in Erfüllung gegangen. Seine gewaltfreien Methoden und seine starke Mentalität sollten sich als triumphierend gegenüber denen erweisen, die seine Bemühungen für vergeblich gehalten hatten.

Gandhi wurde 1948 erschossen. Er hinterließ ein Vermächtnis, das ewig weiterleben sollte, und am nächsten Tag folgten rund eine Million Menschen der Trauerprozession. Sie trugen Gandhis Leichnam durch die Straßen von Delhi zum Ufer des heiligen Flusses Jumna, wo er eingeäschert wurde.

Viele folgten ihm zu Lebzeiten, und noch viele mehr folgten ihm im Tod, was ihn zu einem der weltweit größten Führer machte.

Ein Leben ohne Gewalt

Als Mahatma Gandhis größte Leistung in seinem Leben wird sein Beitrag zur Unabhängigkeit Indiens von Großbritannien durch gewaltfreie und nicht kooperative Proteste angesehen. Er war ein Anti-Kriegs-Aktivist und der Vater einer Nation, aber ihm gelangen noch viele andere Errungenschaften während seines Lebens. Dazu gehören Errungenschaften, die manche als klein oder unbedeutend ansehen, und Errungenschaften, die als groß und monumental angesehen werden. All diese Errungenschaften prägen das Leben Mahatma Gandhis und das Vermächtnis, das er hinterließ.

Die Kampagne des passiven Widerstands

Eine der vielen Errungenschaften Gandhis war die Geburt des passiven Widerstands. Im Jahr 1906 erließ die Regierung von Transvaal eine Verordnung, die die Registrierung der indischen Bevölkerung vorschrieb. Die „Asiatic Law Amendment Ordinance No. 2" wurde unterzeichnet und war für alle in Transvaal lebenden Inder sowohl diskriminierend als auch erniedrigend. Das Gesetz zwang die Inder, sich beim „Registrar of Asiatics" zu registrieren, ihre Fingerabdrücke abzugeben, sich einer ärztlichen Untersuchung zu unterziehen und eine Registrierungsbescheinigung stets bei sich zu tragen. Bei Nichteinhaltung drohten Geld- oder Gefängnisstrafen oder die Deportation. Dieses Gesetz war als „Black Act" bekannt.

Damit begann eine acht Jahre dauernde Kampagne des zivilen Ungehorsams. Dieses Gesetz betraf nicht nur die Inder, sondern auch einige Chinesen und Afrikaner. Tausende erhoben sich gegen dieses Gesetz. Eine Delegation von Indianern segelte nach London und traf sich mit dem Staatssekretär, der zu dieser Zeit Lord Elgin hieß. Dieser distanzierte sich zwar öffentlich vom „Black Act", aber privat setzte er sich lediglich für einige oberflächliche Änderungen des Gesetzes ein.

Als 1907 der Tag kam, an dem die Ämter für die Ausstellung von Bescheinigungen geöffnet wurden, begannen die Widerständler, vor den Ämtern zu kampieren und alle vorbeigehenden Inder davon abzuhalten, hineinzugehen und sich registrieren zu lassen. Sie sammelten Unterstützung für ihre Nichtkooperationsbewegung, die als „Kampagne des passiven Widerstands" bekannt wurde, aber Gandhi gab ihr den Begriff „Satyagraha", was wörtlich übersetzt „Wahrheitszwang" bedeutet. Diese Bewegung entwickelte sich zu einem Paradigma für jeden gewaltfreien Kampf, der sich für aktiven Widerstand gegen Unterdrückung einsetzte. Sie sollte in den folgenden Jahrzehnten den Kampf um die Unabhängigkeit Indiens beeinflussen.

Als die Registrierung abgeschlossen wurde, waren nur 511 der 13.000 Inder in der Region tatsächlich registriert. Diejenigen, die sich registrieren ließen, wurden von den Verweigerern beschämt. Einige zerrissen die Bescheinigungen anschließend sogar. Als Reaktion darauf wurden Hunderte von Verweigerern, die sogenannten „Satyagrahis", inhaftiert, und einige wenige wurden sogar deportiert. Darunter waren auch mehrere in Afrika geborene Inder. Der passive Widerstand gegen das Gesetz ging jedoch weiter.

Gandhi selbst wurde 1908 verhaftet, und die Gefängnisse füllten sich rasch mit vielen Satyagrahis, die sich weigerten, sich registrieren zu lassen. General J. C. Smuts war gezwungen, mit den Verweigerern bessere Bedingungen auszuhandeln. General Smuts stellte ihnen ein Ultimatum. Er behauptete, wenn die Inder sich freiwillig registrieren ließen, würde der Black Act aufgehoben, und die Gefangenen würden freigelassen. Gandhi stimmte diesem Ultimatum im Namen des Widerstands zu, aber viele, die ihm folgten, fühlten sich dadurch verraten. Er wurde angegriffen, hielt aber an der Vereinbarung fest und ließ sich trotzdem registrieren.

Nachdem Gandhi sich registrieren ließ, nahm General Smuts sein Wort zurück. Er brachte einen Gesetzentwurf ein, der die freiwilligen Registrierungen bestätigte, unternahm aber nichts gegen den Black Act. Gandhi bezog daraufhin Stellung, weil er sich von dem Mann, auf dessen Versprechen er sich verlassen hatte, betrogen fühlte. Er gab General Smut eine Frist bis zum 16. August 1908, um das Gesetz aufzuheben und sein Versprechen zu erfüllen. Diese Forderung wurde ignoriert.

Gandhi leitete dann die nächste Phase des Kampfes ein, indem er ein weiteres Ultimatum stellte. Gandhi warnte, dass die Registrierungsbescheinigungen öffentlich verbrannt würden, wenn der „Black Act" nicht aufgehoben würde. Hunderte von Satyagrahis folgten Gandhi und versammelten sich am 16. August vor der Hamida-Moschee. Als das Telegramm von General Smuts eintraf, in dem stand, dass die Regierung das Gesetz nicht aufheben könne, wurden über 2.000 Registrierungsurkunden in einem riesigen Feuer verbrannt.

Indiens erste Bewegung des zivilen Ungehorsams

Nach seiner Rückkehr nach Indien im Jahr 1915, als das Land noch unter britischer Herrschaft stand, gewann Mahatma Gandhi seine erste Schlacht in Champaran. Champaran war ein Bezirk im Bundesstaat Bhar in Indien. Da das Land noch unter britischer Herrschaft stand, zwangen die Briten die Bauern in der Region zum Anbau von sogenannten „Cash Crops" wie Indigo. Die Bauern in der Region wurden gezwungen, diese Pflanzen anstelle von Nahrungsmitteln anzubauen. Die Bauern verkauften ihre Ernte dann ausschließlich an britische Großgrundbesitzer und waren gezwungen, zu einem niedrigen Festpreis zu verkaufen.

Darunter litt die Region ebenso wie unter harten Steuern und extrem schlechtem Wetter. Aufgrund dieser Lebensbedingungen verfiel die Region in bittere Armut. Als Gandhi dies erkannte, versuchte er, die gleichen Methoden anzuwenden, die er in Südafrika angewandt hatte, und organisierte einen Massenaufstand der Menschen, um gegen die Ungerechtigkeit zu protestieren.

Dies ist bekannt als die Champaran Satyagraha von 1917. Es war die erste von Gandhis Satyagraha-Bewegungen, die er in Indien anführte, und es war seine erste Volksbewegung. Sie gilt als eine historisch wichtige Rebellion im indischen Freiheitskampf.

Indigo wurde in der Region erstmals ab 1750 kommerziell angebaut und zur Herstellung von Farbstoffen verwendet. Aufgrund von Gesetzen aus der Kolonialzeit waren die Bauern, die Pächter ihrer Höfe waren, gezwungen, auf einem Teil ihres Landes Indigo anzubauen, da dies eine der Bedingungen für die Pacht war. Indigo wurde in der Regel nicht angebaut, da die Pflanze viel Wasser benötigte und den Boden unfruchtbar machte. Um die Bauern zum Anbau dieser Pflanze zu zwingen, machten die Grundbesitzer dies zur Bedingung für die Gewährung von Darlehen und förderten den Anbau, indem sie die Pacht der Bauern, die Indigo anbauten, verringerten.

Gandhi scharte eine Anhängerschaft um sich und wandte dieselbe Strategie des gewaltlosen zivilen Ungehorsams an, die er auch in Südafrika angewandt hatte. Gandhis Ankunft in der Region beunruhigte die Briten und sie forderten ihn auf, das Gebiet zu verlassen. Als er sich weigerte, wurde er verhaftet. Die Anklage führte zu Unruhen. Gandhis Verhaftung führte zu einer Vielzahl gewaltloser Proteste und zahlreicher Kundgebungen; die Polizei musste ihn schließlich freilassen.

Nach Gandhis Entlassung aus der Haft konnte die Bewegung des zivilen Ungehorsams weitergehen. Durch diese Bewegung gelang es Gandhi, die Frustration der Öffentlichkeit in ein wirksames politisches Instrument zu verwandeln. Die Streiks und Proteste der Bevölkerung gegen die britischen Großgrundbesitzer, die sie zum Indigoanbau zwangen, endeten schließlich damit, dass die Großgrundbesitzer einwilligten, den Indigoanbau auf ihren Farmen abzuschaffen. Dies war möglich, weil Gandhi und seine Helfer 8.000 Zeugenaussagen von Bauern und Bewohnern der Region sammelten.

Die Großgrundbesitzer unterzeichneten unter Anleitung der britischen Regierung ein Abkommen, das den Landwirten mehr Kontrolle und eine Entschädigung für die Bewirtschaftung ihrer Ländereien sowie weitere Vorteile gewährte.

Damit war die erste von Gandhi in Indien durchgeführte Bewegung des zivilen Ungehorsams beendet, und Gandhi wandte dieselben Methoden in mehreren seiner späteren Bewegungen an.

Der Steueraufstand von Kheda

Der Distrikt Kheda in Gujarat, Indien, wurde 1918 von einer Hungersnot und von Überschwemmungen heimgesucht. Dies führte zu einer Reihe von Problemen, u. a. dazu, dass die Ernteerträge weniger als ein Viertel dessen betrugen, was angepflanzt worden war. Da der Distrikt unter all diesen Naturkatastrophen litt, baten die Bewohner die britische

Regierung um eine Erleichterung der ohnehin schon überhöhten und harten Steuern. Die britische Regierung lehnte ihre Bitten ab.

Mahatma Gandhi erfuhr von dieser Ungerechtigkeit und reiste in den Bezirk, um Hilfe zu leisten. Er beriet sich mit Vallabhbhai Patel, dem späteren Innenminister Indiens. Gemeinsam initiierten sie eine Kampagne, und Gandhi führte einen gewaltfreien Protest an. Die Bewohner schlossen sich seiner Kampagne an und verpflichteten sich, die Steuern nicht zu zahlen.

Die britische Regierung erhielt bald die Nachricht von diesem Protest und reagierte sofort. Sie warnte, dass das Land der Bauern beschlagnahmt und das beschlagnahmte Eigentum nicht zurückgegeben würde, wenn die Bauern und Bewohner sich weigerten, die Steuern zu zahlen. Trotz dieser Drohung und der Beschlagnahmung ihres Eigentums stellten sich die Bauern hinter Mahatma Gandhi und Vallabhbhai Patel. Der gewaltlose Steuerstreik ging weiter.

Im Mai 1918, nach nur fünf Monaten, war der gewaltfreie Protest erfolgreich. Die Regierung stimmte zu, die Steuer nicht nur für dieses Jahr, sondern auch für das nächste Jahr auszusetzen. Alle während des Aufstands beschlagnahmten Güter wurden rasch an die Eigentümer zurückgegeben, und der erhöhte Steuersatz wurde wieder gesenkt.

Der Salzmarsch

Mahatma Gandhi führte den Salzmarsch nach Dandi an, eine seiner berühmtesten Bewegungen. Das britische Salzgesetz von 1882 verbot den Indern, Salz zu verkaufen oder zu sammeln, und erhob eine hohe Salzsteuer. Im Jahr 1930 beschloss Gandhi, dieser Ungerechtigkeit ein Ende zu setzen.

24 Tage lang, vom 12. März bis zum 6. April, marschierte Mahatma Gandhi von Ahmedabad nach Dandi im Bundesstaat Gujarat, was einer Entfernung von 388 km entsprach. In Dandi angekommen, plante Gandhi, Salz aus Meerwasser zu gewinnen, was vor der Einführung des britischen Salzgesetzes eine gängige Praxis der örtlichen Bevölkerung war. Dieses Unterfangen wurde als „Salzmarsch" oder „Dandi-Marsch" bekannt.

Tausende von Indern schlossen sich Gandhis Marsch an, und er löste einen großen Akt zivilen Ungehorsams gegen die britischen Salzgesetze aus. Der Marsch führte schließlich zur Inhaftierung von 80.000 indischen Bürgern.

Dies war eine der berühmtesten Bewegungen Gandhis, auch wenn sie nie zu Zugeständnissen führte. Das britische Salzgesetz blieb bestehen, und es war den Indern weiterhin verboten, Salz zu verkaufen oder zu sammeln. Trotzdem berichteten die Medien ausführlich über den Vorfall und trugen dazu bei, dass die Legitimität des indischen Unabhängigkeitsanspruchs in der Welt anerkannt wurde.

Der Salzmarsch beeinflusste später mehrere Aktivisten in ihren eigenen Bewegungen, darunter Martin Luther King Jr.

Das indische Ambulanzkorps

Als er noch in Südafrika lebte, beteiligte sich Gandhi am zweiten Burenkrieg auf gewaltfreie Weise, indem er Verletzten half. Mahatma Gandhi gründete das „Natal Indian Ambulance Corps", dessen Mitglieder von den Briten während des Krieges als Bahren träger eingesetzt wurden. Gandhi und sein Korps dienten in der Schlacht von Spion Kop.

Als die Buren 1899 Natal angriffen, was zur Belagerung von Ladysmith führte, mussten die britischen Behörden das Natal Volunteer Ambulance Corps rekrutieren. Es bestand aus etwa 1.100 einheimischen Weißen, aber gleichzeitig drängte Gandhi darauf, dass auch seine indischen Bahren träger zum Dienst zugelassen wurden. Mit Gandhis Beteiligung bestand das indische Korps aus 300 freien Indern und 800 Zwangsarbeitern.

Während der Schlacht von Colenso half das Natal Volunteer Ambulance Corps beim Abtransport der verletzten Soldaten von der Front. Die Inder transportierten die Verletzten dann zur medizinischen Versorgung zum Eisenbahnknotenpunkt. Später, in der Schlacht von Spion Kop, wurden die Indianer an die Frontlinie verlegt, um beim Abtransport der Verletzten vom Schlachtfeld besser helfen zu können.

Am Ende der Schlacht, nach der Befreiung von Ladysmith, verlagerte sich der Krieg von Natal weg. Das Korps wurde aufgelöst, und 34 der indischen Führer, darunter Gandhi, wurden mit der Queens South Africa Medal ausgezeichnet. Gandhi erhielt neben anderen Auszeichnungen auch den „Kaisar-i-Hind".

Was Führungskräfte von seiner Führung lernen können

Durch seine Errungenschaften und seine brillante Führung hat Mahatma Gandhi nicht nur ein wirklich erstaunliches Vermächtnis hinterlassen, sondern auch viele Lektionen für andere, die wie er ihre eigenen Führungsqualitäten ausbauen wollen.

Beharrlichkeit

Wenn es etwas gab, das zu Mahatma Gandhis Erfolg als Führer führte, dann war es seine Beharrlichkeit. Ein entscheidender Teil seiner Bewegungen bestand darin, dass er stets entschlossen war, sein Ziel bis zum Ende zu verfolgen. Nichts konnte ihn aufhalten oder davon abhalten, seinen Weg zu Ende zu gehen, selbst wenn er dabei sein eigenes Wohlergehen aufs Spiel setzte. Er ist dafür bekannt, dass er einen Protest auch dann durchhielt, wenn sich viele gegen ihn stellten, dass er zu seinen Überzeugungen stand, auch wenn er inhaftiert wurde, und dass er einen Streik oder ein Fasten fortsetzte, auch wenn er dadurch seine eigene Gesundheit gefährdete.

Eine Lektion, die große Führungskräfte beherzigen sollten, ist, dass Beharrlichkeit der Schlüssel zu jedem Ziel ist, das man sich selbst und anderen setzt.

Innere Stärke versus äußere Stärke

Einer der vielen Punkte, die Gandhi in seinem Leben und seiner Führungsrolle bewiesen hat, war, dass die Stärke des Geistes immer die physische Stärke übertreffen würde. Er bewies immer wieder, dass Gewalt wenig Erfolg bringt, aber Symbole und Ideen stets die von ihm gewünschten Ergebnisse erzielen.

Er zog es vor, seine Gedanken und seinen Einfluss durch gewaltfreie Proteste, zivilen Ungehorsam und Verweigerung der Kooperation zu nutzen, anstatt physische Kraft einzusetzen. Er erzielte oft die gewünschten Ergebnisse, ohne auf Gewalt zurückgreifen zu müssen. Dies beweist, dass große Führer mit dem Geist mehr erreichen können als mit dem Körper.

Vernunft

Gandhi hat nicht immer seinen Willen durchgesetzt. Er war ein Mann, der an seinen Überzeugungen und Zielen festhielt, aber er war auch ein Mann, mit dem man vernünftig reden konnte. Er erklärte, dass er nicht zulassen würde, dass Indien geteilt wird, dass dies nur über seine Leiche geschehen würde. Dennoch war er in der Lage, zu erkennen, dass eine Trennung zwischen Hindus und Muslimen unvermeidlich war, wenn Indien auf lange Sicht unabhängig werden sollte.

An seinen Zielen festzuhalten und zu seinen Überzeugungen zu stehen, egal was passiert, ist eine gute Eigenschaft einer Führungspersönlichkeit, aber um eine große Führungspersönlichkeit zu sein, muss man vernünftig sein und Kompromisse eingehen.

Disziplin

Neben seinen vielen anderen Qualitäten zeigte Gandhi ständig, dass er diszipliniert war. Er glaubte an Selbstdisziplin, um sich selbst zu stärken und zu verbessern. Er glaubte, dass ihm dies auch dabei half, seine Ziele zu erreichen. Disziplin kann Sie zu einer starken Führungspersönlichkeit machen. Sie kann Ihnen helfen, sich auf das zu konzentrieren, was Sie wirklich wollen, und Ihnen helfen, sich rundum für das Erreichen jedes Ziels einzusetzen, das Sie im Blick haben.

Selbstdarstellung

Gandhi war nicht nur ein großer Anführer, sondern auch ein großer Showman. Die meisten Dinge, die Gandhi getan hat, hätten nicht annähernd so große Auswirkungen gehabt, wenn Gandhis geschickte Zurschaustellung nicht gewesen wäre.

Der Salzmarsch ist seine berühmteste Bewegung gegen die harte britische Herrschaft. Der Grund, warum er so berühmt wurde, ist jedoch, dass Gandhi daraus mehr als nur eine Bewegung machte. Er hätte diese Reise im Stillen vollenden können. Niemand musste davon wissen, damit er den Marsch antreten konnte. Aber wenn niemand davon gewusst hätte und die Medien nicht darüber berichtet hätten, wäre die Wirkung nicht so groß gewesen, wie sie es war.

Eine Führungspersönlichkeit zu sein bedeutet auch, zu wissen, wie man die Aufmerksamkeit eines Publikums auf sich zieht. Sobald Sie ein Publikum haben, haben Sie Menschen, die Ihren Ideen zuhören. Und wenn Sie Menschen haben, die Ihren Ideen zuhören, haben Sie Anhänger. Eine große Führungspersönlichkeit kann ohne Gefolgschaft nicht führen.

KAPITEL 4:
NELSON MANDELA – EIN MANN AUF DER SUCHE NACH FREIHEIT

„Echte Führer müssen bereit sein, alles für die Freiheit ihres Volkes zu opfern".
– Nelson Mandela

Nelson Mandela ist auf der ganzen Welt bekannt und beliebt für sein Engagement für den Frieden, sein großes Verhandlungsgeschick und seine Versöhnungsmethoden. Er war der erste schwarze und der erste demokratisch gewählte Präsident Südafrikas.

Mandelas Leistungen waren groß und umfangreich und erstreckten sich über die Jahre seiner Amtszeit als Präsident und weit über das Ende seiner Präsidentschaft hinaus. Nelson Mandela hat die Zukunft Südafrikas geprägt und beeinflusst noch heute den Weg, den das Land geht.

Das Ende einer Ära

„Bildung ist die mächtigste Waffe, die man einsetzen kann, um die Welt zu verändern.“ – Nelson Mandela

Nelson Mandela, geboren als Rolihlahla Mandela, war ein sehr gebildeter Mann. Er besuchte mehrere Universitäten, darunter die University of South Africa, die University of London und die University of Witwatersrand. Doch trotz seiner hohen Bildung lebte Mandela in einer Zeit der Apartheid, und die Apartheidsgesetze bedeuteten für ihn eine große Diskriminierung. Nelson Mandela beschloss schon früh, dass er sich für die Abschaffung der Apartheidsgesetze einsetzen würde. Er begann seine Reise, indem er sich vielen Gruppen anschloss, die sich für die Rechte der Schwarzen einsetzten, um auf das Ende der Apartheid hinzuarbeiten.

Nelson Mandelas größte Errungenschaft war die Beendigung der Apartheid, aber auf dem Weg dorthin machte er viele große Schritte. Einer seiner wichtigsten Schritte in diese Richtung war der afrikanische Nationalkongress, auch bekannt als ANC (Abkürzung für engl. „African National Congress"). Der ANC war eine Gruppe von Afrikanern, die sich einig waren, dass sie von den damaligen Machthabern in Südafrika ungerecht behandelt wurden.

Nelson Mandela wurde Präsident des ANC. Zusammen mit anderen Führern kämpfte er gegen ungerechte Rassengesetze. Die Methoden des ANC reichten von gewaltlosen Protesten hin zu gewaltsamen Taktiken und Angriffen. Diese Proteste, sowohl die gewalttätigen als auch die gewaltfreien, kamen bei der Regierung nicht gut an. Die Proteste lösten einen Aufstand in der Bevölkerung aus, und die Regierung begann zu fürchten, was daraus entstehen könnte.

1962 ging die Regierung gegen die Proteste der ANC-Bewegungen vor, indem sie 165 Führer, darunter Nelson Mandela, inhaftierte. Die Anklage lautete auf Verschwörung zum Umsturz der Regierung. Nelson Mandela wurde 1963 wegen seiner politischen Vergehen zu lebenslanger Haft verurteilt.

Die Regierung hoffte, dass Nelson Mandela im Gefängnis daran gehindert werden würde, seinen Einfluss und seine Führungsqualitäten an andere weiterzugeben. Stattdessen beschloss Mandela, zu schreiben, da er keine Stimme hatte, mit der er sprechen konnte. Er schrieb über seine Gedanken und Gefühle, da er niemanden hatte, der ihm zuhörte.

Während seiner Jahre im Gefängnis musste Mandela grausame und harte Strafen erdulden und erkrankte sogar an Tuberkulose. Mandela wurde auch angeboten, seinen bewaffneten Kampf aufzugeben, um vorzeitig freigelassen zu werden, aber er lehnte dieses Angebot ab.

Seine jahrelange Haft tat seinem Einfluss auf die Bevölkerung keinen Abbruch. Die Proteste gegen die ungerechte Herrschaft der Weißen gingen weiter. Nach 27 langen Jahren bekam Mandela die Chance, mit Präsident F. W. de Klerk zu sprechen. Es gelang Mandela, den Präsidenten von seinem Anliegen zu überzeugen. Mandela wurde 1990 aus dem Gefängnis entlassen, und das Verbot des ANC wurde aufgehoben.

Neben seiner Entlassung aus dem Gefängnis im Alter von 72 Jahren und der Aufhebung des ANC-Verbots vermittelte Mandela auch eine Einigung mit Präsident Frederik Willem de Klerk zur Beendigung der Apartheid.

Nelson Mandelas Inhaftierung sollte als Warnung für andere dienen, die die Regierung bedrohten, aber stattdessen diente sie als Symbol für den Widerstand gegen die Apartheidsgesetze, das noch mehr Proteste auslöste und andere ermutigte, sich ebenfalls gegen die Gesetze zu stellen.

Nur ein Jahr nach Nelson Mandelas Entlassung aus dem Gefängnis fanden in Südafrika die ersten offenen Wahlen statt. Nach der Einführung des Wahlrechts für Schwarze gewann Nelson Mandela diese ersten offenen Wahlen und wurde der erste schwarze Präsident in der Geschichte Südafrikas.

Nach seinem Wahlsieg wandte sich Nelson Mandela sofort der Apartheid zu. Er bezeichnete sie als „menschliche Katastrophe" und sprach davon, dass sie das Land zerrissen und schreckliche Konflikte verursacht habe. Er sagte, dass die Zeit der Heilung gekommen sei, und versprach der Nation, dass sie nie wieder eine solche Unterdrückung erleben würde. Es heißt, dass 100.000 südafrikanische Männer, Frauen und Kinder vor Freude tanzten, als sie sahen, dass Nelson Mandela die Wahl gewann.

Als Präsident Südafrikas gelang es Mandela, das Land in eine neue Ära ohne Rassentrennung und Rassendiskriminierung und mit Fairness und Gleichheit zwischen den Menschen unterschiedlicher Hautfarbe zu führen. Unter all seinen erstaunlichen Errungenschaften war Mandelas größter Erfolg der Sieg über eine ungerechte und unfaire Regierung.

Ein langer Weg zur Freiheit

„Verbitterung ist wie Gift trinken und erwarten, dass dein Feind davon stirbt." –
Nelson Mandela

Die größten Errungenschaften, für die er bekannt ist, machen Nelson Mandela zu einer großen Führungspersönlichkeit und einem großen Mann, aber das sind nicht die einzigen Geschichten, die er zu erzählen hat. Sein Leben war voll von Inspiration. Er definierte, was es bedeutet, einen Traum zu haben und ihn zu verwirklichen. Seine Geschichten erzählen uns, wer er als Mensch war, und helfen uns, ihn als Führungspersönlichkeit zu verstehen.

Der Weg der Gerechtigkeit

Nelson Mandela, der Mann, der die ganze Welt veränderte, stammte aus dem kleinen Dorf Mvezo und gehörte zum Madiba-Clan. Als er aufwuchs, hörte er die Ältesten seines Dorfes von den Geschichten ihrer Vorfahren erzählen und davon, wie sie im Widerstandskrieg tapfer gekämpft hatten. Er nahm sich diese Geschichten zu Herzen und träumte davon, seinen eigenen Beitrag zum Kampf für die Freiheit zu leisten.

Mandela hatte als Kind selbst schwer zu kämpfen. Der Verlust seines Vaters im Alter von neun Jahren war einer der schwersten, aber er ließ sich davon nicht aufhalten. Er wusste, dass er eine Ausbildung benötigte, um sein Ziel, etwas zu verändern, zu erreichen. Er war das erste Mitglied seiner Familie, das überhaupt eine Schule besuchte.

1952 nutzten Nelson Mandela und sein Freund aus Kindertagen, Oliver Tambo, ihre Ausbildung, um die erste von Schwarzen geführte Anwaltskanzlei in Südafrika zu gründen. Ihr Ziel war es, allen Afrikanern in Südafrika, die gegen die Gesetze der Apartheid verstoßen hatten, Rechtsbeistand zu leisten. Mandela erwähnte in seiner Autobiografie, dass seine Anwaltskanzlei von den Menschen als ein Ort angesehen wurde, an dem sie nicht abgewiesen oder betrogen wurden und an dem sie stolz darauf waren, von Männern mit der gleichen Hautfarbe vertreten zu werden.

Dies war der erste Schritt auf seinem Weg, seinem eigenen Volk zur Freiheit zu verhelfen.

Die Kunst des Krieges

Mandela hat sich anfangs nicht für Gewalt entschieden. Zu Beginn war er ein Pazifist, der es vorzog, seinen Verstand und seine Vernunft einzusetzen, um eine Schlacht zu gewinnen. Doch als es darauf ankam, wusste er, dass er zu den Waffen greifen musste, wie andere vor ihm. Anfang der 1960er-Jahre fasste er diesen Entschluss, indem er sich für eine Sabotagekampagne einsetzte. Er gründete 1961 die Gruppe „Spear of the Nation". Sie war der militante Flügel des African National Congress'.

Nachdem Nelson Mandela sich entschlossen hatte, zu den Waffen zu greifen und an der Seite seines Volkes zu kämpfen, wurde er schnell zu einem Meister in der Kunst der Verkleidung und der Flucht. Mandela erhielt den Spitznamen „Black Pimpernel" für seine Fähigkeit, Gefangennahmen und Verhaftungen zu entgehen. Seine Fähigkeiten wurden bald legendär.

Mandela verkleidete sich häufig, um nicht aufzufallen oder unbemerkt an anderen vorbeizukommen. Seine beliebtesten Verkleidungen waren die eines Kochs, eines Feldarbeiters und eines Chauffeurs. Eine wenig bekannte Tatsache ist, dass Mandela als Chauffeur verkleidet war, als er schließlich gefangen genommen wurde. Im Jahr 1962 war Mandela mit Cecil Williams, einem anderen Aktivisten, unterwegs, als er festgenommen wurde. Er trug zu diesem Zeitpunkt seine Chauffeurverkleidung, aber er erwähnte, dass er in dem Moment, als er einen Ford V-8 voller weißer Männer an ihnen vorbeischießen sah, wusste, dass sein Leben als Mann auf der Flucht vorbei war.

Ein Leben im Gefängnis

Nach seiner Verhaftung blieb Nelson Mandela stark und entschlossen. Er trat vor das Gericht und verkündete seine Liebe für seine Sache. Er erklärte offen, dass er keine Angst hatte, für das zu sterben, woran er glaubte. Es war seine Bereitschaft, für seine Sache zu sterben, die ihm das Leben rettete. Anstatt zum Tode verurteilt zu werden, erhielt er lebenslänglich.

Während seiner Zeit im Gefängnis entdeckte Mandela sein Talent, geheime Notizen weiterzugeben. Er war auf der berüchtigten Robben Island inhaftiert, und dort benutzten er und die anderen Gefangenen versteckte und geheime Notizen, um zu kommunizieren. Sie hinterließen die Zettel in Streichholzschachteln, klebten sie in Toilettenbecken und versteckten sie unter Geschirrstapeln.

Diese Botschaften waren nicht nur eine Möglichkeit, während der Haft miteinander zu kommunizieren. Mandela nutzte sie, um seinen Kampf fortzusetzen. Mithilfe der Notizen gelang es ihm, einen Hungerstreik mit den anderen Gefangenen zu organisieren, um ihre Lebensbedingungen zu verbessern. Robben Island ist für seine grausamen Bedingungen und die raue Umgebung bekannt. Selbst während seiner Haft weigerte sich Nelson Mandela, untätig zuzusehen, wie sein Volk litt. Der Hungerstreik war erfolgreich, und die Gefangenen erkämpften sich bessere Lebensbedingungen.

Der bewaffnete Kampf ging auch außerhalb des Gefängnisses weiter. Nelson Mandela konnte sich dem Kampf seines Volkes nicht anschließen, aber es wollte nicht ruhen, nur weil er inhaftiert war. Daher wurde ihm ein Deal angeboten.

1985 bot der damalige südafrikanische Präsident P. W. Botha Nelson Mandela seine Freiheit an, wenn er sich bereit erklärte, auf den bewaffneten Kampf zu verzichten. Mandela ging auf dieses Angebot nicht ein, da er wusste, dass die ihm angebotene Freiheit gar keine Freiheit war. In seiner Antwort erklärte er: „Nur freie Menschen können verhandeln. Ein Gefangener kann keine Verträge abschließen."

Er blieb bis zur Beendigung seiner Haftstrafe, insgesamt 27 Jahre, im Gefängnis.

Ein Mann des Friedens

Nelson Mandela war bereit für einen Krieg gegen die Unterdrücker, aber er kämpfte ebenso hart für den Frieden wie für die Freiheit. Bevor der ANC schließlich triumphierte, befürchteten die Menschen in Südafrika, dass das Land in einen Bürgerkrieg verfallen würde. Dieser schien aufgrund des ständigen Kampfes zwischen den verschiedenen Mächten des Landes unvermeidlich.

Anstelle der massenhaften Vergeltungsmaßnahmen, die jeder nach dem Erfolg von Nelson Mandela und seiner Partei erwartet hatte, setzte Mandela stattdessen die Wahrheits- und Versöhnungskommission ein. Diese sollte auf friedliche Weise alle Menschenrechtsverletzungen untersuchen, die unter dem Apartheidgesetz begangen worden waren, und sie entsprechend bestrafen. Auf diese Weise gelang es, der Gerechtigkeit Genüge zu tun und das Volk zufriedenzustellen, ohne dass es zu einem Blutvergießen kam.

Nachdem er seinen Kampf gewonnen hatte, setzte er sich auch für die Verbesserung des Lebens seines Volkes ein. Seiner Biografie zufolge hat Mandela am Ende seiner Amtszeit drei Millionen Menschen an sauberes Trinkwasser angeschlossen, 1,5 Millionen Kindern eine Schulbildung ermöglicht, 500 Kliniken modernisiert oder neu gebaut, zwei Millionen Menschen an das Stromnetz angeschlossen und 750.000 Häuser gebaut, die rund drei Millionen Menschen eine Unterkunft boten.

Nelson Mandela setzte sich für sein Volk ein, und sein Kampf endete nie. Auch nach der Beendigung der Apartheid und der Erlangung der Freiheit seines Volkes kämpfte er weiter dafür, das Leben der Schwarzen zu verbessern und seinem Land zu helfen, sich von der Spaltung zu erholen, die es zerrissen hatte.

Lektionen von einem Mann der Weisheit und des Friedens

„Es scheint immer unmöglich, bis es getan ist." – Nelson Mandela

Mandela ist ein Mann, der sein Leben lang für die Freiheit seines Volkes gekämpft hat, 27 Jahre lang im Gefängnis saß und schließlich durch seinen Kampf ein ganzes Volk befreite. Er ist ein Mann des Friedens und ein Mann der Weisheit. Er hat der Welt so viel beigebracht, und es gibt noch mehr, was Führungspersönlichkeiten auf ihrem Weg zur Größe von ihm lernen können.

Leidenschaft ist Beharrlichkeit

Für Nelson Mandela gab es eine Sache, von der er wusste, dass sie es wert war, dafür zu kämpfen. Er hatte eine Leidenschaft dafür, und diese Leidenschaft trieb ihn an. Sie beflügelte seine Beharrlichkeit. Er lehnte sich gegen die Regierung seines Landes auf, und seine Leidenschaft führte ihn auf seinem Weg.

Wenn er nicht die nötige Leidenschaft gehabt hätte, hätte er seinen Kampf aufgegeben. Er hätte nicht so hart gekämpft, wie er es tat. Er hätte den Deal angenommen, um aus dem Gefängnis entlassen zu werden. Er hätte sich einfach vom Leid seines Volkes abgewandt und sein eigenes Leben so gut es ging weitergeführt.

Leidenschaft ist Beharrlichkeit, und ohne sie kann nichts getan werden, was getan werden muss. Alle großen Führungspersönlichkeiten benötigen eine Leidenschaft für ihre Sache. Sie müssen ihren Traum verwirklicht sehen wollen, egal was passiert. Sie benötigen diese Leidenschaft, damit sie den Kampf überstehen.

Leidenschaft ist auch ansteckend, wie Nelson Mandela durch seinen Kampf gezeigt hat. Seine Anhänger sahen seine Leidenschaft und wussten, dass er kämpfen würde, egal was passiert. Das inspirierte sie, ihm zu folgen und die gleiche Leidenschaft für die Sache zu zeigen.

Eine große Führungspersönlichkeit muss eine brennende Leidenschaft für die Verwirklichung ihrer Vision haben und ihre Anhänger auf dem Weg zu dieser Vision mitnehmen. Keine Herausforderung ist zu viel und kein Kampf ist zu hart, wenn man die Ausdauer hat, die aus der reinen Leidenschaft für das, woran man glaubt, entsteht.

Vergebung

Nelson Mandela kämpfte fast sein ganzes Leben lang für die Freiheit seines Volkes von der unterdrückerischen Regierung Südafrikas. Sie raubte ihm 27 Jahre, indem sie ihn zur Strafe dafür, dass er nichts anderes wollte als die Rechte und die Freiheit seines Volkes, in ein grausames und hartes Gefängnis steckte. Er hatte jedes Recht, Hass und Wut auf die Menschen zu empfinden, die ihm sein Leben geraubt hatten. Jeder andere Mann hätte in dem Moment, in dem er seinen Sieg erlangt hätte, Rache geübt, aber nicht ein großer Mann.

Bill Clinton, der zum Zeitpunkt der Entlassung Nelson Mandelas aus dem Gefängnis amerikanischer Präsident war, hatte einmal ein Treffen mit ihm. Er erklärte, dass er am Tag von Mandelas Entlassung aus dem Gefängnis die Nachrichten verfolgte und Hass und Wut in Mandelas Gesicht sah. In dem Moment, in dem er aus dem Gefängnis herauskam und die Kameras auf ihn zoomten, sah Clinton seinen Hass auf die Menschen, die ihm seine Jahre gestohlen hatten, aber nach einem Augenblick war dieser Hass verschwunden.

Nelson Mandelas Gefühle tendierten natürlich zu Groll, Hass und Wut auf die Menschen, die ihm diese 27 Jahre genommen hatten, aber er entschied sich für einen anderen Weg. Er verstand, dass Schmerz und Leid unvermeidlich waren. Dinge passieren. Die Führung wechselt, Tsunamis zerstören ganze Städte, Freunde werden krank, Mitarbeiter versagen, Menschen sterben. Es gibt keine Möglichkeit, Kämpfe im Leben zu vermeiden.

Vergebung ist das Einzige, wodurch Sie diese Schwierigkeiten überwinden können. Sie können nicht alles kontrollieren, aber Sie können sich entscheiden, Ihre Gefühle zu kontrollieren. Vergeben Sie denen, die Sie enttäuscht oder verraten haben. Vergeben Sie der Welt, denn sie ist nicht perfekt. Verstehen Sie, dass nach der Vergebung die Veränderung kommt, und Veränderung ist etwas, das Sie kontrollieren können.

Veränderung ist chaotisch

Der Wandel ist die treibende Kraft in dieser Welt. Alles verändert sich stetig. Manches verändert sich zum Besseren, manches zum Schlechteren, und manchmal kann man den Wandel, den man in der Welt sieht, kontrollieren. Das Wichtigste ist, sich daran zu erinnern, dass Veränderungen chaotisch sein können.

Veränderungen sind oft schwierig und mit Unglück, Opfern und Schmerzen verbunden. Der Wandel kann nicht immer leicht fallen. Es wird Menschen geben, die gegen den Wandel kämpfen. Es wird Dinge geben, die sich dem Wandel in den Weg stellen. Manchmal können sich die Dinge, die man ändern möchte, nie ändern, während sich die Dinge, die man beibehalten möchte, ständig verändern.

Nelson Mandela wusste, dass er die Welt verändern konnte, wenn er hart genug dafür kämpfte, aber er wusste auch, dass die von ihm angestrebte Veränderung nicht einfach sein würde. Er erwartete eher, dass es schwer sein würde. Er wusste, dass es schmerzhaft sein würde. Er bereitete sich und andere darauf vor.

Wenn Sie einen Wandel herbeiführen wollen, müssen Sie auf das Chaos, das dieser Wandel mit sich bringt, vorbereitet sein. Der Wandel ist nicht unmöglich, aber er ist nicht einfach.

Zusammenarbeit

Nelson Mandela wusste vorwiegend, dass er den Wandel nicht allein herbeiführen konnte. Er konnte seinen Feind nicht in die Niederlage zwingen, und er konnte nicht hoffen, seinen Sieg allein zu erringen. Die unterdrückerische Regierung, die sein Volk leiden ließ und ihn 27 Jahre lang in ein Gefängnis sperrte, war nicht nur sein Feind, sondern auch ein Mittel zum Zweck.

Mandela konzentrierte sich darauf, dass ihm Recht widerfahren würde und nicht darauf, recht zu haben. recht haben, hat mit dem Ego und dem Stolz eines Mannes zu tun. Recht zu haben bedeutet, den Gegner zu demütigen und sich auf die Vergangenheit zu konzentrieren. Beim „Recht widerfahren lassen" hingegen geht es um die Zukunft und darum, was man mit seinem Kampf erreichen will. Recht zu haben, ist nichts im Vergleich dazu, dass einem Recht widerfährt.

Nelson Mandela glaubte daran, stark zu sein und hart zu kämpfen, aber er glaubte auch daran, freundlich und bescheiden zu sein. Er sagte einmal: „Niemand ist gefährlicher als jemand, der gedemütigt wird". Dadurch verstand er, dass er keinen Frieden mit seinen Feinden schließen konnte, wenn er nicht bereit war, mit ihnen zusammenzuarbeiten.

Egal, ob Sie es mit einem Partner, einem Kunden oder einem Mitarbeiter zu tun haben, Sie müssen wissen, was Ihre Absicht ist. Ist Ihre

Absicht, ihm näherzukommen, um eine Einigung zu erzielen? Sollen beide Seiten gestärkt aus dem Gespräch hervorgehen, indem Sie die Ziele des jeweils anderen verstehen? Oder geht es Ihnen nur darum, sich durchzusetzen?

Kompromissfähigkeit ist der Unterschied zwischen einer schlechten und einer großen Führungskraft.

Selbsterkenntnis

Nelson Mandela erwähnte, dass seine 27 Jahre im Gefängnis mehr waren als nur ein Kampf für die Freiheit und eine Strafe für selbigen. Er fand einen Lichtblick in all diesen vergeudeten Jahren. Sie gaben ihm die Zeit, die er benötigte, um in sich zu gehen und in sich das zu schaffen, was er in der Welt sehen wollte. Er wollte ein Südafrika aufbauen, das von Gleichheit, Frieden, Freiheit, Versöhnung und Harmonie geprägt war. Er wusste, dass er diese Qualitäten in der Welt, die er aufbauen wollte, nicht erwarten konnte, wenn er sie nicht auch in sich selbst schuf.

Wie konnte er ein Mann sein, der für den Frieden kämpft, wenn es keinen Frieden in ihm gab? Wie konnte er nach Harmonie und Freiheit streben, wenn er von seinem inneren Aufruhr gefangen gehalten wurde? Nelson Mandela nutzte die 27 Jahre seiner Gefangenschaft, um sich selbst im Spiegel zu betrachten und diese Eigenschaften an sich zu ändern. Veränderung beginnt von innen heraus.

Selbsterkenntnis ist ein Zeichen für jede große Führungspersönlichkeit. Wenn Sie Ihre Gefolgschaft zu Veränderungen führen wollen, müssen Sie selbst die Veränderung sein, die Sie sich wünschen. Sie können nicht von Ihren Anhängern etwas erwarten, wenn Sie nicht das Gleiche von sich selbst erwarten. Die Person, die Sie entscheiden, zu sein, und die Person, die Sie Ihren Anhängern zeigen, wird beeinflussen, wozu die Menschen werden wollen.

Große Führungsqualitäten werden von Generation zu Generation weitergegeben. Sie müssen sich selbst fragen: Was hinterlassen Sie? Welche Geschichten wird man über Sie erzählen? Wie wird man sich an Sie erinnern? Das Erbe, das Sie hinterlassen, wird Ihre Nachfolger beeinflussen. Die Person, die zu sein Sie sich entscheiden, wird den Wandel bestimmen, den Sie bewirken werden.

KAPITEL 5:
WINSTON CHURCHILL – DER MANN, DER DIE WELT IN IHRER SCHMERZLICHSTEN ZEIT FÜHRTE

„Erfolg ist nicht endgültig, Misserfolg ist nicht tödlich: Es ist der Mut, weiterzumachen, der zählt." – Winston Churchill

Winston Churchill ist ein Name in der Geschichte der Menschheit, an den man sich lange erinnern wird. Er war damit beauftragt, die alliierten Mächte und Großbritannien durch eine der größten und verheerendsten Kriege der Geschichte zu führen: den Zweiten Weltkrieg. Mit Klugheit und Beharrlichkeit führte er seine Männer vom Rande der Niederlage hin zum endgültigen Sieg. Der Zweite Weltkrieg war einer der brutalsten Kriege des 20. Jahrhunderts, und es war Winston Churchills großer Charakter, der die Welt durch diese traumatische Zeit führte.

Er war bei Weitem einer der größten Führer und größten Männer der Welt.

Der größte Krieg der Welt und der Mann, der uns zum Sieg führte

Winston Churchill hat in seinem Leben viel erreicht. Er war ein Schriftsteller, Staatsmann, Redner und Anführer. Er wurde 1874 in Oxfordshire als Sohn reicher, aristokratischer Eltern geboren. Churchill erhielt eine gute Ausbildung, obwohl er in der Schule nie gute Noten erreichte, aber er war schon früh vom Militär fasziniert, was dazu führte, dass er 1895 der Royal Cavalry beitrat.

Winston Churchill verbrachte seine Zeit als Soldat und als Teilzeitjournalist. Er reiste um die Welt. Seine Reisen führten ihn in die weltweit entlegensten Winkel, darunter Ägypten, Kuba, Südafrika und Afghanistan. Er wurde ein kultivierter Mann und einer, der den Kampf gewohnt war.

Vor dem Zweiten Weltkrieg, der 1939 begann, hatte Churchill vor Hitler und dem Aufstieg Nazideutschlands gewarnt. Er sah die Katastrophe vor vielen anderen kommen. Bevor der Krieg begann, wechselte er ständig ins Amt und wieder aus dem Amt. Im Jahr 1900 wurde er zum konservativen Abgeordneten für Oldham gewählt, wechselte aber 1904 zur liberalen Partei. Das nächste Jahrzehnt verbrachte er damit, sich in der liberalen Regierung hochzuarbeiten. Er erhielt den Titel des ersten Lords der Admiralität und diente als ziviles und politisches Oberhaupt der Royal Navy. Nach dem Desaster des von ihm inszenierten Gallipoli-Feldzugs trat er von diesem Posten zurück. Diese Operation war ein großer Misserfolg und kostete Millionen von Menschen das Leben. Da er für seinen Fehler enorm kritisiert wurde, entschied er sich für den Rücktritt und reiste an die Westfront, wo er das Osmanische Reich zurückschlug.

Churchill wechselte erneut von der liberalen Partei zur Konservativen Partei. In dieser Zeit traf er viele umstrittene Entscheidungen. Er sprach sich dafür aus, dass Großbritannien wieder dem Goldstandard beitritt, und er war entschieden gegen die Unabhängigkeit Indiens. Doch trotz dieser kontroversen Ideen hatte er mit seiner Warnung vor der Beschwichtigung Nazideutschlands recht, als 1939 schließlich der Zweite Weltkrieg ausbrach.

Im Jahr 1940 trat Neville Chamberlain von seinem Amt als Premierminister zurück, und Winston Churchill wurde zu seinem Nachfolger gewählt. Er war Premierminister einer Allparteien-Koalitionsregierung, als die gesamte Nation zusammenkam, um den Krieg zu führen.

Während seiner Zeit als Premierminister schuf Churchill auch das Amt des Verteidigungsministers und ernannte sich selbst zu diesem Posten. Er wurde sowohl in diplomatischen als auch in administrativen Funktionen tätig, während er die britischen Kriegsanstrengungen vorantrieb.

Churchill war hauptsächlich für seine Reden bekannt, mit denen er in den schwierigsten Zeiten des Krieges die Moral der Menschen aufbaute. Einige der denkwürdigsten Reden, die er je gehalten hat, wurden in dieser Zeit gehalten.

Wie wichtig Winston Churchills Führungsqualitäten für den Sieg im Krieg waren, wurde deutlich, als er die Parlamentswahlen 1945 verlor. Der Führer der Labour Party, Clement Attlee, gewann die Wahl, und Churchill wurde aus dem Amt gedrängt. Er hörte jedoch nicht auf, zu den Kriegsanstrengungen beizutragen. Stattdessen konzentrierte er sich auf öffentliche Reden, um die Moral zu heben. In dieser Zeit, 1946, hielt er seine berühmteste Rede aller Zeiten. Er erklärte, dass sich „ein Eiserner Vorhang über den Kontinent gesenkt hat". Mit dieser Rede wollte er die Menschen vor der Gefahr warnen, die von dem immer mächtiger werdenden Sowjetrussland ausging.

1951 wurde Winston Churchill durch die Neuwahlen wieder ins Amt gehoben. Er übernahm wieder das Amt des Premierministers, war aber nach den Worten von Roy Jenkins „glorreich untauglich für das Amt".

Winston Churchill war ein alternder Mann, und sein Gesundheitszustand verschlechterte sich zunehmend. Oft führte er seine Geschäfte vom Bett aus, weil er es wegen seines schlechten Gesundheitszustands nicht mehr verlassen konnte. Doch selbst in diesem Zustand setzte sich Churchill durch und führte das Land durch seine schwierigsten Zeiten. Das Land gewann den Krieg und drängte die Macht von Nazi-Deutschland zurück. Churchills starke Persönlichkeit, seine rednerischen Fähigkeiten und sein Wissen über den Krieg blieben trotz seines schlechten Gesundheitszustands erhalten.

Doch der Kalte Krieg sorgte dafür, dass er sich auch nach Ende des Zweiten Weltkrieges/nach dem Sieg über Nazi-Deutschland nicht ausruhen konnte. Leider war er in seinen Führungsqualitäten in dieser Zeit weit weniger entschlossen. In seiner zweiten Amtszeit akzeptierte die Conservative Party den von der Labour Party neu geschaffenen Wohlfahrtsstaat. Daher hatte Churchill nur begrenzten Einfluss auf die Innenpolitik.

Seine Versuche, die Entwicklung des Kalten Krieges durch seine persönliche Diplomatie zu stoppen, scheiterten, und sein schlechter Gesundheitszustand hielt ihn weiterhin davon ab. Dies bedeutete das Ende der Führungsrolle von Winston Churchill. Er trat 1955 zurück und machte den Weg frei für Anthony Eden, seinen Außenminister und stellvertretenden Premierminister, als seinen Nachfolger.

Winston Churchills schlechter Gesundheitszustand führte zu seinem Tod im Jahr 1965, und er wurde mit einem Staatsbegräbnis geehrt. Er war eine große Führungspersönlichkeit; selbst gegen Ende seines Lebens versuchte er sein Bestes, um seinem Land bei seinen Strapazen zu helfen.

Inspirierende Zeiten und Nöte

„Dies ist nicht das Ende. Es ist nicht einmal der Anfang des Endes. Aber es ist vielleicht das Ende des Anfangs. " – Winston Churchill

Ein einsames Kind wird zu einem großen Mann

Winston Churchill wurde in einer reichen Familie geboren. Seine Eltern waren Lord Randolph Churchill und Jennie Jerome. Seine Mutter war die Tochter eines amerikanischen Millionärs, Leonard Jerome. Als Kind hatte Winston Churchill Zugang zu allen materiellen Annehmlichkeiten, und er musste nie eine kalte Nacht oder einen leeren Magen erleben. Doch während seiner gesamten Kindheit fehlte ihm eines: die elterliche Zuneigung.

Da seine Eltern beide angesehene Mitglieder der Gesellschaft waren, wurden sie oft in weltliche Angelegenheiten hineingezogen. Sie hatten nie Zeit für ihren Sohn und waren daher während seiner Kindheit nur selten in seiner Nähe. Alles, was Churchill hatte, war sein Kindermädchen, Mrs. Elizabeth Ann Everest, die auch seine Vertraute und seine Spielkameradin war. Sie war mit der Beaufsichtigung von Winston Churchill als Kind betraut, aber sie wurde auch seine einzige Freundin.

Im Alter von sieben Jahren wurde Churchill auf ein Internat geschickt, was ihn in eine noch größere Einsamkeit stürzte. In seinen ersten Schuljahren war er nie besonders erfolgreich. Er erhielt schlechte Noten und fiel ständig durch. Er zog den Zorn seiner Lehrer und vor allem den seiner Eltern auf sich.

Sein Vater schimpfte wiederholt mit ihm und behauptete ständig, Churchill würde zu einem Versager heranwachsen, was seine Laune dämpfte und es ihm erschwerte, sich in der Schule zu verbessern.

Schon in jungen Jahren gewöhnte sich Churchill an die Tatsache, dass er nie ein freundschaftliches Verhältnis zu seinen Eltern haben würde. Er schickte seiner Mutter oft Briefe, in denen er sie bat, ihn in der Schule zu besuchen, aber sie tat es nie. Keiner seiner Eltern besuchte ihn jemals in der Schule. Er war ein einsames Kind, und er hatte sich schon früh an diese Tatsache gewöhnt.

Trotz seiner schlechten Noten und Schwierigkeiten in der Schule zeigte Churchill schon früh, dass er ein gutes Gedächtnis hatte. Dieses stellte er einmal unter Beweis, als er einen Preis für das Vortragen eines Gedichts mit einer Länge von 1.200 Zeilen gewann.

In seinen späteren Schuljahren konnte er glänzen und sich durchsetzen. Er begann, sich in seinen Arbeiten hervorzutun, steigerte sich stetig und erhielt bessere Noten. Er trat Sportmannschaften bei und wurde sogar Fechtmeister seiner Schule. In dieser Zeit begann er, Politik zu studieren. Zunächst untersuchte er sie von einem philosophischen Standpunkt aus, indem er versuchte, natürliche Gerechtigkeit und natürliche Rechte zu verstehen und zu definieren. Später untersuchte er die Politik von einem zeitgenössischen Standpunkt aus. Er untersuchte die politischen Verhältnisse in vielen Ländern der Welt und sah eine Chance für Veränderungen.

Als Kind wollte sein Vater, dass Churchill zur Infanterie geht, aber als er die Schule verließ, trat er stattdessen in die Kavallerie ein. Die Anforderungen für den Eintritt in die Kavallerie waren so niedrig, dass er trotz seiner schlechten schulischen Leistungen aufgenommen werden konnte, und er musste keine Mathematik lernen, ein Fach, das Churchill leidenschaftlich hasste. So ließ Churchill seine einsame Kindheit hinter sich und begann seinen Aufstieg zu einem der größten Männer der Geschichte.

Ein Erzähler von Geschichten

Winston Churchill war ein vielseitig begabter Mann. Er verfolgte eine Vielzahl von Interessen, und er war bestrebt, sich in allen Bereichen hervorzutun. Er war ein Maler, ein Schriftsteller, ein Dichter, ein Kriegsberichterstatter, ein Politiker und ein Kriegsführer.

Am bekanntesten ist er für seine Liebe zur Literatur, die seine Fähigkeit zu kraftvollen und inspirierenden Reden begründete. Zunächst ließ er sich als Kriegsberichterstatter anwerben. Er tat dies vor allem, um sich ein zusätzliches Einkommen zu dem geringen Sold zu verschaffen, den er als Soldat zu Beginn seiner Kriegskarriere bekam. Sein Name steht auf vielen verschiedenen Werken: *The River War*, *The Story of the Malakand Field Force*, sechs Bände über den Zweiten Weltkrieg und vier Bände mit Berichten über den Ersten Weltkrieg sind allesamt anerkannte Werke Churchills als Kriegsberichterstatter.

Er schrieb *Savrola*, sein einziges belletristisches Werk, ist aber vor allem für seine Kriegskorrespondenz und die Biografie seines Vaters, Lord Randolph Churchill, bekannt. Weitere bekannte Werke sind *The Unrelenting Struggle*, *A History of the English-Speaking Peoples*, *The Dawn of Liberation* und *Victory*. Im Jahr 1953 wurde er mit dem Nobelpreis für Literatur ausgezeichnet.

Neben seiner schriftstellerischen Begabung war er auch ein begeisterter Maler, der zu Lebzeiten über 500 Gemälde malte. Seine vielfältigen Talente und seine Genialität als Politiker machten ihn zu dem großen Führer, der er war. Er war leidenschaftlich in all seinen Interessen, und diese Leidenschaft machte ihn zu einer Person, der andere folgen wollten.

Lektionen über Leben und Größe von einem Kriegsführer

„Sie haben Feinde? Das ist gut. Das bedeutet, dass Sie sich für etwas eingesetzt haben, irgendwann in Ihrem Leben.“ – Winston Churchill

Im Laufe seines Lebens ist Winston Churchill vor keiner Herausforderung zurückgeschreckt, er hat sich von nichts und niemandem entmutigen lassen, und er war immer bereit, denen, die etwas lernen wollten, eine Lektion zu erteilen. Er war der Feldherr der Worte und das Genie des Krieges. Er besaß Weisheit, Wissen und einen starken Charakter. Die Lektionen, die er während seines Lebens lehrte, können auch heute noch von denen gelernt werden, die nach seiner Größe streben.

Worte haben Macht

Winston Churchill war nicht nur ein Künstler, der mit Farben und Visionen arbeitete, sondern er nutzte auch seine Worte. Er verstand die Macht der Worte, und er wusste, wie er diese Macht einsetzen konnte. Worte können, wenn sie richtig eingesetzt werden, eine emotionale Wirkung haben, die Handlungen niemals erreichen könnten. Angesichts dessen war die Wortwahl für Churchill von großer Bedeutung.

Einmal, während des Zweiten Weltkriegs, diskutierte er mit dem britischen General Harold Alexander über Strategie, wobei der General Deutschland als „Hitlers europäische Festung" bezeichnete. Als Churchill dies hörte, wurde er wütend auf den General und schrie: „Verwenden Sie diesen Begriff nie wieder. Verwenden Sie diesen Begriff nie wieder!"

Churchill wusste, wie mächtig Worte sein konnten, und er wusste, dass der Begriff „Hitlers europäische Festung", wenn er jemals von der Öffentlichkeit gehört würde, Angst in den Herzen der Menschen auslösen würde. Allein das Bild, das er in ihren Köpfen erzeugen würde, würde ihren Kampfeswillen bremsen. Ein solcher Begriff konnte nur zu Hitlers Vorteil sein.

Als Churchill 1940 befürchtete, dass die deutsche Armee versuchen würde, in England einzumarschieren, wollte das Informationsministerium eine Botschaft an die Bevölkerung senden, die einfach lautete:

„Bleibt an Ort und Stelle". Churchill war mit dieser Wortwahl unzufrieden und befahl ihm, stattdessen „Haltet stand" zu sagen. Eine einfache Änderung wie diese kann die Menschen ermutigen und ihnen ein Gefühl der Stärke vermitteln.

Churchill zog alte Worte den neuen vor, weil er glaubte, dass sie mehr Kraft hätten. Ein Beispiel dafür ist, dass er, wenn er auf Englisch von Deutschland als Feind sprach, nie das Wort „enemy" verwendete. Er benutzte immer nur das Wort „foe". Worte sind stark, und die Art und Weise, wie man sie benutzt, kann entweder Sieg oder Niederlage bedeuten.

Eine Führungskraft erschafft sich selbst

Eines der Dinge, die wir von Winston Churchill lernen können, ist, dass sich die größten Führungspersönlichkeiten oft selbst schaffen. Seine Führungsqualitäten wurden ihm nicht von jemand anderem mitgegeben. Sie waren nicht Teil der Weisheit, die ihm ein Lehrer vermittelte, der an ihn glaubte, oder ein Elternteil, das ihm zum Erfolg verhelfen wollte. Führung war etwas, das er sich selbst suchte und fand.

Man kann lernen, eine Führungspersönlichkeit zu sein, aber es braucht dazu jemanden, der wirklich lernen will. Wie der alte Spruch sagt: „Man kann ein Pferd zum Wasser führen, aber man kann es nicht zum Trinken zwingen." Churchill sah den Erfolg in sich selbst und arbeitete darauf hin. Er wusste nicht, was es zu tun galt; er wusste nur, was *er* tun musste, und er tat es. Ein wahrer Anführer zeichnet sich dadurch aus, dass er sieht, was getan werden muss, und nicht zögert, es zu tun.

Folgen Sie Ihrem moralischen Kompass

Winston Churchill hatte einen moralischen Kompass, der präziser war als jeder andere, und er folgte ihm in jeder Situation. Selbst als es in den Vereinigten Staaten zur Spaltung zwischen dem Norden und dem Süden kam, setzte er sich moralisch für die Verteidigung der westlichen Werte ein. Seine Handlungen und Gedanken waren oft Gegenstand von Kontroversen und Untersuchungen, aber das hielt ihn nicht davon ab, das zu tun und zu denken, was er für richtig hielt.

Seinem moralischen Kompass zu folgen, führte ihn auf viele Wege. Er wusste, dass die Alliierten den Krieg gewinnen würden, aber er dachte dennoch darüber nach, wie gefährlich die ganze Situation war. Er wusste, wie viel für seine Generation und alle künftigen Generationen auf dem Spiel stand, und doch sagte ihm sein moralischer Kompass, dass die Alliierten gewinnen würden.

Winston Churchill verstand die Bedeutung von Moral weit mehr als jeder andere. Er verstand, dass alle Menschen sich in einem moralischen Kampf befinden, der letztlich ihr Leben und ihre Persönlichkeit bestimmen wird. Er warnte insbesondere davor, den eigenen moralischen Kompass zu verleugnen.

Er sagte einmal: „Der einzige Wegweiser für einen Menschen ist sein Gewissen". Unser Gewissen sagt uns, was richtig und was falsch ist. Es leitet uns durch die schwierigen Prüfungen des Lebens und hilft uns auf unserem Weg. Folgen Sie Ihrem moralischen Kompass. Lassen Sie sich von ihm den Weg zeigen. Vielleicht liegen Sie öfter falsch als richtig, aber Sie werden sich immer sicher sein, wohin Sie gehen müssen.

Denken Sie selbst

Winston Churchill war immer ein unabhängiger Denker. Er verließ sich nicht darauf, dass andere ihm sagten, was er zu tun hatte. Er ergriff die Initiative und agierte schnell und entschlossen. Als er in den 1930er-Jahren nicht mehr an der Macht war, erkannte er zwar immer noch die Bedrohung, die Nazi-Deutschland für Großbritannien darstellte, konnte aber nichts dagegen unternehmen, da er nicht mehr in der Regierung war. Dennoch forderte er die britische Wiederbewaffnung, denn er wusste, dass jemand etwas sagen musste, wenn die Machthaber nichts tun wollten.

Der Grund für diese Denkweise war, dass der Erste Weltkrieg als „der Krieg, der alle Kriege beendete" galt, und viele dachten, dass Europa in eine lange Friedensperiode eingetreten war. Selbst als die Nazis in Deutschland an die Macht kamen, wollte die britische Regierung nicht glauben, dass ein weiterer Krieg bevorstand.

Winston Churchill folgte dieser Denkweise nicht und dachte stattdessen für sich selbst. Er beobachtete, wie Deutschland massiv in das Militär investierte, und forderte Großbritannien auf, das Gleiche zu tun.

Seine Lektion für andere Führungskräfte ist, selbst zu denken und nicht darauf zu warten, dass andere dies für einen erledigen. Folgen Sie nicht den Massen und dem, was andere denken. Mitläufer hören auf die Gedanken anderer, während Führungskräfte ihren eigenen Gedanken vertrauen und folgen.

KAPITEL 6:
ALBERT EINSTEIN – DER MANN, DER DIE NATURGESETZE NEU SCHRIEB

„Wenn du es einem Sechsjährigen nicht erklären kannst, verstehst du es selbst nicht." – Albert Einstein

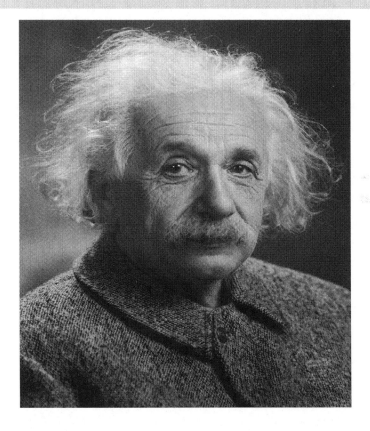

Albert Einstein ist einer der berühmtesten Wissenschaftler des 20. Jahrhunderts. Er hatte einen tiefgreifenden Einfluss darauf, wie wir das

Universum, das Licht, die Zeit und die Schwerkraft verstehen. Er hat den Lauf der Menschheitsgeschichte verändert und die Naturgesetze neu geschrieben. Bis heute weist seine Arbeit uns den Weg zu neuen Grenzen und hilft uns, unseren Platz und unsere Bedeutung im Universum zu verstehen.

Der Mann, der das Universum verstand

Albert Einstein ist bekannt als das Genie des 20. Jahrhunderts und als der Mann, der die Naturgesetze neu geschrieben hat. Er wird auch als Vater der Atombombe bezeichnet und für deren Entwicklung verantwortlich gemacht. Dies ist jedoch eine falsche Tatsache über das Genie, das unsere moderne Welt geprägt hat. Albert Einsteins einziger Beitrag zur Entwicklung der Atombombe war ein Brief, den er an Präsident Franklin D. Roosevelt schickte und in dem er die USA ermutigte, die Atombombe zu bauen, bevor dies den Deutschen gelingen würde. Später erklärte er, dass er dies nur tat, weil er glaubte, die Deutschen stünden kurz davor, eine solche Bombe zu bauen. Hätte er gewusst, dass die Deutschen nicht kurz vor dem Bau einer Atombombe standen, hätte er nichts davon gesagt.

Albert Einsteins bemerkenswerte Leistungen haben den Wissenschaftlern Informationen über unser Universum geliefert, die der Menschheit geholfen haben, ins Weltall vorzudringen. Dank ihm wissen wir heute mehr über die Sterne, die Millionen von Kilometern entfernt leuchten, sowie über unsere Sonne und die Erde.

Zu seinen größten Errungenschaften zählen seine Beiträge zu vier großen Wissenschaftsbereichen: Zeit, Licht, Energie und Schwerkraft. Im Jahr 1905 veröffentlichte er vier wissenschaftliche Arbeiten, eine in jedem dieser Wissenschaftsbereiche. Dies war das Jahr, das von den heutigen Wissenschaftlern als Einsteins Wunderjahr bezeichnet wird.

Diese vier großen Bereiche der Wissenschaft wurden durch die Veröffentlichung von Albert Einsteins Arbeiten erheblich weiterentwickelt. Die Fortschritte, die er machte, halfen Wissenschaftlern nach ihm, noch mehr Fortschritte zu machen und unser Universum besser zu verstehen.

Er erläuterte die Dynamik der einzelnen, sich bewegenden Körper. Er erklärte die Natur von Zeit und Raum. Er erklärte, dass die Lichtenergie in Quanten oder Brocken vorliegt, die heute als Photonen bezeichnet werden. Ohne diese Erklärung hätten die Forscher niemals so über die Natur des Lichts nachgedacht, wie sie es heute tun. Schließlich erläuterte er die brownsche Bewegung, die zum Nachweis der Existenz von Molekülen beitrug.

Zu seinen zahlreichen Errungenschaften gehört auch, dass er endlich erklärte, warum der Himmel blau ist. Im Jahr 1910 gelang es ihm schließlich, die Frage zu beantworten, die sich viele über den Himmel stellten, indem er das Phänomen der kritischen Opaleszenz und die Wirkung der Lichtstreuung an den Molekülen in der Atmosphäre erklärte.

1921 wurde der Nobelpreis für Physik an Albert Einstein „für seine Verdienste um die theoretische Physik und insbesondere für seine Entdeckung des Gesetzes des fotoelektrischen Effekts" verliehen. Die Royal Society verlieh ihm 1925 die Copley-Medaille, die älteste noch existierende wissenschaftliche Auszeichnung der Welt. Er erhielt zahlreiche weitere Auszeichnungen, darunter 1921 die Matteucci-Medaille, 1926 die Goldmedaille der Royal Astronomical Society, 1929 die Max-Planck-Medaille und 1935 die Benjamin-Franklin-Medaille.

Dies macht ihn zu einem der historisch am häufigsten ausgezeichneten Wissenschaftler. 1999 wurde er vom Time Magazine zur Person des Jahrhunderts ernannt.

Albert Einstein war ebenfalls sehr einflussreich bei der Förderung des israelischen Staates. Er warb offen für Freiheit und Gedankenfreiheit in einer Zeit, die von Hass und Rassismus geprägt war. Er wagte es, sich gegen die Gedanken und Ideale anderer zu stellen. Er hat die Form der Welt und unsere Sichtweise wirklich verändert.

Logik und Vorstellungskraft

„Mit Logik kommt man von A nach B, mit Fantasie kommt man überall hin. "
– Albert Einstein

Albert Einsteins Kindheit war voller Fantasie, und er wuchs zu einem Mann des Wissens und der Logik heran. Seine erstaunlichen Geschichten des Entdeckens und Lernens sind eine Quelle der Inspiration für jeden. Seine Fähigkeit, zu sehen, was andere nicht sehen konnten, versetzte ihn in die Lage, die Welt zu verändern, und das tat er auch.

Die Entdeckung des Lichts

Albert Einsteins Faszination für Logik vermischte sich schon früh mit seiner Fantasie. Es begann mit seiner Faszination für das Licht. Im Alter von 16 Jahren fragte er sich oft, wie es wohl wäre, wenn er mit seinem Fahrrad auf einem Lichtstrahl fahren könnte. Er dachte darüber nach, aber das war alles, was er die nächsten zehn Jahre tun konnte.

Im Jahr 1905 führte er ein sogenanntes „Gedankenexperiment" durch und entwickelte eine Relativitätstheorie. In dieser Theorie legte er dar, dass Licht konstant ist. Bis zu diesem Zeitpunkt glaubten die Wissenschaftler, Licht sei ein wellenförmiges Bild, so wie die Zeit, aber seine Theorie sollte sie alle eines Besseren belehren.

Zusammen mit dieser Theorie kam er auch auf den Gedanken, dass sich nichts schneller als mit Lichtgeschwindigkeit fortbewegen kann, die seiner Theorie nach 299.337.984 Meter/Sekunde beträgt. Er erklärte auch, dass sich das Licht immer mit der gleichen Geschwindigkeit fortbewegt. Es spielt keine Rolle, ob das Licht von den Scheinwerfern eines Zuges kommt, der die Gleise entlangfährt, oder ob das Licht von einer Laterne kommt, die an den Gleisen steht. Das Licht selbst bewegt sich immer mit der gleichen Geschwindigkeit fort, egal was passiert.

Seine Theorie, dass sich nichts schneller als mit Lichtgeschwindigkeit fortbewegen kann, wurde durch Blitze bestätigt. Der Blitz ist vor dem Donner sichtbar, weil sich das Licht schneller bewegt als der Schall.

Im selben Jahr führte Einstein in einer Theorie aus, dass die Lichtgeschwindigkeit konstant ist, die Zeit jedoch nicht. Er stellte fest, dass die Zeit für jemanden umso langsamer vergeht, je schneller er sich bewegt, auch wenn es sich nicht so anfühlt, als würde die Zeit langsamer vergehen.

Ein Mann der Mathematik

Es ist ein weitverbreitetes Gerücht, dass Albert Einstein in Mathematik gescheitert ist, und viele Kinder haben diese Tatsache genutzt, um sich in ihrem Hass auf dieses Fach zu trösten. Doch dies entspricht absolut nicht der Wahrheit. Albert Einstein hat weder in Mathematik versagt, noch hat er das Fach gehasst. Die Aufzeichnungen zeigen, dass er in allen seinen Fächern ein hervorragender Schüler war, auch wenn er in Mathematik etwas zurückhaltend war.

Während seiner Schulzeit erzielte Einstein in allen Fächern gute Noten, und das Einzige, was ihn wirklich frustrierte, war die „mechanische Disziplin", die die Lehrer seiner Meinung nach verlangten. Schließlich brach er die Schule im Alter von 15 Jahren ab, aber das hatte nichts mit seiner Unfähigkeit zu tun, akzeptable Noten zu erreichen.

Als Kind lebte er in Deutschland, wo es eine staatliche Vorschrift war, dass sich Jugendliche ab einem bestimmten Alter zum Militärdienst melden mussten. Im Alter von 15 Jahren brach Einstein die Schule ab und verließ Deutschland, um dies zu vermeiden, aber davor war er immer der Beste seiner Klasse. Seine Lehrer hielten ihn sogar für ein Wunderkind, da er in der Lage war, komplexe wissenschaftliche und mechanische Konzepte zu begreifen.

Jahrelang haben leistungsschwache Kinder die falsche Tatsache benutzt, dass ein Genie wie Albert Einstein die Schule abgebrochen hat und schlecht in Mathematik war, damit sie mit ihren schlechten Noten besser dastehen, aber diese Vorstellung stimmt einfach nicht.

Ein Gegenstand der Faszination für das FBI

Albert Einstein wurde über zwei Jahrzehnte lang vom FBI bespitzelt. 1933, kurz nach Hitlers Machtübernahme, verließ Einstein Berlin und ging nach New Jersey in den Vereinigten Staaten, wo er eine Stelle am Institute for Advanced Study in Princeton antrat. Zuvor hatte sich Einstein offen für Bürgerrechte, pazifistische Aktionen und linke Anliegen eingesetzt. Dies erregte das Misstrauen von J. Edgar Hoover, einem FBI-Agenten. Als Einstein an der amerikanischen Küste ankam, wohin er scheinbar vor Hitlers Machtergreifung geflohen war, wurde er zum Mittelpunkt einer 22 Jahre andauernden Überwachungskampagne.

Jahrelang hörten FBI-Agenten seine Telefongespräche ab, durchwühlten seinen Müll, öffneten seine Post und beobachteten ihn ständig, um ihn als sowjetischen Spion zu entlarven. Sie gingen sogar Hinweisen nach, dass er einen Todesstrahl baute.

Das Überwachungsprojekt hat nichts ergeben, aber zum Zeitpunkt von Albert Einsteins Tod war seine FBI-Akte mindestens 1.800 Seiten lang.

Die Geschichte des Bedauerns

Gegen Ende der 1930er-Jahre traf Albert Einstein eine Entscheidung, die er für den Rest seines Lebens bereuen sollte. Er erfuhr von neuen Forschungsergebnissen, die die deutschen Wissenschaftler, die für Hitler arbeiteten, auf einen Weg brachten, der sie zum Bau der Atombombe führen würde. Einstein wusste um die Macht der Bombe. Er wusste, dass sie den Weltuntergang herbeiführen konnte, und der Gedanke, dass sie sich in den Händen der Nazis befinden würde, machte ihm Angst. Er war überzeugt, dass es an der Zeit war, seine pazifistischen Prinzipien aufzugeben, und bildete ein Team mit Leó Szilárd, einem ungarischen Physiker.

Gemeinsam schrieben sie einen Brief an Franklin D. Roosevelt, den damaligen Präsidenten der Vereinigten Staaten, in dem sie ihre Besorgnis über den Bau einer Atombombe durch Deutschland zum Ausdruck brachten. Sie forderten den Präsidenten auf, selbst zu forschen und zuerst eine Kernwaffe zu entwickeln. Der Präsident hörte auf ihre Warnung und startete das Manhattan-Projekt, das schließlich zur Entwicklung der ersten Atombombe führte.

Einstein war weder am Manhattan-Projekt beteiligt, noch hat er selbst an der Entwicklung der Bombe mitgearbeitet. Nach der Entwicklung der Bombe und den Zerstörungen, die sie während des Krieges anrichtete, bedauerte er jedoch zutiefst, dass er bei der Entwicklung der Bombe selbst eine untergeordnete Rolle gespielt hatte.

Hätte er gewusst, dass es den Deutschen nicht gelingen würde, selbst eine Atombombe zu bauen, hätte er niemals einen Finger gerührt. Sein Bedauern darüber, eine Rolle bei der Entwicklung der Bombe gespielt zu haben, befeuerte seine Leidenschaft für die nukleare Abrüstung. Er setzte sich auch für eine gemeinsame Weltregierung und die Kontrolle von Waffentests ein.

Einstein und Bertrand Russell unterzeichneten das „Russell-Einstein-Manifest", einen öffentlichen Brief, in dem sie auf die Risiken eines Atomkriegs hinwiesen und die Regierungen der Welt aufforderten, friedliche Mittel zur Beilegung aller Streitigkeiten zu finden, anstatt einen Krieg zu beginnen, der die Welt zerstören könnte.

Ein Ersuchen des Präsidenten

Obwohl Einstein nie ein traditionell religiöser Mensch war, fühlte er sich immer tief mit seinem jüdischen Erbe verbunden. Er sprach sich oft gegen Antisemitismus aus. Einstein war nie ein überzeugter Zionist, aber er lehnte die Religion auch nicht gänzlich ab. Als Chaim Weizmann, das Staatsoberhaupt Israels, 1952 starb, bot die israelische Regierung Albert Einstein umgehend einen Posten als zweiter Präsident des Landes an.

Zu diesem Zeitpunkt war er bereits 73 Jahre alt und lehnte das Angebot schnell ab. Obwohl es für ihn eine Ehre war, hatte er kein Interesse daran, Präsident zu werden. Er schrieb der israelischen Regierung einen Antwortbrief, in dem es hieß: „Mein ganzes Leben lang habe ich mich mit objektiven Dingen befasst, daher fehlen mir sowohl die natürliche Begabung als auch die Erfahrung, um richtig mit Menschen umzugehen und eine offizielle Funktion auszuüben." Mit diesem Brief an den israelischen Botschafter lehnte er das Angebot ab, zweiter Präsident des Landes zu werden, und zeigte damit seine Bescheidenheit und seine Fähigkeit, seine eigenen Stärken und Schwächen zu erkennen.

Ein lustiger Typ

Das wohl berühmteste Bild von Albert Einstein ist das, auf dem er seine Zunge in die Kamera streckt, und niemand kann seine legendären wilden Haare vergessen. Albert Einstein war ein Mann, der sich an den kleinen Dingen des Lebens erfreute, zum Beispiel daran, albern zu sein. Er war ein Mensch, mit dem man Spaß haben konnte, und er war nie allzu ernst.

Albert Einsteins Wunsch, albern und kindisch zu sein, kann uns allen eine Lehre sein. Er war immer in Kontakt mit seinem inneren Kind, und er sagte, das habe ihn besser gemacht. Kinder sind sehr neugierig und haben keine Angst davor, im Unrecht zu sein, weshalb es ihnen nichts ausmacht, Theorien nachzugehen oder Fragen zu stellen. Einstein schrieb seine Fähigkeit, Fragen zu stellen, nach Antworten zu suchen und Muster zu erkennen, die niemand sonst erkennen konnte, seinem inneren Kind zu, mit dem er so tief in Kontakt stand.

Albern zu sein, Spaß zu haben und sich gelegentlich kindisch zu verhalten, bedeutet nicht, dass man für eine Führungsposition ungeeignet ist. Albert Einstein hat bewiesen, dass der Verstand eines Kindes zu jedem Thema eine interessante Sichtweise bieten kann.

Ein ungewöhnliches Gehirn

Albert Einstein starb 1955 im hohen Alter. Er hatte nach seinem Tod die Einäscherung seines Leichnams beantragt, aber Thomas Harvey, ein Pathologe aus Princeton, entnahm Einsteins Gehirn während seiner Autopsie und bewahrte es auf. Er hoffte, dass man durch die Erforschung des Gehirns die Geheimnisse seines Genies entschlüsseln könnte.

Thomas Harvey holte die Zustimmung von Einsteins Sohn ein, der diese widerwillig gab. Harvey ließ Einsteins Gehirn schnell in Stücke schneiden und schickte diese Stücke dann an verschiedene Wissenschaftler, damit sie ihre Forschungen durchführten.

Seit den 1980er-Jahren wurden eine Handvoll Studien über das Gehirn durchgeführt, aber alle wurden auf die eine oder andere Weise diskreditiert oder verworfen. Die berühmteste dieser Studien stammt aus dem Jahr 1999, als ein Team von Wissenschaftlern einer kanadischen Universität eine Arbeit veröffentlichte, in der behauptet wurde, dass Albert Einsteins Gehirn ungewöhnliche Falten in seinem Scheitellappen aufwies. Dieser Teil des Gehirns wird vor allem mit räumlichen und mathematischen Fähigkeiten in Verbindung gebracht, aber diese Studie ist noch nicht bewiesen oder widerlegt worden.

Die Geheimnisse von Einsteins Genie sind noch immer nicht gelüftet, und bis heute ist sein Gehirn ein Rätsel.

Lektionen eines Genies

„Strebe nicht danach, erfolgreich zu sein, sondern wertvoll." – Albert Einstein

Albert Einstein war ein führender Wissenschaftler und einer der größten Männer des 20. Jahrhunderts. Er folgte seiner Neugier und ließ sich von seiner Fantasie leiten. Er war nicht nur ein Mann der Weisheit und

Logik, sondern auch ein Mann der Erfindungen und des Witzes. Er führte die Welt in eine neue Ära der Wissenschaft und des Verständnisses. Er war eine Führungspersönlichkeit wie keine andere und ein großer Mann mit einem großen Vermächtnis.

Die Gegenwart ist wichtig, also konzentrieren Sie sich auf sie

Albert Einstein wurde als zukunftsorientiert missverstanden, obwohl er sich in Wirklichkeit auf die Gegenwart konzentrierte. Er sagte einmal, wenn ein Mann in der Lage sei, ein Auto zu fahren und gleichzeitig eine Frau zu küssen, dann schenke er dem Kuss nicht die Aufmerksamkeit, die er verdiene.

Er glaubte, dass die Menschen eine glänzende Zukunft für die kommenden Generationen aufbauen können, aber er glaubte auch, dass die Konzentration auf die Gegenwart der Weg zu dieser glänzenden Zukunft ist. Mit anderen Worten: Wenn man sich auf die Zukunft konzentriert, kann man sich nicht wirklich auf die Gegenwart konzentrieren. Wenn man sich auf beide konzentriert, schadet man einem der beiden.

Ein starkes und umfassendes Leben in der Gegenwart ist die beste und einzige Möglichkeit, eine strahlende Zukunft aufzubauen.

Vorstellungskraft ist eine mächtige Sache

Wir alle wissen, dass Einsteins Vorstellungskraft, gepaart mit seiner Intelligenz, sein stärkstes Mittel war. Ohne seine Vorstellungskraft wäre er auf keine seiner Theorien gekommen. Er musste sich die Szenarien vorstellen, bevor er sie mit Logik versehen konnte.

Sie benötigen Vorstellungskraft, um Ihre Ziele zu erreichen. Sie müssen die Welt, die Sie sich wünschen, mit Ihrer Vorstellungskraft aufbauen, um sie vor Ihnen aufgebaut zu sehen.

Fehler sind Geschenke

Einstein betrachtete Fehler immer als Geschenke, durch die man sich verbessern kann. Er glaubte nie an einen perfekten Plan oder eine perfekte Theorie. Fehler sind unvermeidlich. Anstatt zu versuchen, Fehler zu vermeiden und zu bedauern, jemals einen gemacht zu haben, sah Einstein Fehler als eine Gelegenheit zum Lernen.

„Fehler sind die Essenz ihres Genies", sagte Einstein über erfolgreiche Menschen. Seien Sie also stolz auf Ihre Fehler und konzentrieren Sie sich stark auf sie. Wenn Sie aus Ihren Fehlern lernen und sich verbessern können, sind sie es wert, gemacht zu werden.

Leben Sie im Augenblick

Albert Einstein lehrte uns, im Augenblick zu leben. Die Zeit vergeht wie im Flug, und man kann jederzeit den Moment verpassen, der mit ihr vergeht. Jeder Moment Ihres Lebens bringt Lektionen oder wertvolle Erfahrungen mit sich, die Ihre Sichtweise und Ihren Umgang mit der Welt verändern werden.

Leben Sie im Augenblick. Konzentrieren Sie sich nicht auf das, was Sie morgen machen müssen, weil Sie dabei am Ende das verpassen, was Sie heute getan haben. Konzentrieren Sie sich auf das, was gerade um Sie herum geschieht.

KAPITEL 7:
STEPHEN HAWKING – DER MANN, DER ÜBER ALLE GRENZEN TRIUMPHIERTE

„Intelligenz ist die Fähigkeit, sich an Veränderungen anzupassen."
– Stephen Hawking

Stephen Hawking war eine große Inspiration für alle, auch für Menschen mit Behinderungen. Vor Stephen Hawking galten Behinderungen als Hindernis im Leben eines Menschen. Menschen mit Behinderungen wurden Steine in den Weg gelegt und sie konnten nicht mit anderen mithalten, aber Stephen Hawking hat mit dieser Denkweise Schluss gemacht.

Er war ein bekannter Kosmologe, Physiker und Autor. Er war der erste Wissenschaftler, der die Theorie der Kosmologie erläuterte, und ist primär für seine einzigartige Entstehungsgeschichte des Universums bekannt.

Die Theorie von Allem

„Stille Menschen haben die lautesten Gedanken." – Stephen Hawking

Im Jahr 2018 starb Stephen Hawking im Alter von 76 Jahren, nachdem er ein langes Leben gelebt hatte, von dem ihm viele gesagt hatten, dass es ihm nicht vergönnt sein würde. Bis heute ist Stephen Hawking einer der weltweit bekanntesten Wissenschaftler. Er hat einen Kultstatus, den er nie verlieren kann.

Er war ein multitalentiertes Genie. Er hat viele Bücher veröffentlicht, ist in verschiedenen Fernsehsendungen aufgetreten, hat die Art und Weise, wie wir das Universum sehen, mehr verändert als jeder andere Wissenschaftler seit Albert Einstein, und hat mit seiner unglaublichen Persönlichkeit und seinem Sinn für Humor immer wieder alle verblüfft.

Er hinterließ zwei Vermächtnisse: sein wissenschaftliches Vermächtnis und das Vermächtnis seines Lebens. Seine Behinderung und sein kultureller Status überschatteten oft seine wissenschaftlichen Durchbrüche. Es war eine Schande, dass der brillante Verstand des Genies, das die

„Theorie von Allem" entwickelte, von den Wirren seines einzigartigen und schwierigen Lebens überschattet wurde.

Hawkings wissenschaftliche Laufbahn begann 1962 an der Universität Cambridge, wo er auch seinen Doktortitel erwarb. Hawkings Karriere begann mit einer Enttäuschung. Hawking sollte während seiner Zeit an der Universität einen Doktorvater haben, aber der von ihm gewählte Doktorvater, Fred Hoyle, hatte bereits eine ganze Reihe von Studierenden und konnte keine weiteren aufnehmen. Fred Hoyle war zu dieser Zeit einer der berühmtesten britischen Astrophysiker, was bedeutete, dass er ein Magnet für einige der ehrgeizigsten Studenten war. Hawking war darüber enttäuscht, aber das war bei Weitem nicht sein größtes Problem.

Im selben Jahr erhielt Hawking die Diagnose „amyotrophe Lateralsklerose". Die degenerative Motoneuron-Krankheit arbeitet sich schnell durch den Körper des Opfers und raubt ihm die Fähigkeit, jegliche Muskeln willentlich zu bewegen. Zu diesem Zeitpunkt wurde Stephen Hawking mitgeteilt, dass er nur noch zwei Jahre zu leben habe.

Hawkings Körper wurde täglich schwächer, aber sein Geist und sein Intellekt wuchsen weiter und blieben scharf. Er fütterte seinen Intellekt kontinuierlich und arbeitete auf seinen Doktortitel hin. Zwei Jahre später war sein Körper schwach. Er hatte Schwierigkeiten zu sprechen und zu gehen, aber zu diesem Zeitpunkt wurde ihm und anderen klar, dass die Krankheit viel langsamer fortschritt, als sie ursprünglich befürchtet hatten.

Die Nachricht vom langsamen Fortschreiten seiner Krankheit und seine Verlobung mit Jane Wilde weckten in ihm den Wunsch und die Leidenschaft, in der Physik weiterzukommen. Hawking begann seine

Doktorarbeit unter Dennis Sciama, einem Physiker, den Hawking nicht kannte, bevor sie begannen, zusammenzuarbeiten. Die Zusammenarbeit mit ihm hatte ihre Vorteile. Hoyles Berühmtheit bedeutete, dass er immer beschäftigt war und nur selten die Möglichkeit hatte, mit seinen Studenten zu diskutieren, aber dieses Problem hatte Hawking bei Sciama nicht. Dieser war immer da und sehr gesprächsbereit. Dies trug dazu bei, Hawkings Geist anzuregen, und half ihm, seine wissenschaftliche Vision zu verfolgen.

Hawkings Faszination galt der Urknalltheorie und dem Beginn der Zeit. Die Tatsache, dass er mit Sciama statt mit Hoyle zusammengebracht wurde, wirkte sich eher zu seinen Gunsten aus. Hoyle glaubte nicht an die Theorie des Urknalls; er prägte sogar die englische Bezeichnung für den Begriff, „Big Bang" (zu Deutsch „großer Knall"), um die Theorie zu verspotten. Sciama war jedoch gerne bereit, Hawking zu erlauben, den Beginn der Zeit zu erforschen.

Stephen Hawking interessierte sich für viele der Theorien, für die Albert Einstein berühmt war. Die wichtigste Theorie, die er untersuchte, war die allgemeine „Theorie von Allem". Hawking verbrachte seine Zeit mit dem Studium der Arbeit von Roger Penrose. Seine Arbeit bewies, dass, wenn die Theorie von Allem stimmte, es im Zentrum eines jeden schwarzen Lochs eine Singularität geben musste, einen Raum, in dem Zeit und Raum selbst zusammenbrechen. Hawking erkannte, dass dieselbe Überlegung auch für das gesamte Universum gelten könnte, und mithilfe von Sciama gelang es ihm, diese Überlegung auszurechnen und zu beweisen. Dies war seine erste große Leistung: Er bewies, dass das Universum nach der Allgemeinen Relativitätstheorie ebenfalls als Singularität begann.

Hawking glaubte nicht, dass Einstein das letzte Wort hatte. Er glaubte, dass die Allgemeine Relativitätstheorie, Einsteins Theorie, die Quantenmechanik nicht berücksichtigte. Hawking nutzte die Verbindung, die er zwischen Penroses Singularität und der Singularität im Zentrum des Urknalls fand, um das zu finden, wonach alle suchten: den Ursprung des Universums.

Dies war nur der Anfang von Hawkings Reise, durch die er die Art und Weise, wie wir das Universum sehen, verändern wollte. Er war der erste Wissenschaftler, der dies überhaupt versuchte, seit Albert Einstein seine Theorien erstmals vorgestellt hatte.

Stephen Hawkings Beiträge zur Welt der Physik brachten ihm mehrere Ehrungen ein. Die Royal Society wählte ihn 1974 zu einem ihrer jüngsten Stipendiaten. 1977 wurde er Professor für Gravitationsphysik in Cambridge, und 1979 wurde er auf den Lucasischen Lehrstuhl für Mathematik in Cambridge berufen. Diesen Posten hatte zuvor Isaac Newton inne.

Im Jahr 1982 wurde er zum Commander of the Order of the British Empire und 1989 zum Companion of Honor ernannt. Die Royal Society verlieh ihm 2006 die Copley-Medaille, und 2009 erhielt er die Freiheitsmedaille des US-Präsidenten („Presidential Medal of Freedom"). Neben diesen zahlreichen Ehrungen nahm er 2008 auch einen Gastforschungslehrstuhl am Perimeter Institute for Theoretical Physics an.

Stephen Hawking hat diese Welt als ein Mann mit vielen Errungenschaften verlassen. Er hat so viel Wissen über unser Universum verändert, und bis heute nutzen Physiker sein Genie, um ihre eigenen Theorien zu entwickeln. Er besiegte alle Widrigkeiten und kämpfte gegen alle Grenzen an. Sein Körper ließ ihn im Stich, aber sein Geist wuchs weiter und nährte seine Gedanken. Er war viele Jahrzehnte lang der führende Wissenschaftler, und selbst nach seinem Tod ist er immer noch führend auf seinem Gebiet. Er war ein großer Mann, der sich durch nichts und niemanden aufhalten ließ.

Ein gefangener Geist

„Obwohl ich mich nicht bewegen kann und durch einen Computer sprechen muss, bin ich in meinem Kopf frei.“ – Stephen Hawking

Stephen Hawking war ein Mann, der es trotz Widrigkeiten schaffte. Er lebte länger und hat mehr erreicht, als man es ihm je zugetraut hätte. Sein Leben war voll von Errungenschaften. Er war ein großartiger Mann, der sich durch nichts aufhalten ließ und allen bewies, dass einen nichts aufhalten kann, solange man nur den Willen dazu hat.

Entgegen allen Wahrscheinlichkeiten

Im Alter von 21 Jahren wurde bei ihm eine schreckliche Krankheit diagnostiziert, die seinen Körper langsam zusammenbrechen ließ und seine Lebenserwartung auf fast null reduzierte. Die Symptome einer solchen Krankheit treten normalerweise erst bei Menschen ab 50 Jahren auf, und die Krankheit führt in der Regel innerhalb weniger Monate oder manchmal Jahre zum Tod.

Als die Ärzte bei Stephen Hawking diese Krankheit im Alter von 21 Jahren diagnostizierten – ein extrem junges Alter für diese Krankheit –, gingen sie davon aus, dass er nur noch ein paar Jahre zu leben hatte. Hawking heiratete seine Frau im Alter von 26 Jahren und erreichte ein hohes Alter von 76 Jahren.

Sein Körper hatte ihn im Stich gelassen, aber sein Wille und sein Geist nicht. Er sagte: „Die menschliche Rasse ist im Vergleich zum Universum so winzig, dass eine Behinderung keine große kosmische Bedeutung hat."

Er sah das Universum, und er wusste, dass es größer war als er oder die Probleme, mit denen er zu tun hatte. Er wusste, dass es da draußen Geheimnisse gab, die gelöst werden mussten, und er konnte sich durch nichts aufhalten lassen.

Ein schlechter Fahrer

Nach seiner Diagnose in den 1960er-Jahren begann er, Krücken zu benutzen. Zunächst sträubte er sich so lange wie möglich dagegen, auf einen Rollstuhl umzusteigen, aber als es so weit war und er keine andere Wahl mehr hatte, wurde er Berichten zufolge hinter dem Steuer zu einem ziemlich wilden Mann.

Es kursierte die Geschichte, dass er einmal über die Zehen von Prinz Charles fuhr, als er die Gelegenheit hatte, die königliche Familie zu treffen. Kristine M. Larsen, Professorin für Astronomie, sagte: „Ich weiß nicht, ob es stimmt, dass er tatsächlich über die Zehen von Prinz Charles gefahren ist".

Kristine M. Larsen ist auch die Autorin von *Stephen Hawking: A Biography*. In diesem Buch spricht sie über den Spaß, den er auf der Tanzfläche hatte. „Er tanzte sehr gerne in seinem Rollstuhl auf der Tanzfläche", sagte sie. Sie erzählte, wie er in seinem Rollstuhl durch eine Konferenz sauste, herumflitzte und riesigen Spaß hatte. Es gab einen Vorfall, bei dem er zu schnell fuhr und mit seinem Rollstuhl stürzte, was einen Hüftbruch zur Folge hatte. Stephen Hawking war berühmt für seine Scherze. Selbst nachdem er sich die Hüfte gebrochen hatte, machte er sofort Witze darüber und sagte in etwa, „ein schlechter Fahrer zu sein".

Ein umstrittener Denker

Als Hawking seine Theorien zum ersten Mal seinen Kollegen vorstellte, dachten sie nicht so wie er. Seine wissenschaftlichen Theorien und sein Verständnis des Universums waren umstritten. Er ließ sich davon nicht aufhalten. Er setzte auf die Wissenschaft, und er blieb dabei, wie es jeder Wettende getan hätte.

Als er zum ersten Mal seine Theorie vorstellte, dass schwarze Löcher strahlten, hielten seine Kollegen sie für Unsinn. Sie hielten sie für unmöglich und dachten, kein vernünftig denkender Mensch würde auf eine solche Theorie kommen. Stephen Hawking ließ es nicht dabei bewenden. Er ging noch einen Schritt weiter und legte ihnen seine Berechnungen für seine Theorie vor. Sie fanden heraus, dass sie tatsächlich wahr ist. Unter den richtigen Umständen würden schwarze Löcher nach dem Verständnis der Physik verdampfen und strahlen.

Hawking glaubte so fest an seine Theorien, dass er einfach nicht nachgeben konnte, auch wenn er am Ende im Unrecht war. Stephen Hawking ist für seine theoretischen Beiträge bekannt, aber auch dafür, dass er nicht immer alles beim ersten Mal richtig machte. Er war bekannt dafür, dass er Wetten auf wissenschaftliche Konzepte abschloss und diese verlor.

Im Jahr 1975 wettete er mit Kip Thorne, dass das astronomische Objekt Cygnus X-1 kein schwarzes Loch sei. Er wettete auch, dass Informationen in einem schwarzen Loch verloren gehen können und dies auch tun, und er wettete um 100 Dollar mit jemandem, dass das Higgs-Boson-Teilchen niemals entdeckt werden würde. Er verlor schließlich alle drei Wetten, aber das hielt ihn nicht davon ab, in Zukunft weitere Wetten abzuschließen.

Künstliche Intelligenz war der Stoff für Albträume

Stephen Hawking glaubte unter anderem, dass die Entwicklung besserer Technologien die einzige Möglichkeit für die Menschen sei, nicht nur zu überleben, sondern auch zu gedeihen. Er war jedoch auch besorgt über das Streben nach besserer Technologie und darüber, dass diese schließlich zu künstlicher Intelligenz (KI) führen würde. Er sah viele Gefahren und Probleme, die mit der Entwicklung der künstlichen Intelligenz einhergehen würden. Er sagte voraus, dass die künstliche Intelligenz einigen wenigen neue Möglichkeiten zur Unterdrückung der Masse und mächtigere autonome Waffen bringen würde. Er glaubte auch, dass die KI irgendwann einen eigenen Willen entwickeln würde, und dieser Wille würde mit unserem eigenen in Konflikt geraten. Hawking sagte zu diesem Thema: „Der Aufstieg der mächtigen KI wird entweder das Beste oder das Schlimmste sein, was der Menschheit je widerfahren wird." Es war ein persönliches Thema für ihn, da er sehr von den Fortschritten der Wissenschaftler auf diesem Gebiet profitierte, aber er fürchtete sich dennoch vor großen Fortschritten, die schließlich zu künstlicher Intelligenz führen könnten.

Hawking profitierte von den Fortschritten in diesem Bereich, die ihm bei seiner Kommunikation halfen. Seine Behinderung nahm ihm die Sprache, und er benutzte ein Gerät mit einem Lernalgorithmus, das die Bewegungen seiner Wange erkennen und in Worte übersetzen konnte. Das Gerät wurde immer schneller und besser darin, das zu übersetzen, was er zu sagen versuchte, und lernte seine Sprachmuster. Das ist die Essenz der künstlichen Intelligenz, und Hawking hat sehr davon profitiert.

Kinder und Bücher

Stephen Hawking ist für seine vielen Bücher bekannt, die sich meist um seine Theorien und wissenschaftlichen Entdeckungen drehen. Aber nur wenige wissen von den Kinderbüchern, die er zusammen mit seiner Tochter geschrieben hat.

Hawking war ein Familienmensch, und er hatte mehrere Kinder. Er liebte seine Kinder so sehr wie die Wissenschaft. Mit der Hilfe seiner Tochter schrieb er fünf Kinderbücher. Die Kinderbücher verbanden Abenteuer und Wissenschaft auf eine Weise, die Kinder für die Welt der Wissenschaft begeistern sollte. Er wusste, dass, wenn seine Tochter das Buch liebte und etwas daraus lernte, auch andere Kinder es lieben würden.

In diesen Büchern geht es um George, einen kleinen Jungen, der alles über das Universum erfährt, indem er darin herumreist.

Lektionen vom Mann des Universums

„Intelligenz ist die Fähigkeit, sich an Veränderungen anzupassen.“
– Stephen Hawking

Stephen Hawking ist der Öffentlichkeit durch seine vielen Bücher und seine Theorien über schwarze Löcher bekannt, aber auch anderen Wissenschaftlern auf seinem Gebiet ist er als Genie und führende Persönlichkeit der Physik bekannt. Seine Qualitäten in seiner Arbeit als Physiker haben ihn zu dem Mann gemacht, der er für die Welt ist, aber seine Qualitäten als Führungspersönlichkeit sind noch viel wichtiger.

Er hatte viele Eigenschaften, die ihn zu einer großen Führungspersönlichkeit machten. Diese Eigenschaften hätten als schlechte Persönlichkeitsmerkmale erscheinen können, aber er schaffte es, sie in Führungsqualitäten zu verwandeln.

Sturheit

Sturheit ist eine dieser Eigenschaften, die entweder gut oder schlecht sein kann, je nachdem, wie sie eingesetzt wird. Stephen Hawking war ein extrem starrköpfiger Mann, aber das war am Ende eine seiner besten Eigenschaften.

Er war sehr festgefahren in seinen Ansichten. Er stellte eine Theorie auf und hielt an ihr fest, egal, wie viele Leute ihm widersprachen oder seine Theorie leugneten. Seine Sturheit erlaubte es ihm nicht, aufzugeben, nur weil es anderen leichtfiel, dies zu tun. Am Ende bewies er ihnen allen das Gegenteil und gab sich selbst recht.

Stur zu sein, wenn es unvernünftig ist, kann zu schlechter Führung führen, aber richtig eingesetzte Sturheit kann Ihnen auf Ihrem Weg zu Größe helfen.

Neugierde ist der Schlüssel

Stephen Hawking sagte einmal: „Ich bin nur ein Kind, das nie erwachsen geworden ist". Er sagte, seine kindliche Neugierde habe ihm geholfen, seine Theorien zu entdecken. Kinder sind immer begierig, auf die eine oder andere Weise zu lernen. Sie stellen ständig Fragen und drängen auf Antworten.

Die am häufigsten verwendeten Wörter eines Kindes sind „warum" und „wie". Stephen Hawking sagte, dass er immer davon besessen war, Fragen nach dem Warum und dem Wie zu stellen, wann immer es möglich war, und dass er schließlich die Antworten finden würde.

Neugierde ist der Schlüssel zur Größe. Ohne sie werden Sie nie den Mut haben, nach neuem Wissen zu suchen und über die Welt, die Sie derzeit kennen, hinaus in eine neue und bessere zu gelangen.

Kommunikation ist Ihr mächtigstes Werkzeug

Stephen Hawking hat einmal erklärt, dass die Kommunikation das ist, was den Menschen vom Tier unterscheidet, abgesehen von der Fantasie. Millionen Jahre lang lebte der Mensch genau wie die Tiere. Mit der Kraft der Vorstellung lernte der Mensch zu sprechen und zuzuhören. Mit der Sprache konnte sich die Kommunikation von Ideen, Logik und Weisheit entfalten. Dies ermöglichte es Menschen, die zusammenarbeiteten, unmöglich erscheinende Dinge zu schaffen. Hawking glaubte, dass die Welt, wie sie heute ist, ohne die Fähigkeit der Menschen zur Kommunikation nicht existieren würde. Dies macht die Kommunikation zu einer der größten Fähigkeiten, die der Mensch besitzt.

Stephen Hawking verlor seine Fähigkeit zu kommunizieren. Seine Krankheit raubte ihm die Worte und seine Fähigkeit, sich zu artikulieren. Trotz seines Hasses und seiner Angst vor künstlicher Intelligenz entschied er sich für den Einsatz eines selbstlernenden Systems, das ihm helfen sollte, besser zu kommunizieren.

Kommunikation ist das, was Ideen zum Leben erweckt und den Aufbau von Zivilisationen ermöglicht. Bei der Kommunikation geht es nicht nur um das Sprechen, sondern auch um das Zuhören. Den Ideen anderer Menschen zuzuhören, ist genauso wichtig, wie die eigenen Ideen mitzuteilen. Um eine große Führungspersönlichkeit zu sein, muss man in der Lage sein, mit seinen Anhängern richtig zu kommunizieren, indem man ihnen zuhört und mit ihnen auf Augenhöhe spricht.

Ungewissheit ist unvermeidlich

Die Zukunft existiert nur in unseren Köpfen und als Teil eines Spektrums von Möglichkeiten. Wir mögen unsere Vergangenheit kennen und versuchen, unsere Gegenwart zu kontrollieren, aber die Zukunft ist ungewiss, und davor dürfen wir keine Angst haben.

Ungewissheit lässt sich nicht vermeiden. Stephen Hawking lebte sein ganzes Leben lang in Ungewissheit, seit ihm seine schreckliche Krankheit diagnostiziert wurde. Man gab ihm nur noch zwei Jahre zu leben, aber nachdem diese zwei Jahre kamen und gingen, wurde alles sehr ungewiss für ihn. Anstatt sich von dieser Ungewissheit einschüchtern zu lassen, ließ Hawking zu, dass sie seine Leidenschaft beflügelte.

Er wusste nicht, wann seine Krankheit ihn endgültig töten würde, und diese Ungewissheit trieb ihn mehr denn je an. Er arbeitete, als würde er nie wieder arbeiten können. Er lachte, als würde er nie wieder lachen können. Er genoss jede Sekunde seines Lebens und lebte es in vollen Zügen.

Ungewissheit ist zwar unvermeidlich, kann aber auch Ihr stärkster Verbündeter sein.

Lassen Sie sich nicht unterkriegen

Stephen Hawking hatte in seinem Leben mit viel Negativität und Schwarzmalern zu kämpfen. Es schien, als wollte ihm jeder Zweite sagen, dass er etwas nicht kann oder dass er falschliegt. Er hörte auf keinen von ihnen.

Wenn jemand versucht, Ihnen zu sagen, dass Sie nicht tun können, was Sie tun müssen, ignorieren Sie ihn. Hören Sie auf Ihr Bauchgefühl. Tun Sie, was Sie glauben, tun zu müssen oder was Sie tun wollen. Es kann sein, dass Sie sich irren, so wie Stephen Hawking sich oft geirrt hat, wenn er etwas Neues ausprobierte, aber er hat sich davon nicht abhalten lassen, und das sollten Sie auch nicht.

Auch wenn Sie unrecht bekommen, und auch wenn mehrere Leute Ihnen davon abraten, tun Sie es trotzdem. Vielleicht haben Sie am Ende recht. Es könnte sich als die beste Entscheidung herausstellen, die Sie je getroffen haben. Tun Sie es oder Sie werden es bereuen, denn selbst wenn Sie scheitern, werden Sie nachher klüger und stärker sein, weil Sie es getan haben.

KAPITEL 8:
MUTTER TERESA – EINE FRAU, DIE ENTSCHLOSSEN WAR, DAS LEID DER WELT ZU LINDERN

„Was du jahrelang aufgebaut hast, kann über Nacht zerstört werden; baue es trotzdem." – Mutter Teresa

Mutter Teresa hat die Welt mit ihrer Hingabe an die ärmsten und schwächsten Menschen darin geprägt. Ihre Hingabe war unvergesslich und unerschütterlich. Sie tat, was sie konnte, und ließ sich durch nichts von ihrem Weg abbringen. Sie war eine wahrhaft selbstlose Frau. Ihre größten Errungenschaften und die Geschichten aus ihrem Leben sind Lektionen für alle, die groß und eine Führungspersönlichkeit sein wollen.

Die Missionare der Nächstenliebe

„Wartet nicht auf Führer, sondern macht es allein, von Mensch zu Mensch. "

– Mutter Teresa

Mutter Teresa und ihre Schwestern von den Missionarinnen der Nächstenliebe, gekleidet in einen weißen, mit Blau gesäumten Sari, wurden schnell zu einem Symbol für Mitgefühl, Liebe und Fürsorge für die ganze Welt. Sie waren selbstlose Frauen, die nichts wollten und nichts brauchten. Stattdessen gaben sie ihre Fähigkeiten und ihre Zeit denen, die sie am meisten brauchten.

Mutter Teresa, die 1910 als Anjezë Gonxha Bojaxhiu geboren wurde, wuchs in einer Familie auf, die sich dem katholischen Glauben verschrieben hatte. Sie beteten jeden Abend und gingen fast jeden Tag in die Kirche. Ihre Familie war großzügig; sie kümmerte sich um die Armen und half den weniger Glücklichen, wo sie nur konnte. Diese Handlungen haben Mutter Teresa in ihrem jungen Leben sehr geprägt.

Ihre Mutter war Hausfrau, und ihr Vater war ein einfacher, aber erfolgreicher und bekannter Bauunternehmer. Das Paar hatte drei Kinder, von denen Agnes das jüngste war. Sie hatte eine einfache Kindheit, die die Frau beeinflusste, zu der sie später wurde.

Mutter Teresa fand die meisten ihrer Lehren und Inspirationen bei ihrer Mutter Drane. Drane war eine selbstlose Frau, die sich um ihre Gemeinde und ihre Nachbarn kümmerte. Sie betreute eine verwitwete Frau mit sechs Kindern und eine alkoholkranke Frau aus der Nachbarschaft. Wenn Drane nicht gehen konnte, sprang ihre Tochter für sie ein. Sie badete die alkoholkranke Frau zweimal am Tag und half bei der Betreuung der sechs Kinder, weil die trauernde Witwe nicht alles selbst tun konnte. Als die Witwe eines Tages starb, nahmen die Bojaxhius die sechs Kinder bei sich auf und zogen sie als Teil der Familie auf.

Mutter Teresa musste in ihrer Kindheit möglichst viel von ihrer Mutter lernen, da sie ihren Vater im Alter von neun Jahren verlor. Drane blieb allein zurück, um ihre drei Kinder und die sechs, die sie aufgenommen hatte, aufzuziehen. Drane musste hart arbeiten, Hochzeitskleider nähen und Stickereien anfertigen, um den Lebensunterhalt ihrer Kinder zu bestreiten. Gleichzeitig schaffte sie es, sich auf die Ausbildung der Kinder zu konzentrieren und für sie da zu sein. Mutter Teresa gab das Aufwachsen in einem solchen Umfeld als Grund dafür an, dass sie so selbstlos und fürsorglich wurde.

Im Alter von 18 Jahren traf Mutter Teresa die Entscheidung, Nonne zu werden. Sie tat dies, weil sie nichts anderes wollte, als den Ärmsten der Armen zu dienen und dies im Namen Gottes zu tun.

Zwei Jahre lang half sie bei mehreren religiösen Exerzitien in Letnice mit, was ihr klar machte, dass sie als Missionarin nach Indien gehen wollte. Im Jahr 1928 verließ sie ihr Haus in Albanien und wurde von ihren Freunden, Nachbarn, Schulkameraden und ihrer Familie zum Bahnhof begleitet. Alle weinten um sie, als sie sie verließ. Sie reiste nach Irland, zu den Loretoschwestern in Dublin. Sie blieb nur ein Jahr in Irland, bevor sie wieder abreiste, um ihr Noviziat im Loretokloster in der indischen Stadt Darjeeling zu absolvieren.

Mutter Teresa war auch als Lehrerin bekannt. Von 1929 bis 1948 unterrichtete sie an der St. Mary's School in Kalkutta. Sie wurde Zeugin der Armut und des Leids außerhalb der Klostermauern, was sie so tief beeindruckte, dass sie etwas unternehmen musste. Schließlich bat sie um die Erlaubnis, die Klostermauern zu verlassen und unter den armen Menschen in den Slums von Kalkutta zu arbeiten. Im Jahr 1949 erhielt sie schließlich die Erlaubnis ihrer Oberen.

Sie hatte keine Mittel und fast nichts, womit sie arbeiten konnte, aber sie begann mit der Gründung einer Freiluftschule für obdachlose Kinder. Bald hatte sie freiwillige Helfer, und sie erhielt von mehreren Kirchen und Behörden die nötige finanzielle Unterstützung. Mit dieser Hilfe war es ihr möglich, ihre Arbeit auszuweiten, und 1950 erhielt sie die Genehmigung, ihren eigenen Orden zu gründen, der in der ganzen Welt als „Missionarinnen der Nächstenliebe" bekannt werden sollte. Ihre Hauptaufgabe bestand darin, sich um diejenigen zu kümmern und sie zu lieben, für die sonst niemand da war. Im selben Jahr nahm sie auch die indische Staatsbürgerschaft an.

Nach der Gründung der Schwesternschaft weitete diese ihre Arbeit aus, indem sie Zentren und Kliniken eröffnete und sich um Leprakranke kümmerte, denen sie ein Zuhause und Pflege gab. Die Menschen, für die sie sorgten, waren mittellos und lagen im Sterben, aber das hielt Mutter Teresa nicht davon ab, sich um sie zu kümmern. Sie sagte: „Diese Menschen haben wie Tiere gelebt. Wenigstens können sie wie Menschen sterben."

Im Jahr 1963 gründeten die Missionarinnen der Nächstenliebe einen männlichen Zweig des Ordens, der als „Brüder der Nächstenliebe" bekannt wurde. Der Schwesternschaft schlossen sich junge Frauen an, und 1965 wurden sie vom Vatikan als päpstliche Kongregation anerkannt. Ihre Arbeit breitete sich schnell auf über 50 Zentren in ganz Indien aus, und schon bald erhielten sie Einladungen aus Ländern in aller Welt, dort ebenfalls Zentren zu gründen. Bis 1998 hatten die Missionarinnen der Nächstenliebe 615 Häuser in 124 Ländern mit 4.400 Professschwestern und 350 Professbrüdern.

Sie betrieben Heime für Lepra-, AIDS- und Tuberkulosekranke. Sie unterhielten Suppenküchen, Familienberatungsprogramme, Schulen und Waisenhäuser. Im Jahr 1990 war Mutter Teresa jedoch gezwungen, ihre Bemühungen zurückzuschrauben. Ihr Gesundheitszustand verschlechterte sich rapide, und sie war nicht mehr in der Lage, der Welt so zu helfen, wie sie es zuvor konnte. Ihre Schwestern und Brüder setzten ihre Arbeit in ihrer Abwesenheit fort.

Ihr Gesundheitszustand verschlechterte sich aufgrund ihres hohen Alters, der Bedingungen, unter denen sie lebte, und der harten Arbeit, die sie auf ihren Reisen durch die Welt und bei der Hilfe für andere leistete. Im Jahr 1989 erlitt sie einen fast tödlichen Herzinfarkt und musste sich einen Herzschrittmacher implantieren lassen. Mit Blick auf ihren Gesundheitszustand bat sie ihre Schwestern, eine Nachfolgerin für sie zu wählen. Schwester Nirmala wurde 1997 als solche ausgewählt, und im selben Jahr starb der „Engel der Barmherzigkeit" im Alter von 87 Jahren.

Auch wenn der physische Körper von Mutter Teresa diese Welt verlassen hat, wissen viele ihrer Anhänger und die Menschen, deren Leben sie berührt hat, dass ihre Seele in ihrem Werk und dem Vermächtnis, das sie hinterlassen hat, weiterlebt. Sie war eine große Frau und eine große Führungspersönlichkeit. Sie wohnt in den Herzen der armen Seelen, deren Leben sie durch ihr selbstloses Handeln verbessert hat.

Engel der Barmherzigkeit

„Disziplin ist die Brücke zwischen Ziel und Verwirklichung".
– Mutter Teresa

Mutter Teresa hat in ihrem Leben so viele großartige und selbstlose Taten vollbracht, dass es schwer ist, sich zu entscheiden, welche ihrer Geschichten die inspirierendste ist. Sie forderte die Menschen auf, das Gute in sich zum Vorschein zu bringen und ihr Bestes zu tun, um anderen zu helfen. Sie hat nicht an sich selbst gedacht. Sie dachte nicht daran, was sie wollte, was sie brauchte, oder an ihre Sicherheit oder Gesundheit. Sie wusste, dass andere sie brauchten, und die erstaunlichen Geschichten über ihre Leistungen sind der Grund, warum sie als „Engel der Barmherzigkeit" bekannt ist.

Retter der Kinder und Vermittler des Friedens

1982 begann die Belagerung Beiruts durch Israel. Die israelische Armee, die damals unter dem Kommando von Ariel Scharon stand, kreiste über West-Beirut. Das Gebiet wurde vom Boden und aus der Luft bombardiert, und die Zahl der Todesopfer belief sich einigen Berichten zufolge auf etwa 500. Die meisten Todesopfer waren Zivilisten, und es gab ebenso viele Verwundete. Mitten in der belagerten Hauptstadt gab es weder Wasser noch Lebensmittel, und viele Menschen in dem Gebiet waren ohne Strom.

Mutter Teresa kam schnell in den Libanon, in einen kleinen christlichen Teil des Landes, der vom Krieg verschont geblieben war. Sie kam dorthin aufgrund eines Anrufs von Amal Makarem, die entsetzt war über das Bild, das sie sah und das sie als „Dantes Inferno würdig" bezeichnete. Es handelte sich um geistig und körperlich behinderte Kinder, die in einem Waisenhaus im westlichen Teil von Beirut allein gelassen worden waren und dort festsaßen. Sie hatten weder Nahrung noch Hygiene oder Pflege. Einige von ihnen lagen im Sterben, und viele von ihnen wären gestorben, wenn Mutter Teresa nicht gewesen wäre.

Es heißt, dass Mutter Teresa in das Zentrum der belagerten Stadt gehen wollte, die gerade bombardiert wurde, und jedes einzelne dieser Kinder retten wollte. Sie wurde von vielen gewarnt, dass diese Mission nur mit ihrem Tod enden könnte, aber als sie vor den Männern saß, die sie gewarnt hatten, bestand sie darauf, dass es bald einen Waffenstillstand geben würde und sie in der Lage sein würde, sich gefahrenlos zu den Kindern durchzuschlagen.

Es heißt, sie habe den Waffenstillstand durch Gebet und Hoffnung herbeigeführt. Auf jeden Fall hörten die Bombardierungen auf, und Mutter Teresa machte sich auf den Weg zum Krankenhaus an der Front, um die Kinder zu retten. Auf ihrem Weg durch das Kriegsgebiet wurde sie von Mitarbeitern des Roten Kreuzes begleitet.

Die Kinder, alle geistig oder körperlich behindert, waren auf der Flucht vor den Schüssen und Bombenangriffen vom Personal im Krankenhaus abgesetzt worden. Mutter Teresa ging ohne Angst oder Sorge um sich selbst und holte alle 37 Kinder eines nach dem anderen aus dem Krankenhaus und rettete sie.

Besuch bei evakuierten Tschernobyl-Bewohnern

Nach der Atomkatastrophe in Tschernobyl wurden Tausende von Menschen obdachlos und krank. Sie mussten mitten in der Nacht ihre Häuser verlassen. Sie hatten keine Zeit, etwas zu packen oder gar ihre Haustiere mitzunehmen. Sie wurden evakuiert und hatten weder ein Zuhause noch einen Ort, an den sie gehen konnten.

Mutter Teresa kam 1986 nach Moskau und besuchte das Umsiedlungsgebiet, in dem einige der 135.000 Evakuierten und Opfer des Reaktorunfalls von Tschernobyl lebten. Zu diesem Zeitpunkt hatte Mutter Teresa bereits so vielen Menschen ihre Zeit und ihre Fürsorge geschenkt, indem sie Häuser für die Obdachlosen einrichtete, die Ungebildeten unterrichtete, die Hungernden ernährte und sich um die Ungeliebten kümmerte.

Während ihres Aufenthalts in Moskau half sie, wo sie konnte. Sie half denen, die Hilfe brauchten, und kümmerte sich um die Tausenden von Menschen, die kein Zuhause hatten und nicht versorgt wurden. Mutter Teresa wurde vom sowjetischen Friedenskomitee eingeladen. Es handelte sich um eine staatlich anerkannte Organisation, die den Austausch mit Friedensgruppen aus aller Welt förderte.

Die Katastrophe von Tschernobyl war ein tragischer Vorfall menschlichen Versagens, an den sich viele bis heute erinnern und unter dem sie leiden. Mutter Teresa war mutig und selbstlos, als sie den Opfern dieses Ereignisses in ihrer schweren Zeit der Einsamkeit und Krankheit half. Dies war ein weiteres Beispiel dafür, dass sie ständig ihr eigenes Leben aufs Spiel setzte, um anderen zu helfen.

Begegnung mit einem Engel

Viele erzählen von ihrer ersten Begegnung mit Mutter Teresa. Es schien, als ob sie jemandem begegneten, der nicht ganz von dieser Welt war. Sie sagten, sie sei wie ein Engel auf Erden. Es schien diesen Menschen fast unwirklich, ihr persönlich zu begegnen, nachdem sie von ihren erstaunlichen Taten gehört hatten.

1995 lernte Pater Samuel Martin Mutter Teresa in einem ihrer Klöster in Rom kennen, als er eingeladen war, an einer Frühmesse der Missionare der Nächstenliebe teilzunehmen. Er sagte, sein erster Eindruck von ihr sei ihre bemerkenswerte Lebendigkeit und die Aufmerksamkeit gewesen, die sie den anderen schenkte. Ihm fiel auch ihre zierliche Statur auf. Sie war eine Frau, die lebendig war und von ihrer Freude und Nächstenliebe völlig eingenommen war. Sie lud zehn der Besucher ein, mit ihr in einem ruhigen Zimmer zu frühstücken. Er war erstaunt über dieses Angebot. Sie erzählte ihnen Geschichten, und Pater Martin erklärte, es sei klar, dass Mutter Teresa eine Frau war, die auf eine Weise heilig war, wie er es noch nie erlebt hatte. Sie war unbestreitbar eine Heilige Gottes, und er erklärte, dass er die Begegnung mit einem Menschen wie ihr wohl nie vergessen würde.

Eine Lehrerin und Heilige

„Wir selbst haben das Gefühl, dass das, was wir tun, nur ein Tropfen auf den heißen Stein ist. Aber der Ozean wird durch diesen fehlenden Tropfen kleiner."
– Mutter Teresa

Mutter Teresa lebte ein erfülltes Leben, aber es war nicht das, was andere unter einem erfüllten Leben verstehen. Sie stellte ihr Leben ganz in den Dienst an anderen. Sie wollte denen helfen, die sie brauchten. Alles, was sie sah, war Leid, und sie sah in sich den Willen und die

Kraft, dieses zu beenden. Sie war eine religiöse Führungspersönlichkeit, die andere aus der Armut herausführte und einige selbst auf einen Weg der Selbstlosigkeit brachte. Sie hatte der Welt viele Lektionen zu erteilen, und das tat sie auch.

Tun Sie es nicht, weil es einfach ist

Nichts von dem, was Mutter Teresa tat, war einfach. Ihr Leben und die Aufgaben, für die sie sich entschied, waren schwierig, lebensbedrohlich und manchmal unmöglich zu erfüllen. Sie nahm keine leichten Aufgaben an, und sie lehnte nichts ab, weil es einfach zu schwer war.

Dinge zu tun, weil sie einfach sind, ist ein schneller Weg, den Glauben an sich selbst zu verlieren und zu bewirken, dass Ihre Anhänger ebenfalls den Glauben an Sie verlieren. Tun Sie es nicht, weil es einfach ist; tun Sie es, weil Sie es tun müssen.

Manchmal scheint die Aufgabe, die vor Ihnen liegt, unmöglich zu sein. Sie haben das Gefühl, dass Sie scheitern müssen, und sehen daher keinen Sinn darin, es zu versuchen. Diese Art des Denkens führt zu schlechter Führung. Größe entsteht, wenn man sieht, was getan werden muss, und es tut, egal wie schwierig es ist und was es kostet.

Am Ende ihres Lebens war Mutter Teresa eine alte und schwache Frau. Sie reiste viel und riskierte ihre eigene Gesundheit, um das zu tun, was für sie das Richtige war. Sie hat es sich nicht leicht gemacht, und das hat sie am Ende die Gesundheit gekostet. Sie hat keine ihrer Entscheidungen bereut, denn sie musste es tun.

Wenn Sie an Ihre Grenzen gehen, werden Sie feststellen, dass Sie alles erreichen können, was nötig ist, solange Sie wissen, dass es etwas ist, das getan werden muss.

Arbeiten Sie mit Liebe

Mutter Teresa war sehr stolz auf die Tatsache, dass sie alles, was sie erreicht hat, mit Liebe tat. Sie urteilte nicht über andere, hasste sie nicht, schimpfte nicht über sie wegen ihrer früheren Taten und war nicht der Meinung, dass sie für das Leben, das sie führten, verantwortlich waren. Sie half ihnen nur, wenn sie ihre Hilfe brauchten.

Sie handelte aus reiner Liebe und investierte diese Liebe in jede ihrer Missionen. Sie glaubte, dass man jemandem durch die härtesten Zeiten hindurchhelfen kann, indem man ihn einfach liebt. Sie war berühmt dafür, die Ungeliebten zu lieben.

Mutter Teresas Motive für die Verbreitung der Liebe waren rein religiöser Natur. Sie glaubte daran, ihren Nächsten so zu lieben, wie sie sich selbst lieben würde, ihrem Nächsten zu dienen, ohne Steine zu werfen oder ihn zu verurteilen, und ihn so zu lieben, als wäre er Jesus. Sie war der Meinung, dass sie nur so handelte, wie ihre religiösen Lehren es ihr befohlen hatten. Es gibt jedoch keinen Grund, warum die Art und Weise, wie Mutter Teresa jede ihrer Missionen behandelte, nicht auch auf das Leben einer großen Führungspersönlichkeit übertragen werden könnte.

Mit Liebe zu arbeiten ist ein einfacher Weg, um sicherzustellen, dass alles, woran man arbeitet, großartig ist. Liebe in seine Arbeit zu stecken, ist dasselbe wie Leidenschaft zu haben. Sie können nicht wirklich erfolgreich sein, wenn Sie nicht lieben, was Sie tun. Wenn Sie diejenigen, die Ihnen folgen wollen, ohne Vorurteile führen und sie nur mit Liebe behandeln, können Sie Vertrauen, Respekt und gegenseitige Zuneigung aufbauen.

Eine Person kann schon etwas bewirken

Mutter Teresa hat uns gelehrt, dass es zwar ein Dorf braucht, um ein Kind großzuziehen, dass aber eine einzige Person bereits ausreicht, um etwas zu bewirken. Am berühmtesten ist sie für die Gründung der Missionarinnen der Nächstenliebe, denen sich andere Schwestern und Brüder anschlossen, um Liebe zu verbreiten und anderen zu helfen. Den größten Teil ihrer frühen Arbeit leistete sie jedoch allein und ohne jegliche Hilfe.

Mutter Teresa war in der Lage, in großem Umfang etwas zu bewirken, sowohl als Teil einer Organisation als auch allein. Sie betrachtete sich selbst als einen Wassertropfen im Ozean, wie es die meisten Menschen tun, aber sie erkannte auch, dass ein Wassertropfen im Ozean immer noch zu dessen Anstieg beiträgt.

Sie lehrte die Menschen, dass sie etwas bewirken können, ganz gleich, wie klein und unbedeutend sie sich fühlen.

Leiden für eine größere Sache

Es wäre für Mutter Teresa einfacher gewesen, zu Hause zu bleiben und sich auf sich selbst und ihre eigenen Bedürfnisse zu konzentrieren. Sie hätte ein gesundes und vielleicht längeres Leben geführt, wenn sie sich nicht um andere gekümmert und sich nur auf sich selbst konzentriert hätte. Aber das konnte sie nicht tun.

Mutter Teresa fand sich mit dem Leiden ab, weil sie wusste, dass es für eine größere Sache war. Ihr Wohlbefinden und ihr Leben für eine Sache zu opfern, die größer war als sie selbst, schien es wert zu sein.

Daraus kann jede große Führungspersönlichkeit etwas lernen. Obwohl man seine Gesundheit und sein Leben nicht aufs Spiel setzen muss, um ein wichtiges Projekt oder Ziel zu erreichen, muss man sich darüber im Klaren sein, dass man Opfer und Leiden in Kauf nehmen muss. Manchmal muss eine Führungspersönlichkeit etwas für das Team auf sich nehmen, um den Erfolg zu sichern. Von anderen zu erwarten, dass sie für Ihre Sache leiden, ist das Zeichen einer schlechten Führungspersönlichkeit, aber selbst zu leiden, weil Sie wissen, dass es für eine größere Sache notwendig ist, ist das Zeichen wahrer Größe.

Seien Sie großzügig

Zu geben war ein Teil von Mutter Teresas Wesen. Sie gab denen, die es brauchten, auf emotionale, finanzielle, spirituelle und physische Weise. Es mag wie ein unnötiges Opfer erscheinen, aber sie sagte, dass sie darin ihre größte Befriedigung fand. Geben lag in ihrer Natur, und es machte sie nicht nur zu einem besseren Menschen, sondern auch zu einer besseren Führungskraft.

Sie sollten versuchen, großzügiger zu sein. Sie müssen zwar nicht alles, was Sie haben, an andere weitergeben, aber Sie sollten versuchen, mehr zu geben. Seien Sie großzügiger, wenn Sie denen helfen, die Ihnen folgen. Schenken Sie anderen mehr von Ihrer Zeit und Aufmerksamkeit.

Wenn Sie Ihren Blick nach außen auf andere richten und nicht mehr nach innen schauen, befreien Sie sich von vielen Gedanken und Dingen, die Sie hindern können. Als Führungskraft können Sie nicht nur an sich selbst denken und daran, was das Beste für Sie ist. Sie müssen auch an andere denken, vor allem an diejenigen, die sich entschieden haben, Ihrer Führung zu folgen. Sie müssen ihnen alles geben, was nötig ist, und, wenn es sein muss, auch alles, was Sie haben.

KAPITEL 9:
BILL GATES – DER MANN, DER EINE GANZE GENERATION IN DIE ZUKUNFT FÜHRTE

„Wir alle brauchen Menschen, die uns Feedback geben. Nur so können wir uns verbessern." – Bill Gates

Bill Gates ist der Mitbegründer der Microsoft Corporation, eines der größten und bekanntesten Unternehmen der Welt. Er ist eine der prominentesten Führungspersönlichkeiten der heutigen Welt. Er wurde 1955 in Washington geboren und hat ein Leben voller großer Leistungen und Errungenschaften hinter sich.

Ein Unternehmen von Grund auf aufbauen

Die Geschichte von Bill Gates ist keine Geschichte vom Tellerwäscher zum Millionär oder von etwas aus dem Nichts Erschaffenen. Gates wurde in eine Familie mit einem recht wohlhabenden Hintergrund hineingeboren. Seine Mutter war eine bescheidene Lehrerin, aber sie wurde schließlich eines der Mitglieder des Vorstands der First Interstate Bank. Sein Vater wiederum war ein wohlhabender Rechtsanwalt mit einem großen und wohlhabenden Kundenstamm. Doch trotz seiner privilegierten Kindheit musste Bill Gates hart arbeiten, um dorthin zu gelangen, wo er heute steht.

Bill Gates war ein brillanter Schüler. Er zeigte in allen akademischen Fächern außergewöhnliche Leistungen, vor allem aber in Mathematik. Bereits im Alter von 13 Jahren entwickelte er eine Leidenschaft für das Programmieren und für Computer und meldete sich noch im selben Jahr an einer für das College vorbereitenden Privatschule an. Während seiner Schulzeit hatte Bill Gates ein Gespür für das Programmieren, und die Lakeside School bemerkte dies. Die Schulleitung beschloss, ihm einen Computer zu kaufen. Sein Computer kam von der General Electric Company, und die Schulleitung erlaubte ihm, sein Interesse an Computern weiterzuverfolgen, und befreite ihn sogar vom Unterricht. Bill Gates entwickelte sein allererstes Computerprogramm mit diesem Computer, den er geschenkt bekam.

Bill Gates arbeitete während seiner Schulzeit zusammen mit Paul Allen an einem System, das der Computer Center Corporation gehörte. Gemeinsam suchten sie nach Fehlern in dem System. Zusammen mit zwei anderen Studenten schrieben sie ein Lohnabrechnungsprogramm für die Firma Information Sciences. Sie taten dies, um Computerzeit und Tantiemen auszutauschen. Zu dieser Zeit wurde die Schule sich des Talents von Bill Gates vollkommen bewusst.

Bill Gates arbeitete schon in jungen Jahren zusammen mit Paul Allen daran, Software zu entwickeln, sich einen Namen zu machen und seine Reise in die Welt der Computer zu beginnen. Im Alter von 15 Jahren entwickelte und verkaufte er eine Software zur Optimierung von Verkehrsströmen für rund 20.000 Dollar. Einige Jahre später brachte ihm dieselbe Software 30.000 Dollar ein, und so begann er seinen Weg zu einem der erfolgreichsten Milliardäre der Welt.

Die Microsoft Corporation ist Bill Gates' größte Errungenschaft und das, was ihn in der ganzen Welt berühmt gemacht hat. Auch nach dem Schulabschluss arbeitete er weiter mit Paul Allen zusammen, und 1975 gründeten sie gemeinsam ein Softwareunternehmen, das ursprünglich Micro-Soft hieß. In der Anfangsphase waren sie nicht in der Lage, einen Vertriebsleiter einzustellen, und so lieferte das Unternehmen kleine Softwareprodukte an verschiedene Firmen. Bill Gates' Mutter, Mary Maxwell, half ihnen bei diesem Prozess.

Schon bald nach seiner Gründung geriet das Unternehmen in eine finanzielle Krise. Dies führte dazu, dass Gates und Allen erkannten, dass ihr Unternehmen auf den niedrigsten erschwinglichen Punkt gesunken war. Sie stellten fest, dass das Problem vor allem durch die Verwendung raubkopierter Software verursacht wurde. Doch wie Gates immer wieder betonte, gehört der Kampf zum Leben dazu, und sie ließen sich durch diese Entwicklung nicht von ihrem Vorhaben abbringen. Sie arbeiteten beide an der Entwicklung von MS-BASIC, das ihnen bei der Markteinführung einen Gewinn von 50.000 Dollar einbrachte und ihr Unternehmen noch eine Weile über Wasser halten konnte.

Das amerikanische multinationale Technologieunternehmen IBM bot Microsoft die Möglichkeit, ein Programm zu entwickeln. IBM war im Begriff, den ersten Personal Computer der Welt auf den Markt zu bringen, aber Microsoft verfügte zu diesem Zeitpunkt nicht über die erforderlichen Ressourcen, um die Betriebssoftware für dieses Projekt zu entwickeln. Da Microsoft nicht in der Lage war, IBM bei der Entwicklung der Betriebssoftware zu helfen, musste das Unternehmen ein anderes Unternehmen empfehlen.

Bill Gates hat sich von Rückschlägen immer erholt. Der Verlust der Möglichkeit, an der Entwicklung des ersten Personal Computers der Welt mitzuwirken, war ein großer Rückschlag, aber er trug es mit Fassung. Ein paar Monate später kaufte Microsoft 86-DOS, ein Betriebssystem, und begann, es zu verbessern. Dies geschah regelmäßig und in großem Umfang, was schließlich zur Markteinführung von MS-DOS führte, einem erfolgreichen Betriebssystem, das kurz vor der Markteinführung des Personal Computers von IBM auf den Markt kam. Nach der Einführung ihres Betriebssystems wandte sich Microsoft direkt an IBM und bot der Firma an, MS-DOS als Hauptbetriebssystem für ihren Personal Computer zu verwenden. IBM nahm das Angebot sofort an, und Microsoft war in der Lage, die Konkurrenz, Digital Research, auszustechen, die IBM ursprünglich als Lieferant des Betriebssystems für seinen Computer in Betracht gezogen hatte.

Im Jahr 1980 unterzeichneten Microsoft und IBM einen Vertrag, und innerhalb eines Jahres wurde Microsoft zur Microsoft Corporation. Der erste Personal Computer, den die Welt je gesehen hatte, wurde von IBM mit MS-DOS und anderen von Allen Paul und Bill Gates entwickelten Microsoft-Produkten wie MS-COBOL, MS-BASIC, MS-PASCAL etc. auf den Markt gebracht.

Dieses kleine Unternehmen, das Paul und Gates gegründet hatten, begann, Erfolge zu sammeln. Microsoft ist für die Entwicklung der ersten Maus für einen Personal Computer und für die Entwicklung des Windows-Betriebssystems bekannt, das heute von fast allen Menschen auf der Welt verwendet wird.

Das allererste Windows-Betriebssystem, das Microsoft auf den Markt brachte, war Windows NT. In den nächsten Jahren folgte eine Reihe von Windows-Betriebssystemen, von denen jedes besser, schneller und leistungsfähiger war als das vorherige. Dazu gehörten die Einführung von Windows 95, Windows 98, Windows 2000, Windows XP und Windows Vista. Microsoft begann zu wachsen, und seither hat das Unternehmen seine Produktpalette vom Windows-Betriebssystem auf verschiedene andere Softwareprodukte ausgeweitet. Die Microsoft Office Suites, Bing, Office 365 und Hotmail sind nur einige der Softwares, die das Unternehmen im Angebot hat; die Liste ließe sich beliebig fortsetzen.

Bill Gates und Paul Allen haben ganz unten angefangen und ein Unternehmen von Grund auf aufgebaut. Sie hatten Rückschläge zu verkraften, die jeden anderen dazu gebracht hätten, aufzugeben oder sich zu fragen, ob sie jemals Erfolg haben würden. Bill Gates hat nie infrage gestellt, wohin er und Allen gehen würden. Er wusste, dass sie ihren Weg in der Welt der Computer finden würden, und das taten sie auch.

Ihr Unternehmen trägt in der modernen Welt der Computer einen der mächtigsten Namen.

Alles begann mit einer Idee. Microsoft fasste langsam Fuß und begann dann, den Softwaremarkt zu dominieren, was auch so blieb. Heute ist Bill Gates eine der erfolgreichsten Persönlichkeiten der Welt, und er hält immer noch mit dem Tempo einer sich ständig verändernden, von Technologie abhängigen Welt Schritt. Microsoft ist seit Beginn seines Aufstiegs das führende Softwareunternehmen der Welt.

Microsoft ist heute ein selbstständiges Unternehmen, das im Tagesgeschäft nur noch wenig Beteiligung von Bill Gates benötigt. Den größten Teil seiner Zeit widmet er nun gemeinnützigen Projekten und der Philanthropie. Er hat auch mehrere Stiftungen mitbegründet, darunter The Giving Pledge, eine Stiftung, die sich darauf konzentriert, die wohlhabende Gemeinschaft zu ermutigen, ihr Vermögen für philanthropische Zwecke einzusetzen.

Bill Gates ist nicht nur als mächtiger und erfolgreicher Mann bekannt, sondern auch als ein Mann, der gerne gibt. Er unterstützt häufig Wohltätigkeitsorganisationen, und nach seinem Tod sollen über 80 % seines Vermögens an verschiedene Wohltätigkeitsorganisationen gehen. Zu den von ihm gegründeten Wohltätigkeitsorganisationen gehören die Bill & Melinda Gates Foundation und die William H. Gates Foundation.

Bill Gates ist nach wie vor eine Inspiration für alle, die etwas schaffen wollen. Er baute seine Welt um sich herum auf und schuf nur mit einem Schulfreund ein weltweites Unternehmen. Sein Leben war eine Inspiration für viele und inspiriert weiterhin Menschen auf der ganzen Welt, etwas zu erreichen.

Ein Schöpfer und ein Führer der neuen Welt

Bill Gates hat im Laufe seines Lebens viele Menschen berührt und einige großartige und inspirierende Geschichten hinterlassen. Wenn man über ihn spricht, spricht man über seine Großzügigkeit und seine Bereitschaft, anderen das beizubringen, was er gelernt hat.

Eine großzügige Familie

Bill Gates ist nicht nur für das große Unternehmen bekannt, das er aufgebaut hat, und für seine erstaunlichen geschäftlichen Fähigkeiten. Er ist auch für seine fürsorgliche Art und seine Großzügigkeit bekannt. Er stammte aus einer wohlhabenden Familie und hat dennoch hart gearbeitet, um dorthin zu gelangen, wo er jetzt ist. In gewisser Weise hatte er nichts, weil er nichts selbst verdient hatte, und das wollte er ändern. Als er das geschafft hatte, begann er daran zu arbeiten, die Welt zu verändern.

Bill Gates hat viele Stiftungen gegründet und verwaltet, die sich alle für die Verbesserung des Lebens anderer einsetzen. Eine Stiftung, über die immer wieder gesprochen wird, ist die, die er zusammen mit seiner Frau gegründet hat: die Bill & Melinda Gates Foundation.

Die Stiftung war ursprünglich ein Zusammenschluss zweier bereits bestehender Stiftungen, die Bill Gates gegründet hatte: die William H. Gates Foundation und die Gates Learning Foundation.

Die Bill & Melinda Gates Foundation wurde von Melinda French Gates und Bill Gates gegründet. Sie wurde im Jahr 2000 ins Leben gerufen und ist heute die zweitgrößte Wohltätigkeitsstiftung der Welt.

Dies ist nicht die einzige von Bill Gates geleitete Wohltätigkeitsstiftung, aber bei Weitem die erfolgreichste und bekannteste. Ihre Hauptziele sind die weltweite Bekämpfung der extremen Armut, die Verbesserung des Gesundheitswesens auf der ganzen Welt und dessen leichtere Verfügbarkeit sowie die Erweiterung der Bildungsmöglichkeiten und des Zugangs zu Informationstechnologie in den Vereinigten Staaten.

Der Grund dafür, dass sie eine der führenden Wohltätigkeitsorganisationen der Welt ist, liegt in der Art und Weise, wie Bill Gates sie führt. Ihm gelingt es, die Kunst des Spendens mit betriebswirtschaftlichen Methoden zu verbinden, sodass seine Stiftung erfolgreich und hilfreich zugleich ist.

Seit der Gründung ihrer Stiftung haben Bill Gates und seine Frau weitere Projekte in den Bereichen Soziales, Bildung und Gesundheit unterstützt und gestiftet, darunter die Gates Cambridge Scholarships. Diese Stipendien ermöglichen es talentierten und verdienstvollen jungen Studenten, an der Universität Cambridge zu studieren, auch wenn sie nicht die Mittel dazu haben.

Piraterie und die Armen

Es ist kein Geheimnis, dass viele Menschen dazu neigen, Dinge zu raubkopieren, die sie sich nicht leisten können, wie Filme, Musik und Spiele. Ein Programm, das eine hohe Raubkopierrate aufweist, ist das Windows-Betriebssystem. Bill Gates hat alle verschiedenen Versionen des Windows-Betriebssystems entwickelt und besitzt sie auch, und er ist sich auch bewusst, wie viele Leute die verschiedenen Versionen raubkopieren. Als er jedoch in einem Interview darauf angesprochen wurde, machte er deutlich, dass er nicht einmal daran denkt, die Piraterie seines Betriebssystems zu stoppen.

Bill Gates erklärte, dass Microsoft Kenntnis von den Rechnern hat, die das Windows-Betriebssystem verwenden, und das schließt alle Rechner ein, die derzeit mit einer raubkopierten Version arbeiten. Sobald die raubkopierte Version jemals mit dem Internet verbunden würde, könnte Microsoft daher verhindern, dass das raubkopierte Betriebssystem über das Internet funktioniert, was jedoch nicht geschieht.

Die meisten raubkopierten Versionen des Windows-Betriebssystems kommen aus asiatischen, indischen und afrikanischen Ländern. Gates weiß, dass einige Menschen in diesen Ländern nicht in der Lage sind, für das Betriebssystem zu bezahlen, und es wäre ihm lieber, sie hätten überhaupt irgendeine Version als gar keine. Sie können sich den Service nicht leisten, und ihre jeweiligen Regierungen unternehmen keine Schritte, um dieses Problem zu lösen.

Bill Gates ist der Meinung, dass sie im Wettlauf um die Technologie zurückbleiben würden, wenn sie das Programm nicht weiter nutzen könnten. Ihm wäre es lieber, sie würden das System raubkopieren, als in einer geteilten Welt zu leben. Er sieht dies als ein Anliegen der Menschheit und nicht als eines der Unternehmen. Es mag zwar illegal sein, aber er sieht es nicht als unethisch an, was seine Großzügigkeit und sein freundliches Wesen unterstreicht.

Dumpstern

Paul Allen und Bill Gates haben verrückte Dinge getan, als sie noch auf der Highschool waren. Paul Allen schreibt in seinem neuen Buch, dass sie sogar im Müll gewühlt haben.

Als sie in der Highschool waren, trainierten sie ihre Programmierkenntnisse mit einem DEC-Minicomputer, der dem örtlichen Unternehmen C-Cubed gehörte. Da sie noch Schüler waren, hatten sie keinen Zugang zu der Menge an Informationen, die die Angestellten des Unternehmens hatten. Das frustrierte sie, da sie glaubten, im Wettlauf um Informationen zurückzufallen und nicht mehr aufholen zu können.

Eines Tages schlichen die beiden nachts durch die Schatten um das Firmengelände. Paul Allen hob Bill Gates hoch, da er der Kleinere von beiden war, und dieser kletterte auf den Müllcontainer des Unternehmens. Bill Gates sah sich in den Containern nach Informationen um, die das Unternehmen weggeworfen hatte und die noch zu gebrauchen waren.

Er sagte, sie hätten einmal einen Ausdruck des TOPS-10-Quellcodes gefunden. Damit waren sie in der Lage, viele Geheimnisse zu entschlüsseln und mit den Programmierfähigkeiten des Unternehmens Schritt zu halten.

Junge Hacker

Während ihrer Zeit an der Highschool mussten Paul Allen und Bill Gates für die Zeit, die sie am Computer verbrachten, bezahlen. Als die Kosten immer höher wurden, suchten sie nach anderen Möglichkeiten, die Computer zu nutzen, ohne für ihre Zeit bezahlen zu müssen. Nachdem sie dies beschlossen hatten, suchten sie nach verschiedenen Möglichkeiten, auf einen der kostenlosen Accounts bei C-Cube zuzugreifen und ihn zu nutzen.

Es ist unklar, wie sie sich Zugang zu einem Administrator-Passwort verschafft haben, aber sie haben es jedenfalls benutzt, um eine der internen Buchhaltungsdateien des Unternehmens zu stehlen. Paul Allen und Bill Gates haben sich nie im Detail dazu geäußert, wie sie an das Passwort gekommen sind, aber dadurch konnten sie sich in die Computer des Unternehmens hacken.

Sie hatten gehofft, die Datei entschlüsseln und die darin enthaltenen Informationen nutzen zu können, um Zugang zu einem der kostenlosen Konten zu erhalten. Sie wurden jedoch von dem Unternehmen ertappt und rausgeschmissen, bevor sie irgendwelche Informationen erhalten konnten.

Hart arbeiten und das Leben genießen

Bill Gates hat oft tagelang und nächtelang hart gearbeitet. Paul Allen erzählte, dass er während seiner Highschool-Zeit oft die ganze Nacht aufblieb und hart arbeitete, bis er seine Arbeit erledigt hatte.

Diese Gewohnheit setzte er auch nach seinem Schulabschluss fort. Eines Tages kam eine neue Sekretärin in sein Büro und fand Bill Gates auf dem Boden ausgestreckt vor. Er hatte die ganze Nacht gearbeitet und war auf dem Boden eingeschlafen. Sie dachte, er sei bewusstlos und geriet in Panik, aber er hatte das ganze Wochenende gearbeitet und sagte, das sei sein kurzes Nickerchen gewesen.

Laut Paul Allen hat er nicht nur hart gearbeitet, sondern auch das Leben genossen. Als ihr gemeinsames Unternehmen zum ersten Mal Erfolg hatte, veranstaltete Allen eine Halloween-Party in seinem Haus. Bill Gates war der Mittelpunkt der Party.

Er nahm am oberen Ende der Treppe Anlauf, rannte, so schnell er konnte, und warf sich bäuchlings auf das Geländer. Er rutschte das Geländer hinunter und glitt direkt in die Küche. Paul Allen erzählt diese Geschichte in seinem neuen Buch und erklärt, was für ein Partylöwe Bill Gates sein konnte.

Flugzeug-Übernahme

In den frühen 1980er-Jahren entführte Bill Gates einmal ein Flugzeug. Er und Paul Allen kamen am internationalen Flughafen von San Francisco zu spät zu einem Flugzeug. Das Flugzeug hob von der Rollbahn ab, und sie verpassten ihren Flug. Bill Gates und Paul Allen haben nie erklärt, wie wichtig es für sie war, dieses Flugzeug zu erreichen.

Bill Gates rannte zum Bedienfeld neben der Fluggastbrücke und begann wahllos Knöpfe zu drücken, zumindest sah es für alle anderen so aus. Er hoffte, dass er die Fluggastbrücke zurück zum Flugzeug bewegen würde. Er wollte das Flugzeug übernehmen und es zum Flughafen zurückbringen, damit es sie mitnahm.

Es gelang ihm nicht, das zu tun, was er vorhatte, aber jemand von der Fluggesellschaft erkannte, was er vorhatte, und rief das Flugzeug für sie zurück. Paul Allen erklärte, er sei überrascht gewesen, dass Bill Gates nicht verhaftet wurde.

Lektionen für den Erfolg

„Erfolg ist ein schlechter Lehrer. Er verführt kluge Leute zu der Annahme, dass sie nicht verlieren können. " – Bill Gates

Bill Gates ist einer der reichsten Männer der Welt, der Führer einer neuen Generation und ein großer Mann. Er hat auf seinem Weg dorthin, wo er heute steht, viele Lektionen gelernt, und er ist bestrebt, diese Lektionen an andere weiterzugeben, die ebenfalls ein besseres Verständnis von Führung und Erfolg anstreben.

Beginnen Sie früh und halten Sie bis zum Ende durch

Bill Gates begann so früh wie möglich. Er wartete nie auf morgen. Alles, was er zu tun hatte oder tun wollte, tat er sofort. Bill Gates begann bereits im Alter von 13 Jahren mit seiner Arbeit an Computern. Er sagt, wenn man so früh wie möglich mit etwas anfängt, wird diese Sache um einen herum geformt werden.

Je früher Sie anfangen, desto früher werden Sie auch erfolgreich sein. Sie werden auch eher bereit sein, Ihren Weg weiterzugehen und nicht aufzugeben. Später anzufangen bedeutet, später fertig zu werden und eher aufzugeben, wenn die Dinge nicht auf Anhieb so laufen, wie Sie wollen.

Früh anfangen ist nur die halbe Miete. Man muss auch bis zum Ende durchhalten. Bill Gates baute sein Unternehmen immer weiter auf, es wuchs und wuchs, bis es eines der größten Unternehmen war und er einer der reichsten Männer der Welt war. Er wartete bis zum letzten Moment, um seine Reise zu beenden. Jetzt kann er sich ausruhen und sein Unternehmen wird in seiner Abwesenheit weitergeführt, während er jeden Tag reicher wird.

Allein sind Sie schwach

Bill Gates hat nie allein gearbeitet, weil er schon in jungen Jahren erkannte, dass Alleinsein schwach macht. Er ging bei jeder sich bietenden Gelegenheit Partnerschaften ein. Bill Gates ging oft Partnerschaften mit Leuten ein, die mächtiger waren als er: die Platzhirsche. Das waren Leute, die ihn als ihren „Handlanger" bezeichneten. Er war damit zufrieden, denn er wusste, dass ihm all diese Partnerschaften Möglichkeiten boten, zu wachsen und stärker zu werden.

Er lernte viel aus seinen Partnerschaften, und bald wuchs er über diejenigen hinaus, die einst über ihm standen. Bei Partnerschaften mit anderen geht es darum, neue Fähigkeiten zu erlernen, neue Chancen zu ergreifen und starke Beziehungen aufzubauen.

Ein Alleingang macht Sie schwächer als diejenigen, die mit Partnern zusammenarbeiten, und bringt Sie an die letzte Stelle im Rennen. Es ist besser, mit Partnern zusammenzuarbeiten, die ihr Wissen mit Ihnen teilen und Ihnen auf Ihrem Weg helfen können, als einen Alleingang zu wagen.

Das Leben lehrt Sie die besten Lektionen

Bill Gates lernte schon in jungen Jahren, dass die Lektionen, die ihm seine Lehrer beibrachten, nichts waren im Vergleich zu den Lektionen, die er lernte, nachdem er sie verlassen hatte, obwohl er in der Schule und an der Universität viel gelernt hatte.

Bill Gates schätzt Erfahrung höher ein als Lernen. Sein Leben zu leben und die Arbeit zu tun, lehrte ihn mehr als Bücher und Prüfungen. Erfahrung ist der Schlüssel zum Erfolg in allen Bereichen.

Das wirkliche Leben erteilt Ihnen eine echte Lektion, und es ist die härteste Lektion, die Sie jemals lernen müssen. Bill Gates ermahnt daher alle, die im Leben erfolgreich sein wollen, die Antworten auf ihre Fragen nicht in Büchern zu suchen, sondern in der realen Welt zu finden. Sie werden die Lektion schneller lernen, wenn Sie sie erleben.

Teilen Sie den Erfolg, den Sie haben, mit anderen

Bill Gates ist nicht nur mit seinem Reichtum oder seinem Wissen großzügig, sondern auch mit seinem Erfolg. Er weiß, wie schwierig es ist, ein eigenes Unternehmen zu gründen und etwas aus dem Nichts aufzubauen. Er ist immer bestrebt, anderen zu helfen, den gleichen Erfolg zu erreichen, den er gefunden hat.

Er hat erklärt, dass ein wirklich erfolgreicher Mensch immer bereit ist, seinen Erfolg mit anderen zu teilen. Zu wissen, welche Kämpfe andere durchmachen, sollte einen dazu bringen, ihnen diesen Kampf ein wenig leichter machen zu wollen.

Als Führungskraft sollten Sie immer bereit sein, Ihren Erfolg mit anderen zu teilen. Das schafft Beziehungen und hilft Ihnen, gemeinsam mit anderen zu wachsen.

Es gibt keine Abkürzungen

Es gibt keine Möglichkeit, im Schnelldurchlauf zum Erfolg zu kommen. Es gibt keine Abkürzungen und keine Schummeltricks. Sie müssen Ihre Reise auf die langsame Art antreten. Nichts fällt einem leicht, und alles muss man sich erarbeiten. Das gilt auch für Erfolg und Größe.

Bill Gates und Paul Allen begannen ihre Arbeit bei Microsoft vor langer Zeit und auf einem wackeligen Fundament. Sie hatten Geduld und harte Arbeit, die für sie sprachen. Mit diesen Mitteln konnten sie viele übertreffen, die vor ihnen begonnen hatten, aber nicht durch Abkürzungen oder einfache Wege, wie manche glauben.

Es braucht Zeit, ein Imperium aufzubauen, und es braucht ein ganzes Leben der Beständigkeit, um dieses Imperium groß zu machen. Denken Sie daran, wenn Sie Ihre Reise antreten. Seien Sie geduldig und wissen Sie, dass der lange Weg zum Erfolg der beste Weg ist.

SCHLUSSFOLGERUNG

Wie würden Sie eine starke Führungskraft beschreiben? Es gibt viele Studien, in denen versucht wird, die Qualitäten zu ermitteln, die eine Führungspersönlichkeit auszeichnen und sie großartig machen. Es gibt verschiedene Arten von Führungskräften, jede mit ihren eigenen Qualitäten. Jeder Führungsstil erfordert einen anderen Ansatz. Aus diesem Grund ist es schwierig, eine wirklich große Führungspersönlichkeit zu definieren.

Um diese Schwierigkeit zu umgehen, müssen Sie sich mehr auf den Teil „Größe" als auf den Teil „Führung" konzentrieren. Dieses Buch wurde nicht geschrieben, um Ihnen zu helfen, die Eigenschaften zu finden, die Sie zu einer großen Führungskraft machen, sondern um Ihnen zu helfen, die Eigenschaften zur Größe zu finden.

Was hatten all diese Führungskräfte gemeinsam? Es war nicht ihr Führungsstil. Abraham Lincoln führte mit Freundlichkeit und Mitgefühl und zeigte gleichzeitig die Fähigkeit, Kompromisse zu schließen und das zu tun, was getan werden musste. Nelson Mandela führte mit einem Herzen voller Güte, zeigte aber keine Reue, sondern Entschlossenheit, wenn es um die Sache ging, für die er kämpfte. Mahatma Gandhi sandte nur Liebe in die Welt, indem er den Weg eines Pazifisten einschlug und sich dafür entschied, die Menschen mit seinen freundlichen Worten und mutigen Taten zu führen. Mutter Teresa ließ sich auf ihrem Weg von ihrem Glauben an Gott und dem Wissen leiten, dass alles Gute zu denen kommt, die darum bitten, und half den Menschen auf ihrem Weg, wenn sie darum baten oder es brauchte.

Die in diesem Buch erwähnten Führer hatten nur sehr wenige Gemeinsamkeiten, und die Art und Weise, wie sie die Welt führten, war völlig unterschiedlich. Sie mussten völlig unterschiedliche Dinge durchmachen. Nelson Mandela musste sein Volk durch eine ungerechte Herrschaft einer unwürdigen Regierung führen. Abraham Lincoln musste eine geteilte Nation durch einen Bürgerkrieg führen, sie zusammenbringen und sein Land intakt halten. Stephen Hawking strebte nach Wissen und musste die Welt aus der Dunkelheit heraus und auf die nächste Stufe der Wissenschaft und der menschlichen Evolution führen.

Alle Führer hatten nur eines gemeinsam: Sie strebten nach Größe. Jeder von ihnen hatte bei seiner Geburt einen bestimmten Satz Karten ausgeteilt bekommen, und alle waren sie mit diesen Karten nicht einverstanden. Sie waren nicht einverstanden mit dem Leben, das die Welt für sie ausgewählt hatte, und sie wussten, dass sie für etwas Größeres bestimmt waren.

Große Führungspersönlichkeiten werden nicht von der Gesellschaft geschaffen. Große Führer und große Menschen machen sich selbst. Sie können nicht darauf hoffen, dass Ihnen jemand die Größe gibt, nach der Sie suchen, und Sie können auch nicht darauf hoffen, dass Sie sie einfach als Geburtsrecht erhalten. Man kann nicht zu Größe geboren werden, aber man kann sie lernen, wenn man bereit dazu ist.

Ein Versprechen wurde gegeben, und ein Versprechen wurde eingelöst. Sie haben nun das nötige Rüstzeug, um Großes für sich zu erreichen. Alles, was Sie jetzt brauchen, ist der Antrieb und die Bereitschaft, nach mehr zu streben und zu erkennen, dass Sie sich nicht mit dem zufrieden geben müssen, was andere für Sie vorgesehen haben. Es gibt immer mehr da draußen für diejenigen, die es wirklich wollen.

Nehmen Sie diese Lektionen von den großen Führern der Geschichte, die die Welt durch die schwierigsten Zeiten und in eine neue Zukunft geführt haben. Lassen Sie sich von diesen Lektionen auf Ihrer Reise leiten, und lassen Sie sich von ihren Worten dazu inspirieren, mehr sein zu wollen, mehr zu tun, mehr zu lehren, mehr zu lernen und mehr zu werden als Sie sind.

Hören Sie nie auf, zu lernen, und streben Sie immer nach Großartigem.

„Führung und Lernen sind füreinander unverzichtbar".
– John F. Kennedy

QUELLEN UND WEITERFÜHRENDE LITERATUR

Alarie, S. *7 Life Lessons from Mother Teresa to Make You a Better Christian*. Finding God Among Us. https://findinggodamongus.com/lessons-from-mother-teresa/

Allred, R. C. (17. Februar 2021). *The Persuasive Leader: A Summary*. Allred10. http://allred10.com/

Andrews, E. (2018). *9 Things You May Not Know About Albert Einstein*. History. https://www.history.com/news/9-things-you-may-not-know-about-albert-einstein

Attfield, B. (2009). *5 challenges of teamwork (and how to overcome them)*. Jostle.Me.

Avolio, B. J. (2005). *Leadership Development in Balance*. Lawrence Erlbaum.

Baker, A. (2016). *Simplicity (Stanford Encyclopedia of Philosophy)*. Stanford.Edu. https://plato.stanford.edu/entries/simplicity/

Ball, P. (2016). *The Tyranny of Simple Explanations*. The Atlantic. https://www.theatlantic.com/

Bazerman, M. H. (1. September 2020). *A New Model for Ethical Leadership*. Harvard Business Review. https://hbr.org/2020/09/a-new-model-for-ethical-leadership

Becker, B. (2020). *The 8 Most Common Leadership Styles & How to Find Your Own*

Berger, J. (2016). Invisible Influence: The Hidden Forces that Shape Behavior. Simon and Schuster.

Berger, J. (2020). The Catalyst: How to Change Anyone's Mind. Simon and Schuster.

Bloom, E. (21. August 2019). *7 Key Influence Strategies*. Office Influence. https://officeinfluence.com/7-key-influence-strategies/

Botha, T. (26. August 2020). *How does Leadership Influence Change in an Organisation?* ChangeFolio. https://changefolio.com/

Bowen, J. (2017). *Why your interpersonal skills will define you as a leader*. Ambition Institute.

Brown, B. (2018). *Dare to Lead: Brave Work. Tough Conversations. Whole Hearts*. Random House.

Business Apac. *Traditional Leadership Style Versus Modern Business Approach*. https://www.businessapac.com/traditional-leadership-style-versus-modern-day-business-approach

Business Connect. (2021). *Success Story of Bill Gates – A Life Filled with Successes*.

Caredda, S. (2021). *Leadership Models: The Theory and the Practice*. Sergio Caredda. https://sergiocaredda.eu/organisation/leadership-models-the-theory-and-the-practice/

Carnegie, D., Cole, B. et al. (2011). How to Win Friends and Influence People in the Digital Age. In *Google Books*. Simon and Schuster.

Carter, L. (o.D.). *The 8 Questions To Ask To Create Your Leadership Legacy*. https://louiscarter.com/the-8-questions-leadership-legacy/

Carucci, R. (2017). *Executives Fail to Execute Strategy Because They're Too Internally Focused*. Harvard Business Review. https://hbr.org/2017/11/executives-fail-to-execute-strategy-because-theyre-too-internally-focused

Changeboard team. (2019). *Problem solving vs decision making – what is the difference?* Changeboard. https://www.changeboard.com/

Cherry, K. (2020). *5 Ways to Become More Emotionally Intelligent at Work.* Verywell Mind. https://www.verywellmind.com/

Cherry, K. (2020). *What Are Prominent Leadership Styles and Frameworks You Should Know?* Verywell Mind.

Cialdini, R. B. (2006). *Influence: The Psychology Of Persuasion.* Revised Edition.

Clarinval, P. (2021). *Want To Be A Great Leader? The First Step Is Self-Awareness.* Forbes. https://www.forbes.com/

Clear, J. (2017). *First Principles: Elon Musk on the Power of Thinking for Yourself.* James Clear. https://jamesclear.com/first-principles

Clear, J. (2018). *How Willpower Works: Decision Fatigue and How to Avoid Bad Choices.* James Clear. https://jamesclear.com/willpower-decision-fatigue

Collins, J. (2001). *Good to Great: Why Some Companies Make the Leap and Others Don't.* HarperBusiness.

Collins, J. (2014). *Jim Collins - Concepts - The Hedgehog Concept.* Jim Collins. https://www.jimcollins.com/concepts/the-hedgehog-concept.html

Concordia St. Paul Online. *8 Signs of Conflict in the Workplace.* CSP Online. https://online.csp.edu/resources/infographic/signs-of-conflict-in-the-workplace/

Connolly, M. (2018). *7 Strong Leadership Scenarios: How Do You Measure Up?* Neways Somatic Psychotherapy & Coaching. https://newayscenter.com/7-strong-leadership-scenarios/

Covey, S. R. (o.D.). *The Seven Habits of Highly Effective People.*

Crisp Studio. (2020). *4 mental models for a better decision making process.*

Daskal, L. (14. June 2018). *How to Leave A Great Leadership Legacy.* https://www.lollydaskal.com/leadership/how-to-leave-a-great-leadership-legacy/

Dhar, J. (2021). *How to have constructive conversations.*

Drucker, P. F. (1996). *Your Leadership Is Unique.*

Eber, K. (2020). *How your brain responds to stories — and why they're crucial for leaders.* Entefy. (2017). *How much information do you need to make smart decisions?* Entefy. https://www.entefy.com/

Encyclopedia Britannica. (2022). *Stephen Hawking. Facts, Biography, Books, & Theories.* https://www.britannica.com/biography/Stephen-Hawking

FemTech Leaders. (2021). *7 influencial leaders who changed the world.* https://www.femtechleaders.com/

Feser, C. (2016). The Science of Influence. In *Decoding inspirational Leadership.* Wiley.

Forbes Coaches Council. (2020). *15 Common Leadership Communication Problems (And How To Correct Them).* Forbes. https://www.forbes.com/

Genovese, M. A. (2013). *Building Tomorrow's Leaders Today: On Becoming a Polymath Leader.* Routledge.

George Mason University. (2019). *Core Leadership Values.* https://masonleads.gmu.edu/about-us/core-leadership-values/

Gillis, G. (2014). *10 Great Communicators of the Modern Era.* http://www.geraldgillis.com/10-great-communicators-modern-era/

GLINT. (2021). *State of the Manager Empowering leaders for a people-first future.* https://www.glintinc.com/

Goldfish Consulting. (2017). *What is Personal, Interpersonal and Professional Leadership?* https://goldfish-consulting.co.za/services/what-personal-interpersonal-and-professional-leadership

Goleman, D. *The Power of Influence*. Korn Ferry.

Gur, T. *Never Give In – Lessons From Winston Churchill's Story*. Elevate Abundance. https://elevateabundance. com/winston-churchills-story/

Hall, A. und Barrett, L. (o.D.). *Influence: The Essence of Leadership*.

Heathfield, S. M. (2021). *What Makes a Leader Inspirational? If You Inspire Great Performance, You're a True Leader.* The Balance Careers. https://www.thebalancecareers.com/

History. (2019). *Mahatma Gandhi*. https://www.history.com/topics/india/mahatma-gandhi

Holden Rovers, L. (o.D.) *Three Easy Steps to Positively Influence Others*. Workplace Matters. https://www. workplacematters.ca/three-easy-steps-to-positively-influence-others/

https://agilevietnam.com/

https://awario.com/

https://hbr.org/2015/07/

https://theproductivitypro.com/

https://www.betterup.com/

https://www.kornferry.com/

https://www.mckinsey.com/

https://www.villanovau.com/

HuffPost. (2009). *"United Breaks Guitars": Did It Really Cost The Airline $180 Million?* HuffPost. https://www. huffpost.com/

Inspirational Stories. *Motivational Story of Abraham Lincoln, Famous Quotes And Sayings*. https://www. inspirationalstories.com/abraham-lincoln-quotes/

Inspiring Leadership Now. (2020). *10 Of The Most Inspiring Leaders Of All Time: Remarkable Stories Of Iconic Trail Blazers Who Went From Adversity To Extraordinary & Redefined Leadership*. https://www.inspiringleadershipnow. com/most-inspiring-leaders-redefine-leadership/

Iwakiri, A., Hubmer, C. (2020). *One More on Power and Influence*.

Jackson, T. (2017). *Leadership Skills: Persuasion and Influence*. About Leaders. https://aboutleaders.com/

James, R. (2022). *17 Success Lessons from Bill Gates*. Wealthy Gorilla. https://wealthygorilla.com/bill-gates-success-lessons/

Joshi, U. S. *Inspiring Stories from Gandhi's Life*. Bombay Sarvodaya Mandal. https://www.mkgandhi.org/ students/story.htm

Juneja, P. (2019). *Importance of Leadership*. Managementstudyguide.Com. https://www.managementstudyguide. com/importance_of_leadership.htm

Kaku, M. (2022). *Albert Einstein. Biography, Education, Discoveries, & Facts*. Encyclopedia Britannica. https:// www.britannica.com/biography/Albert-Einstein

Kelly, B. C. (2008). *Best Little Stories from the Life and Times of Winston Churchill*. Cumberland House.

Kiger, D. (2017). *CEOs and the Art of Inspirational Leadership*. Business 2 Community. https://www. business2community.com/leadership/

Kilmann, T. (2002). *T.Kilmann Conflict Mode Instrument CONFLICT WORKSHOP FACILITATOR's GUIDE*. CCP.

Kohntopp, T., & Mccann, J. (2019). *Virtual Leadership in Organizations: Potential Competitive Virtual Leadership in Organizations: Potential Competitive Advantage?* Walden University.

Kosloki, P. (2016). *6 inspiring stories from people who met Mother Teresa*. Aleteia.

Krakoff, P. (o.D.). *Leadership by Persuasion: Four Steps to Success*. Impact Factory. https://www.impactfactory.com/

Kruse, K. (2012). *100 Best Quotes On Leadership*. Forbes. https://www.forbes.com/

Kuhel, B. (2017). *Power Vs. Influence: Knowing The Difference Could Make Or Break Your Company*. Forbes. https://www.forbes.com/

Kumar, A. (2021). *First Principles Thinking Explained with Examples*. Data Analytics. https://vitalflux.com/first-principles-thinking-explained-with-examples/

Kurter, H. L. (2020). *7 Powerful Characteristics Of A Truly Inspirational Leader*. Forbes. https://www.forbes.com/

Le, K. (2013) *Common influence tactics*. Agile Vietnam.

Leading Effectively Staff. (2020). *Master the 3 Ways to Influence People*. CCL. https://www.ccl.org/

Leverage Edu. (2021). *15 Great Leaders of the World and their Inspiring Journey*. https://leverageedu.com/blog/great-leaders-of-the-world/

Lewis, R. (2020). *What the World Needs Now Is Great Leadership*. The Robin Report. https://www.therobinreport.com/what-the-world-needs-now-is-great-leadership/

Little, B. (2019). *7 Things You Didn't Know About Stephen Hawking*. History. https://www.history.com/news/7-things-you-didnt-know-about-stephen-hawking

Llopis, G. (2014) *5 Ways A Legacy-Driven Mindset Will Define Your Leadership*. Forbes. https://www.forbes.com/

Lumen Learning. (2012). *The Power to Influence: Organizational Behavior*. https://courses.lumenlearning.com/

Lumen. (2010). *Developing Leadership Skills | Boundless Management*. https://courses.lumenlearning.com/boundless-management/chapter/developing-leadership-skills/

Luthra, A., & Richa Dahiya, D. (2015). *Effective leadership is all about communicating effectively: Connecting leadership and communication 1*. International Journal of Management and Business Studies. https://www.mcgill.ca/

Maksimava, M. (2017). *6 science-backed ways to use emotional persuasion in marketing (with examples)*.

Marquet, D. (2012). *Turn the Ship Around!: How to Create Leadership at Every Level*. Greenleaf Book Group Press.

Martinuzzi, B. (2019). *Leadership Styles and How to Find Your Own*. American Express. https://www.americanexpress.com/en-us/business/

Matthews, D. (2021). *How to Solve Problems Successfully Using the Power of Inversion*. The Resolve Blog. https://www.resolve.blog/articles/inversion

Mazza, S. (2020). *What Is The Best Definiton of Leadership?* Random Acts Of Leadership. https://randomactsofleadership.com/best-definition-of-leadership/

McKay, B. und McKay, K. (2021). *Lessons in Manliness from Winston Churchill*. The Art of Manliness. https://www.artofmanliness.com/character/manly-lessons/lessons-in-manliness-from-winston-churchill/

Meah, A. *Bill Gates Success Story*. Awaken The Greatness Within. https://www.awakenthegreatnesswithin.com/bill-gates-success-story/

Mills, G. R. (5. Mai 2017). *Mastering The Five C's Of Influential Communication*. Forbes. https://www.forbes.com/

Mind Tools Content Team. *What Is Leadership?* Mindtools.com. https://www.mindtools.com/

Moore, C. (2019). *15 Communication Exercises and Games for the Workplace*. PositivePsychology.com https://positivepsychology.com/

Morgan, B. (2019). *The 10 Habits Of Transformational Leaders*. Forbes. https://www.forbes.com/

Morgan, J. (2020). *What is leadership, and who is a leader?* Chief Learning Officer - CLO Media. https://www.chieflearningofficer.com/

Morley, K. et al. (2019). *How to effectively influence collaboration: Leadership Coaching Melbourne.* https://www.karenmorley.com.au/influence-collaboration/

Mulllin, S. (2020). *The Advanced Guide to Emotional Persuasion.* Cxl.com. https://cxl.com/

Muse, T. (2019). *Are leaders born or made?* HRD. https://www.hrdconnect.com/are-leaders-born-or-made/

Myatt, M. (2014). *10 Communication Secrets Of Great Leaders.* Forbes. https://www.forbes.com/sites/mikemyatt/

Myers, C. (2016). *How I Learned That Employees Need A Leader, Not A Friend.* Forbes. https://www.forbes.com/sites/chrismyers/2016/09/08/

Nonaka, I., & Takeuchi, H. (2016). *The Big Idea: The Wise Leader.* Harvard Business Review. https://hbr.org/2011/05/the-big-idea-the-wise-leader

O'Keefe, P. (2018). *The Strengths & Weaknesses of Today's Emerging Leaders.* Edge Training Systems. https://www.edgetrainingsystems.com/the-strengths-weaknesses-of-todays-emerging-leaders/

Pomerantz, H. (2019). *Einstein: the Untold Story.* The New Yorker.

Power Living. (2014). *10 Qualities of Greatness Inspired by Nelson Mandela.*

Psychology Compass. (2019). *Identifying and successfully implementing your leadership style.* https://psychologycompass.com/

PwC. (2018). *Workforce of the future.* https://www.pwc.com/gx/en/services/people-organisation/workforce-of-the-future/workforce-of-the-future-the-competing-forces-shaping-2030-pwc.pdf

R. (2021). *What is a Thought Leader?* Thought Leadership Lab. https://thoughtleadershiplab.com/what-is-a-thought-leader/

Rampton, J. (o.D.). *7 Tips to Make a Positive Change in Your Life.* https://www.inc.com/john-rampton/7-tips-to-make-a-positive-change-in-your-life.html

Riboldi, J. (o.D.). *5 Ways You Can Influence Positive Change at Work and in Life.* Ivy Exec. https://www.ivyexec.com/

Risi, J. (2016). *Why the Best Leaders Actually Work Behind the Scene.* Fortune. https://fortune.com/2016/10/10/how-to-be-a-great-leader-advice/

Robbins, T. (2019). *7 Ways of Developing Leadership Skills | Improve Your Leadership Skills.* Tonyrobbins.com https://www.tonyrobbins.com/leadership-impact/

Roll, M. (2017). *Are You A Leader? 10 Questions On Effective Leadership.* Martin Roll. https://martinroll.com/

Rooke, D., & Torbert, W. R. (2005). *Seven Transformations of Leadership.* Harvard Business Review.

Rosoff, M. (2011). *10 Crazy Stories About Bill Gates From Paul Allen's New Book.* Business Insider. https://www.businessinsider.com/

Sagor, R., Rickey, D. (2012). The Relentless Pursuit of Excellence: Lessons From a Transformational Leader. Corwin Press.

Sauers, D., Marchesseault, K., Mandel, M., Michaels, M., Chertudi, M., Brodersen, C., Boyer, C., & Hills, C. (2016). *The Secret Handshake: Effective Communication Strategies for the Workplace.* Kendall Hunt Publishing.

Schwab, K. (2016). *The Fourth Industrial Revolution: what it means and how to respond.* World Economic Forum. https://www.weforum.org/

Schyns, B., & Hansbrough, T. (2010). *When Leadership Goes Wrong: Destructive Leadership, Mistakes, and Ethical Failures.* Information Age Publishing.

Scott, T. (2015). *How to Use Emotional Triggers to Increase Conversions*. Conversion Sciences. https://conversionsciences.com/how-to-use-emotional-triggers-to-increase-conversions/

Sinek, S. (2009). *How great leaders inspire action*.

Sivanathan, N. (2019). *The counterintuitive way to be more persuasive*.

Smurfit Executive Development. (o.D.). *Communication for Influence and Impact*. UCD Smurfit School. https://www.smurfitschool.ie/

Stack, L. *Rational Persuasion: An Effective Tool for Turning Your Ideas into Our ideas*. (2016). The Productivity Pro.

Stark, P. B. (2017). *Are You the Leader the World Needs You to Be?* Peter Barron Stark Companies. https://peterstark.com/leader-world-needs/

Steever, S. (2021). *Micro-Influencers Have A Story To Tell: Can They Help You Tell Yours?* Forbes. https://www.forbes.com/

Sunstein, C. R. (2016). The Ethics of Influence: Government in the Age of Behavioral Science. Cambridge University Press.

Tamm, J. *Collaborative Influence*. (o.D.). Radical Collaboration. https://www.radicalcollaboration.com/

Taparia-Minutes, S. (2020). *First-time leaders need to stick to these 4 truths to succeed*. Fast Company. https://www.fastcompany.com/90452760/

The Michael Page Team. (2020). *How interpersonal skills affect your leadership style*. Michael Page. https://www.michaelpage.com.au/

The National Society of Leadership and Success. (2017). *Leaders are Made, Not Born—Starting in School*. https://nslsfacts.org/

The Strive. (2021). *Abraham Lincoln Success Story*. https://thestrive.co/abraham-lincoln-success-story/

Thomas, A. (2017). *15 Traits of the Worst Leaders (Avoid at All Costs)*. Inc.Com. https://www.inc.com/andrew-thomas/

Thompson, M. (2020). *4 Ways to Get Your Communication Tight without Saying A Word*. SIMPLE. https://medium.com/simple-pub/

Todorovic, J. (2020). *7 Techniques for Effective Leadership Negotiation Process*. RLX Business Solutions. https://relax.ph/blog/leadership-negotiation/

Tomasko, R. M. (2002). *Seven Models of Leadership Development*. www.Roberttomasko.com http://www.roberttomasko.com/Consult

TWOWP. (2019). *The Seven Transformations of Leadership: A Simple Summary*. The World of Work Project. https://worldofwork.io/2019/07/the-7-transformations-of-leadership/

Upchurch, D. (2017). *3 Ways to Live Your Leadership Legacy*. Training Industry. https://trainingindustry.com/

Verma, S. (2015). *An Inspirational Story: Stephen Hawking*. YourDOST. https://yourdost.com/blog/2015/11/an-inspirational-story-stephen-hawking.htm

Villanova University. (2021). *What is Ethic Leadership?*

Williams, R. L., & Cothrel, J. P. (1997). Building tomorrow's leaders today. *Strategy & Leadership*, 25(5), 17–22. https://doi.org/10.1108/eb054596

Women and Leadership Australia. (2017). *Do you have these 4 leadership weaknesses?* Wla.Edu.Au. https://www.wla.edu.au/

Wooll, M. (2021). *Power versus influence: How to build a legacy of leadership*. BetterUp.

Zenger, J, Folkman, J. (20. Juli 2015). *7 Things Leaders Do to Help People Change*. Harvard Business Review.

BILDNACHWEISE

Unsplash. (o.D.-a). *Foto von Alex Kotliarskyi auf Unsplash*. Unsplash.com. https://unsplash.com/photos/QBpZGqEMsKg

Unsplash. (o.D.-b). *Foto von Alexander Mils auf Unsplash*. Unsplash.com. Abgerufen am 13. Oktober 2021, von https://unsplash.com/photos/q2d6ebk7xms.

Unsplash. (o.D.-c). *Foto von Brooke Cagle auf Unsplash*. Unsplash.com. https://unsplash.com/photos/-uHVRvDr7pg

Unsplash. (o.D.-d). *Foto von Brooke Lark auf Unsplash*. Unsplash.com. https://unsplash.com/photos/nMffL1zjbw4

Unsplash. (o.D.-e). *Foto von Campaign Creators auf Unsplash*. Unsplash.com. Abgerufen am 13. Oktober 2021, von https://unsplash.com/photos/gMsnXqILjp4

Unsplash. (o.D.-f). *Foto von Chase Clark auf Unsplash*. Unsplash.com. https://unsplash.com/photos/dGqWUPPesrQ

Unsplash. (o.D.-g). *Foto von Christin Hume auf Unsplash*. Unsplash.com. Abgerufen am 13. Oktober 2021, von https://unsplash.com/photos/mfB1B1s4sMc

Unsplash. (o.D.-h). *Foto von Christina @ wocintechchat.com auf Unsplash*. Unsplash.com. Abgerufen am 13. Oktober 2021, von https://unsplash.com/photos/Q80LYxv_Tbs

Unsplash. (o.D.-i). *Foto von Cindy Liu auf Unsplash*. Unsplash.com. Abgerufen am 13. Oktober 2021, von https://unsplash.com/photos/rPLr6UB5ObM

Unsplash. (o.D.-j). *Foto von Clayton Cardinalli auf Unsplash*. Unsplash.com. Abgerufen am 13. Oktober 2021, von https://unsplash.com/photos/GwOqUzrDSRM

Unsplash. (o.D.-k). *Foto von Cytonn Photography auf Unsplash*. Unsplash.com. https://unsplash.com/photos/n95VMLxqM2I

Unsplash. (o.D.-l). *Foto von Elijah Macleod auf Unsplash*. Unsplash.com. Abgerufen am 13. Oktober 2021, von https://unsplash.com/photos/9xaLKZvYxnA

Unsplash. (o.D.-m). *Foto von Gabrielle Henderson auf Unsplash*. Unsplash.com. Abgerufen am 13. Oktober 2021, von https://unsplash.com/photos/HJckKnwCXxQ

Unsplash. (o.D.-n). *Foto von Kaleidico auf Unsplash*. Unsplash.com. https://unsplash.com/photos/3V8xo5Gbusk

Unsplash. (o.D.-o). *Foto von Mika Baumeister auf Unsplash*. Unsplash.com. Abgerufen am 13. Oktober 2021, von https://unsplash.com/photos/LaqL8nxiacc

Unsplash. (o.D.-p). *Foto von Nick Fewings auf Unsplash*. Unsplash.com. Abgerufen am 13. Oktober 2021, von https://unsplash.com/photos/5RjdYvDRNpA

Unsplash. (o.D.-q). *Foto von Stanley Dai auf Unsplash*. Unsplash.com. Abgerufen am 13. Oktober 2021, von https://unsplash.com/photos/73OZYNjVoNI

Unsplash. (o.D.-r). *Foto von You X Ventures auf Unsplash*. Unsplash.com. https://unsplash.com/photos/Oalh2MojUuk

Unsplash. (2019). *Ein tiefes Verständnis der Prob…. HD-Foto von Headway (@headwayio) auf Unsplash*. Unsplash.com. https://unsplash.com/photos/5QgIuuBxKwM

Printed in Poland
by Amazon Fulfillment
Poland Sp. z o.o., Wrocław

21797793R00327